Mord aus Liebe

Mord aus Liebe

Exquisite Geschichten

Herausgegeben von
Gisela Eichhorn

Scherz

1. Auflage 1995

Schutzumschlag von Graupner & Partner

Inhalt

Antonia Fraser
Schönen Tod noch, Sammy Luke 7

P. D. James
Das Opfer 26

Stephen King
Ich weiß, was du brauchst 50

Patricia Highsmith
Variationen über ein Thema 82

Mary Higgins-Clark
Im Vexierspiegel 105

Fletcher Flora
Ehemann verschwunden 142

Ruth Rendell
Ein Geschenk für Patricia 183

Joan Aiken
Die schwarzen Felsen 194

Peter Lovesey
Der heimliche Liebhaber 217

Lia Matera
Der Todesengel 233

Celia Fremlin
Riskante Spiele 259

Nedra Tyre
Rezept für eine glückliche Ehe 275

Ross Macdonald
Der Mann im Cadillac 297

Daphne du Maurier
Zum Tode erwacht 341

Quellenverzeichnis 379

ANTONIA FRASER

Schönen Tod noch, Sammy Luke

In New York waren alle Menschen ausgesprochen höflich zu Sammy Luke.

Zum Beispiel bei seiner Ankunft am Kennedy Airport. Sammy war von der Herzlichkeit der Begrüßung sehr angetan. Er dachte: Zara fiele bestimmt ein Stein vom Herzen! Zara (seine Frau) neigte nämlich dazu, sich um Sammy große Sorgen zu machen – mit einigem Recht, wie er zugeben mußte, jedenfalls, was die Vergangenheit betraf. In der Vergangenheit war Sammy nervös gewesen, empfindlich, angespannt – oder wie der richtige Ausdruck dafür auch immer lauten mochte; Sammy ging davon aus, daß einige von Zaras Freundinnen härtere Worte für sein Problem gefunden hatten. Tatsache war, daß die Dinge häufig schiefgingen, wenn Sammy darin verwickelt war, und oft genug mußte Zara einspringen, um wieder auszubügeln, was er angerichtet hatte. Aber das war in England gewesen. Sammy war sich ziemlich sicher, daß er in Amerika nicht so nervös sein würde; vielleicht würde er sogar, geheilt durch die Neue Welt, seine Nervosität ganz und gar ablegen können.

Oder zum Beispiel die Beamten bei der Paßkontrolle – hatte man Sammy nicht vor ihnen gewarnt?

«Das sind die reinsten Schlägertypen», hatte Zaras Freundin, die reiche Tess, die regelmäßig in die Staaten reiste, mit dunkler Stimme gemunkelt. Einen Moment lang hatte sich Sammy, noch mit seiner alten, englischen Nervosität behaftet, eine Gruppe von Terroristen vorgestellt, die mit Maschinengewehren und eiserner Disziplin ihre Kontrollstellen bewachten. Der Beamte, der Sammy schließlich zu sich rief, saß in einer Glaskabine. Er war zierlich gebaut, vielleicht sogar zierlicher als Sammy, was sich jedoch wegen der Sichtblende an der Kabine nicht abschließend beurteilen ließ. Der Beamte lächelte sogar, als er Sammy zurief: «Kommen Sie, kommen Sie, gleich die ganze Familie!» Ein Schild außerhalb der Kabine wies darauf hin, daß nur jeweils eine Person – oder eine Familie – vortreten dürfe.

«Ich fürchte, ich reise diesmal ohne meine Frau», entschuldigte sich Sammy.

«Ich wünschte, das würde mir auch mal passieren», antwortete der Beamte mit einem jovialen Grinsen.

Sammy fragte sich verwirrt – schließlich war es ein langer, anstrengender Flug gewesen –, ob er seine Gefühle für seine Frau, die sich von den entsprechenden Gefühlen dieses Beamten deutlich unterschieden, näher erklären sollte – ob er sagen sollte, wie sehr er es bedauerte, daß Zara ihn nicht begleiten konnte. Aber sein neuer Freund prüfte bereits seinen Reisepaß, blätterte in einem dicken schwarzen Wälzer und sagte:

«Ein Schriftsteller... Müßte ich Ihre Bücher kennen?»

Hier bot sich Sammy die Gelegenheit, den Zweck seiner Reise auf intelligente Weise darzulegen Sammy Luke war der Autor von bislang sechs Romanen. Fünf davon hatten sich in England gut, ja, fast erstaunlich gut verkauft, ohne allerdings in den Vereinigten Staaten besondere Aufmerksamkeit zu erregen. Der sechste Roman, *Women Weeping,* hatte jedoch – vielleicht dank seines auf makabre Weise modischen Themas – in beiden Ländern ins Schwarze getroffen. Schon wenige Wochen nach der Veröffentlichung waren die amerikanischen Verkaufszahlen phänomenal, und sie stiegen weiterhin; eine Option auf die Filmrechte (möglicherweise mit Jane Fonda und Meryl Streep als Masochistinnen?) war bereits erteilt. Und so war Sammys neuer amerikanischer Verleger zu der Ansicht gekommen, daß nur noch eins nötig wäre, um aus dem großen Erfolg von *Women Weeping* in den USA einen *totalen* Erfolg zu machen: Aus dem Autor müsse ein Fernsehstar werden. Indem er auf durchaus seriöse Weise in einer Reihe von Fernsehinterviews und Talk-Shows seine Position zu den Themen Gewalt und weiblicher Masochismus verfocht, sollte Sammy Luke *Women Weeping* an die Spitzen der Bestsellerlisten katapultieren. So jedenfalls entsprach es der festen Überzeugung von Clodagh Jansen, Sammys Lektorin bei Porlock Publishers.

«Sie werden in den Talk-Shows wunderbar ankommen, Sammy», hatte Clodagh bei ihren Anrufen aus den Staaten ins Telefon gekrächzt. «Sie sind zierlich und telegen. Und dann...» Clodagh hatte mit ihren Lippen ein lautes Geräusch gemacht – als ob sie jemanden verschlingen wolle. Aber damit war sicherlich nicht Sammy gemeint. Clodagh war eine überzeugte Feministin, wie sie Sammy erklärte, als sie nach England kam, um *Women Weeping* gegen viel Konkurrenz für eine riesige Summe für den amerikanischen Buchmarkt einzukaufen. Aber sie glaubte an die soziale Funktion, die Bestseller wie *Women Weeping* übernehmen könnten: Erst durch sie ließen sich radikale feministische Werke finanzieren. Sammy hatte versucht, ihr zu erklären, daß sein Buch in keiner Weise antifeministisch sei. Schließlich habe Zara, seine Egeria, keinerlei Einwände erhoben...

«Sparen Sie sich das für die Talk-Shows auf, Sammy», war alles, was Clodagh darauf geantwortet hatte.

Während Sammy sich noch fragte, wie er all dies gegenüber dem Paßbeamten auf dem Kennedy Airport in kurze, aber wohlgesetzte Worte fassen sollte, fragte der Mann in der Glaskabine: «Und der Zweck Ihrer Reise, Mr. Luke?»

Sammy merkte plötzlich, daß er – dank Porlocks Erster-Klasse-Ticket – auf dem langen Flug viel zuviel getrunken hatte, zuviel getrunken und zu tief geschlafen. In seinem

Kopf begann sich alles zu drehen. Doch welche Antwort er auch immer gegeben haben mochte, sie stellte den Mann in der Glaskabine offenbar zufrieden. Er drückte einen Stempel auf das weiße Blatt in seinem Paß und gab ihm seine Papiere zurück. Dann sagte er:

«Ich hoffe, Sie werden Ihren Besuch in den Vereinigten Staaten von Amerika in guter Erinnerung behalten, Mr. Luke. Schönen Tag noch!»

«O ja, vielen Dank», erwiderte Sammy überschwenglich. «Es ist schon jetzt ein schöner Tag für mich.»

Sammy Erfahrungen im berühmten Barraclough Hotel (von Clodagh für ihn gebucht), waren sogar noch erfreulicher. Alle, aber auch wirklich alle im Barraclough wollten, daß Sammy einen besonders angenehmen Aufenthalt hatte.

«Schönen Tag noch, Mr. Luke!» endeten die meisten Gespräche, mit der Telefonistin des Hotels ebenso wie mit dem liebenswürdigen Menschen, der den Lift bediente, oder dem Hotelportier, der sich ebenfalls als echter Gentleman erwies. Selbst die New Yorker Taxifahrer, deren verschlossene Mienen diese Herzlichkeit eigentlich nicht erwarten ließen, wollten unbedingt, daß Sammy einen schönen Tag verbrachte.

«O ja, danke, ja», gab Sammy begeistert zur Antwort. Und nach einer Weile fügte er hinzu: «New York ist wirklich phantastisch.» Dazu grinste er und versuchte, seinen Worten den Hauch eines amerikanischen Akzents zu verleihen.

«New York ist die freundlichste Stadt der Welt», erzählte er Zara am Telefon. Er schrie so laut, daß seine Worte von kleinen, vibrierenden Echos begleitet wurden.

«Tess sagt, sie meinen es nicht so.» Zaras Stimme klang erstaunlich dünn, ihre Macht wurde durch die Telefonleitung seltsam verkleinert. «Sie meinen es nicht ernst, weißt du.»

«Na, und? Tess hat sich geirrt, was die Schlägertypen bei

der Paßkontrolle anging. Warum soll sie sich nicht auch in diesem Punkt irren? Tess gehört nicht das ganze Land, weißt du. Sie hat nur einen kleinen Teil davon geerbt.»

«Liebling, wie redest du denn?» entgegnete Zara. Sam nahm ihre vertraute Besorgtheit wahr, und ihre Stimme klang plötzlich wieder viel mächtiger. «Geht es dir auch gut? Ich meine, schaffst du es, so ganz allein dort drüben...»

«Tagsüber bin ich hauptsächlich im Fernsehen», unterbrach sie Sammy lachend. «Ich bin allein – bis auf die Moderatoren und vierzig Millionen Zuschauer.» Sammy überlegte, ob er wahrheitsgemäß ergänzen sollte, daß nicht alle Shows landesweit ausgestrahlt wurden; manchmal gab es nur eine Million oder anderthalb Millionen Zuschauer. Aber Zaras vorwurfsvoller Tonfall setzte diesem Gedankengang ein Ende:

«Du hast noch gar nicht nach Mummy gefragt!» Es war die plötzliche Erkrankung von Zaras Mutter gewesen, die Zara im letzten Moment davon abgehalten hatte, Sammy nach New York zu begleiten. Nicht nur Sammy war von Zaras Hilfe abhängig.

Erst nachdem Sammy aufgelegt hatte – natürlicht nicht, ohne sich zärtlich nach dem Befinden von Zaras Mutter erkundigt und sich für seine primitive Stichelei gegen Tess entschuldigt zu haben –, wurde ihm klar, daß Zara recht hatte. Auch in seinen Ohren hatte sein Tonfall ungebührlich geklungen. In London hätte er es nie gewagt, eine kritische Bemerkung über Tess zu machen. Gewagt? Sammy mußte sich schon wieder korrigieren.

Zara, seiner starken, wunderbaren Zara, konnte er natürlich alles sagen. Sie war seine Frau. Wie ihnen alle ihre Bekannten immer wieder bescheinigten, standen sie sich ungewöhnlich nahe; ihre Kinderlosigkeit (eine Entscheidung, die aus ihrer anfänglichen Armut entstanden war und später einfach nie widerrufen wurde) hatte diese Intimität nur vergrößern können. Ihre Ehe gründete nicht auf einem sexuellen Strohfeuer – Sex hatte, selbst zum Anfang, in ihrer Beziehung nie eine große Rolle gespielt –, sondern auf etwas Tieferem, einer Seelenfreundschaft, die im Laufe der Jahre immer stärker geworden war. Sammy bezweifelte, daß in London noch ein anderes Ehepaar zu finden war, das sich so eng miteinander verbunden fühlte wie sie.

Das war die Wahrheit, und es war tröstlich, sich daran zu erinnern. Wenn nur Tess nicht im Laufe der letzten Jahre zu einer allgegenwärtigen Macht geworden wäre! Tess' Meinung über Kleider, Tess' Meinung über Inneneinrichtung, insbesondere über Gardinen ... Der letzte Schrott! (Ein neuer Ausdruck, den Sammy von Clodagh aufgeschnappt hatte.) Merkwürdig, wie Tess' Erbschaft ihren Meinungen irgendwie mehr Gewicht verlieh – vor allem, wenn man bedachte, wie sehr Zara unverdienten Reichtum verachtete.

«Inzwischen habe ich auch Geld, sogar mehr als genug, und ich habe es redlich verdient», dachte Sammy und reckte die schmalen Schultern in der neuen blaßblauen Jacke, zu deren Kauf ihm Zara, ja, Zara, geraten hatte. Er betrachtete sich in einem der großen, goldgerahmten Spiegel, die die Wände seiner Suite im Barraclough schmückten, und schob das große Blumenarrangement, ein Geschenk der Hoteldirketion (oder von Clodagh?) zur Seite, um besser sehen zu können. Sammy Luke, der Eroberer von New York – oder zumindest des amerikanischen Fernsehens. Dann lachte er über die Absurdität der Situation.

Er trat vom Wohnzimmer der Suite auf den kleinen Balkon und schaute auf das langgestreckte Netz von Straßen hinunter, das ihm zu Füßen lag, betrachtete die Dächer niedrigerer Gebäude und den verschwommenen grünen Fleck in der Mitte, den Central Park. Er war eben einfach sehr, sehr glücklich. Und dieses Glück gründete sich nicht nur auf den Erfolg seines Buches, den von Clodagh vorausgesagten augenblicklichen Werbeerfolg im Fernsehen oder die Aufmerksamkeit der Presse, die das Buch, wie ebenfalls von Clodagh vorausgesagt, teilweise heftig attackierte. Es gründete sich vor allem darauf, daß sich Sammy Luke in New York auf unermeßliche, wundervolle, unpersönliche Art und Weise geliebt fühlte. Es war eine Liebe, die von ihm nichts forderte; sie war wie ein elektrischer Kamin, der selbst im ausgeschalteten Zustand den Eindruck von roten, heißen Kohlen erweckte. New York glühte, aber es konnte ihn nicht verbrennen. Im Innersten seines Herzens wußte Sammy, daß er noch nie zuvor in seinem Leben so glücklich gewesen war.

In dem Moment klingelte das Telefon. Sammy verließ den Balkon. Er erwartete drei Anrufe. Der erste und wahrscheinlichste war Clodaghs täglicher Kontrollanruf: «Hi, Sammy, hier ist Clodagh. Die Show war wunderbar. Unser Mädchen aus der Publicity-Abteilung hat mir erzählt, anfangs sei es nicht so gut gelaufen. Sie hatte Angst gehabt, man könnte Sie verreißen ... aber wie Sie dann durchgestartet sind ... wirklich große Klasse!» Es folgten einige interessante Geräusche von Clodaghs beweglichen, sinnlichen Lippen. «Sammy, Sie waren in Topform. Sie hatten das Publikum wieder mal voll im Griff. Wahrscheinlich gefiel sich die Kleine einfach in der Beschützerrolle. Sue-May heißt sie, glaube ich, oder? Nein, Joanie. Genau, Joanie. Sie ist ganz verrückt nach Ihnen. Ich muß dringend mit ihr sprechen. Ich begreife nicht, wie so ein nettes Mädchen auf Männer stehen kann, und dann noch auf einen verheirateten Mann ...»

Clodaghs Vorliebe für das eigene Geschlecht bildete in ihren Gesprächen den Anlaß für immer neue, witzige Anspielungen. Seltsam, daß ihm auch das in New York so viel harmloser schien. In England war Sammy insgeheim ziemlich schockiert gewesen über die Offenheit, mit der sich Clodagh zu ihrer Sexualität bekannte. Einmal war sie sogar auf beunruhigende, zweideutige Weise öffentlich über ihn hergefallen: «Sie sind selbst ein bißchen wie ein Mädchen, Sammy.» Und selbst das war noch gar nichts gegen den peinlichen Moment, als Clodagh lachend eine gewisse Zuneigung für Zara gezeigt und sich gefragt hatte, was Zara – abgesehen natürlich von dem Geld, das jetzt regelmäßig hereinkam – an Sammy finden könnte. In New York stimmte Sammy jedoch begeistert in ihre Späße ein.

Und so wenig ihm das auch bedeuten mochte, er freute sich, daß Joanie, das Mädchen von der Publicity-Abteilung, das den täglichen Ablauf seiner Verabredungen organisierte, verrückt nach ihm war; denn Joanie war anders als die attraktive, räuberische, furchterregende Clodagh, sie war klein und zart.

Die zweite mögliche Anruferin war Joanie selbst. Vielleicht stand sie schon unten in der Lobby des Barraclough, bereit, ihn zur Aufnahme in ein Fernsehstudio am anderen Ende der Stadt zu begleiten. Später würde sie Sammy dann wieder am Hotel absetzen und mit großer Konzentration das Taxi bezahlen, als könnte es Sammys Nerven aus der Ruhe bringen, wenn diese Handlung nicht vollkommen korrekt ausgeführt würde. Vielleicht, dachte Sammy lächelnd, könnte er Joanie eines Tages sogar hinauf in seine Suite bitten ... Wofür waren Hotelsuiten sonst schließlich da? (Sammy hatte bisher noch nie eine Suite bewohnt, sein englischer Verleger pflegte die altmodische Sitte, seine Autoren auf Werbetourneen in schlichten Hotelzimmern unterzubringen.)

Die dritte Möglichkeit war, daß Zara ihn zurückrief. Ihr letztes Gespräch hatte, trotz Sammys unermüdlicher Entschuldigungen, kein befriedigendes Ende gefunden. Allein in London zurückgeblieben, sorgte sich Zara offenbar noch mehr um Sammy als sonst. In seinen Gedanken bemerkte er eine gewisse Selbstgefälligkeit gegenüber Zara. Wenigstens dieses eine Mal gab es keinen Grund, sich Sorgen zu machen (außer vielleicht wegen Joanie, fügte er in Gedanken lächelnd hinzu).

Doch Sammys Selbstgefälligkeit wurde durch die Stimme am Telefon gründlich erschüttert.

«Du Schwein! Ich habe dich gestern abend im Fernsehen gesehen ...» flüsterte eine weibliche Stimme. «Warte nur, Sammy Luke, ich komme in dein Zimmer und schneide dir deinen kleinen ...» Es folgte eine ausführliche anatomische Beschreibung dessen, was die Stimme mit Sammy Luke vorhatte. Die leise geflüsterten, grausamen Obszönitäten, die so schrecklich, so überraschend aus dem unschuldigen weißen Hoteltelefon drangen, schienen gar nicht aufzuhören, bohrten sich erbarmungslos in seine Ohren wie das Rauschen einer gräßlichen Kaurischnecke – bis Sammy darauf kam, den Hörer gegen die Brust zu drücken und so die Stimme in den Falten seiner neuen blauen Jacke zu erstikken.

Nach einer Weile, als er das Gefühl hatte, es könnte vorbei sein, hob Sammy den Hörer wieder ans Ohr. Er hörte gerade noch, wie die Stimme sagte:

«Schönen Tod noch!»

Dann war Stille.

Sammy wurde übel. Einen Augenblick später rannte er schon würgend durch das prunkvolle Wohnzimmer seiner herrlichen Suite im Barraclough. Das Bad am anderen Ende des großen Schlafzimmers schien ihm meilenweit entfernt zu sein; er erreichte es gerade noch rechtzeitig.

Sammy lag keuchend auf dem Teil des Doppelbetts, das dem Bad am nächsten war – dem Teil, der eigentlich für Zara vorgesehen war –, als wieder das Telefon klingelte. Er nahm ab, hielt den Hörer aber nicht direkt ans Ohr. Dann erkannte er die fröhliche, verbindliche Stimme der Telefonistin.

«Oh, Mr. Luke», sagte sie, «als bei Ihnen besetzt war, hat Joanie Lazlo von Porlock Publishers angerufen. Sie ruft später noch einmal an. Ich soll Ihnen aber schon ausrichten, daß die Aufnahme heute nachmittag ausfällt, Max Syegrand wurde an der Küste aufgehalten und wird nicht rechtzeitig wieder hier sein. Das ist wirklich schade, Mr. Luke. Seine Show ist hervorragend. Joanie kommt heute abend noch mit ein paar Büchern zu Ihnen, die signiert werden sollen ... Schönen Tag noch, Mr. Luke.» Diesmal erschauderte Sammy, als er die vertraute, fröhliche Abschiedsformel hörte.

Es schien eine Ewigkeit zu dauern, bis Joanie anrief, um zu sagen, daß sie in der Hotellobby sei. Sie fragte, ob sie die Bücher zu ihm in die Suite bringen solle. Ihr hübsches Gesicht glühte, als sie, eine schwere mexikanische Einkaufstasche voller Bücher über der Schulter, Sammys Wohnzimmer betrat, und sie begrüßte Sammy auf die übliche enthusiastische Art und Weise. Doch Sammy konnte kaum glauben, daß er je erwogen hatte, sie – oder überhaupt irgend jemanden – zu verführen, hier in seiner vergoldeten Suite, inmitten der kostbaren Blumenarrangements. Das alles schien sehr, sehr lange her zu sein.

Denn in den Stunden vor Joanies Ankunft hatte Sammy zwei weitere Anrufe bekommen. Die flüsternde Stimme und ihre Beschreibungen von Sammys Schicksal waren immer dreister geworden, ohne daß die Stimme jemals lauter geworden wäre. Aus unerfindlichen Gründen lauschte Sammy ihren Worten von Anfang bis Ende. Zum Schluß kam jedesmal die vertraute Floskel. Obgleich er halb damit gerechnet hatte, hatte er heftiges Herzklopfen bei den Worten:

«Schönen Tod noch, Mr. Luke.»

Beim zweiten Anruf knallte er sofort den Hörer auf und rief die Vermittlung an:

«Genug!» sagte er laut und ziemlich atemlos. «Ich habe genug. Ich will nicht mehr.»

«Mr. Luke?»

«Ich meine, ich will diese Anrufe nicht mehr. Ich kann das nicht ertragen.»

«Aber klar doch, wie Sie wünschen, Mr. Luke.» Die Telefonistin war abgelöst worden – es war eine andere Stimme, nicht die fröhliche Frau, die so gern die Max-Syegrand-Show sah, aber sie war genauso freundlich. «Dann stelle ich ab jetzt keine Anrufe mehr durch. Das tu ich liebend gern für Sie, Mr. Luke. Auf Wiederhören. Schönen Abend noch!»

Hätte Sammy die neue Telefonistin nach der Anruferin fragen sollen? Bestimmt hätte sie erklärt, sie würde ihm liebend gern jede Auskunft erteilen. Aber in seinem erschütterten Zustand hatte er Angst vor jeder weiteren fröhlichen New Yorker Begegnung. Außerdem war der erste Anruf von der netten Max-Syegrand-Verehrerin durchgestellt worden. Zara. Er mußte mit Zara sprechen. Sie würde wissen, was zu tun war. Oder besser: Sie würde wissen, was *er* zu tun hatte.

«Was ist denn da drüben los?» rief sie verzweifelt. «Ich habe dreimal versucht, dich anzurufen, aber die verdammte Frau in der Zentrale hat sich geweigert, mich durchzustellen. Ist alles in Ordnung? Ich habe zurückgerufen, weil du vorhin so merkwürdig klangst. Irgendwie *high.* Du hast ständig über Sachen gelacht, die gar nicht lustig waren. Das sieht dir gar nicht ähnlich. Ich weiß, in New York sollen mit ganz normalen Leuten die verrücktesten Dinge geschehen, aber ich hätte nie gedacht . . .»

«Es geht mir gar nicht gut, Zara, überhaupt nicht gut«, unterbrach sie Sammy; er merkte, daß seine Stimmer hoch und ziemlich zittrig klang. «Vorhin ging es mir gut, sehr gut sogar, aber jetzt nicht mehr, überhaupt nicht mehr.» Zara schien sich auf das, was Sammy ihr erzählte, keinen Vers machen zu können, und nach einer Weile entschloß er sich, alle Erklärungen über seine frühere Hochstimmung wegzulassen. Zara schien nicht zu begreifen, was er sagte, und außerdem mußte sich Sammy schuldbewußt eingestehen, daß Zaras Abwesenheit bei dieser vorübergehenden Verrücktheit eine nicht geringe Rolle gespielt hatte. Also stimmte Sammy ihr bereitwillig zu, als sie sagte, daß er sich seit seiner Ankunft in New York ziemlich merkwürdig verhalten habe, dann flehte er Zara an, ihm zu sagen, was er jetzt tun solle.

Nachdem sie Sammy ein umfassendes Geständnis entlockt hatte, klang sie wieder so forsch und fürsorglich, wie er es von ihr gewohnt war. Sie riet Sammy, sich unverzüglich bei Clodagh zu melden.

«Ehrlich gesagt, Sammy, ich verstehe nicht, warum du sie nicht gleich angerufen hast.» Zara erklärte, auch wenn Sammy dazu offensichtlich nicht in der Lage sei, könne Clodagh der Hotelzentrale bestimmt klarmachen, daß sie die Anrufe filtern und nur die rechtmäßigen Anrufe zu Sammy durchstellen solle.

«Möglicherweise kennt Clodagh diese Frau sogar», bemerkte Sammy in einem Anfall von Schwäche. «Einige ihrer Freundinnen sind ziemlich merkwürdig.»

Zara lachte. «Nicht *so* merkwürdig, hoffe ich.» Sie hatte jetzt wieder viel bessere Laune. Gewissenhaft dachte Sammy daran, sich nach dem Befinden von Zaras Mutter zu erkundigen, ehe er auflegte; und als er hörte, daß Tess geschäftlich nach Amerika geflogen sei, ging er sogar so weit zu sagen, daß er sich liebend gern auf einen Drink mit ihr treffen würde.

Als Joanie kam, erzählte Sammy ihr als erstes von den Drohanrufen. Ihre Bestürzung verschaffte ihm eine gewisse Genugtuung.

«Aber das ist ja furchtbar, Sammy!» murmelte sie, und ihre haselnußbraunen Augen wurden wäßrig vor zartem Mitgefühl. «Clodagh ist nicht im Büro, aber ich kann ja auch mit dem Hotelmanager sprechen...» Verwundert stellte Sammy fest, daß Joanie für ihn jede Anziehungskraft verloren hatte. Ihre Freundlichkeit hatte jetzt fast etwas Süßliches; vielleicht war es die reine Seichtheit, ein oberflächliches Strahlen, hinter dem sich nicht das geringste verbarg; vielleicht hatte Tess recht, und die New Yorker waren tatsächlich unaufrichtig, meinten nichts von dem, was sie sagten, wirklich ernst. Alles in allem war Sammy froh, als sich Joanie, die signierten Bücher in der Schultertasche, von ihm verabschiedete.

Er bot ihr keinen zweiten Drink an, obwohl sie ihm einen Fahnenabzug der *New-York-Times*-Buchseiten vom Sonntag mitgebracht hatte. *Women Weeping* war auf der Bestsellerliste vier Plätze nach vorn gerückt.

«Schönen Abend noch, Sammy», sagte Joanie sanft, als sie die Tür der Suite hinter sich schloß. «Ich habe auf Clodaghs Anrufbeantworter eine Nachricht hinterlassen, und ich rufe Sie morgen wieder an.»

Aber Sammys Abend war nicht schön. Dummerweise entschloß er sich, in seiner Suite zu Abend zu essen; er hatte entsetzliche Angst, die Frau mit der Flüsterstimme könnte ihm auf der Straße vor dem Barraclough auflauern.

«Schönen Tag noch», sagte der Kellner automatisch, nachdem er das Essen auf einem vorgeheizten Rollwagen mit weißer Damastdecke ins Zimmer geschoben und Sammy die Quittung zum Unterschreiben vorgelegt hatte. Sammy haßte ihn.

«Der Tag ist vorbei. Es ist jetzt Abend», versetzte er mit spitzer, fast boshafter Stimme; leider hatte er das Trinkgeld schon auf die Quittung gelegt. Der Kellner verstaute die Dollars mit einer raschen, fachmännischen Bewegung in seiner Jackentasche. Auf dem Weg zur Tür drehte er sich um und lächelte:

«Ja. Gewiß doch. Danke, Mr. Luke. Schönen Tag noch.» Seine Hand lag bereits auf der Klinke.

«Es ist Abend!» schrie Sammy. Er merkte bestürzt, daß er am ganzen Körper zitterte. «Verstehen Sie das nicht? Wollen Sie etwa leugnen, daß es *Abend* ist?» Der Kellner war leicht überrascht, aber offenbar nicht aus der Fassung zu bringen. Er sagte wieder: «Ja. Gewiß doch. Abend. Auf Wiedersehen.» Und damit ging er hinaus.

Sammy ging zur Minibar und goß sich einen Whisky ein. Er hatte keinen Hunger mehr. Der weißgedeckte Eßtisch deprimierte ihn; er erinnerte ihn an seine unerfreuliche Begegnung mit dem Kellner. Andererseits fehlte ihm der Mut, den Rollwagen einfach auf den Korridor zu schieben.

Hatte er vorher vermieden, das Barraclough zu verlassen, mußte er jetzt feststellen, daß er es nicht einmal mehr wagte, die Tür seiner eigenen Suite zu öffnen.

Clodagh war nicht im Büro, also war es zweifellos Joanies Schuld, daß die Hotelangestellten ihre Anweisungen noch immer mißachteten. Ein weiterer Flüsteranruf erreichte Sammy gegen zehn Uhr abends, als er sich gerade einen oft von Werbespots unterbrochenen Film mit der jungen Elizabeth Taylor im Fernsehen anschaute. (Wenn er bis Mitternacht aufbliebe, könnte er sich selbst in einer aufgezeichneten Talk-Show sehen.) Die Telefonistin war angewiesen, ihm jeweils den Namen des Anrufers zu nennen, damit Sammy noch im letzten Moment entscheiden konnte, ob er den Anruf entgegennehmen wollte oder nicht. Doch die Flüsterstimme drang direkt an sein Ohr.

In ihrer Ankündigung lag eine widerliche, neue Dringlichkeit: «Schönen Tod noch, Sammy Luke. Ich komme bald, sehr bald vorbei.»

Trotz des Whiskys – er hatte noch eine weitere kleine Flasche aufgemacht – zitterte Sammy am ganzen Körper, als er die Vermittlung anrief, um sich zu beschweren: «Ich bekomme immer noch diese Anrufe. Sie müssen etwas unternehmen. Es ist Ihre Aufgabe, sie mir vom Leibe zu halten.»

Die Telefonistin, eine Stimme, die er nicht wiedererkannte, klang erstaunt, aber voll guten Willens – falschen guten Willens, wie Sammy inzwischen empfand. Auf jeden Fall stellte sie sich dumm und wollte sich nicht daran erinnern, in den letzten Minuten irgendein Gespräch zu Sammy durchgestellt zu haben. Sammy wagte es nicht, sie anzuweisen, überhaupt keine Anrufe mehr weiterzugeben, denn es hätte ja sein können, daß Zara anrief. Oder Clodagh – wo war Clodagh überhaupt, jetzt, wo er sie brauchte, damit sie ihn vor dieser feministischen Irren beschützte? Er war zu verzweifelt, um den Kontakt zur Außenwelt völlig zu kappen. Was würde Zara ihm raten?

Nachdem sie ihm einmal eingefallen war, erschien ihm die Antwort bestechend einfach. Sammy rief die Rezeption an und verlangte den Geschäftsführer. Wie die Telefonistin, gab sich der Geschäftsführer erstaunt, aber extrem höflich.

«Drohungen, Mr. Luke? Ich versichere Ihnen, Sie sind im Barraclough vollkommen sicher. Wir haben hervorragende Sicherheitskräfte... Aber wenn Sie möchten, komme ich sofort zu Ihnen, um die Angelegenheit persönlich mit Ihnen zu besprechen... Aber sicher, das tue ich liebend gern für Sie...»

Wenig später erschien der Geschäftsführer in Sammys Suite. Er war sehr liebenswürdig und erwähnte nicht nur Sammys Auftritte im Fernsehen, sondern auch sein neues Buch. Er sagte, er sei ganz begeistert von dem Buch, ja mehr noch, er habe es seiner dreiundachtzigjährigen Mutter (die Sammy in der *Today*-Show gesehen hatte) geschenkt, und sie sei ebenfalls ganz hingerissen. Sammy war zu erschöpft, um sich mehr als flüchtig zu fragen, was seine dreiundachtzigjährige Mutter wohl mit *Women Weeping* anfangen sollte. Die außerordentliche Höflichkeit des Geschäftsführers deprimierte Sammy noch mehr; es war absolut nicht klar, ob er Sammys Geschichte glaubte oder meinte, Sammy sei der plötzliche Erfolg ein wenig zu Kopf gestiegen. Vielleicht verhielten sich die Gäste im Barraclough ständig so, riefen aufgeregt bei der Zentrale an und berichteten von imaginären Morddrohungen? Doch auch zur weiteren Erforschung dieser Möglichkeit war Sammy viel zu erschöpft. Gegen Mitternacht stellte er wieder den Fernseher an. Er sah sich in der neuen blauen Jacke in der Talk-Show sitzen, auf dem Stuhl zappeln, über seinen eigenen Humor lachen und ungefähr zum zehnten Mal leugnen, daß er selbst eine sadistische Ader habe und *Women Weeping* auf eigenen Erlebnissen beruhe.

Als das Telefon kurz nach dem Ende der Show in die Stille seiner Hotelsuite schrillte, wußte Sammy, daß es seine Verfolgerin war; doch der Anblick seines einstigen New Yorker Selbstbewußtseins hatte ihm wieder ein wenig Kraft verliehen. Seine Hand zitterte nicht mehr, als er den Hörer abnahm.

Es war Clodagh. Sie war gerade nach New York zurückgekehrt und hatte Joanies Nachricht auf ihrem Anrufbeantworter vorgefunden. Aufmerksam hörte sie sich an, was Sammy ihr zu sagen hatte. Sie wirkte ungewöhnlich ernst. Jedenfalls fehlte ihr die sonst übliche, laut jubelnde Begeisterung.

«Das gefällt mir aber ganz und gar nicht!» sagte sie nach einem – für Clodaghs Verhältnisse – ziemlich langen Schweigen. «Seit Andy Warhol müssen wir solche Scherzkekse verdammt ernst nehmen. Wie wär's gleich morgen mit einer Presseerklärung? Wir können zwei Fliegen mit einer Klappe schlagen: Die Publizität würde Sie schützen, und wir könnten damit gleich noch ein paar Bücher mehr verkaufen: Oder vielleicht lieber doch nicht? Ich werde darüber nachdenken und Joanie morgen früh Bescheid sagen.» Sammy war sehr erleichtert, daß Clodagh die Sache endlich selbst in die Hand nahm.

Dann herrschte wieder Schweigen. Als Clodagh erneut das Wort ergriff, klang ihre Stimme freundschaftlich, fast mütterlich; überraschenderweise erinnerte sie Sammy an Zara.

«Hören Sie, Sammylein, bleiben Sie, wo Sie sind, ich komme zu Ihnen. Wir wollen doch nicht unseren wichtigsten Autor verlieren, oder?»

Sammy ging auf den kleinen Balkon seiner Suite und schaute auf die Straßenlichter tief unter ihm. Aber er schaute nicht allzulange, erstens weil er unter Höhenangst litt (was sich allerdings seit seiner Ankunft in New York stark gebessert hatte), zweitens weil er sich fragte, ob dort unten eine Feindin auf ihn wartete. Sammy glaubte schon lange nicht mehr, daß die Lichter dieser Stadt aus lauter Freundlichkeit blinkten. Er schaute hinunter und dachte an

Clodagh, den starken Zara-Ersatz, der zu ihm eilte, um ihm das Leben zu retten.

Als Clodagh ziemlich plötzlich an der Tür seiner Suite erschien – wahrscheinlicht hatte sie ihn nicht erschrecken wollen, indem sie von der Hotellobby aus anrief –, sah sie sehr stark aus, stark und sehr attraktiv in den schwarzen Designerjeans und der schwarzen Seidenbluse. Durch die Bluse konnte er ihre Nippel und die Form ihrer flachen, männlichen Brüste erkennen, die Brust eines jungen, griechischen Athleten.

«Sammylein», sagte Clodagh fast zärtlich. «Wem sollte es einfallen, Sie zu bedrohen?»

Die Türen zum Balkon standen noch offen. Clodagh wies Sammy an, ihnen beiden einen Whisky einzugießen (in der Schärfe ihres Befehls glaubte er, eine Spur der alten Clodagh zu erkennen). In gebieterischem Ton nötigte sie Sammy anschließend zwei geheimnisvolle, große Pillen auf. Zusammen mit dem Whisky, versprach sie, würden sie ihm schöne Träume schenken, «und dann können Sie keine häßlichen Anrufe mehr stören».

Ein wenig unbehaglich war ihm Clodaghs Neigung, dicht neben ihm zu stehen und einen ihrer langen Arme liebevoll um seine Schultern zu legen, und so hatte Sammy nicht das geringste einzuwenden, als Clodagh ihm befahl, ihre beiden Drinks auf den Balkon zu bringen. Er war froh, der leicht beunruhigenden Intimität der Suite entfliehen zu können.

In jeder Hand ein Glas, stand Sammy am Rande der Brüstung und schaute nach unten. Er fühlte sich besser. Sein früheres Wohlwollen gegenüber New York überflutete ihn, als der Whisky und die Pillen zu wirken begannen. Jedenfalls stellte er sich nicht mehr vor, daß dort unten in der Straße vorm Barraclough eine Feindin auf ihn lauerte.

In gewisser Weise hatte Sammy natürlich recht. Seine Feindin stand nicht dort unten auf der Straße, sondern direkt hinter ihm, auf dem Balkon, die schwarzen Handschuhe über die kräftigen Hände gestreift, die aus den Manschetten der schwarzen Seidenbluse ragten.

«Schönen Tod noch, Sammy Luke.» Selbst der vertraute Satz hatte kaum Zeit, in seinem Herzen ein Schaudern hervorzurufen, als Sammy plötzlich spürte, wie er fiel, in die tiefe Schlucht der New Yorker Straße, dreiundzwanzig Stockwerke tief. Die beiden Whiskygläser fielen ihm aus der Hand, und kleine Glassplitter verstreuten sich rund um die Stelle, wo Sammys zierlicher Körper auf den Bürgersteig prallte.

Die weichherzige Joanie weinte, als die Polizei ihr Sammys maschinengeschriebenen Selbstmordbrief zeigte, dessen Unterschrift ihr vom Signieren der Bücher so vertraut war; der Text selbst war das letzte Produkt der verbeulten Reiseschreibmaschine, die Sammy mit nach New York gebracht hatte. Aber Joanie mußte bestätigen, daß Sammy bei ihrem letzten Treffen in seiner Suite einen verzweifelten Eindruck gemacht hatte – einen Eindruck, der durch die Menge an Whisky verstärkt wurde, die Sammy vor seinem Tod getrunken hatte –, beim Sturz hatte er in jeder Hand ein Glas gehalten, sagte die Polizei, von den Beruhigungspillen ganz zu schweigen.

Auch die Aussagen des Kellners vervollkommneten das Bild.

«Der Mann wirkte ziemlich angeschlagen, als ich ihm sein Essen brachte.» Nach einer Weile fügte er hinzu: «Wahrscheinlich war er einsam. Wollte reden. Sie kennen ja diese Leute. Wollte mich aufhalten, als ich ging. Wollte ein Gespräch anfangen. Ich hätte dableiben und mit ihm reden sollen, aber ich mußte weiter, hatte viel zu tun.» Der Kellner zeigte aufrichtige Reue.

Auch der Hotelmanager war voller Reue, was angesichts der Tatsache, daß Sammys Tod durch den Sturz von einem Balkon des Barraclough in der Presse große Beachtung fand, nur zu verständlich war.

Eine der Telefonistinnen – Sammys fröhliche Freundin –

war völlig fassungslos: «Gott, ich kann es gar nicht glauben! Ich habe ihn doch gerade erst im Fernsehen gesehen!» Die andere Telefonistin reagierte gelassener; sie sagte, Sammy habe an dem Abend einen verwirrten Eindruck gemacht und sich nicht entscheiden können, ob er Anrufe entgegennehmen wollte oder nicht.

Zara Luke in England erzählte allen Freunden und Bekannten von Sammys letztem Lebenstag und seiner abenteuerlichen Geschichte von den Drohanrufen, für die es darüber hinaus keinerlei Beweise gab. Niemand war überrascht, als sie enthüllte, daß Sammy bereits in der Vergangenheit eine ganze Reihe von Nervenzusammenbrüchen gehabt hatte und immer besonders ängstlich gewesen war, wenn er allein verreisen mußte.

«Ich werde mir nie verzeihen, daß ich ihn allein fortgelassen habe», beendete Zara ihre Erzählungen mit bewegter Stimme.

Clodagh Jansen gab im Namen von Porlock Publishers eine würdevolle Erklärung ab.

Und Clodagh war es auch, die die Witwe des Autors am Flughafen abholte, als sie eine Woche später in New York eintraf, um all die traurigen Anordnungen zu treffen, die der Tod des armen Sammy notwendig machte.

Am Flughafen umarmten sich Clodagh und Zara diskret und mit den angemessenen Tränen der Trauer. Erst später, im Schutz von Clodaghs Apartment – denn es wäre doch wirklich unhöflich gewesen, Zara im Barraclough absteigen zu lassen –, wurden ihre Umarmungen intimer und ungestümer. Doch das war nur der Anfang: Keine von beiden hatte einen Grund, die Dinge zu überstürzen.

«Wir haben endlos viel Zeit», murmelte Sammys Witwe Sammys Lektorin ins Ohr.

«Und endlos viel Geld», flüsterte Clodagh; sie mußte Zara unbedingt noch erzählen, daß *Women Weeping* am kommenden Sonntag auf dem ersten Platz der Bestsellerliste stehen würde.

P. D. JAMES

Das Opfer

Natürlich kennen Sie Prinzessin Ilsa Mancelli. Damit meine ich, daß Sie sie schon auf der Leinwand gesehen haben müssen; oder im Fernsehen; auf Zeitungsfotos, wie sie gerade mit ihrem letzten Mann aus dem Flugzeug steigt; sich mit ihm auf ihrer gemeinsamen Jacht erholt; juwelenbehängt bei Premieren, auf Galaabenden, überhaupt an allen Abenden und allen Orten, wo die Reichen und Erfolgreichen sich zeigen müssen. Selbst wenn Sie, so wie ich, dem internationalen Jet-set – ich glaube, so nennt man das – nichts als gelangweilte Verachtung entgegenbringen, so können Sie doch kaum in dieser modernen Welt leben, ohne Ilsa Mancelli zu kennen. Und ganz sicher haben Sie ein paar Dinge über ihre Vergangenheit aufgeschnappt. Die kurze und nicht übermäßig erfolgreiche Filmkarriere, als sogar ihre atemberaubende Schönheit ihren Mangel an Talent nicht ganz wettmachen konnte; die Reihe von Ehen, zunächst mit dem Produzenten ihres ersten Films, der sich ihretwegen nach zwanzig Jahren von seiner Frau scheiden ließ; dann die Ehe mit einem texanischen Millionär; schließlich mit einem Prinzen. Vor ungefähr zwei Monaten sah ich ein grauenvoll kitschiges Foto von ihr und ihrem zwei Tage alten Sohn in einer römischen Privatklinik. Es scheint also, als sei diese Ehe – gesegnet, wie sie durch Reichtum, Titel und Mutterschaft nun einmal ist – dazu bestimmt, ihr letztes Abenteuer zu werden.

Mir ist aufgefallen, daß der Ehemann vor dem Filmproduzenten nicht mehr erwähnt wird. Vielleicht befürchtet ihr Publicity-Manager, ein gewaltsamer – vor allem ein unaufgeklärter – Todesfall in der Familie könne einen Schatten auf ihr strahlendes Image werfen. Mord und Schönheit. Ganz zu Anfang ihrer Karriere konnte man auf diese billige Ersatzsensation einfach nicht verzichten. Heute ist das anders. Heutzutage liegt ihre frühe Vergangenheit, die vor der Heirat mit dem Filmproduzenten, ein wenig im dunkeln, obwohl es Hinweise auf ein armes, freilich anständiges Elternhaus und auf den Lohn für frühzeitiges, hartes Kämpfen gibt. Ich bin der dunkelste Punkt in diesem Dunkel. Egal, was Sie über Ilsa Mancelli wissen oder zu wissen glauben, von mir haben Sie bestimmt noch nie gehört. Die Maschinerie der Publicity hat verordnet, daß ich namenlos, gesichtslos, vergessen zu sein habe, daß ich schlicht nicht mehr existiere. Ironischerweise hat die Maschinerie recht; im tatsächlichen Sinne tue ich es auch nicht.

Ich heiratete sie, als sie noch Elsie Bowman hieß und siebzehn Jahre alt war. Ich war Bibliotheksassistent in unserer örtlichen Büchereifiliale und fünfzehn Jahre älter als sie, zweiunddreißig, noch unberührt, ein verhinderter Gelehrter, schmalgesichtig, etwas vorgebeugt, meine spärlichen Haare lichteten sich bereits. Sie arbeitete in der Kosmetikabteilung in dem Geschäft an der Hauptstraße. Sie war schon damals schön, aber auf eine zarte, liebliche, ungekünstelte Weise, die kaum ihre heutige perfekte, reife Schönheit ahnen ließ. Unsere Geschichte war höchst gewöhnlich. Eines Abends brachte sie ein Buch zurück, als ich Schalterdienst hatte. Wir unterhielten uns ein wenig. Sie bat mich um Rat, weil sie Lektüre für ihre Mutter suchte. So lange, wie ich mich gerade noch traute, ging ich die Regale nach passenden Romanen für sie durch. Ich versuchte, sie für die Bücher zu interessieren, die mir gefielen. Ich fragte sie, was sie so machte, wie sie lebte, was sie für Ziele hatte. Sie war die einzige Frau, mit der zu sprechen ich Gelegenheit hatte. Ich war von ihr entzückt, war völlig in sie vernarrt.

Ich machte dann meistens früh Mittag, stattete dem Geschäft heimlich Besuche ab und beobachtete sie von einer in der Nähe stehenden, mir Schutz gebenden Säule aus. Bei einem Bild scheint mir sogar heute noch der Atem zu stokken. Sie hatte etwas Parfüm auf ihr Handgelenk getupft und hielt nun einem potentiellen Käufer ihren nackten Arm über den Ladentisch hin, damit er den Duft riechen konnte. Sie war ganz vertieft, und ihr junges Gesicht dabei ernsthaft und gedankenverloren. Ich beobachtete sie, schweigend, und fühlte, wie mir die Tränen in die Augen stiegen.

Als sie einwilligte, mich zu heiraten, war es wie ein Wunder. Ihre Mutter (sie hatte keinen Vater mehr) war mit der Partie zufrieden, wenn auch nicht gerade begeistert davon. Sie betrachtete mich nicht als einen tollen Fang, darüber ließ sie keinerlei Zweifel aufkommen. Aber ich hatte eine gute Stellung mit Aufstiegschancen; ich war gebildet; ich war beständig und zuverlässig; ich hatte eine Grammar-School-Aussprache, die meinen Status in ihren Augen erhöhte – wobei sie allerdings so tat, als mache sie sich darüber lustig. Außerdem war für Elsie jede Heirat besser als gar keine. Manchmal, wenn es mir in den Sinn kam, über Elsies Beziehung zu anderen Menschen, außer mir, nachzudenken, hatte ich irgendwie den Eindruck, daß sie und ihre Mutter nicht sehr gut miteinander auskamen.

Mrs. Bowman sorgte, wie sie es ausdrückte, für Furore. Wir hatten einen kompletten Chor und ein Glockengeläut. Der Pfarrsaal wurde angemietet und achtzig Gästen ein auffallend unpassendes, schlecht zubereitetes Essen serviert. Zwischen meinen nervösen Anfällen und Übelkeitsphasen registrierte ich affektierte Kellner in kurzen weißen Jacken, einen Haufen kichernder Brautjungfern aus dem

Geschäft, deren sommersprossige Arme aus rosafarbenen Taftärmeln quollen, und joviale männliche Verwandte mit roten Gesichtern, dazu Nelken und wehenden Farn in den Knopflöchern, die unanständige Witze rissen und mir schmerzhaft auf den Rücken schlugen. Es wurden Reden gehalten, und es gab warmen Champagner. Und mittendrin, wie eine weiße Rose, Elsie, meine Elsie.

Ich nehme an, es war dumm von mir, mir einzubilden, ich könnte sie halten. Schon der Anblick unserer Morgengesichter, die einander im Schlafzimmerspiegel zulächelten, hätte mich warnen müssen, daß es nicht lange würde gutgehen können. Aber, armer, verblendeter Narr, der ich war, hätte ich mir doch nie träumen lassen, daß ich sie auf anderem Wege als durch den Tod verlieren könnte. An ihren Tod wagte ich nicht zu denken, und zum erstenmal hatte ich vor meinem eigenen Angst. Das Glück hatte einen Feigling aus mir gemacht. Wir zogen in einen neuen Bungalow, den Elsie ausgesucht hatte, saßen in neuen Stühlen, die Elsie ausgesucht hatte, schliefen in einem Rüschenbett, das Elsie ausgesucht hatte. Ich war so glücklich, es schien mir, als glitte ich in eine neue Phase meines Lebens, wo ich andere Luft atmete und mir die banalsten Dinge so vorkamen, als seien sie gerade erst erschaffen worden. Wenn man bis über beide Ohren verliebt ist, ist man nicht unbedingt bescheiden. Ist es so unsinnig, den Wert einer Liebe wie der meinen zu erkennen und zu glauben, die Geliebte werde durch sie ebenfalls getragen und verwandelt?

Sie sagte, sie fühle sich einem Kind noch nicht gewachsen, und ohne ihren Beruf wurde es ihr schnell langweilig. Sie belegte einen Schnellkurs in Steno und Schreibmaschine an der örtlichen Gewerbeschule und fand bei der Firma Collingford und Major eine Stelle als Schreibkraft. Jedenfalls war das anfangs ihre Stellung. Erst Schreibkraft, dann Sekretärin von Mr. Rodney Collingford, dann Privatsekretärin, dann intime Privatsekretärin; in dem verwirrten Zustand, in dem ich mich als treuliebender Ehegatte befand, wurde mir ihr Aufstieg von gelegentlichem Diktate-Entgegennehmen, wenn seine damalige Sekretärin nicht da war, bis zum Protzen mit seinen Geschenken und zum Teilen seines Bettes nicht bewußt.

Er war alles, was ich nicht war. Reich (sein Vater hatte kurz nach dem Krieg mit einer Kunststoffabrik ein Vermögen gemacht und die Firma seinem einzigen Sohn hinterlassen), auf eine herbe, südländische Weise gutaussehend, muskulös, selbstbewußt; wirkte attraktiv auf Frauen. Er prahlte damit, daß er sich nahm, was er wollte. Elsie muß ein besonders leichter Fang für ihn gewesen sein.

Ich frage mich noch immer, warum er sie heiraten wollte. Damals dachte ich, er konnte der Versuchung nicht widerstehen, einem jämmerlichen, unterprivilegierten und unattraktiven Ehemann einen Preis wegzunehmen, den dieser weder durch sein Aussehen noch durch Begabung verdient hatte. Das ist mir an den Reichen und Erfolgreichen schon oft aufgefallen. Sie können es nicht ertragen mit anzusehen, daß es unwürdigen Menschen gutgeht. Ich glaube, allein schon, daß er sie mir wegnahm, verschaffte ihm zur Hälfte Befriedigung. Das war zum Teil der Grund, warum ich wußte, ich mußte ihn umbringen. Aber heute bin ich mir nicht mehr so sicher. Vielleicht habe ich ihm unrecht getan. Vielleicht war die ganze Sache einfacher und zugleich komplizierter. Sehen Sie, sie war – ist es noch – so bildhübsch.

Ich verstehe sie heute besser. Sie besaß Güte, Sinn für Humor, war sozusagen großzügig – vorausgesetzt, sie bekam, was sie wollte. Als wir heirateten, und vielleicht auch noch achtzehn Monate später, wollte sie mich. Weder ihr Egoismus noch ihre Neugier hatten einer so schmeichelhaften, überwältigenden Liebe widerstehen können. Aber für sie war eine Ehe nichts Dauerhaftes. Sie bedeutete nur den ersten und notwendigen Schritt zu der Art von Leben, das sie sich wünschte und unbedingt haben wollte. Solange ich es war, was sie wollte, war sie nett zu mir, im Bett und auch sonst. Aber als sie jemand anderen wollte, betrachtete sie den Anspruch, den ich auf sie erhob, meine Eifersucht und meine Verbitterung, als grausame und vorsätzliche Verweigerung ihres fundamentalen Rechts, des Rechts, das zu bekommen, was sie wollte. Immerhin hatte ich sie drei Jahre lang gehabt, zwei Jahre länger, als ich rechtmäßig überhaupt erwarten durfte. Das war ihre Ansicht. Das war auch die Ansicht ihres Schätzchens Rodney. Als meine Bekannten in der Bücherei von der Scheidung hörten, konnte ich ihren Blicken ablesen, daß auch sie dieser Ansicht waren. Und sie verstand nicht, warum ich so verbittert war. Rodney war vollauf zufrieden damit, der schuldige Teil zu sein; sie erwarteten nicht von mir – wie sie sarkastisch bemerkte –, daß ich mich wie ein Gentleman benahm. Mir würden durch die Scheidung keine Kosten entstehen. Rodney würde sich darum kümmern. Ich würde keine Alimente zahlen müssen. Rodney hatte mehr als genug; einmal war sie kurz davor, mich mit seinem Geld zu bestechen, damit ich sie ohne großes Theater gehen ließe. Aber trotzdem – war es wirklich so einfach? Eine Zeitlang hatte sie mich doch geliebt, oder zumindest gebraucht. Hatte sie in mir vielleicht den Vater gesehen, den sie mit fünf Jahren verloren hatte?

Während der Scheidung, durch die mich hochbezahlte Rechtsberater sanft hindurchschleusten, als sei ich ein unbequemes, aber entbehrliches Ärgernis, dessen man sich mit taktvollem Tempo entledigen müsse, bewahrte mich nur die Gewißheit, daß ich Collingford umbringen würde, vor dem Wahnsinn. Ich wußte, daß ich nicht in einer Welt weiterleben konnte, in der er dieselbe Luft atmete wie ich. Ich zehrte gierig von der Vorstellung seines Todes, fand Geschmack daran, begann ihn systematisch und mit grauenvollem Vergnügen zu planen.

Ein erfolgreicher Mord hängt davon ab, daß man sein Opfer kennt, seinen Charakter, seine tägliche Routine, seine Schwächen; all jene unveränderlichen und verräterischen Gewohnheiten, die den Kern einer Persönlichkeit ausmachen. Ich wußte eine ganze Menge über Rodney Collingford. Ich kannte Fakten, die Elsie während der ersten Wochen in der Firma hatte fallenlassen, Büroklatsch. Ich besaß die vollständigeren und schon intimeren Informationen, die Elsie mir in jenen ersten Tagen, als sie so hingerissen von ihm war, mitgeteilt hatte, als sie weder aus Klugheit noch aus Freundlichkeit die manische Beschäftigung mit ihrem neuen Chef hatte verbergen können. Schon zu dem Zeitpunkt hätte ich eigentlich gewarnt sein müssen. Keiner kannte besser als ich das Bedürfnis, über den abwesenden Geliebten zu sprechen.

Was wußte ich von ihm? Natürlich das, was allgemein bekannt war. Daß er wohlhabend war; dreißig Jahre alt; ein bemerkenswerter Amateur-Golfer; daß er in einem protzigen Haus im pseudogeorgianischen Stil am Themseufer lebte, mit überbezahlten, aber nicht im Hause wohnenden Dienstboten; daß er einen Kabinen-Kreuzer besaß; daß er knapp über einen Meter achtzig maß; daß er ein guter Geschäftsmann war, angeblich aber ziemlich knauserig; daß er methodisch an seinen Gewohnheiten festhielt. Ich wußte ganz verschiedene und unzusammenhängende Dinge über ihn; einige würden von Nutzen sein, einige wichtig, einige unbrauchbar. Ich wußte, daß er – was mich sehr überraschte – handwerkliches Geschick besaß und gerne Gegenstände aus Metall oder Holz anfertigte. Im Parterre seines Hauses hatte er sich einen großen, bestens ausgestatteten Werkraum eingerichtet, in dem er jeden Donnerstag alleine arbeitete. Er war ein Mann, dem Routine alles bedeutete. Diese Kreativität, so einfach und trivial sie auch war, fand ich faszinierend, aber ich gestattete mir nicht, lange darüber nachzudenken. Seine Persönlichkeit und seine Gewohnheiten interessierten mich nur insoweit, als sie für seinen Tod von Bedeutung waren. Ich dachte nie an ihn als ein menschliches Wesen. Für mich existierte er nur in Form meines Hasses. Er war Rodney Collingford, mein Opfer.

Als erstes wählte ich meine Waffe. Eine Pistole wäre am sichersten gewesen, nahm ich an, aber ich wußte nicht, woher ich eine kriegen sollte, und mir war vollkommen klar, daß selbst wenn mir das gelang, ich nicht wissen würde, wie ich sie laden oder handhaben mußte. Außerdem las ich damals eine Menge Bücher über Mordfälle und erkannte, daß Pistolen zu offensichtliche Spuren hinterließen, egal, wie geschickt man es angstellt hatte, sich eine zu beschaffen. Und dann war da noch etwas. Eine Pistole war zu unpersönlich, zu distanziert. Ich wollte im Augenblick seines Todes körperlichen Kontakt haben. Ich wollte ihm nahe genug sein, um jenen letzten ungläubigen und schreckerfüllten Blick zu sehen, wenn er gleichzeitig mich und seinen eigenen Tod erkannte. Ich wollte ihn erstechen.

Ich kaufte das Messer zwei Tage nach der Scheidung. Ich hatte es nicht eilig, Collingford umzubringen. Ich wußte, ich mußte mir Zeit lassen, mußte Geduld haben, wenn ich sichergehen wollte. Vielleicht würde ich eines Tages, wenn wir beide alt waren, Elsie alles erzählen. Aber ich hatte nicht die Absicht mich entdecken zu lassen. Es sollte der perfekte Mord sein. Und das hieß, ich mußte mir Zeit lassen. Er sollte noch ein ganzes Jahr leben dürfen. Aber ich wußte, je eher ich das Messer kaufte, desto schwieriger würde es sein, zwölf Monate später den Kauf noch zurückzuverfolgen. Ich kaufte es nicht am Ort. An einem Samstagmorgen nahm ich den Zug und den Bus in eine der Vorstädte im Nordosten und fand ganz in der Nähe der Hauptstraße ein gutbesuchtes Warenhaus mit einer Eisenwarenabteilung. Eine Auswahl der verschiedensten Messer war dort ausgestellt. Das, was ich mir aussuchte, hatte eine ungefähr fünfzehn Zentimeter lange Klinge aus starkem Stahl, die in einen einfachen Holzgriff eingeschraubt war. Ich nehme an, es war zum Linoleumschneiden gedacht. Im Geschäft schützte eine Scheide aus Pappe seine rasierklingenscharfe Kante. Es lag gut in der Hand und schien genau richtig. An der Kasse stand ich in einer kleinen Schlange, und der Kassierer sah nicht einmal kurz zu mir auf, als er meine Scheine entgegennahm und mir das Wechselgeld zuschob.

Aber der angenehmste Teil meines Plans war der zweite Schritt. Ich wollte, daß Collingford litt. Ich wollte ihn wissen lassen, daß er sterben würde. Es genügte nicht, daß er es in der letzten Sekunde, bevor ich ihm das Messer hineinstieß, wußte oder in der allerletzten Sekunde, bevor er auf ewig aufhören sollte, irgend etwas zu wissen. Zwei Sekunden der Todesqual, wie grauenvoll sie auch sein würden, waren keine angemessene Wiedergutmachung für das, was er mir angetan hatte. Er sollte wissen, daß er zum Tode verurteilt war, sollte es mit zunehmender Sicherheit wissen, sollte sich jeden Morgen fragen müssen, ob dies sein letzter Tag werden würde. Was aber, wenn ihn dieses Wissen vorsichtig machte, ihn auf der Hut sein ließ? In diesem Land konnte er nicht bewaffnet auf die Straße gehen. Mit einem ständigen Leibwächter an seiner Seite konnte er sein Geschäft nicht weiterführen. Er konnte nicht die Polizei bestechen, damit sie ihn rund um die Uhr bewachte. Außerdem würde er nicht gern als Feigling gelten wollen. Ich nahm an, daß er weitermachen würde, betont normal, als existierten die Drohungen gar nicht oder wären einfach lächerlich, etwas, worüber er mit seinen Saufkumpanen lachen konnte. Er gehörte zu den Menschen, die über Gefahren nur lachen. Aber niemals würde er ganz sicher sein können. Und schließlich würde er am Ende sein, mit seinen Nerven und seiner Zuversicht. Elsie würde in ihm nicht mehr den Mann erkennen, den sie geheiratet hatte.

Ich hätte ihn gerne angerufen, aber ich wußte, das war undurchführbar. Telefonanrufe konnte man zurückverfolgen; er konnte sich weigern, mit mir zu sprechen; ich war mir nicht sicher, ob ich meine Stimme verstellen konnte. Das Todesurteil mußte also per Post übermittelt werden. Natürlich konnte ich die Botschaften oder Briefumschläge nicht eigenhändig schreiben. Meine Mordstudien hatten mich gelehrt, wie schwierig es war, seine Handschrift zu verstellen, und die Methode, Buchstaben aus der Zeitung auszuschneiden und zusammenzukleben, schien mir unschön, sehr zeitraubend und mit Handschuhen schwer zu bewerkstelligen. Ich wußte auch, daß es verhängnisvoll sein würde, meine eigene kleine tragbare Schreibmaschine oder eine der Maschinen in der Bücherei zu benutzen. Die Gerichtsexperten konnten eine Schreibmaschine identifizieren.

Und dann verfiel ich auf meinen Plan. Ich begann, meine Samstage und manchmal auch freie halbe Tage damit zu verbringen, durch London zu streifen und in Geschäfte zu gehen, die gebrauchte Schreibmaschinen verkauften. Wahrscheinlich kennen Sie diese Art von Geschäft; die verschiedensten Maschinen des verschiedensten Alters, einige praktisch veraltet, andere kaum benutzt; auf Tischen ausgestellt, an denen der potentielle Käufer sie ausprobieren kann. Es gab auch neue Maschinen, und der Besitzer war gewöhnlich damit beschäftigt, ihre Vorzüge zu demonstrieren oder über Teilzahlungsbedingungen zu verhandeln. Die Kunden wanderten ziellos umehr, sahen sich die Maschinen an und blieben gelegentlich stehen, um probeweise ein paar Zeilen zu tippen. Dazu lagen kleine Blöcke aus grobem Papier aufgestapelt bereit. Natürlich verwendete ich nicht die vorgesehenen Zettel. Ich war mit meinem eigenen Schreibmaterial ausgerüstet, einer ganz bekannten Sorte, die es in jedem Schreibwarenladen und in jedem Bahnhofsbuchladen zu kaufen gibt. Alle zwei Monate kaufte ich einen kleinen Vorrat an Papier und Umschlägen, und zwar nie im selben Geschäft. Wenn ich sie anfaßte, trug ich immer ein Paar dünner Handschuhe, das ich überstreifte, sobald ich mit dem Tippen fertig war. Befand sich jemand in meiner Nähe, dann tippte ich das übliche Zeug von Hänschen klein oder den besten Wünschen zum Geburtstag. Wenn ich aber ganz allein war, tippte ich etwas ganz anderes.

«Dies ist die erste Mitteilung, Collingford. Von nun an kriegen Sie regelmäßig welche. Sie sollen nur wissen, daß ich Sie umbringen werde.»

«Sie können mir nicht entkommen, Collingford. Von nun an kriegen Sie regelmäßig Mitteilungen. Sie sollen nur wissen, daß ich Sie umbringen werde.»

«Sie können mir nicht entkommen, Collingford. Vergessen Sie die Polizei, die kann Ihnen auch nicht helfen.»

«Ich bin Ihnen auf den Fersen, Collingford. Haben Sie schon Ihr Testament gemacht?»

«Bald ist es soweit, Collingford. Wie fühlt man sich als Todeskandidat?»

Die Drohungen waren nicht gerade elegant. Als Bibliothekar kannte ich eine ganze Reihe passender Zitate, die das bloße Todesurteil um einen Hauch von Individualität oder Stil, vielleicht sogar von Sarkasmus bereichert hätten. Aber Originalität war mir zu riskant. Die Botschaften mußten ganz gewöhnlich sein, jene Art von Drohung, die jeder seiner Feinde – ein Arbeiter, ein Rivale, ein betrogener Ehemann – hätte schreiben können.

An manchen Tagen hatte ich Glück, und das Geschäft, das ich aufsuchte, war groß, gut ausgestattet und fast leer. Dann konnte ich von Schreibmaschine zu Schreibmaschine wechseln und den Laden mit ungefähr einem Dutzend fertiger Nachrichten und adressierter Umschläge wieder verlassen. Ich hatte immer eine gefaltete Zeitung bei mir, in der ich mein Briefpapier und die Umschläge verstecken und die getippten Botschaften schnell wieder verschwinden lassen konnte.

Es war ein gutes Stück Arbeit, mich immer wieder mit Botschaften zu versorgen, und dabei entdeckte ich interessante Viertel und faszinierende Läden in London. Dieser Teil meines Planes machte mir besonders viel Spaß. Ich wollte, daß Collingford zweimal wöchentlich eine Nachricht erhielt; eine schickte ich am Sonntag und eine am Donnerstag ab. Er sollte den Freitag- und den Montagmorgen fürchten lernen, wenn jedesmal der wohlbekannte Umschlag durch seinen Türschlitz fiel. Ich wollte, daß er die Drohung für echt hielt. Und warum sollte er sie auch nicht für echt halten? Wie konnte sich denn die Macht meines Hasses und meiner Entschlossenheit nicht über das Papier und die Maschinenschrift hinweg allmählich auf seinen begreifenden Verstand übertragen?

Ich wollte mein Opfer im Auge behalten. Es konnte eigentlich nicht so schwierig sein; wir lebten in derselben Stadt. Zwischen seiner Lebensweise und meiner lagen allerdings Welten. Er war ein ausdauernder und geselliger Trinker. Ich betrat nie eine Kneipe und hätte mich in der Art Kneipe, die er besuchte, ganz besonders unwohl gefühlt. Aber hin und wieder sah ich ihn in der Stadt. Meistens parkte er gerade seinen Jaguar, und ich beobachtete, wie er schnell, beinahe heimlich, nach links und rechts blickte, bevor er sich umdrehte und die Wagentür abschloß. Bildete ich mir nur ein, daß er älter aussah und daß ein Teil seiner Zuversicht von ihm gewichen war?

Als ich einmal in den ersten Frühlingstagen am Fluß spazierenging, sah ich, wie er sein Boot durch die Schleuse bei Teddington manövrierte. Ilsa – ich wußte, daß sie nach der Heirat ihren Namen geändert hatte – war bei ihm. Sie trug einen weißen Hosenanzug und hatte sich um ihr wallendes Haar einen roten Schal gebunden. Man feierte gerade eine Party. Ich konnte noch zwei andere Männer und ein paar Mädchen sehen und hörte das hohe, kreischende Lachen von Frauenstimmen. Ich machte schnell kehrt und schlich mich davon, als sei ich schuldig. Aber nicht, bevor ich nicht Collingfords Gesicht gesehen hatte. Diesmal gab es keinen Zweifel. Bestimmt war es nicht die Anstrengung, das Boot ohne Kratzer durch die Schleuse zu manövrieren, das ihn so grau und sorgenvoll aussehen ließ.

Die dritte Phase meines Plans erforderte meinen Umzug in ein anderes Haus. Es tat mir nicht leid, das alte zu verlassen. Der Bungalow war feminin, süßlich, roch nach frischer Farbe und den kitschigen Möbeln, die Elsie ausgesucht hatte; es war ihr Heim, nicht meines. In den Schränken und auf den Kissen lag noch immer der Duft ihres Parfüms. In dieser Umgebung, die so gar nicht zu mir paßte, hatte ich größeres Glück erlebt, als ich jemals wieder kennenlernen sollte. Aber nun lief ich ruhelos von einem leeren Zimmer zum nächsten und konnte es nicht erwarten, weg zu sein.

Es dauerte vier Monate, bis ich das Haus fand, das ich wollte. Es mußte am Fluß, oder zumindest in seiner unmittelbaren Nähe liegen und nicht weiter als zwei bis drei Meilen stromaufwärts von Collingfords Haus entfernt sein. Es mußte klein und ziemlich billig sein. Geld war kein allzu großes Problem. Zu der Zeit stiegen die Häuserpreise, und für den Verkauf des modernen Bungalows erhielt ich dreihundert Pfund mehr, als ich dafür bezahlt hatte. Ich hätte leicht noch eine Hypothek aufnehmen können, wenn ich nicht zu viel verlangte, aber ich nahm an, daß ich das, was ich haben wollte, bar bezahlen mußte.

Die Makler sahen sofort ein, daß für einen alleinstehenden Mann ein Bungalow mit drei Schlafzimmern zu groß war; und obwohl sie die Vorstellung hinsichtlich meiner neuen Bedürfnisse sehr vage und die Gründe für die Ablehnung ihrer Angebote zu ihrer Verärgerung ungenau fanden, schickten sie mir weiterhin Offerten. Und plötzlich, an einem Nachmittag im April, fand ich genau das, was ich gesucht hatte. Es stand tatsächlich am Fluß, nur durch einen schmalen Schleppweg von ihm getrennt. Es war ein hüttenähnlicher Holzbungalow mit einem Schlafzimmer und Ziegeldach, der sich auf einem kleinen, verwahrlosten, mit sumpfigem Gras bewachsenen Grundstück befand. Die Blumenbeete waren völlig verwildert. Früher hatte ein hölzerner Landungssteg existiert, aber inzwischen waren die zwei übriggebliebenen Planken zur Hälfte im Uferschlamm versunken, verziert von Unkraut und den Resten verrotteter Seilstücke. Die Farbe an der kleinen Veranda war schon lange abgeblättert. Die Wohnzimmertapete, auf der sich Rosen ineinanderwanden, war fleckig und vergilbt. Der frühere Besitzer hatte zwei alte Rohrstühle und einen wackligen Tisch zurückgelassen. Die Küche war schäbig und schlecht ausgestattet. Über allem lag eine feuchte, kranke Atmosphäre der Depression und des Verfalls. Im Sommer, wenn die benachbarten Hütten und Bungalows von Urlaubern und Wochenendurlaubern bewohnt waren, würde es zweifellos ganz lustig zugehen. Aber im Oktober, wenn ich vorhatte, Collingford zu töten, würde es dort so desolat und verlassen sein wie in einer stillgelegten Leichenhalle. Ich kaufte es gegen Barzahlung und konnte dabei sogar zweihundert Pfund herunterhandeln.

In jenem Sommer führte ich ein beinahe glückliches Leben. Meine Arbeit in der Bücherei verrichtete ich, wie sie es verlangte. Ich lebte alleine in der Hütte und sorgte selbst für mich, wie ich es auch vor meiner Ehe getan hatte. Abends saß ich vor dem Fernseher. Die Bilder flimmerten, von mir fast unbeachtet, vor meinen Augen dahin und bildeten einen einfarbigen Hintergrund für die Gedanken, die mich nicht losließen.

Ich übte den Umgang mit dem Messer, bis ich es so vertraut handhabte wie ein Eßbesteck. Collingford war fünfzehn Zentimeter größer als ich, der Stoß mußte also nach oben erfolgen. Das wirkte sich auf die Art aus, wie ich das Messer hielt, und ich probierte so lange, bis ich den bequemsten und effektivsten Griff heraus hatte. Ich hängte ein Polster an einen Haken an der Schlafzimmertür und stieß stundenlang immer wieder auf einen bestimmten Punkt. Natürlich ließ ich das Messer nicht eindringen; nichts durfte die Schärfe der Klinge beeinträchtigen. Einmal pro Woche gab ich ihr eine Sonderbehandlung und schliff die Kante noch feiner.

Zwei Tage nach meinem Einzug in den Bungalow kaufte ich mir einen einfachen, dunkelblauen Trainingsanzug und ein Paar leichte Turnschuhe. Während des Sommers joggte ich abends gelegentlich auf dem Pfad. Die Besitzer der benachbarten Hütten gewöhnten sich an das Geräusch meines Fernsehers bei zugezogenen Gardinen und an meinen Anblick, wenn ich an ihren Fenstern vorbeilief. Sie waren aber ohnehin nicht oft zu Hause. Ich vermied den Kontakt mit ihnen und allen anderen Menschen, und der Sommer ging in den Herbst über. An allen Hütten außer meiner wurden die Fensterläden geschlossen. Der Pfad wurde vom Herbstlaub ganz weich. Die Dämmerung brach früh herein, und auf dem Fluß starben die Bilder und Geräusche des Sommers. Und dann war es Oktober.

Am Donnerstag, dem 17. Oktober, dem Jahrestag des endgültigen Scheidungsurteils, sollte er sterben. Es mußte ein Donnerstag sein, der Abend, den er gewohnheitsmäßig allein in seiner Werkstatt verbrachte; aber es war ein ganz besonderes Vorzeichen, daß der Jahrestag auf einen Donnerstag fiel. Ich wußte, er würde dort sein. Fast ein Jahr lang war ich jeden Donnerstag in der Abenddämmerung die zweieinhalb Meilen den Pfad entlanggetrabt und hatte kurz die Vierecke aus Licht an seinen Fenstern betrachtet und die dunkle Masse des Hauses dahinter.

Es war ein warmer Abend. Die meiste Zeit des Tages hatte es leicht genieselt, aber mit Einbruch der Dämmerung war der Himmel aufgeklart. Das Mondlicht erzeugte dünne weiße Schwaden und warf ein zitterndes, leuchtendes Band auf den Fluß. Ich verließ die Bücherei zur gewohnten Zeit und sagte allen wie gewohnt «gute Nacht». Ich wußte, daß ich mich tagsüber ganz wie immer verhalten hatte; abgesondert, bisweilen etwas sarkastisch, gewissenhaft. In keiner Weise hatte ich mir meine innere Unruhe anmerken lassen.

Zu Hause hatte ich keinen Hunger, zwang mich aber zu einem Omelett und zwei Tassen Kaffee. Ich zog meine Badehose an und hängte mir eine Toilettentasche aus Plastik um den Hals, in der sich das Messer befand. Über die Badehose zog ich meinen Trainingsanzug und steckte mir ein Paar dünne Gummihandschuhe in die Tasche. Ungefähr um Viertel nach sieben verließ ich dann die Hütte und begann wie gewohnt, langsam den Pfad entlangzulaufen.

Als ich an der gewählten Stelle gegenüber von Collingfords Haus ankam, sah ich sofort, daß alles in Ordnung war. Das Haus lag völlig im Dunkeln, aber in seiner Werkstatt brannten die vertrauten Lichter. Ich sah, daß der Kabinen-Kreuzer am Bootshaus festgezurrt war. Ich stand ganz still und lauschte. Kein Laut war zu hören. Sogar die leichte Brise war abgeklungen, und die gelb werdenden Blätter der Ulmen am Ufer hingen völlig unbewegt. Der Pfad war wie ausgestorben. Ich glitt in den Schatten der Hecke, wo die Bäume am dichtesten standen, und fand die Stelle, die ich mir schon ausgesucht hatte. Ich zog die Gummihandschuhe an, schlüpfte aus dem Trainingsanzug und ließ ihn zusammengefaltet über meinen Turnschuhen im Schatten der Hecke liegen. Dann begab ich mich zum Fluß, wobei ich immer noch vorsichtig nach links und rechts Ausschau hielt.

Ich wußte genau, wo ich ins Wasser steigen und wo ich es wieder verlassen mußte. An der Stelle, die ich gewählt hatte, machte der Fluß eine sanfte Biegung; das Wasser war hier seicht und der Grund fest und vergleichsweise frei von Schlamm. Die Kälte des Wassers traf mich wie ein Schlag, aber das hatte ich erwartet. In jenem Herbst hatte ich jeden Abend in kaltem Wasser gebadet, um meinen Körper an den Schock zu gewöhnen. Ich durchschwamm den Fluß mit meinen gleichmäßigen, aber ruhigen Brustzügen und wirbelte nur ganz leicht die dunkle Wasseroberfläche auf. Ich versuchte, dem Band des Mondlichts fernzubleiben, aber von Zeit zu Zeit schwamm ich in seinen silbernen Strahl hinein, und meine roten, behandschuhten Hände, die vor mir das Wasser teilten, sahen aus, als seien sie bereits jetzt blutbefleckt.

Auf der anderen Seite benutzte ich Collingfords Anlegesteg, um aus dem Wasser zu steigen. Wieder stand ich regungslos und lauschte. Nichts war zu hören außer dem ununterbrochenen Stöhnen des Flusses und dem einsamen Schrei eines Nachtvogels. Leise bewegte ich mich über das Gras. Vor der Tür seiner Werkstatt blieb ich abermals stehen. Ich konnte das Geräusch irgendeiner Maschine hören. Ich überlegte, ob die Tür wohl verschlossen war, aber sie ließ sich leicht öffnen, als ich an dem Knauf drehte. Ich trat in gleißendes Licht. Ich wußte genau, was ich zu tun hatte. Ich war ganz ruhig. In ungefähr vier Sekunden war alles vorüber. Ich glaube nicht, daß er auch nur die geringste Chance hatte. Er war, über eine Drehbank gebeugt, gedankenverloren mit seiner Arbeit beschäftigt und der Anblick eines fast nackten Mannes, der zielstrebig auf ihn zuging, überraschte ihn so, daß er buchstäblich machtlos war. Aber nach dieser ersten Schrecksekunde erkannte er mich. Und wie er mich erkannte! Dann zog ich meine rechte Hand hinter meinem Rücken hervor und stieß zu. Das Messer glitt so sanft durch sein Fleisch wie durch Butter. Er taumelte und fiel zu Boden. Damit hatte ich gerechnet, und ich ließ los und fiel auf ihn. Seine Augen wurden glasig, sein Mund öffnete sich, und dunkelrotes Blut strömte hervor. Ich drehte das Messer grausam in der Wunde herum und labte mich an dem Geräusch zerreißender Sehnen. Dann wartete ich. Ich zählte absichtlich bis fünf, erhob mich von seinem ausgestreckten Körper und kauerte mich hinter ihm nieder, bevor ich das Messer herauszog. Als ich das tat, ergoß sich eine Fontäne süßlich riechenden Blutes in einem Bogen aus seiner Kehle. Etwas werde ich nie vergessen. Das Blut muß rot gewesen sein, welche Farbe hätte es sonst haben können? Aber in jenem Augenblick, und jedesmal, wenn ich das Bild wieder vor Augen hatte, sah ich einen goldenen Strom.

Ich untersuchte meinen Körper nach Blutflecken, bevor ich die Werkstatt verließ und meine Arme unter dem kalten Wasser in seinem Spülbecken wusch. Meine nackten Füße hinterließen keine Abdrücke auf dem Holzbodenbelag. Ich schloß leise die Tür hinter mir, wartete wieder und lauschte. Noch immer kein Laut. Das Haus war dunkel und leer.

Der Rückweg war anstrengender, als ich für möglich gehalten hätte. Der Fluß schien breiter geworden zu sein, und ich meinte, nie mehr die andere Seite zu ereichen. Ich war froh, daß ich mir eine seichte Stelle des Stromes ausgesucht hatte und daß das Ufer befestigt war. Ich habe Zweifel, ob es mir gelungen wäre, mich aus einer Masse aus Matsch und Schlamm aufzurichten. Ich zitterte heftig, als ich den Reißverschluß meines Trainingsanzugs hochzog, und es kostete mich wertvolle Sekunden, meine Turnschuhe anzuziehen. Nachdem ich ungefähr eine Meile den Pfad entlanggelaufen war, beschwerte ich die Toilettentasche samt dem Messer darin mit Steinen, die ich vom Weg aufnahm, und schleuderte sie in die Mitte des Flusses. Ich nahm an, man würde Teile der Themse nach der Waffe absuchen, aber sie konnten wohl kaum den ganzen Fluß überprüfen. Und selbst wenn sie das taten – die Toilettentasche stammte aus der örtlichen Filiale einer Drogeriekette, und jeder hätte sie kaufen können; ich war überzeugt, daß von dem Messer keinerlei Spuren zu mir führen könnten. Eine halbe Stunde später war ich wieder in meiner Hütte. Den Fernseher hatte ich laufen lassen, es kam gerade das Ende der Nachrichten. Ich machte mir eine Tasse heiße Schokolade, setzte mich und sah fern. Ich fühlte mich ausgelaugt, aller Gedanken und Energien beraubt, als hätte ich gerade eine Frau geliebt. Ich nahm nichts wahr außer meiner Müdigkeit und wie durch die Wärme des Elektroofens langsam das Leben in meinen kalten Körper zurückkehrte – und einen wunderbaren Frieden.

Er mußte ziemlich viele Feinde gehabt haben. Erst nach fast zwei Wochen kam die Polizei dazu, mich zu verhören. Ich erhielt Besuch von zwei Beamten, einem Kriminalinspektor und einem Wachtmeister, beide in Zivil. Die meiste Zeit redete der Wachtmeister; der andere saß nur da, blickte sich im Wohnzimmer um, sah hinaus auf den Fluß, und hin und wieder betrachtete er uns beide mit seinen kalten, grauen Augen, als empfände er die ganze Untersuchung als eine lästige, langweilige Pflicht. Der Wachtmeister fing mit den üblichen beruhigenden Floskeln an: «Nur ein paar Fragen.» Ich war nervös, machte mir aber deswegen keine Sorgen; sie würden damit rechnen, daß ich nervös sei. Ich sagte mir, daß ich unter keinen Umständen versuchen dürfe, zu raffiniert zu sein. Ich durfte nicht zuviel reden. Ich hatte beschlossen, ihnen zu erzählen, ich habe den ganzen Abend vor dem Fernseher gesessen, und ich war mir sicher, daß das niemand widerlegen konnte. Ich wußte, daß mich keine Freunde besucht haben konnten. Ich fragte mich, ob meine Kollegen aus der Bücherei überhaupt wußten, wo ich wohnte. Und ein Telefon besaß ich auch nicht, mußte also nicht befürchten, daß jemand vergeblich versucht hatte, mich während der entscheidenden eineinhalb Stunden anzurufen.

Im großen und ganzen war es einfacher als erwartet. Nur einmal wurde es gefährlich, und zwar, als sich der Inspektor plötzlich einmischte. Er sagte grob:

«Er hat doch Ihre Frau geheiratet, oder etwa nicht? Hat sie Ihnen weggenommen, wie man so sagt. Und sie ist ein ganz guter Fang, so wie sie aussieht. Hat Sie das nicht gewurmt? Oder lief alles in bestem Einvernehmen? Nach dem Motto, nimm sie dir, wenn du sie haben willst, Kumpel; das macht doch nichts. War's etwa so?»

Es war schwer, seinen verächtlichen Ton hinzunehmen, aber wenn er hoffte, mich provozieren zu können – damit hatte er keinen Erfolg. Diese Frage hatte ich erwartet. Ich war vorbereitet. Ich betrachtete meine Hände und wartete ein paar Sekunden, ehe ich antwortete. Ich wußte genau, was ich sagen würde.

«Ich hätte Collingford auch am liebsten umgebracht, als sie mir zum erstenmal von der Sache mit ihm erzählte. Aber dann hatte ich mich damit abgefunden. Sehen Sie, sie war aufs Geld aus. Und wenn man mit so einer Frau verheiratet ist, läßt sie einen sowieso früher oder später sitzen. Und dann schon besser früher, als wenn man eine Familie hat. Man sagt sich eben einfach: ‹Ein Glück, daß ich die los bin.› Ich meine, zuerst dachte ich natürlich nicht so. Aber später dann. Eigentlich eher, als ich es erwartet hätte.»

Das war alles, was ich damals oder später noch über Elsie zu sagen hatte. Sie kamen noch dreimal wieder. Sie fragten, ob sie sich in meiner Hütte umsehen könnten. Sie sahen sich auch um. Sie nahmen zwei meiner Anzüge und meinen Trainingsanzug zur Untersuchung mit. Zwei Wochen später brachten sie alles kommentarlos zurück. Ich habe nie herausgefunden, was sie für einen Verdacht hatten oder ob sie überhaupt einen hatten. Jedesmal, wenn sie kamen, hatte ich weniger zu sagen, nicht etwa mehr. Ich wich nie von meiner Geschichte ab. Ich saß nur da und erzählte ihnen immer wieder das gleiche. Ich fühlte mich niemals wirklich in Gefahr. Ich wußte, daß sie den Fluß streckenweise untersucht, aber die Waffe nicht gefunden hatten. Schließlich gaben sie es auf. Ich hatte immer den Eindruck, daß ich ganz unten auf ihrer Liste der Verdächtigen stand und daß ihre letzten Besuche reine Formsache waren.

Elsie kam erst nach drei Monaten zu mir; glücklicherweise nicht früher. Es hätte Verdacht erregen können, wenn sie vor meiner Hütte aufgetaucht wäre, als die Polizei bei mir war. Nach Collingfords Tod hatte ich sie nicht mehr gesehen. In den überregionalen Zeitungen und in der Lokalpresse erschienen Fotos von ihr: zart und zerbrechlich, im dunklen Pelz und mit schwarzem Hut bei der gerichtlichen Vernehmung; tapfer und beherrscht im Krematorium; im schlichten Kleid und mit Perlenkette im Salon, den Hund ihres Mannes zu ihren Füßen, die personifizierte Einsamkeit und Trauer.

«Ich kann mir nicht vorstellen, wer es getan haben könnte. Es muß ein Verrückter gewesen sein. Rodney hatte auf der ganzen Welt keinen einzigen Feind.»

Diese Behauptung führte in der Bücherei zu einigen bösen Bemerkungen. Einer der Assistenten sagte:

«Soviel ich weiß, hat er ihr ein Vermögen hinterlassen. Ihr Glück, daß sie ein Alibi hat. Sie war den ganzen Abend in London im Theater, hat sich *Macbeth* angesehen. Sonst – nach allem, was ich über Rodney Collingford gehört habe – hätten die Leute auf komische Gedanken kommen können, was seine reizende kleine Witwe betrifft.»

Dann sah er mich plötzlich verschämt an, da ihm eingefallen war, um wen es sich bei der Witwe handelte.

Sie kam also an einem Freitagabend. Sie saß selber am Steuer und war allein. Der dunkelgrüne Saab fuhr vor meinem baufälligen Gartentor vor. Sie trat ins Wohnzimmer und sah sich mit einer Art verwirrter Verachtung um. Einen Augenblick später – sie hatte noch immer nichts gesagt – setzte sie sich in einen der Stühle am Kamin, schlug die Beine übereinander und rieb das eine zärtlich an dem anderen. So hatte ich sie noch nie dasitzen sehen. Sie sah zu mir hoch. Ich stand vor ihrem Stuhl, steif, mit trockenen Lippen. Als ich sprach, erkannte ich meine eigene Stimme nicht wieder.

«Du bist also zurückgekommen?» sagte ich.

Sie starrte mich ungläubig an, dann lachte sie:

«Zu dir zurück? Für immer? Mach dich nicht lächerlich, Schätzchen! Ich statte dir nur einen Besuch ab. Außerdem würde ich es gar nicht wagen zurückzukommen, oder? Ich müßte ja Angst haben, daß du mir ein Messer in die Kehle jagst.»

Ich konnte nichts erwidern. Ich starrte sie an und spürte, wie alles Blut aus meinem Gesicht wich. Dann hörte ich ihre hohe, eher kindliche Stimme. Sie klang beinahe freundlich. «Mach dir keine Sorgen, ich verrate nichts. Du hattest wirklich recht, was ihn betrifft, Schätzchen – wirklich. Er war eigentlich überhaupt nicht nett. Und so geizig! Dein Geiz hat mich nie so sehr gestört. Schließlich verdienst du ja auch nicht so viel, oder? Aber er hatte eine halbe Million!

Stell dir vor, Schätzchen, eine halbe Million hat er mir hinterlassen! Und er war so geizig, daß er sogar noch nach unserer Heirat von mir verlangte, weiterhin als seine Sekretärin zu arbeiten. Ich habe all seine Briefe getippt! Wirklich! Jedenfalls alle, die er von zu Hause abschickte. Und jeden Morgen mußte ich seine Post öffnen, außer es waren Umschläge mit einem kleinen Geheimzeichen, das er mit seinen Freunden vereinbart hatte. So wußte er, daß es sich um private Briefe handelte.»

Mit blutleeren Lippen sagte ich:

«Also, all meine Botschaften –»

«Er hat sie nie zu Gesicht bekommen, Schätzchen. Ich wollte ihn ja schließlich nicht beunruhigen, oder? Und ich wußte, daß sie von dir stammten. Schon beim erstenmal wußte ich das. Du hast doch noch nie ‹Mitteilung› richtig schreiben können. Das ist mir schon aufgefallen, als du vor unserer Hochzeit immer an die Immobilienmakler und den Rechtsanwalt geschrieben hast. Ich fand das sehr lustig – wenn man bedenkt, daß du ein gebildeter Bibliothekar bist und ich nur Verkäuferin.»

«Du hast es also die ganze Zeit gewußt. Du wußtest, es würde passieren.»

«Na ja, ich hielt es für möglich. Aber es war wirklich gräßlich, Schätzchen. Du kannst dir das nicht vorstellen. Und jetzt habe ich eine halbe Million! Habe ich mit dem Alibi nicht Glück gehabt? Ich dachte mir schon, daß du an jenem Donnerstag kommen würdest. Und Rodney haben ernsthafte Stücke nie gefallen.»

Nach jenem kurzen Besuch habe ich sie nie mehr gesehen oder mit ihr gesprochen. Ich blieb in der Hütte wohnen, aber nach Collingfords Tod wurde mein Leben sinnlos. Seine Ermordung zu planen war wenigstens interessant gewesen. Ohne Elsie und ohne mein Opfer wußte ich nicht mehr, warum ich noch existierte. Und ungefähr ein Jahr nach seinem Tod fing ich an zu träumen. Ich träume noch immer, jeweils montags und freitags. Ich durchlebe das Ganze noch einmal; wie ich lautlos den Pfad entlanglaufe, über den Matsch aus feuchten Blättern; wie ich ruhig durch den Fluß schwimme; geräuschlos die Tür öffne; das Messer nach oben stoße; es grausam in der Wunde drehe; das animalische Geräusch zerreißender Fasern; der Strom goldenen Blutes, der sich in einem Bogen ergießt. Nur das Zurückschwimmen ist anders. In meinem Traum ist die Themse nicht mehr ein reinigender Strom, der unter der Sichel des Mondes glänzt, sondern ein widerwärtiger, undurchdringlicher, zäher Sumpf aus klebrigem Blut, durch den ich mich in hilfloser Panik hindurchkämpfe, auf ein stetig zurückweichendes Ufer zu.

Ich weiß, was der Traum bedeutet. Ich habe alles über die Psychologie der Schuld gelesen. Seit ich Elsie verloren habe, lebe ich nur noch durch Bücher. Aber das hilft mir nichts. Und ich weiß nicht mehr, wer ich bin. Ich weiß, wer ich einmal war; unser örtlicher Bibliotheksassistent, sanft, gelehrt, schüchtern, Elsies Ehemann. Aber dann tötete ich Collingford. Der, der ich war, hätte das niemals tun können. Solch ein Mensch war das nicht. Wer bin ich also? Es ist wohl nicht sonderlich erstaunlich, daß mir die Bibliotheksleitung so taktvoll nahegelegt hat, ich solle mir eine anspruchslosere Arbeit suchen. Einen anspruchsloseren Posten als den eines Bibliotheksassistenten? Aber man darf ihnen keinen Vorwurf machen. Jemand, der nicht weiß, wer er ist, kann keine Leistung bringen und sich auf seine Arbeit konzentrieren.

Manchmal, wenn ich in einer Kneipe sitze – und da scheine ich mich nun, wo ich arbeitslos bin, meistens aufzuhalten –, sehe ich über die Schulter eines Gastes hinweg ein Zeitungsfoto von Elsie, und dann sage ich:

«Das ist doch die wunderschöne Ilsa Mancelli. Ich war ihr erster Ehemann.»

Ich habe mich an die Art gewöhnt, wie die Leute von mir abrücken: der allgegenwärtige Kneipenschwätzer. Sie blikken weg und sind plötzlich leidenschaftlich in ein Gespräch vertieft. Aber manchmal schiebt einer – vielleicht weil er Glück im Pferdetoto hatte und in einer Art Anfall Mitleid mit einem armen Irren verspürt – dem Wirt über die Theke hinweg ein paar Münzen zu und spendiert mir ein Bier, bevor er weggeht.

STEPHEN KING

Ich weiß, was du brauchst

«Ich weiß, was du brauchst.»

Erschrocken blickte Elizabeth von ihrem Soziologiebuch hoch und sah einen schwer zu beschreibenden jungen Mann in einer grünen Drillichjacke. Einen Moment lang kam er ihr bekannt vor, so, als hätte sie ihn schon einmal irgendwo gesehen; das Gefühl ähnelte einem Déjà-vu. Doch gleich darauf war es wieder vorbei. Er war ungefähr so groß wie sie, mager und ... zappelig. Ja, das war der richtige Ausdruck. Er rührte sich nicht, doch innerlich schien er zu zappeln. Man sah es nicht, man spürte es nur. Er hatte schwarzes, ungepflegtes Haar, trug eine dicke Hornbrille, die seine Augen vergrößerte, und die Gläser sahen schmutzig aus. Nein, sie war sich ganz sicher, daß sie ihn noch nie zuvor gesehen hatte.

«*So*», gab sie zurück, «das möchte ich bezweifeln.»

«Du brauchst jetzt ein Erdbeereis mit Sahne, stimmt's?»

Verblüfft blinzelte sie ihn an. Irgendwo in einem Hinterstübchen ihres Gehirns hatte sie tatsächlich mit dem Gedanken gespielt, eine Pause zu machen und ein Eis essen zu gehen. Sie saß in einem der Leseräume auf der dritten Etage des Studentenhauses und lernte für eine Klausur. Sie hatte noch jede Menge Lehrstoff zu bewältigen.

«Stimmt's?» wiederholte er hartnäckig und lächelte dabei. Sein gespanntes, beinahe häßliches Gesicht nahm einen seltsam rührenden Zug an. Ihr fiel das Wort «niedlich» ein, kein angemessener Ausdruck, um einen jungen Mann zu beschreiben, aber zu diesem paßte er, wenn er lächelte. Ungewollt erwiderte sie das Lächeln. Etwas konnte sie bestimmt nicht gebrauchen, nämlich irgendeinen komischen Typ, der sich den ungeeignetsten Zeitpunkt im ganzen Jahr aussuchte, um sich an sie heranzumachen.

Ihn abzuwimmeln, kostete Zeit, und sie mußte sich noch durch sechzehn Kapitel der *Einführung in die Soziologie* hindurchkämpfen.

«Nein, danke», entgegnete sie.

«Na, komm schon, wenn du noch mehr büffelst, kriegst du bloß Kopfschmerzen. Du hockst schon seit zwei Stunden ohne Unterbrechung über diesem Buch.»

«Woher willst du das wissen?»

«Ich habe dich beobachtet», gab er unumwunden zu. Dieses Mal war sein lausbubenhaftes Grinsen an sie verschwendet. Sie hatte bereits Kopfschmerzen.

«Das läßt du jetzt bitte sein», versetzte sie schärfer als gewollt. «Ich mag's nämlich nicht, wenn Leute mich anstarren.»

«Entschuldigung.» Er tat ihr ein bißchen leid, wie ihr manchmal herumstreunende Hunde leid taten. In seiner grünen Drillichjacke schien er zu ertrinken und ... jawohl, er hatte zwei verschiedene Socken an. Eine schwarze und eine braune. Am liebsten hätte sie wieder gelächelt, doch sie verbiß es sich.

«Ich muß für eine Klausur lernen», erklärte sie freundlich.

«Ach so», erwiderte er. «Na schön.»

Versonnen sah sie ihm einen Augenblick lang hinterher. Dann widmete sie sich wieder ihrem Buch, doch etwas von dieser Begegnung blieb in ihrem Gedächtnis haften: *Erdbeereis mit Sahne.*

Als sie ins Studentenwohnheim zurückkehrte, war es

Viertel nach elf. Alice lag auf ihrem Bett, hörte Neil Diamond und las *Die Geschichte der O.*

«Ich wußte gar nicht, daß dieser Roman auf der Leseliste steht», witzelte Elizabeth.

Alice richtete sich auf. «Ich erweitere meinen Horizont, Herzchen. Ich breite meine intellektuellen Schwingen aus. Ich verbessere meine . . . Liz?»

«Hmm?»

«Hörst du mir überhaupt zu?»

«Nein, entschuldige, ich –»

«Du siehst aus, als hättest du einen Schlag auf den Kopf gekriegt, Kind.»

«Ich habe heute abend jemanden kennengelernt. Einen ziemlich merkwürdigen Typ.»

«Ach? Da muß ja ein toller Bursche sein, wenn er dich von deinen geliebten Lehrbüchern losreißen kann.»

«Er heißt Edward Jackson Hamner junior, man stelle sich vor! Klein. Schmächtig. Sieht aus, als hätte er sich das Haar zum letztenmal an Washingtons Geburtstag gewaschen. Ach, und zwei verschiedene Socken trägt er. Eine schwarze und eine braune.»

«Ich dachte, du stündest mehr auf den Typ, den man in studentischen Verbindungen trifft.»

«Nein, in dieser Richtung läuft nichts, Alice. Er sprach mich im Studentenhaus an, als ich auf der Dritten saß und lernte, und lud mich zu einem Eis ein. Ich lehnte ab, und er verkrümelte sich.

Doch nachdem er mich erst mal auf die Idee mit dem Eis gebracht hatte, konnte ich mich nicht mehr beherrschen. Ich beschloß, eine Pause zu machen, und siehe da, er stand vor mir, in jeder Hand ein tropfendes Hörnchen Erdbeereis mit Sahne.»

«Ich brenne darauf, den Ausgang der Geschichte zu erfahren.»

Elizabeth stieß einen schnaubenden Laut aus. «Na ja, jetzt konnte ich ja nicht mehr gut nein sagen. Er setzte sich zu mir, und im Gespräch stellte sich heraus, daß er letztes Jahr bei Professor Branner Soziologie gehört hat.»

«Es geschehen noch Zeichen und Wunder. O Herr, gib denen, die gläubig zu dir aufblicken –»

«Hör mal, das ist wirklich erstaunlich. Weißt du, wie ich in diesem Seminar geschwitzt habe?»

«Ja. Du sprichst ja noch im Schlaf davon.»

«Ich habe einen Durchschnitt von achtundsiebzig Punkten. Ich brauche achtzig, wenn ich mein Stipendium weiter behalten will, das bedeutet, daß ich in der Klausur mindestens vierundachtzig Punkte haben muß. Tja, dieser Ed Hamner behauptet, Branner ließe jedes Jahr fast die gleiche Klausur schreiben. Und Ed ist Eidetiker.»

«Du meinst, er hätte ein ... was-war-das-noch-mal ... fotografisches Gedächtnis?»

«Ja. Sieh mal.» Sie schlug ihr Soziologiebuch auf und nahm drei beschriebene Heftseiten heraus.

Alice ließ sie sich geben. «Das sieht mir nach Multiple-Choice-Verfahren aus.»

«Das ist es auch. Ed sagt, das sei *Wort für Wort* Branners Klausur vom vorigen Jahr.»

«Das glaube ich nicht», stritt Alice rundweg ab.

«Aber sämtliche Themen kommen drin vor!»

«Trotzdem glaube ich's nicht.» Sie gab Elizabeth die Blätter zurück. «Nur weil dieses Gespenst –»

«Er ist kein Gespenst. So darfst du ihn nicht nennen.»

«Schon gut, schon gut. Dieses schmächtige Jüngelchen hat dir doch wohl nicht eingeredet, nur dieses Zeug auswendig zu lernen und dich darauf zu verlassen, daß das genügt?»

«Nein, natürlich nicht», antwortete sie verlegen.

«Und selbst wenn das die Klausur sein sollte, findest du dieses Vorgehen nicht unehrenhaft?»

Plötzlich stieg ein Groll in Elizabeth auf, und ehe sie sich besinnen konnte, ging das Mundwerk mit ihr durch. «Du hast gut reden. Jedes Semester wirst du für besondere

Leistung gelobt, und das Studium finanzieren dir deine Eltern. Kannst du dir überhaupt vorstellen, wie das ist, wenn... Tut mir leid, Alice, das hätte ich nicht sagen dürfen.»

Alice zuckte mit den Schultern und schlug den Roman wieder auf. Sie setzte eine betont neutrale Miene auf. «Du hast recht, das geht mich nichts an. Aber ich an deiner Stelle würde mir zusätzlich das Lehrbuch zu Gemüte führen... um auf Nummer Sicher zu gehen.»

«Das hatte ich ohnehin vor.»

Doch in erster Linie befaßte sie sich mit den Aufzeichnungen, die ihr Edward Jackson Hamner jr. gegeben hatte.

Als sie nach der Klausur aus dem Hörsal kam, saß er in der Vorhalle. Wieder fand sie, er sähe aus, als würde er in der grünen Militärjacke aus Drillich ertrinken. Er lächelte ihr schüchtern zu und stand auf. «Wie war's?»

Impulsiv drückte sie ihm einen Kuß auf die Wange. Sie konnte sich nicht erinnern, jemals so erleichtert gewesen zu sein. «Es müßte geklappt haben.»

«Wirklich? Das ist prima. Hast du Appetit auf einen Hamburger?»

«Und ob», erwiderte sie zerstreut. Im Geist beschäftigte sie sich immer noch mit der Klausur. Beinahe wortwörtlich hatte sie der entsprochen, die Ed ihr gegeben hatte, für sie war die Prüfung ein Kinderspiel gewesen.

Während sie die Hamburger verspeisten, fragte sie ihn, wie seine eigenen Klausuren liefen.

«In diesem Semester schreibe ich keine. Ich falle unter die Sonderregelung für Hochbegabte, nach der man sich Prüfungen nur freiwillig zu unterziehen braucht.»

«Warum bist du dann noch hier?»

«Ich mußte doch sehen, wie es bei dir geklappt hat, nicht wahr?»

«Ach, Ed, das war aber nicht nötig. Ich find's lieb von dir, aber –» Der hungrige Blick in seinen Augen bekümmerte sie. Sie war ein hübsches Mädchen, und diesen Blick hatte sie schon öfter gesehen.

«Ja, ich bin deinetwegen hiergeblieben», sagte er leise.

«Ed, ich bin dir sehr dankbar. Wirklich, ich glaube, du hast mir mein Stipendium gerettet. Aber ich habe einen Freund, weißt du...»

«Ist es was Festes?» Es gelang ihm nicht ganz, in lockerem Ton zu sprechen.

«Ja», antwortete sie im gleichen Tonfall. «Wir sind so gut wie verlobt.»

«Weiß er, daß er Glück hat? Weiß er, wieviel Glück er hat?»

«Ich habe auch Glück», entgegnete sie und dachte dabei an Tony Lombard.

«Beth», sagte er unvermittelt.

«Wie bitte?» fragte sie erschrocken.

«So nennt dich keiner, oder?»

«Wieso... Nein, das sagt keiner zu mir.»

«Nicht mal dein Freund?»

«Nein –» Tony rief sie Liz. Manchmal sagte er Lizzie zu ihr, was noch viel schlimmer war.

Er beugte sich vor. «Aber am liebsten möchtest du Beth genannt werden, stimmt's?»

Sie lachte, um ihre Verwirrung zu überspielen. «Wieso, um Himmels willen –»

«Schon gut.» Er setzte wieder sein lausbubenhaftes Grinsen auf. «Ich nenne dich Beth. Das gefällt mir viel besser. Und jetzt iß deinen Hamburger auf.»

Das erste Schuljahr ging zu Ende, und sie verabschiedete sich von Alice. Beide waren ein bißchen befangen, was Elizabeth leid tat. Die Schuld dafür suchte sie bei sich; sie hatte wirklich ein wenig zu laut gejubelt, als die Ergebnisse der Soziologieklausur bekanntgegeben wurden. Sie hatte siebenundneunzig Punkte erreicht – das beste Ergebnis der gesamten Fakultät.

Was soll's, sagte sie sich, während sie im Flughafen darauf

wartete, daß ihre Maschine aufgerufen wurde, was sie getan hatte, war nicht unehrenhafter als die sture Einpaukerei, zu der man sie gezwungen hatte. Pauken hatte mit Studieren nicht das geringste zu tun; man lernte etwas auswendig, um es gleich nach einem Examen wieder zu vergessen.

Sie betastete den Umschlag, der aus ihrer Handtasche hervorlugte. Er enthielt die Benachrichtigung, daß man ihr für das kommende Studienjahr ein Stipendium gewährt hatte – zweitausend Dollar. Im Sommer wollte sie mit Tony in Boothbay, Maine, arbeiten, und mit dem Geld, das sie dort verdiente, war sie aus dem Gröbsten heraus. Dank Ed Hamner konnte sie sich auf den Sommer freuen. Sie brauchte sich keine Sorgen mehr zu machen.

Doch es wurde der traurigste Sommer ihres Lebens.

Der Juni war verregnet, die Benzinknappheit wirkte sich ungünstig auf den Tourismus aus, und die Gäste im *Boothbay Inn* geizten mit dem Trinkgeld. Am meisten machte ihr zu schaffen, daß Tony sie zum Heiraten drängte. Er sagte, er könne eine Stelle an einer Nachbaruniversität bekommen, und durch das Stipendium sei ihr Studium gesichert. Doch zu ihrem eigenen Erstaunen kam ihr diese Vorstellung eher abstoßend als verlockend vor.

Irgend etwas stimmte nicht.

Sie wußte nicht, was, aber etwas fehlte ihr, etwas war nicht in Ordnung, etwas behagte ihr nicht. Eines Nachts, Ende Juli, wurde sie grundlos von einem hysterischen Weinkrampf geschüttelt. Zum Glück war ihre Zimmergenossin, ein unscheinbares junges Mädchen namens Sandra Ackermann, an jenem Abend ausgegangen und noch nicht zurück.

Den Alptraum hatte sie Anfang August. Sie lag auf dem Grund eines offenen Grabes und konnte sich nicht bewegen. Von einem weißen Himmel herab regnete es ihr ins Gesicht. Dann stand Tony über ihr, und auf dem Kopf trug er seinen gelben splitterfesten Schutzhelm.

«Heirate mich, Liz», sagte er und sah mit ausdrucksloser Miene auf sie hinunter. «Heirate mich, oder sonst passiert etwas.»

Sie wollte sprechen, einwilligen; sie hätte alles getan, nur damit er sie aus diesem gräßlich feuchten Loch herausholte. Doch sie war wie gelähmt.

«Na schön», sagte er. «Du hast es nicht anders gewollt.»

Er entfernte sich. Sie versuchte, die Starre zu überwinden, doch sie schaffte es nicht. Dann hörte sie den Bulldozer. Einen Moment später sah sie ihn, ein riesiges Ungeheuer, das einen Wall nasser Erde vor sich herschob. Aus der offenen Führerkabine blickte Tony mitleidlos herab.

Er wollte sie lebendig begraben.

Gefangen in ihrem erstarrten, stummen Körper, konnte sie nur mit dumpfem Entsetzen zuschauen. Erdbrocken begannen die Wände des Lochs hinunterzurieseln –

Eine bekannte Stimme schrie: «Geh weg! Laß sie endlich in Ruhe! *Geh weg!*»

Tony taumelte vom Bulldozer und rannte fort.

Sie verspürte eine ungeheure Erleichterung. Wenn sie dazu imstande gewesen wäre, hätte sie geweint. Ihr Retter tauchte auf, wie ein Totengräber stand er am Fußende des offenen Grabes. Es war Ed Hamner in der viel zu weiten grünen Drillichjacke, sein Haar war zerzaust, die Hornbrille bis auf den kleinen Höcker an seiner Nasenspitze heruntergerutscht. Er streckte ihr die Hand entgegen.

«Steh auf», sagte er sanft. «Ich weiß, was du brauchst. Steh auf, Beth.»

Sie konnte aufstehen. Vor Erleichterung schluchzte sie. Sie versuchte, ihm zu danken; in ihrem Eifer verhaspelte sie sich. Ed lächelte nur freundlich und nickte dazu. Dann ergriff sie seine Hand und schaute nach unten, um nicht auszugleiten. Als sie wieder hochblickte, hielt sie sich an der Pfote eines riesigen, geifernden Wolfs fest. Seine Augen glühten wie rote Sturmlaternen, und der Rachen mit den kräftigen spitzen Zähnen war zum Zubeißen geöffnet.

Mit einem Ruck saß sie kerzengerade im Bett; sie war hellwach, ihr Nachthemd war schweißdurchtränkt. Sie zitterte am ganzen Leib. Selbst nachdem sie eine warme Decke genommen und ein Glas Milch getrunken hatte, fürchtete sie sich noch vor der Dunkelheit.

Als sie wieder einschlief, ließ sie das Licht brennen.

Tony starb eine Woche später.

Sie ging im Morgenrock an die Tür, da sie dachte, es sei Tony, doch vor ihr stand Danny Kilmer, einer der Männer, mit denen er zusammenarbeitete.

Danny war immer gut aufgelegt, mit ihm und seiner Freundin waren sie ein paarmal ausgegangen. Doch wie er nun im Flur ihres Apartments im zweiten Stock vor ihr stand, sah er nicht nur ernst, sondern regelrecht krank aus.

«Danny», fragte sie. «Was –»

«Liz», sagte er. «Liz, du mußt jetzt sehr stark sein. Du mußt ... *ach Gott!*»

Er schlug mit der derben, schmutzigen Faust gegen den Türpfosten, und sie sah, daß er weinte.

«Danny, ist was mit Tony? Ist was –»

«Tony ist tot. Er wurde –» Er sprach in die leere Luft hinein.

Sie war in Ohnmacht gesunken.

Die nächste Woche erlebte sie in einer Art Dämmerzustand. Aus einem jämmerlich kurzen Zeitungsartikel und Dannys Erzählung bei einem Glas Bier im *Harbor Inn* fügte sich die Geschichte zusammen.

Sie hatten auf der Straße 16 Entwässerungskanäle repariert. Ein Teil der Fahrbahn war aufgerissen worden, und Tony regelte mit Flaggenzeichen den Verkehr. Ein junger Bursche kam in einem roten Fiat den Hügel herabgesaust. Tony hatte ihm mit der Flagge Zeichen gegeben, doch der Bengel drosselte nicht mal das Tempo.

Tony stand neben einem Lastwagen, und für ihn gab es keinen Platz zum Ausweichen. Der Junge in dem Fiat war mit Platzwunden und einem gebrochenen Arm davongekommen. Er stand unter Schock, und die Untersuchung ergab, daß er stocknüchtern war. Die Polizei fand mehrere Löcher in den Bremsleitungen, so als ob sie sich überhitzt hätten und durchgeschmolzen wären. Der Junge hatte einfach nicht bremsen können. Ihr Tony war das Opfer eines äußerst seltenen Autounfalls geworden, dessen Ursache nämlich nicht Leichtsinn oder menschliches Versagen, sondern ein echtes Unglück war.

Ihr schlechtes Gewissen verstärkte den Schock und die Niedergeschlagenheit. Das Schicksal hatte ihr die Entscheidung, was aus ihr und Tony werden sollte, aus der Hand genommen. Und eigentlich war sie auf eine klammheimliche Weise froh, daß es so gekommen war. Denn sie hatte Tony nicht heiraten wollen... nicht, seit sie diesen Alptraum gehabt hatte.

Am Tag vor ihrer Heimreise brach sie zusammen.

Sie saß allein auf einem Felsvorsprung, und nach etwa einer Stunde kamen die Tränen. Sie war selbst überrascht, mit welcher Heftigkeit sie weinte. Sie weinte, bis ihr der Magen weh tat und der Kopf schmerzte, und als die Tränen versiegten, fühlte sie sich zwar nicht besser, aber wenigstens ausgepumpt und leer.

In diesem Augenblick hörte sie Ed Hamners Stimme.

«Beth?»

Mit einem Ruck fuhr sie herum. In ihrem Mund spürte sie den metallischen Geschmack der Angst, halb hatte sie erwartet, den zähnefletschenden Wolf aus ihrem Traum zu sehen. Doch es war bloß Ed Hamner. Er war von der Sonne gebräunt, und ohne seine Drillichjacke und seine Bluejeans sah er irgendwie hilflos aus. Er trug rote Shorts, die ihm bis an die knochigen Knie reichten, ein weißes T-Shirt, das sich um seine schmale Brust blähte wie eine Segel im Wind, und

Gummisandalen. Er lächelte nicht, und durch die in der Sonne blitzenden Brillengläser konnte sie seine Augen nicht sehen.

«Ed?» fragte sie zaghaft, halb in der Annahme, er sei eine durch ihren Kummer erzeugte Halluzination. «Bist du es wirklich –»

«Ja, ich bin's wirklich.»

«Wie –»

«Ich habe im Lakewood-Theater in Skowhegan gearbeitet. Ich traf eine Zimmergenossin ... sie heißt doch Alice, nicht wahr?»

«Ja.»

«Sie erzählte mir, was passiert war. Ich kam sofort hierher. Meine arme Beth.»

Er legte den Kopf schräg, vielleicht nur um eine Winzigkeit, doch die Sonne schien nicht mehr auf seine Brille. In seinen Augen entdeckte sie nichts Wolfsartiges, nichts Raubtierhaftes, nur ein ruhiges, von Herzen kommendes Mitleid.

Sie begann wieder zu weinen, und die unerwartete Heftigkeit des Tränenausbruchs schüttelte ihren Körper. Doch dann nahm er sie in die Arme, und sie beruhigte sich.

Sie aßen in Waterville zu Abend, der Ort lag fünfundzwanzig Meilen weiter, vielleicht genau die richtige Entfernung, die sie brauchte, um Abstand zu gewinnen. Sie fuhren in Eds Wagen, einer neuen Corvette. Er war ein guter Autofahrer – weder leichtsinnig noch übertrieben vorsichtig, wie sie es sich schon gedacht hatte. Sie wollte keine Unterhaltung, und sie wollte nicht aufgeheitert werden. Er schien das zu wissen und suchte im Radio einen Sender, der ernste Musik spielte.

Und ohne sie zu fragen, bestellte er – Meeresfrüchte. Sie hatte geglaubt, sie sei nicht hungrig, doch als das Essen kam, fiel sie mit Heißhunger darüber her.

Als sie wieder aufschaute, war ihr Teller leer, und sie

stieß ein nervöses Lachen aus. Er rauchte eine Zigarette und beobachtete sie.

«Die trauernde Maid verschlang ein herzhaftes Mahl», sagte sie. «Du mußt mich ja für eine Heuchlerin halten.»

«Nein», entgegnete er. «Du hast eine Menge mitgemacht und mußt jetzt wieder zu Kräften kommen. Das ist so ähnlich wie nach einer überstandenen Krankheit, nicht wahr?»

«Ja, genauso.»

Er ergriff ihre Hand, drückte sie kurz und ließ sie dann wieder los. «Aber jetzt beginnt die Zeit der Genesung, Beth.»

«Meinst du wirklich?»

«Ja», bekräftigte er. «Erzähl mal. Welche Pläne hast du?»

«Morgen reise ich ab, nach Hause. Was dann kommt, weiß ich noch nicht.»

«Aber dein Studium brichst du doch nicht ab, oder?»

«Ich weiß es wirklich noch nicht. Nach dem, was passiert ist, erscheint mir alles so . . . so banal. Ich sehe nicht mehr viel Sinn in dem Studium. Und es würde mir keinen Spaß mehr machen.»

«Die Freude daran kommt zurück. Das kannst du dir jetzt nicht vorstellen, aber glaube mir, so wird es sein. Warte mal ab, wie dir in sechs Wochen zumute ist. Du hast doch nichts Besseres vor.» Der letzte Satz klang wie eine Frage.

«Nein, ich wüßte jedenfalls nicht, was ich sonst tun sollte. Aber . . . kann ich eine Zigarette haben?»

«Klar. Sind aber Mentholzigaretten. Tut mir leid.»

Sie nahm sich eine. «Woher weißt du, daß ich keine Mentholzigaretten mag?»

Er zuckte mit den Schultern. «Vielleicht weil du so aussiehst, als ob sie dir nicht schmeckten.»

Sie lächelte. «Manchmal bist du richtig seltsam, weißt du das?»

Er deutete ein Lächeln an.

«Ja, wirklich. Daß ausgerechnet du hier auftauchen mußtest ... Ich hatte geglaubt, ich wollte keinen Menschen sehen. Aber ich bin froh, daß *du* gekommen bist, Ed.»

«Manchmal ist es für einen besser, mit einem Menschen zusammenzusein, der einem relativ fremd ist.»

«Ja, das mag stimmen.» Sie legte eine Pause ein. «Wer bist du, Ed, außer, daß du mein rettender Engel zu sein scheinst? Wer bist du eigentlich?» Plötzlich wollte sie unbedingt mehr über ihn wissen.

Er zuckte die Achseln. «Nichts Besonderes. Nur einer dieser komisch aussehenden Studenten, die mit einem Haufen Bücher unter dem Arm Tag für Tag über das Universitätsgelände schleichen –»

«Ed, du siehst doch nicht komisch aus.»

«Doch», widersprach er und lächelte dabei. «Ich habe nie ganz meine Pubertätsakne verloren, keine große studentische Verbindung hat sich je um meine Mitgliedschaft gerissen, ich stand nie im Mittelpunkt einer Gesellschaft. Ich bin bloß ein Bücherwurm, der sein Studium zu einem Abschluß bringen will. Wenn die großen Firmen nächstes Frühjahr ihre Anwerber in die Universität schicken, unterschreibe ich wahrscheinlich bei einer irgendeinen Vertrag, und Ed Hamner ward nie mehr gesehen.»

«Das täte mir leid», meinte sie leise.

Er lächelte. Es war ein eigenartiges Lächeln, beinahe bitter.

«Erzähl mir von deinen Eltern», bat sie. «Ich möchte wissen, woher du kommst, welche Hobbys du hast –»

«Ein anderes Mal», wich er aus. «Ich fahre dich jetzt zurück. Morgen hast du einen langen Flug vor dir und eine Menge Hektik.»

Nach diesem Abend fühlte sie sich zum erstenmal seit Tonys Tod entspannt. Ihr war nicht mehr zumute, als würde irgendwo in ihrem Innern eine Feder so lange aufgezogen, bis sie zersprang. Sie rechnete damit, schnell einzuschlummern, doch der Schlaf wollte sich nicht einstellen.

Kleine Fragen ließen sie nicht zur Ruhe kommen.

Alice erzählte mir, was passiert war ... meine arme Beth.

Aber Alice verbrachte den Sommer in Kittery, achtzig Meilen von Skowhegan entfernt. Sie mußte nach Lakewood gefahren sein, um sich ein Theaterstück anzusehen.

Die Corvette, die er fuhr, war ein diesjähriges Modell. Teuer. Von dem Geld, das er für seinen Job hinter den Kulissen bekam, hatte er sie nicht gekauft. Waren seine Eltern reich?

Er hatte genau das Gericht bestellt, das sie sich selbst ausgesucht hätte. Es war vielleicht das einzige auf der Speisekarte, das ihren Appetit hätte reizen können.

Die Mentholzigaretten, die Art, wie er sie geküßt hatte, als sie sich gute Nacht sagten, genauso, wie sie geküßt werden wollte. Und –

Morgen hast du einen langen Flug vor dir.

Er wußte, daß sie nach Hause abreiste, denn das hatte sie ihm erzählt. Aber woher wußte er, daß sie ein Flugzeug nahm? Oder daß der Flug lange dauerte?

Das störte sie. Es störte sie, weil sie auf dem besten Weg war, sich in Ed Hamner zu verlieben.

Ich weiß, was du brauchst.

Wie die Stimme eines U-Boot-Kapitäns, der ständig die Tiefe ausruft, begleiteten seine Begrüßungsworte sie in den Schlaf.

Er kam nicht zu dem winzigen Flugplatz von Augusta, um sich von ihr zu verabschieden und mit ihr auf die Maschine zu warten, und sie wunderte sich, wie enttäuscht sie war. Sie dachte daran, wie unmerklich man von einem Menschen abhängig werden konnte, wie ein Süchtiger nach einer Droge. Der Kiffer lügt sich vor, er könne ebensogut auf den Stoff verzichten, aber in Wirklichkeit –

«Elizabeth Rogan», plärrte es aus dem Lautsprecher, «gehen Sie bitte an das weiße Telefon.»

Sie rannte hin. Dann hörte sie Eds Stimme. «Beth?»

«Ed. Wie schön, daß du anrufst. Ich hatte schon gedacht...»

«Daß ich zum Flugplatz kommen würde?» Er lachte. «Ich fand, das sei nicht nötig. Du bist ein erwachsenes, selbständiges Mädchen. Und hübsch obendrein. Du kommst auch ohne mich zurecht. Sehen wir uns in der Uni?»

«Ich ... ich glaube schon.»

«Das ist schön.» Er schwieg eine Weile. «Weil ich dich liebe. Ich liebe dich, seit ich dich zum erstenmal sah.»

Ihre Zunge war wie gelähmt. Sie konnte nicht sprechen. Tausend Gedanken jagten ihr durch den Kopf.

Er lachte noch einmal, leise. «Du brauchst nichts zu sagen. Jetzt nicht. Wir sehen uns später. Dann unterhalten wir uns. In aller Ruhe. Ich wünsche dir einen guten Flug, Beth. Auf Wiedersehen.»

Dann war er weg. Sie stand da, den weißen Telefonhörer in der Hand, allein gelassen mit ihren chaotischen Gedanken und Fragen.

September.

Wie eine Frau, die man beim Stricken gestört hat, nahm Elizabeth die alte Routine des Universitätsbetriebs wieder auf. Natürlich teilte sie sich auch jetzt wieder mit Alice ein Zimmer; sie wohnten zusammen, seit der Computer der Zimmervermittlung sie zu Beginn ihres Studiums zusammenbrachte. Trotz unterschiedlicher Interessen und Eigenschaften waren sie immer gut miteinander ausgekommen. Alice war fleißig, studierte Chemie und hatte einen Durchschnitt von 3,6. Elizabeth war die geselligere von beiden, weniger intellektuell, und sie hatte die Fächer Pädagogik und Mathematik belegt.

Sie vertrugen sich immer noch gut, doch seit dem letzten Sommer war die Freundschaft zwischen ihnen etwas abgekühlt. Elizabeth führte es auf die Meinungsverschiedenheit wegen der Soziologieklausur zurück, sagte jedoch nichts.

Die Ereignisse des Sommers begannen traumhafte, unwirkliche Züge anzunehmen. Seltsamerweise kam es ihr manchmal vor, als sei Tony ein Junge gewesen, den sie noch von der Schule her kannte. Die Erinnerung an ihn schmerzte sie immer noch, und sie vermied es, mit Alice über ihn zu sprechen. Doch es war so, als ob eine alte Narbe weh täte und nicht der stechende Schmerz einer frischen Wunde.

Noch schmerzlicher traf es sie, daß Ed Hamner sich nicht meldete.

Eine Woche verging, noch eine, und dann war es Oktober. Sie besorgte sich ein Verzeichnis aller Studenten und schlug seinen Namen nach. Es half ihr auch nicht weiter; hinter seinem Namen stand lediglich «Mill St». Die Mill Street war sehr lang. Also wartete sie, und wenn sich jemand mit ihr verabreden wollte, was häufig geschah, lehnte sie ab. Alice betrachtete sie mit hochgezogenen Augenbrauen, äußerte sich jedoch nicht; sie steckte mitten in einem sechswöchigen Biochemie-Praktikum und brachte die meisten Abende in der Bibliothek zu. Elizabeth sah zwar die langen weißen Briefumschläge, die ihre Zimmergenossin ein- oder zweimal die Woche durch die Post zugestellt bekam – da sie von den Vorlesungen meistens früher heimkehrte –, machte sich jedoch keine Gedanken darüber. Die Privatdetektei verhielt sich diskret; auf den Umschlägen stand kein Absender.

Alice war in ein Lehrbuch vertieft, als die Sprechanlage summte. «Geh du ran, Liz. Das ist wahrscheinlich sowieso für dich.»

Elizabeth trat an das Gerät. «Ja, bitte?»

«Besuch für dich, Liz. Ein junger Mann.»

O Gott.

«Wie heißt er?» fragte sie ungehalten und ging im Geist schon ihren Vorrat an abgenutzten Ausreden durch. Migräne. Da hatte sie in dieser Woche noch nicht vorgeschützt.

Das Mädchen an der Anmeldung antwortete amüsiert: «Edward Jackson Hamner *junior,* man stelle sich vor.» Mit gesenkter Stimme setzte sie hinzu: «Er trägt zwei verschiedene Socken.»

Elizabeth faßte sich an den Kragen des Morgenrocks. «Ach Gott! Sag ihm, ich käme sofort runter. Nein, sag ihm, ich käme in einer Minute. Nein, sag ihm, es wird ein paar Minuten dauern.»

«Klar», erwiderte die Stimme skeptisch. «Paß auf, daß du keinen Schlaganfall kriegst.»

Elizabeth zog eine lange Hose aus ihrem Kleiderschrank. Einen kurzen Jeansrock. Aufstöhnend befingerte sie ihre Lockenwickler, begann, sie sich aus den Haaren zu reißen.

Stumm beobachtete Alice sie, und nachdem Elizabeth gegangen war, blickte Alice noch lange nachdenklich auf die Tür.

Ed sah aus wie immer; er hatte sich überhaupt nicht verändert. Er trug wieder seine grüne Drillichjacke, die ihm mindestens zwei Nummern zu groß zu sein schien. Einen Bügel der Hornbrille hatte er mit Isolierband zusammengeflickt. Seine Jeans sahen neu und steif aus, nicht verwaschen und getragen, wie es jetzt modern war. An Tony hatten auch neue Sachen so steif ausgesehen. Dazu trug Ed eine grüne und eine braune Socke.

Aber sie wußte, daß sie ihn liebte.

«Warum hast du dich nicht schon früher gemeldet?» fragte sie, als sie auf ihn zuging.

Er schob die Hände in die Jackentaschen und grinste schüchtern. «Ich wollte dir ein bißchen Zeit geben, um dich umzusehen. Du solltest ein paar andere Männer kennenlernen. Um herauszufinden, was du wirklich willst.»

«Ich glaube, ich weiß, was ich will.»

«Das ist schön. Hast du Lust, ins Kino zu gehen?»

«Mir ist alles recht. Von mir aus können wir unternehmen, was du willst.»

Mit der Zeit fiel ihr auf, daß sie noch nie einen Menschen egal, ob Mann oder Frau, gekannt hatte, der ihre Stimmungen und Wünsche so vollkommen und ohne Worte zu verstehen schien. Sie hatten in allem den gleichen Geschmack. Tony hatte brutale Filme im Stile des *Paten* gemocht, Ed bevorzugte lustige Filme oder gewaltlose Problemstücke.

Eines Abendes, als sie sich deprimiert fühlte, ging er mit ihr in den Zirkus, und sie amüsierten sich köstlich. Wenn sie sich zum gemeinsamen Lernen verabredeten, wurde auch tatsächlich studiert, es war kein Vorwand, um in der dritten Etage des Studentenhauses mit ihr herumzuschmusen. Er ging mit ihr tanzen und schien die altmodischen Tänze, die sie so liebte, besonders gut zu beherrschen. Auf der Jahresfeier der Universität gewannen sie auf einem Nostalgieball unter dem Motto «Die fünfziger Jahre» sogar einen Preis im Stroll-Tanzen.

Doch am meisten gefiel ihr, daß er zu spüren schien, wann sie zu Zärtlichkeiten aufgelegt war. Er bedrängte sie nicht, und er forderte nichts von ihr. Bei ihm hatte sie niemals das Gefühl, wie es ihr schon bei anderen jungen Männern ergangen war, daß sie den Sex nach einem ganz bestimmten Schema planten. Beim ersten Treffen begann es mit einem Gutenachtkuß, und das zehnte Treffen endete damit, daß man in einer von einem Freund geborgten Wohnung miteinander schlief. Ed wohnte allein in einem Apartment im dritten Stock in der Mill Street. Sie gingen oft zu ihm, doch Elizabeth hatte nie das Gefühl, die Lasterhöhle eines Nachwuchscasanovas zu betreten. Er versuchte nie, sich ihr zu nähern. Er schien tatsächlich immer nur das zu wollen, was sie wollte und wann sie es wollte. Und ihre Freundschaft entwickelte sich.

Als der Vorlesungsbetrieb nach den Semesterferien wieder begann, wirkte Alice irgendwie bedrückt. An dem Nachmittag, als Elizabeth darauf wartete, daß Ed sie abholte – sie waren zum Essen verabredet –, bemerkte sie mehrmals, daß Alice stirnrunzelnd einen großen braunen Umschlag anstarrte, der auf ihrem Schreibtisch lag.

Einmal lag es Elizabeth auf der Zunge, sie zu fragen, was das für ein Umschlag sei, aber dann tat sie es doch nicht. Vermutlich ging es wieder um ein Praktikum.

Es schneite heftig, als Ed sie zum Studentenwohnheim zurückbrachte.

«Sehen wir uns morgen?» fragte er. «Bei mir?»

«Klar. Ich mache uns Popcorn.»

«Prima», freute er sich und küßte sie. «Ich liebe dich, Beth.»

«Ich liebe dich auch.»

«Möchtest du morgen bei mir schlafen?» fragte er vollkommen natürlich.

«Ja, Ed, gern.» Sie sah ihm in die Augen. «Wenn es dein Wunsch ist.»

«Schön», entgegnete er ruhig. «Schlaf gut, mein Schatz.»

«Du auch.»

Sie hatte erwartet, daß Alice schon schlief, und trat leise ins Zimmer, doch Alice war noch auf und saß an ihrem Schreibtisch.

«Alice, fehlt dir was?»

«Ich muß mit dir sprechen, Liz. Über Ed.»

«Und was hast du mir zu sagen?»

Widerstrebend äußerte Alice: «Wenn wir miteinander gesprochen haben, sind wir wahrscheinlich keine Freundinnen mehr. Ich setze eine Menge aufs Spiel, deshalb möchte ich, daß du mir jetzt gut zuhörst.»

«Dann sag doch lieber nichts.»

«Ich kann nicht schweigen.»

Elizabeth' anfängliche Neugier schlug in Wut um. «Hast du Ed nachspioniert?»

Alice warf ihr lediglich einen Blick zu.

«Warst du neidisch auf uns?»

«Nein. Wenn ich auf dich und deine vielen Verehrer neidisch wäre, wäre ich schon vor zwei Jahren hier ausgezogen.»

Verstört sah Elizabeth sie an. Sie wußte, daß Alice nicht log. Und plötzlich bekam sie Angst.

«Zwei Dinge an Ed Hamner machten mich stutzig«, erzählte sie Alice. «Das erstemal stutzte ich, als du mir von Tonys Unfall schriebst und welch glücklicher Zufall es gewesen sei, daß ich Ed im Lakewood-Theater getroffen hatte ... wie er gleich nach Boothbay kam und dir über den schlimmsten Schmerz hinweghalf. Aber ich hatte ihn gar nicht getroffen, Liz. Letzten Sommer kam ich nicht mal in die Nähe des Lakewood-Theaters.»

«Aber ...»

«Aber woher wußte er, daß Tony tot war? Ich habe keine Ahnung. Ich weiß lediglich, daß er es von mir nicht erfuhr. Zweitens nehme ich ihm diese Geschichte mit dem eidetischen Gedächtnis nicht mehr ab. Mein Gott, Liz, er kann sich nicht mal erinnern, welche Socken er sich angezogen hat.»

«Das ist doch etwas ganz anderes» hielt Liz ihr kühl entgegen. «Das –»

«Letzten Sommer hielt sich Ed Hamner in Las Vegas auf», sagte Alice leise. «Mitte Juli reiste er wieder ab und nahm sich in einem Motel in Pemaquid ein Zimmer. Der Ort liegt auf der anderen Seite der Bucht, genau gegenüber dem Hafen von Boothbay. Es sieht fast so aus, als hätte er darauf gewartet, daß du ihn brauchst.»

«Du spinnst ja! Woher willst du wissen, daß Ed in Las Vegas war?»

«Kurz bevor das Semester anfing, traf ich zufällig Shirley D'Antonio. Sie arbeitete im *Pines Restaurant*, das dem Schauspielhaus gleich gegenüber liegt. Sie behauptet, sie hätte nie jemand gesehen, der aussieht wie Ed Hamner. Daher weiß ich, daß er dich mehrere Male belogen hat. Also ging ich zu meinem Vater, erzählte ihm alles und ließ mir von ihm grünes Licht geben.»

«Grünes Licht – wozu?» fragte Elizabeth bestürzt.

«Um mich an ein Detektivbüro zu wenden.»

Elizabeth sprang auf. «Halt den Mund, Alice. Jetzt reicht's mir aber.» Ihr Entschluß stand fest. Sie wollte mit dem Bus in die Stadt fahren und bei Ed übernachten. Sie hatte ohnehin nur darauf gewartet, daß er sie einlud, die Nacht bei ihm zu verbringen.

«Hör mir wenigstens zu Ende zu», drängte Alice. «Dann kannst du dir überlegen,was du tun willst.»

«Ich weiß, daß er ein anständiger, guter Mensch ist, das genügt mir –»

«Die Liebe macht doch blind, wie?» versetzte Alice mit einem bitteren Lächeln. «Na ja, vielleicht habe ich dich auch ein bißchen gern, Liz. Hast du daran schon mal gedacht?»

Elizabeth drehte sich um und sah Alice lange an. «Wenn das stimmt, dann hast du aber eine merkwürdige Art, es mir zu zeigen. Also gut, sprich dich aus. Vielleicht hast du recht. Vielleicht bin ich dir das wirklich schuldig. Los, red schon.»

«Du kennst ihn schon sehr lange», sagte Alice mit ruhiger Stimme.

«Was?»

«Grundschule 119, Bridgeport, Connecticut.»

Elizabeth verschlug es die Sprache. Sie hatte mit ihren Eltern sechs Jahre lang in Bridgeport gewohnt. Nach Beendigung ihres zweiten Schuljahres waren sie an ihren jetzigen Wohnort gezogen. Sie hatte tatsächlich die Grundschule 119 in Bridgeport besucht, aber –

«Alice bist du sicher?»

«Erinnerst du dich nicht an ihn?»

«Nein, natürlich nicht!» Doch sie erinnerte sich an das Gefühl, das über sie gekommen war, als sie Ed Hamner zum erstenmal sah – als erlebe sie ein Déjà-vu.

«Ich glaube, die Hübschen neigen dazu, die Häßlichen zu übersehen. Vielleicht war er damals in dich verknallt.

Du gingst zusammen mit ihm in die erste Klasse, Liz. Vielleicht saß er in der hintersten Reihe und ... hat dich bloß beobachtet. Oder hat dir auf dem Spielplatz zugesehen. Ein kleiner, unscheinbarer Junge, der damals schon eine Brille und wahrscheinlich auch eine Zahnspange trug. Dir fiel er nicht mal auf, aber ich wette, daß er sich an dich erinnern kann.»

«Was hast du sonst noch zu sagen?»

«Mit Hilfe von Fingerabdrücken spürte die Detektei ihm nach. Dann brauchten sie nur noch Leute aufzusuchen, die ihn kannten, und mit ihnen zu reden. Der Detektiv, der sich mit dem Fall befaßte, sagt, manches von dem, was er herausfand, verstünde er nicht. Mir geht es genauso. Einiges ist richtig unheimlich.»

«Das Ganze sollte dir auch nicht geheuer sein», versetzte Elizabeth trocken.

«Ed Hamner senior war von der Spielleidenschaft besessen. Er arbeitete in einer erstklassigen Werbeagentur in New York, dann zog er, ziemlich übereilt, nach Bridgeport. Der Detektiv sagt, fast jedes Pokerspiel, in dem es um einen riesigen Einsatz ging, und beinahe jede hoch abgeschlossene Wette sei von ihm angeregt worden. Offenbar wurde ihm in New York der Boden zu heiß.»

Elizabeth schloß die Augen.

«Für dein Geld haben dir die Leute aber reichlich viel Dreck geliefert, nicht?»

«Mag sein. Jedenfalls geriet Eds Vater in Bridgeport wieder in die Klemme. Es hatte auch mit Spielen zu tun, nur daß er dieses Mal an einen Kredithai ersten Ranges geriet. Irgendwie holte er sich ein gebrochenes Bein und einen gebrochenen Arm. Der Detektiv bezweifelt, daß Mr. Hamner einen Unfall hatte.»

«Was kommt jetzt noch?» fragte Elizabeth.

«1961 bekam er eine Stelle in einer unbedeutenden Werbeagentur in Los Angeles. Das war ein bißchen zu nahe an Las Vegas. Er fuhr an den Wochenenden dorthin, spielte ... und verlor. Bis er anfing, Ed junior mitzunehmen. Dann begann nämlich seine Glückssträhne.»

«Das erfindest du alles. Anders kann es gar nicht sein.»

Alice tippte mit dem Finger auf den Umschlag. «Hier drin steht alles, Liz. Einiges könnte vor Gericht nicht bestehen, doch der Detektiv meint, keiner der Leute, mit denen er sprach, hätte einen Grund zu lügen. Eds Vater nannte Ed ‹seinen Talisman›. Anfangs durfte er den Jungen in die Casinos mitbringen, obwohl das Gesetz es nicht erlaubt. Aber Eds Vater galt als dicker Fisch, den man ausnehmen konnte. Dann begann er, nur noch ausschließlich Roulette zu spielen. Ein Jahr später hatte Ed Hamners Sohn in sämtlichen Casinos Hausverbot. Und der alte Hamner suchte sich ein neues Betätigungsfeld, wo er seine Spielleidenschaft austoben konnte.»

«Was denn?»

«Die Börse. Als die Hamners Mitte 1961 nach Los Angeles kamen, wohnten sie für neunzig Dollar Miete im Monat in einer Käseschachtel, und Mr. Hamner fuhr einen Chevrolet Baujahr '52. Ende 1962, genau sechzehn Monate später, hatte er seine Stelle gekündigt, und sie wohnten in ihrem eigenen Haus in San José. Mr. Hamner fuhr einen fabrikneuen Thunderbird und Mrs. Hamner einen Volkswagen. Weißt du, einem kleinen Jungen kann man verbieten, ein Spielcasino zu betreten, aber das Börsenblatt kann ihm keiner wegnehmen.»

«Willst du damit andeuten, daß Ed ... daß er die Fähigkeit besitzt ... Alice, du bist ja verrückt!»

«Ich will gar nichts andeuten. Außer vielleicht, daß er wußte, was sein Daddy brauchte.»

Ich weiß, was du brauchst. Es war beinahe so, als hätte ihr jemand die Worte ins Ohr gesprochen, und sie schauderte.

«Die nächsten sechs Jahre verbrachte Mrs. Hamner meistens in verschiedenen psychiatrischen Anstalten. Angeblich wegen nervöser Störungen, aber der Detektiv unterhielt sich mit einem Pfleger, der sagte, sie sei schon an der

Grenze zum Wahnsinn gewesen. Sie behauptete, ihr Sohn sei der Handlanger des Teufels, 1964 stach sie mit einer Schere auf ihn ein. Sie versuchte, ihn umzubringen. Sie ... Liz, was hast du?»

«Die Narbe», flüsterte sie. «Vor ungefähr einem Monat gingen wir schwimmen. An der Schulter hat er eine tiefe, eingesunkene Narbe ... hier.» Mit der Hand deutete sie auf eine Stelle über ihrer linken Brust. «Er sagte mir ...» Ein Brechreiz stieg in ihr hoch, und sie mußte warten, bis er abgeklungen war, ehe sie weitersprechen konnte. «Er sagte mir, als kleiner Junge sei er auf einen Jägerzaun gefallen.»

«Soll ich weiterzählen?»

«Warum nicht? Jetzt kann mich nichts mehr schocken.»

«1968 wurde seine Mutter aus einer sehr luxuriösen psychiatrischen Anstalt im San Joaquin Valley entlassen. Zu dritt fuhren sie in Urlaub. Sie machten auf einem Rastplatz an der Straße 101 halt. Der Junge sammelte gerade Feuerholz, als Mrs. Hamner den Wagen mit sich und ihrem Mann über die Steilklippe ins Meer fuhr. Vielleicht hatte es ein Versuch sein sollen, Ed zu überrollen. Damals war er fast achtzehn. Sein Vater hinterließ ihm ein Millionenvermögen in Wertpapieren. Anderthalb Jahre später kam Ed hierher und immatrikulierte sich bei uns. Das wäre dann alles.»

«Hast du keine Leiche mehr im Keller?»

«Liz, sag bloß, das wäre nicht schon genug.»

Sie stand auf. «Kein Wunder, daß er sich über seine Eltern ausschweigt. Aber du mußtest unbedingt den Schmutz aufrühren, nicht wahr?»

«Du bist blind», warf Alice ihr vor. Elizabeth zog sich den Mantel an. «Ich nehme an, du gehst jetzt zu ihm.»

«Stimmt.»

«Weil du ihn liebst.»

«Stimmt.»

Alice kam zu ihr und ergriff ihren Arm. «Wirst du wohl aufhören, die Gekränkte zu spielen, und einen Augenblick lang *nachdenken*? Ed Hamner ist imstande, Dinge zu tun, von denen andere Leute nur träumen können. Er ließ seinen Vater beim Roulette gewinnen und verschaffte ihm durch Börsenspekulationen ein Vermögen. Offenbar kann er das Glück herbeizwingen. Vielleicht ist er mit übernatürlichen Kräften ausgestattet, eine Art Medium. Vielleicht kann er hellsehen. Ich weiß es nicht. Offenbar gibt es Menschen mit dieser Begabung. Liz, ist dir noch nie in den Sinn gekommen, daß er dich gezwungen hat, ihn zu lieben?»

Langsam drehte sich Liz zu ihr um. «Etwas so Albernes habe ich in meinem ganzen Leben noch nicht gehört.»

«Findest du das albern? Er verschaffte dir die Soziologieklausur mit den gleichen Mitteln, mit denen er seinem Vater am Roulettetisch zu einem Gewinn verhalf! Er hatte nie eine Vorlesung in Soziologie belegt! Das habe ich nachgeprüft. Er gab dir den Test, weil es für ihn die einzige Möglichkeit war, sich dir zu nähern.»

«Hör endlich auf!» schrie Liz. Sie hielt sich die Ohren zu.

«Er wußte, wie die Klausur ausfallen würde, er wußte, daß Tony verunglückt war, und er wußte, daß du nach Hause fliegen wolltest. Er wußte sogar, wann der psychologisch richtige Moment gekommen war, als er sich letzten Oktober wieder bei dir meldete.»

Elizabeth riß sich von ihr los und öffnete die Tür.

«Bitte», flehte Alice. «Bitte, Liz, hör auf mich. Ich weiß nicht, wie er so etwas macht. Ich bin mir nicht mal sicher, ob er sich selbst hundertprozentig darüber im klaren ist. Vielleicht will er dir gar nichts Böses antun, aber das Unheil hat er schon angerichtet. Er hat dich dazu gebracht, ihn zu lieben, weil er deine geheimsten Wünsche und Sehnsüchte kennt, aber das hat mit Liebe nichts zu tun. Das ist eine Vergewaltigung.»

Elizabeth warf die Tür hinter sich ins Schloß und rannte die Treppen hinunter.

Sie bekam den letzten Bus, der an diesem Abend stadteinwärts fuhr. Der Schnee fiel noch dichter, und der Bus holperte über die zugewehte Straße wie ein verletzter Käfer. Elizabeth saß ganz hinten in dem fast leeren Bus, und in ihrem Kopf kreisten tausend Gedanken.

Mentholzigaretten. Die Börse. Woher wußte er, daß der Spitzname ihrer Mutter Deedee war? Ein kleiner Junge, der in einem Klassenzimmer sitzt und mit großen Augen ein lebhaftes kleines Mädchen beobachtet, das zu jung ist, um ihn zu verstehen –

Ich weiß, was du brauchst.

Nein. Nein. Nein. Und ich liebe ihn trotzdem.

Stimmte das? Oder gefiel es ihr nur, mit jemand zusammenzusein, der immer das richtige Essen bestellte, mit ihr in den richtigen Film ging und nichts wollte oder tat, wozu sie keine Lust hatte? War er vielleicht bloß eine Art Spiegel für ihre Seele, der ihr immer nur das zeigte, was sie sehen wollte? Die Geschenke, die er ihr machte, entsprachen immer haargenau ihrem Geschmack. Als es plötzlich kalt wurde und sie sich einen Heizlüfter wünschte, wer hatte ihr einen geschenkt? Ed Hamner natürlich. Er hätte ihn zufällig im Sonderangebot gesehen, hatte er ihr erzählt. Selbstverständlich hatte sie sich darüber gefreut.

Das hat mit Liebe nichts zu tun. Das ist eine Vergewaltigung.

Der Wind biß ihr ins Gesicht, als sie an der Ecke Main und Mill Street ausstieg, und mit hochgezogenen Schultern stemmte sie sich dagegen, während der Bus mit einem satten Dieselgebrumm davonfuhr. Für kurze Zeit blinkten die Rücklichter noch durch das Schneetreiben, dann waren sie verschwunden. Noch nie hatte sie sich so einsam gefühlt.

Er war nicht zu Hause.

Nachdem sie fünf Minuten lang geklopft hatte, stand sie ratlos vor der Tür. Ihr fiel ein, daß sie keine Ahnung hatte, was Ed tat oder mit wem er sich traf, wenn er nicht mit ihr zusammen war. Über dieses Thema hatten sie nie gesprochen.

Vielleicht gewinnt er gerade beim Poker das Geld für einen zweiten Heizlüfter.

Sie stellte sich auf die Zehenspitzen und fuhr mit den Fingern den Türrahmen entlang, denn sie wußte, daß Ed dort einen Ersatzschlüssel aufbewahrte. Sie fand ihn, und klirrend fiel er zu Boden.

Sie hob ihn auf und steckte ihn ins Schloß.

Ohne Ed sah die Wohnung ganz anders aus – unecht, wie eine Bühnenkulisse. Sie hatte sich oft darüber amüsiert, daß jemand, der auf seine äußere Erscheinung so wenig Wert legte, in einer so ordentlichen, vorbildlich aufgeräumten Umgebung wohnte. Beinahe, als hätte er die Zimmer für sie eingerichtet und nicht für sich selbst. Aber der Gedanke war natürlich absurd.

Wieder einmal kam ihr in den Sinn, wie gemütlich sie den Sessel fand, in dem sie saß, wenn sie fernsahen oder lernten. Er war genau richtig für sie, nicht zu hart und nicht zu weich. Optimal. Wie alles, was mit Ed zusammenhing.

Das Wohnzimmer hatte zwei Türen. Durch die eine ging man in die Kochnische, die andere führte in sein Schlafzimmer.

Draußen pfiff der Wind, in den Mauern des alten Wohnhauses knarrte und knackte es.

Sie betrat das Schlafzimmer und betrachtete die Bettstelle aus Messing. Das Bett sah nicht zu hart und nicht zu weich aus, es schien genau richtig zu sein. Eine hämische Stimme in ihr spottete: *Es ist schon beinahe zu vollkommen, nicht wahr?*

Sie stellte sich vor das Bücherregal und ließ den Blick planlos über die Buchtitel wandern. Einer zog ihre Aufmerksamkeit auf sich, und sie holte das Buch heraus: *Modetänze der fünfziger Jahre.* An einer bestimmten Stelle klappte das Buch von selbst auf. Ein Abschnitt, der die Überschrift «Der Stroll» trug, war dick mit Rotstift umrandet, und daneben stand der Name BETH in großen, beinahe anklagenden Lettern.

Jetzt müßte ich gehen, sagte sie sich. Etwas kann ich

immer noch retten. Wenn er in diesem Moment zurückkäme, könnte ich ihm nie wieder ins Gesicht sehen, und Alice hätte gesiegt. Dann hätte sie ihr Geld wirklich gut angelegt.

Doch sie wußte, daß sie nicht mehr zurückkonnte. Dazu war sie schon zu weit gegangen.

Sie trat an den Kleiderschrank und drehte den Knauf, doch die Tür blieb zu. Abgeschlossen.

Auf gut Glück stellte sie sich wieder auf die Zehenspitzen und tastete den oberen Türrand ab. Ihre Finger stießen gegen den Schlüssel. Sie holte ihn herunter, obwohl eine innere Stimme sie deutlich warnte: *Das darfst du nicht tun.* Sie dachte daran, was Blaubarts Frau fand, als sie die verkehrte Tür öffnete. Doch zum Rückzug war es zu spät; wenn sie sich jetzt keine Gewißheit verschaffte, würde sie ständig weitergrübeln. Sie schloß den Schrank auf.

Und dann verspürte sie das ungute Gefühl, als ob sich da drinnen der richtige Ed Hamner jr. die ganze Zeit über versteckt hatte.

Im Schrank herrschte das Chaos – sie sah achtlos hineingestopfte Kleidungsstücke, Bücher, einen Tennisschläger ohne Bespannung, ein Paar zerfledderte Tennisschuhe, ein wildes Durcheinander von alten Lehrbüchern und Heften, einen offenen, krümelstreuenden Tabaksbeutel. In der hintersten Ecke lag die grüne Drillichjacke.

Sie nahm eines der Bücher in die Hand und las verdutzt den Titel: *Der goldene Zweig.* Sie bückte sich nach dem nächsten. *Alte Riten, moderne Mysterien.* Ein anderes hieß *Voodoo – Zauberkult auf Haiti.* Dann fand sie eines, das in altes brüchiges Leder gebunden war. Durch häufigen Gebrauch war der Titel auf dem Einband abgescheuert und kaum noch leserlich. Es roch schwach nach verfaultem Fisch. Sie entzifferte den Titel: *Nekromantie.* An einer beliebigen Stelle schlug sie es auf, schnappte nach Luft und schleuderte es fort: Die obszöne Darstellung brannte sich in ihr Gedächtnis ein.

In erster Linie, um ihre Fassung wiederzugewinnen, griff sie nach der grünen Drillichjacke, wobei sie sich selbst nicht eingestand, daß sie die Taschen durchsuchen wollte. Als sie sie in die Hand nahm, entdeckte sie noch etwas. Eine kleine Blechdose ...

Neugierig bückte sie sich danach und drehte sie hin und her. Drinnen klapperte etwas. Es war eine Dose, wie kleine Jungen sie zum Aufbewahren ihrer Schätze benutzen. In der Blechdose war der Name einer Firma eingestanzt: Bridgeport Sweets. Sie öffnete die Dose.

Ganz oben lag die Puppe. Die Puppe Elizabeth.

Ihr schauderte, als sie sie betrachtete.

Als Kleid trug die Puppe einen roten Nylonfetzen, er stammte von einem Tuch, das sie vor zwei oder drei Monaten verloren hatte. Als sie mit Ed im Kino war. Die Arme bestanden aus Pfeifenreinigern, um die etwas gewickelt war, das aussah wie blaues Moos. Friedhofsmoos vielleicht. Die Puppe hatte Haare auf dem Kopf, aber die entsprachen nicht ihren. Es war sehr feines, flachsblondes Haar, und es war an den rosa Radiergummikopf angeklebt. Ihr eigenes Haar war dunkelblond und kräftiger. Das der Puppe ähnelte eher dem, das sie hatte – *als sie ein kleines Mädchen war.*

Sie schluckte, und in ihrer Kehle gab es ein knackendes Geräusch. Hatten sie nicht alle im ersten Schuljahr Scheren bekommen, kleine, abgerundete Scheren, für Kinderhände geeignet? War damals ein kleiner Junge an sie herangepirscht, vielleicht, als sie ihren Mittagsschlaf hielten und –

Elizabeth legte die Puppe aus der Hand und schaute wieder in die Blechdose. Sie fand einen blauen Pokerchip, auf den mit roter Tinte ein seltsames sechseckiges Zeichen gemalt war. Einen vergilbten Zeitungsausschnitt – die Todesanzeige von Mr. und Mrs. Edward Hamner. Auf dem daneben abgedruckten Foto lächelten die beiden nichtssagend, und über ihre Gesichter war dasselbe sechseckige Zeichen gemalt, dieses Mal mit schwarzer Tinte, wie ein

Bahrtuch. In der Dose lagen zwei weitere Puppen, eine weibliche und eine männliche. Die Ähnlichkeit mit den Personen auf dem Foto war unverkennbar, erschreckend.

Und sie fand noch etwas.

Sie klaubte es aus der Dose, wobei ihre Finger so heftig zitterten, daß sie es beinahe fallen gelassen hätte. Sie stieß einen unterdrückten Laut aus.

Es war ein Modellauto von der Art, wie Jungen es sich in Spielzeuggeschäften und Bastelläden kaufen und dann mit Plastikklebern zusammensetzen. Dieses Modell war ein Fiat, mit roter Farbe angemalt. Und an der Motorhaube klebte ein Stückchen Stoff, das von einem von Tonys Hemden stammen konnte.

Sie drehte das Modellauto um. Jemand hatte die Unterseite zertrümmert.

«Du hast es also gefunden, du undankbares Biest.»

Sie stieß einen Schrei aus und ließ Auto und Blechdose fallen. Seine gräßlichen Schätze wurden über den Boden verstreut. Er stand in der Tür und schaute sie an. Einen so haßerfüllten Ausdruck hatte sie noch nie auf dem Gesicht eines Menschen gesehen.

«Du hast Tony umgebracht», schleuderte sie ihm entgegen.

Er grinste boshaft. «Glaubst du, du könntest das beweisen?»

«Das spielt keine Rolle», antwortete sie, selbst überrascht, wie ruhig ihre Stimme klang. «Ich weiß es jedenfalls. Und ich will dich nie wiedersehen. Niemals. Und wenn du ... irgendwem ... irgend etwas antust ... werde ich Bescheid wissen. Dann sorge ich dafür, daß es dir an den Kragen geht.»

In seinem Gesicht zuckte es. «Das ist also der Dank, den ich von dir bekomme. Ich habe dir alles gegeben, was du wolltest, und bin auf dich eingegangen, wie kein anderer Mann es gekonnt hätte. Gib's zu. Ich habe dich vollkommen glücklich gemacht.»

«Du hast Tony umgebracht!» schrie sie.

Er trat einen Schritt in den Raum hinein. «Ja, aber ich tat es für dich. Was für ein Mädchen bist du, Beth? Du weißt gar nicht, was Liebe ist. Ich liebe dich, seit ich dich zum erstenmal sah, das war vor über siebzehn Jahren. Konnte Tony das von sich behaupten? Du hast es im Leben nie schwer gehabt. Du bist *hübsch*. Du hast nie etwas entbehrt und warst nie einsam. Du mußtest nie ... andere Wege suchen, um dir das zu verschaffen, was du gern wolltest. Es gab immer einen Tony, der etwas für dich tat. Du brauchtest bloß zu lächeln und ‹bitte, bitte› zu sagen.» Seine Stimme hob sich: *«Ich* habe auf diese Weise nie etwas bekommen. Glaubst du, ich hätte es nie versucht? Bei meinem Vater half es nicht. Er wollte selbst immer nur mehr und mehr. Er gab mir nicht mal einen Gutenachtkuß oder nahm mich in den Arm. Bis ich ihn reich machte. Und meine Mutter war genauso. Ich rettete ihre Ehe, aber meinst du, sie wäre zufrieden gewesen? Sie haßte mich! Sie wollte nicht in meine Nähe kommen! Sie sagte, ich sei nicht normal. Ich sorgte dafür, daß sie viele schöne Dinge bekam, aber ... Beth, das darfst du nicht tun! Nein ... neiiin –»

Sie setzte den Fuß auf die Puppe Elizabeth, zertrat sie mit dem Absatz. Etwas in ihr krümmte sich in einer Todesqual, dann war es vorbei. Jetzt fürchtete sie sich nicht mehr vor ihm.

Er war nur ein kleiner, schmächtiger Junge mit dem Körper eines Erwachsenen. Und er trug zwei verschiedene Socken.

«Ich glaube, jetzt kannst du mir nichts mehr antun, Ed», sagte sie. »Jetzt nicht mehr. Habe ich recht?»

Er wandte sich ab. «Geh», sagte er mit dünner Stimme. «Geh schon. Aber laß die Blechdose hier. Tu mir wenigstens diesen Gefallen.»

«Die Dose lasse ich hier. Aber den Inhalt nehme ich mit.» Sie ging an ihm vorbei. Seine Schultern zuckten, als ob er sich nach ihr umdrehen und sie festhalten wollte, doch dann sackte er in sich zusammen.

Als sie die Treppe erreichte, kam er auf den Flur hinausgerannt und kreischte: «Dann geh doch! Aber nach mir wirst du mit keinem anderen Mann mehr zufrieden sein! Und wenn du alt und häßlich bist und sich kein Mann mehr um dich kümmert, wirst du dich noch nach mir zurücksehnen! Dann wirst du begreifen, was du verschmäht hast!»

Sie lief die Treppe hinunter und trat hinaus in das Schneetreiben. Es tat ihr gut, die kalte Luft auf ihrem Gesicht zu spüren. Bis zum Universitätsgelände war es ein Fußmarsch von zwei Meilen, doch das machte ihr nichts aus. Sie brauchte die Bewegung, und sie brauchte die Kälte.

Auf eine seltsame, unerklärliche Art und Weise tat er ihr leid – er war ein kleiner Junge, in dessen kümmerlichem Geist ein große Macht wohnte. Ein kleiner Junge, der mit Menschen zu spielen versuchte, als seien sie Zinnsoldaten, und sie dann in einem Anfall von Wut zertrat, wenn sie sich seinen Wünschen nicht fügten oder ihn durchschauten.

Und wer war sie? Mit all den Eigenschaften ausgestattet, die er an sich vermißte, ohne daß es ihr Verdienst oder sein Verschulden gewesen wäre? Sie dachte daran, wie sie sich Alice gegenüber benommen hatte, blind und eifersüchtig hatte sie versucht, sich an etwas zu klammern, nicht aus Überzeugung, sondern aus Bequemlichkeit.

Wenn du alt und häßlich bist und sich kein Mann mehr um dich kümmert, wirst du dich noch nach mir zurücksehnen! ... Ich weiß, was du brauchst.

War sie denn wirklich so kleingeistig, daß sie so geringe Ansprüche stellte? Lieber Gott, laß mich bitte nicht so sein.

Auf der Brücke zwischen der Stadt und dem Universitätsgelände blieb sie stehen und warf Ed Hamners Zauberrequisiten Stück für Stück über das Geländer. Zum Schluß kam der rot angemalte Spielzeug-Fiat, er trudelte durch den Flockenwirbel, und sie wartete, bis sie ihn nicht mehr sehen konnte. Dann ging sie weiter.

PATRICIA HIGHSMITH

Variationen über ein Thema

Die Situation war unmöglich. Penn Knowlton erkannte das in dem Augenblick, als er feststellte, daß er in Ginnie Ostrander verliebt war – in Mrs. David Ostrander. Es fiel ihm schwer, sich in der Rolle des Ehebrechers zu sehen, obgleich Ginnie gesagt hatte, sie habe sich schon lange, bevor sie ihn traf, von David scheiden lassen wollen.

Doch David wollte sich nicht scheiden lassen, das war der springende Punkt. Als wohlerzogenem Menschen blieb ihm also nur eins zu tun übrig: Er mußte verschwinden, ehe David Verdacht schöpfte. Es ging nicht darum, daß er sich edel vorkam, nur gab es manchmal eben Situationen, denen man machtlos gegenüberstand.

Penn stieg die Treppe zu Ginnies Zimmer hinauf, das im zweiten Stock des Hauses lag, und klopfte.

Darauf erklang ihre fröhliche, ziemlich hohe Stimme: «Penn, bist du es? Komm herein!»

Sie saß auf der sonnenbeschienenen Couch, trug eine schwarze, hautenge Hose zu einer gelben Bluse und nähte gerade einen Knopf an eins von Davids Hemden.

«Sehe ich nicht aus wie die geborene Hausfrau?» meinte sie kokett und strich sich die langen blonden Haare aus der Stirn. «Kann ich dir auch irgendwelche Knöpfe annähen, Liebling?» Manchmal nannte sie ihn sogar in Davids Gegenwart Liebling.

«Nein», gab er lächelnd zurück und ließ sich auf einem Sitzpolster nieder.

Sie sah zur Tür, als ob sie sich vergewissern wolle, daß niemand in der Nähe sei, dann schürzte sie die Lippen und warf ihm durch die Luft einen Kuß zu.

«Ich werde dich an diesem Wochenende schrecklich vermissen. Wann verläßt du uns morgen?»

«David möchte, daß wir gleich nach dem Mittagessen aufbrechen. Es ist der letzte Auftrag, den ich übernehme, jedenfalls zusammen mit David. Ich kündige.»

«Du kündigst?»

Sie ließ ihre Näharbeit in den Schoß fallen.

«Hast du das David auch schon erzählt?»

«Nein, ich werde es ihm morgen sagen. Ich weiß nicht, weshalb dich das so überrascht. Der Grund bist du, Ginnie. Ich glaube nicht, daß es da langer Erklärungen bedarf.»

«Ich verstehe, Penn. Du weißt, daß ich David um die Scheidung gebeten habe. Ich werde ihn weiterhin darum bitten. Ich werde mir etwas ausdenken, und dann . . .»

Plötzlich kniete sie vor ihm, ergriff seine Hände, ließ den Kopf hängen und begann bitterlich zu weinen. Er wandte die Augen ab, stand langsam auf und zog sie mit hoch.

«Ich bin wahrscheinlich noch zwei Wochen dabei, so lange, bis David sein Buch fertig hat, vorausgesetzt, er möchte mich noch beschäftigen. Aber mach dir keine Sorgen, ich werde ihm nicht erzählen, weshalb ich kündige.»

Seine Stimme war zu einem Flüstern geworden, obgleich David unten in seinem schalldichten Arbeitszimmer und das Mädchen im Keller war. Jedenfalls nahm Penn das an.

«Auch wenn du es ihm sagen würdest, wäre es mir gleichgültig», erklärte sie trotzig.

«Es ist ohnehin ein Wunder, daß er es nicht längst gemerkt hat.»

«Wirst du in meiner Nähe sein, sagen wir in drei Monaten, wenn es mir doch noch gelingt, die Scheidung durchzusetzen?« fragte sie.

Er nickte, seine Augen begannen zu brennen, doch er lächelte.

«Ich werde sehr lange in deiner Nähe sein. Ich bin mir nur nicht sicher, daß du die Scheidung überhaupt willst.»

Ihre Miene wurde ernst.

«Du wirst schon sehen. Ich möchte David nur nicht verägern. Ich habe Angst vor seinen Temperamentsausbrüchen. Vielleicht sollte ich aufhören, Angst zu haben.»

Ihre blauen Augen sahen ihn direkt an.

«Erinnere dich an den Traum, den du uns erzählt hast, von dem Mann, mit dem du auf einer Landstraße entlanggegangen bist und der plötzlich verschwand. Du hast nach ihm gerufen, konntest ihn aber nicht finden.»

«Ja», erwiderte er lächelnd.

«Ich wünschte, dieser Traum würde Wirklichkeit – ich wünschte, David und du würden auf dieser Landstraße entlanggehen und David würde einfach verschwinden, dieses Wochenende noch, für immer und ewig, dann könnte ich mit dir zusammensein.»

Ihre Worte hatten eine eigenartige und schreckliche Wirkung auf ihn. Er ließ ihren Arm los.

«Leute verschwinden nicht so einfach. Es gibt andere Wege . . .»

Er wollte gerade hinzufügen, wie beispielsweise Scheidung, dann unterließ er es jedoch.

«Wie beispielsweise?»

«Ich gehe besser an meine Schreibmaschine zurück. Ich habe noch ein halbstündiges Tonband abzuschreiben.»

David und Penn fuhren am nächsten Nachmittag in einem schwarzen Kabrio weg, mit zwei kleinen Koffern, einer Schreibmaschine, einem Tonband und einer Kühltasche, in der sich mehrere Steaks, Bier und einige andere Nahrungsmittel befanden. David war ausgesprochen guter Laune und sprach über eine Idee zu einem neuen Buch, die ihm nachts gekommen war.

David Ostrander schrieb Science-fiction-Romane, und zwar in einer solchen Vielzahl, daß er ein halbes Dutzend Pseudonyme benutzte. Er brauchte selten länger als einen Monat, um ein Buch fertigzustellen, und er arbeitete jeden Monat im Jahr. Er hatte mehr Ideen, als er verwerten konnte, und er pflegte sie an andere Schriftsteller bei seinen allwöchentlichen Mittwochabend-Guild-Meetings weiterzureichen.

David Ostrander war dreiundvierzig, schlank und drahtig, mit einem schmalen, wie ausgedorrt wirkenden Gesicht, das von feinen Linien und Falten durchzogen war. Diese Fältchen waren der einzige Hinweis auf sein Alter, und seltsamerweise wirkten sie im Gegensatz zu seiner sonstigen jugendlichen Figur besonders stark. Fast hätte man glauben können, er habe sich die ganzen dreiundvierzig Jahre seines Lebens in dem trockenen, sterilen Wind der phantastischen Planeten, über die er schrieb, aufgehalten. Ginnie war vierundzwanzig, zwei Jahre jünger als Penn. Ihre Haut war geschmeidig und zart, und ihre Lippen glichen den Blütenblättern von rotem Mohn. Doch er wollte nicht mehr an sie denken. Es schmerzte ihn, sich vorzustellen, wie David ihre Lippen küßte. Wie hatte sie ihn nur heiraten können? Und weshalb?

Gab es vielleicht etwas an Davids Intellekt, an seinem bitteren Humor, seiner Energie, das eine Frau attraktiv finden konnte?

Natürlich hatte David Geld, ein gutes Einkommen – aber was hatte Ginnie davon? Sie kaufte sich zwar schöne Kleider, doch David führte sie nie aus. Sie gaben fast nie Einladungen. Und soweit Penn wußte, verreisten sie auch nie.

«Nun, was halten Sie davon, Penn? Aus der blauen Vegetation strömt Giftgas aus und zerstört alles Grün auf der Erde, bis nichts mehr davon übrig ist. Sagen Sie, wo sind Sie heute nur mit Ihren Gedanken?»

«Ich habe es gehört», sagte Penn, ohne den Blick von der Straße zu nehmen, «soll ich mir eine Notiz machen?»

«Ja. Nein. Ich werde im Laufe des Tages noch etwas mehr darüber nachdenken.»

David zündete sich eine Zigarette an.

«Irgend etwas beschäftigt Sie doch, Penn. Was ist es?»

Penns Hände umklammerten das Steuerrad noch fester. Nun, ein besserer Moment würde nicht mehr kommen. Zwei Gläser Scotch am Abend würden auch nicht helfen. Und das Problem wieder hinauszuschieben, war nur feige, fand Penn.

«David, wenn dieses Buch fertig ist», sagte er entschlossen, «werde ich Sie verlassen.»

«Oh», erwiderte David, ohne Überraschung zu zeigen. Er nahm einen Zug aus seiner Zigarette. «Gibt es einen besonderen Grund dafür?»

«Ja. Wie ich Ihnen schon erzählte, möchte ich selbst ein Buch schreiben. Diese Sache mit der Küstenwache.»

Penn hatte die vergangenen vier Jahre bei der Küstenwache zugebracht, was auch der hauptsächliche Grund dafür gewesen war, daß David ihn als Sekretär angestellt hatte. David hatte per Zeitungsannonce einen Sekretär gesucht, der «vorzugsweise hervorragende Kenntnisse auf dem Sektor der Marine» haben sollte.

Das erste Buch, an dem er mit David gearbeitet hatte, befaßte sich mit dem Leben bei der Marine, aber bei der Marine im Jahre 2800 nach Christus, nachdem der ganze Erdball radioaktiv verseucht worden war. Penns Buch sollte möglichst wirklichkeitsgetreu sein, die Geschichte verlief ziemlich orthodox und endete positiv.

«Ich werde Sie vermissen», meinte David. «Und Ginnie ebenfalls. Sie mag Sie sehr.»

Von jedem anderen Mann wäre es eine vieldeutige Bemerkung gewesen, nicht jedoch von David, der ihn, Penn, oft genug dazu ermutigt hatte, soviel Zeit wie möglich mit Ginnie zu verbringen, lange Spaziergänge mit ihr in den Wäldern rund um seinen Besitz zu machen und mit ihr

Tennis zu spielen, auf dem Tennisplatz hinter dem Sommerhaus.

«Ich werde Sie beide auch vermissen», versicherte Penn. «Wer würde nicht diese bezaubernde Umgebung einer tristen Wohnung in New York vorziehen?»

«Halten Sie mir keine langen Vorträge, Penn. Dazu kennen wir uns viel zu gut.»

David rieb sich die Nase mit einem von Nikotin verfärbten Finger.

«Was halten Sie davon, wenn ich Sie nur halbtags anstelle und Ihnen den Rest des Tages für Ihre eigene Arbeit lasse? Sie könnten einen ganzen Flügel des Hauses für sich bewohnen.»

Penn lehnte den Vorschlag höflich ab. Er wolle eine Zeitlang einfach weg.

«Ginnie wird sehr betrübt sein», sagte David mehr zu sich selbst.

Sie erreichten die Jagdhütte bei Sonnenuntergang. Es war eine kompakte, einstöckige Hütte aus unbehauenen Baumstämmen, ausgestattet mit einem steinernen Kamin. Weiße Birken und riesige Tannen wiegten sich leicht in der Herbstbrise. Als sie ausgepackt und ein Feuer gemacht hatten, um sich ihr Steak zu braten, war es sieben Uhr.

David sprach wenig, machte jedoch einen fröhlichen Eindruck, so als ob die Unterhaltung mit Penn gar nicht stattgefunden hätte. Sie hatten sich vor dem Abendessen zwei Drinks genehmigt. Zwei waren für David das absolute Limit, vor allem an Tagen, an denen er noch zu arbeiten gedachte.

David sah ihn über den schweren Holztisch hinweg fragend an.

«Haben Sie Ginnie schon gesagt, daß Sie uns verlassen?» Penn nickte und brachte nur mit Mühe seinen Bissen, den er eben im Mund hatte, hinunter.

«Ich habe es ihr gestern gesagt.»

Plötzlich wünschte er, er hätte es nicht zugegeben.

Wäre es nicht viel logischer gewesen, er hätte es zuerst seinem Arbeitgeber mitgeteilt?

Davids Blick entnahm er, daß er sich dieselbe Frage stellte. «Und wie hat sie es aufgenommen?»

«Sie sagte, es täte ihr leid, daß ich ginge», sagte Penn in beiläufigem Ton und schnitt ein weiteres Stück von seinem Steak ab.

«Einfach so? Ich bin überzeugt, sie findet den Gedanken entsetzlich.»

Penn zuckte zusammen, als habe sich ein Messer in ihn gebohrt.

«Ich bin ja nicht blind, Penn. Ich weiß, daß Sie beide glauben, sich ineinander verliebt zu haben.»

«Jetzt hören Sie mir gut zu, David, nur eine Minute. Wenn Sie sich einbilden . . .»

«Ich weiß, was ich weiß, das ist alles. Ich weiß, was hinter meinem Rücken vorgeht, wenn ich in meinem Arbeitszimmer sitze oder wenn ich Mittwoch abends in der Stadt bin, um an dem Guild Meeting teilzunehmen!»

In Davids Augen brannte ein blaues Feuer, eisig wie die kalten Lichter seiner Mondlandschaften.

«David, es geht nichts hinter Ihrem Rücken vor«, sagte Penn in ruhigem Ton. «Und wenn Sie es bezweifeln, fragen Sie Ginnie.»

«Hah!»

«Aber ich glaube, jetzt verstehen Sie, weshalb es besser ist, daß ich Sie verlasse. Ich finde, Sie sollten es wenigstens anerkennen.»

«Das tue ich.»

David steckte sich eine Zigarette an.

«Tut mir leid, daß es soweit gekommen ist», fügte Penn hinzu. «Ginnie ist sehr jung. Außerdem langweilt sie sich, glaube ich, ziemlich. Damit meine ich nicht, daß sie sich mit Ihnen langweilt, sondern eher mit dem Leben, das zu führen sie gezwungen ist.»

«Vielen Dank!»

Davids Antwort kam scharf wie ein Pistolenschuß.

Penn zündete sich nun ebenfalls eine Zigarette an. Sie hatten sich erhoben. Beide hatten nur sehr wenig zu Abend gegessen. Penn beobachtete David, der wie ein bewaffneter Buschjäger im Zimmer herumtigerte und jeden Augenblick einen Schuß abfeuern oder ein Messer ziehen konnte. Er traute David nicht. Der Mann war unberechenbar. Und so kam der Zornausbruch auch nicht überraschend an diesem Abend. Es war der erste, den er je bei ihm erlebt hatte.

«Okay, David, ich möchte Ihnen noch einmal versichern, wie leid es mir tut. Trotzdem haben Sie keinen Grund, böse auf mich zu sein.»

«Hören Sie auf mit dem blöden Geschwätz! Ich erkenne einen Schurken, wenn ich ihn vor mir habe.»

«Wenn Sie dieselbe Gewichtsklasse hätten wie ich», schrie Penn daraufhin und ging mit geballten Fäusten auf ihn zu, «dann würde ich Ihnen jetzt die Knochen brechen! Vermutlich fahren Sie jetzt nach Hause und erzählen Ginnie denselben Mist. Was erwarten Sie eigentlich, wenn Sie eine gelangweilte, gutaussehende Ehefrau an Ihren männlichen Sekretär verweisen und uns gemeinsam zum Picknick schicken? Sie können weder mich noch sie für die Folgen verantwortlich machen!»

David murmelte etwas Unverständliches zum Kamin hin. Dann wandte er sich um und sagte: »Ich gehe spazieren.» Er ging hinaus und warf die schwere Tür so heftig ins Schloß, daß der Boden bebte.

Automatisch begann Penn, das Geschirr und den unberührten Salat wegzuräumen. Sie hatten den Kühlschrank angeschlossen, und Penn legte sorgfältig die Butter in eins der Fächer. Der Gedanke, zusammen mit David hier die Nacht zu verbringen, war entsetzlich, doch wo sonst sollte er hingehen? Bis zur nächsten Stadt waren es acht Kilometer, und sie hatten nur einen Wagen.

Plötzlich wurde die Tür aufgerissen. Penn ließ beinahe die Kaffeekanne fallen.

«Kommen Sie, wir gehen zusammen spazieren», sagte David. «Vielleicht tut uns das beiden gut.»

Er sagte das, ohne zu lächeln.

Penn stellte die Kaffeekanne wieder auf den Herd. Ein Spaziergang mit David war so ungefähr das letzte, was er sich wünschte, aber er wagte nicht, David diese Bitte so einfach abzuschlagen.

«Haben Sie eine Taschenlampe dabei?»

«Nein, aber wir brauchen keine. Draußen scheint der Mond.»

Sie gingen von der Tür zum Wagen, dann über eine unebene und schmutzige Straße, die durch den Wald zum Highway führte.

«Wir haben Vollmond», erklärte David. «Macht es Ihnen was aus, wenn ich ein kleines Experiment anstelle? Gehen Sie vor mir her, dort, wo ausreichend Licht ist, und lassen Sie mich sehen, wie gut ich Sie noch erkennen kann bei einem Abstand von dreißig Metern. Machen Sie große Schritte und zählen Sie bis dreißig. Sie wissen, das ist für diese Geschichte über Faro.»

Penn nickte. Er wußte es. Sie waren wieder bei dem Buch, und wahrscheinlich würden sie heute nacht noch ein paar Stunden daran arbeiten, wenn sie zur Hütte zurückkamen. Penn fing an zu zählen und machte große Schritte.

«Ausgezeichnet, machen Sie weiter so!» rief David hinter ihm her.

Achtundzwanzig ... neunundzwanzig ... dreißig. Penn blieb stehen und drehte sich um. Er konnte David nicht sehen.

«He! Wo sind Sie?»

Keine Antwort.

Penn lächelte gequält und schob die Hände in die Taschen. «Können Sie mich sehen, David?»

Schweigen. Penn ging langsam wieder zu der Stelle zurück, wo er David zuletzt gesehen hatte. Ein kleiner Scherz, dachte er, ein etwas beleidigender Scherz, doch er beschloß, es sich nicht anmerken zu lassen. Er ging zur Jagdhütte zurück, da er sicher war, David dort vorzufinden. Wahrscheinllich spazierte er nachdenklich auf und ab und dachte über sein neues Werk nach. Vielleicht hatte er auch schon begonnen, auf Band zu sprechen; aber als er den Wohnraum betrat, war dieser leer.

Aus dem kleinen Eckzimmer, in dem sie normalerweise arbeiteten, hörte er keinen Laut, auch nicht aus dem Zimmer, in dem David schlief. Penn zündete sich eine Zigarette an, nahm die Zeitung zur Hand und ließ sich in dem einzigen Sessel nieder. Er las sehr konzentriert, rauchte seine Zigarette zu Ende und steckte sich eine neue an. Die zweite Zigarette war ausgeraucht, als er aufstand. Er war ärgerlich und zur gleichen Zeit etwas verstört.

Er ging zur Tür und rief wieder:

«David!»

Er rief sehr laut, ging zum Wagen, sah aber, daß niemand drin saß. Dann kehrte er zur Hütte zurück und durchsuchte sie methodisch; er schaute sogar unter die Betten.

Was hatte David bloß vor? Wollte er mitten in der Nacht zurückkommen und ihn dann, während er schlief, umbringen? Nein, das war verrückt, so verrückt wie Davids schriftstellerische Ideen.

Plötzlich dachte Penn an seinen Traum. Er erinnerte sich an das kurze, lebhafte Interesse, das David gezeigt hatte, an dem Abend, als er ihn ihm erzählt hatte.

«Wer war der Mann, der mit Ihnen ging?» hatte David sich erkundigt. Aber in dem Traum hatte Penn ihn nicht identifzieren können. Sein Begleiter war ein schemenhaftes Wesen geblieben.

«Vielleicht war ich es», hatte David mit blauem Glitzerblick gesagt. «Vielleicht wollen Sie insgeheim, daß ich verschwinde, Penn.»

Weder Ginnie noch er hatten darauf geantwortet, fiel

Penn jetzt ein, er hatte sich auch nicht mit Ginnie darüber unterhalten, als er mit ihr allein war. Es war schon so lange her, mindestens zwei Monate.

Penn schob den Gedanken wieder von sich. Wahrscheinlich war David zum See hinuntergegangen, um eine Weile allein zu sein, und hatte es ihm nur nicht gesagt. Penn wusch das Geschirr ab, duschte und kroch in sein Bett. Es war zehn nach zwölf. Er hatte eigentlich angenommen, in dieser Nacht kein Auge zuzutun, doch schon nach zwei Minuten war er eingeschlafen.

Die rauhen Schreie der Enten weckten ihn um halb sieben in der Früh. Er zog einen Morgenmantel über und ging ins Bad. Dort stellte er fest, daß Davids Handtuch, das er am Abend zuvor achtlos über den Ständer geworfen hatte, nicht berührt worden war. Penn ging zu Davids Zimmer und klopfte. Dann öffnete er die Tür einen Spalt. Die beiden doppelstöckigen Feldbetten waren unbenutzt. Penn wusch sich hastig, zog sich an und eilte hinaus.

Er schritt das ganze Gelände rechts und links der Straße ab, wo er David zuletzt gesehen hatte. Er suchte nach Schuhabdrücken in dem feuchten Nadelteppich der Tannen. Er wanderte zum See hinunter und inspizierte das moorige Ufer; aber er entdeckte nichts, keinen Schuhabdruck, keinen Zigarettenstummel.

Er rief Davids Namen, dreimal, dann gab er es auf.

Es war sieben Uhr dreißig, und er fuhr in die nächstgelegene Stadt, Croydon. Zwischen einem Friseur und einer Farbengroßhandlung entdeckte er ein rechteckiges Schild, auf dem «Polizei» stand.

Er parkte den Wagen, ging ins Revier und erzählte seine Geschichte. Er hatte angenommen, daß die Polizei die Jagdhütte durchsuchen würde, und so geschah es auch. Penn fuhr in Davids Wagen voraus und zeigte den beiden Beamten den Weg.

Die beiden hatten schon von David Ostrander gehört,

zwar nicht in seiner Eigenschaft als Schriftsteller, sondern als einer der wenigen Leute, die in dieser Gegend eine Jagdhütte besaßen. Penn zeigte ihnen die Stelle, an der er David zum letztenmal gesehen hatte, und erklärte ihnen, daß Mr. Ostrander hatte herausfinden wollen, wie gut er ihn in einer Entfernung von dreißig Meter noch sehen könne.

«Wie lange haben Sie für Mr. Ostrander gearbeitet?»

«Vier Monate. Drei Monate und drei Wochen, um genau zu sein.«

«Hatte er getrunken?»

«Zwei Whiskys. Das ist seine übliche Menge. Ich hatte genausoviel.»

Dann gingen sie zum See und sahen sich überall um.

«Ist Mr. Ostrander verheiratet?» erkundigte sich einer der Männer.

«Ja, seine Frau ist zu Hause, in ihrem Stadthaus in Stonebridge, New York.»

«Dann ist es besser, wir benachrichtigen sie.»

In der Jagdhütte gab es kein Telefon. Penn wollte dableiben, falls David in der Zwischenzeit aufkreuzen sollte, doch die Polizei legte ihm nahe, mit aufs Revier zu kommen, und Penn erhob keinen Einspruch. Wenigstens würde er dabeisein, wenn die Polizei sich mit Ginnie unterhielt, und außerdem würde er auch mit ihr sprechen können.

Möglich war natürlich auch, daß David sich entschlossen hatte, nach Stonebridge zurückzukehren, und bereits zu Hause eingetroffen war. Der Highway war nur fünf Kilometer von der Hütte entfernt, und David konnte einen Bus angehalten haben, oder er hatte sich von jemandem mitnehmen lassen. Andererseits konnte Penn sich nicht vorstellen, daß David Ostrander etwas so Simples getan haben sollte.

«Hören Sie», wandte Penn sich an die Beamten, ehe er in Davids Kabrio stieg, «ich glaube, ich sollte noch darauf hinweisen, daß Mr. Ostrander in gewisser Weise etwas seltsam ist. Er schreibt Science-fiction-Romane. Ich weiß zwar nicht, welches Ziel er vor Augen hat, aber ich glaube, daß er gestern abend absichtlich verschwunden ist. Ich glaube kaum, daß er entführt wurde oder daß ein Bär oder etwas Ähnliches ihn angegriffen hat.»

Die Polizisten sahen ihn nachdenklich an.

«Okay, Mr. Knowlton», sagte der eine von ihnen. «Sie fahren jetzt voraus.»

Als sie wieder auf dem Revier in Croydon angelangt waren, riefen sie die Nummer an, die Penn ihnen gegeben hatte. Hanna, das Hausmädchen, nahm den Hörer ab. Penn, der zwei Meter vom Apparat entfernt stand, konnte ihre schrille Stimme mit dem schweren deutschen Akzent deutlich hören; dann kam Ginnie ans Telefon.

Der Polizeibeamte berichtete, daß David Ostrander seit zehn Uhr vergangener Nacht vermißt werde, und erkundigte sich bei ihr, ob sie irgendeine Nachricht von ihm erhalten habe. Ginnies Stimme klang erschrocken. Während der Polizist ihr zuhörte, behielt er Penn genau im Auge.

«Ja . . . Was war das noch mal? . . . Nein, kein Blut oder so was. Deshalb rufen wir Sie ja an.»

Danach folgte eine lange Pause. Der Polizeibeamte pochte mit dem Bleistift auf ein Papier, schrieb jedoch nichts auf.

«Ich verstehe . . . ich verstehe . . . wir geben Ihnen Bescheid, Mrs. Ostrander.»

«Kann ich mit ihr sprechen?»

Penn griff nach dem Telefonhörer.

Der Beamte zögerte, dann sagte er: «Auf Wiedersehen, Mrs. Ostrander», und legte den Hörer auf.

«Also, Mr. Knowlton, können Sie beschwören, daß die Geschichte, die Sie uns erzählt haben, auch stimmt?»

»Absolut.»

«Weil ich nämlich eben gehört habe, daß Sie ein handfestes Motiv besitzen, Mr. Ostrander aus dem Weg zu räumen. Nun, was haben Sie ihm getan, oder was haben Sie zu ihm gesagt?»

Der Beamte beugte sich zu Penn vor, die Handflächen auf seinen Schreibtisch gestützt.

«Was hat Mrs. Ostrander Ihnen erzählt?»

«Daß Sie in sie verliebt seien und daß daher die Gefahr bestünde, Sie könnten den Wunsch haben, ihren Mann zu beseitigen.»

Penn versuchte ruhig zu bleiben.

«Ich wollte kündigen, um dieser Situation zu entfliehen! Ich habe gestern Mr. Ostrander mitgeteilt, daß ich kündigen werde, und dasselbe habe ich seiner Frau einen Tag früher gesagt.»

«Sie geben also offen zu, daß eine solche Situation bestand?»

Die Polizeibeamten waren inzwischen auf vier Gestalten angewachsen, die ihn alle ungläubig anstarrten.

«Mrs. Ostrander ist verständlicherweise erregt«, sagte Penn. «Sie weiß nicht, was sie sagt. Kann ich jetzt, bitte, mit ihr sprechen?»

«Sie haben dazu noch genügend Gelegenheit, wenn sie erst hier ist.»

Der Polizist setzte sich wieder und nahm einen Bleistift zur Hand.

«Knowlton, wir verhaften Sie wegen Mordverdachts. Tut mir leid.»

Sie verhörten ihn bis ein Uhr mittags. Dann bekam er einen Hamburger und einen Pappbecher mit sehr dünnem Kaffee. Sie fragten ihn immer wieder, ob in der Jagdhütte ein Gewehr gewesen sei, und fuhren fort, nachdem er verneint hatte, zu fragen, ob er Davids Leiche nicht zum See hinuntergeschafft und mit dem Gewehr zusammen in den See geworfen habe.

«Wir sind heute morgen um den halben See herumgegangen», erwiderte Penn. »Haben Sie da irgendwelche Fußabdrücke gesehen?»

Zu diesem Zeitpunkt hatte er ihnen bereits von seinem Traum erzählt und die Vermutung geäußert, daß David Ostrander möglicherweise versuche, den Traum in die Wirklichkeit umzusetzen, doch dieser Gedanke hatte sie zu einem weiteren ungläubigen Lächeln veranlaßt. Er hatte seine ganzen Gefühle, die er Ginnie gegenüber hegte, bloßgelegt sowie seine Absichten ihr gegenüber offenbart, die gleich Null waren.

Penn sagte nicht, Ginnie habe ihm gestanden, daß sie ihn ebenfalls liebe. Er brachte es einfach nicht fertig, diesen kaltschnäuzigen Beamten zu erzählen, was Ginnie ihm alles anvertraut hatte.

Sie beschäftigten sich daraufhin mit seiner Vergangenheit. Er hatte keine Vorstrafen. Er war in Raleigh, Virginia, geboren, hatte an der State University promoviert, hatte ein Jahr lang an einer Zeitung in Baltimore als Journalist gearbeitet und war dann anschließend vier Jahre lang bei der Küstenwache gewesen. Es war ein sehr geordneter Lebenslauf, und wenigstens den schien die Polizei ihm zu glauben.

Seltsamerweise glaubten sie aber nicht an sein makelloses Verhalten den Ostranders gegenüber. Er war in Mrs. Ostrander verliebt, und trotzdem wollte er kündigen? Hatte er nicht irgendwelche späteren Pläne mit ihr?

«Fragen Sie sie doch!» sagte Penn müde.

«Das werden wir auch tun», erwiderte der Polizeibeamte, der Mac genannt wurde.

«Sie kennt diesen Traum, von dem ich Ihnen erzählt habe, ebenfalls», fuhr Penn fort. «Fragen Sie sie unter vier Augen, wenn Sie mir nicht glauben.»

«Hören Sie gut zu, Knowlton», sagte Mac. «Wir kümmern uns nicht um irgendwelche albernen Träume, wir wollen Tatsachen.»

Ginnie traf nach drei Uhr ein. Penn sah sie kurz durch die Stäbe der Zelle hindurch, in die man ihn gesperrt hatte. Er stieß einen Seufzer der Erleichterung aus. Sie wirkte ruhig und vollkommen beherrscht. Die Polizeibeamten führten sie in ein anderes Zimmer und behielten sie zehn Minuten dort. Dann kamen sie und schlossen Penns Zellentür auf. Als er auf Ginnie zuging, maß sie ihn mit einer Feindseligkeit, die ihn wie ein Schlag in die Magengrube traf. Er wollte «hallo, Ginnie» sagen, doch die Worte blieben ihm im Halse stecken.

«Würden Sie bitte wiederholen, was er vorgestern zu Ihnen gesagt hat, Mrs. Ostrander», sagte Mac.

«Ja. Er sagte: ‹Ich wünschte, David würde verschwinden wie der Mann in meinem Traum. Ich wünschte, er würde aus meinem Leben verschwinden, damit wir beide zusammen sein können.›»

Penn starrte sie entgeistert an.

«Ginnie, das hast *du* gesagt.»

«Ich glaube, was wir von Ihnen wissen wollen, Knowlton, ist folgendes: Was haben Sie mit ihrem Mann gemacht?»

«Ginnie», sagte Penn voller Verzweiflung, «ich weiß nicht, weshalb du das sagst. Ich kann jedes Wort wiederholen, das wir an diesem Nachmittag miteinander gesprochen haben, angefangen damit, daß ich dir sagte, ich würde kündigen. Bis dahin stimmst du doch wohl mit mir überein, oder nicht?»

«Aber mein Mann hat ihn rausgeschmissen – wegen der übermäßigen Aufmerksamkeit, die er mir gewidmet hat!» Ginnie blickte erst Penn böse an, dann die anderen.

Penn spürte Übelkeit in sich aufsteigen. Ginnie führte sich auf wie eine Verrückte oder wie eine Frau, die dem Mörder ihres Mannes gegenüberzustehen glaubt. Plötzlich erinnerte er sich an ihre erschreckend eisige Reaktion, nachdem er sie mal geküßt hatte und David kurz darauf hereingekommen war. Ginnie hatte nicht mit der Wimper gezuckt. Sie war die geborene Schauspielerin, und auch jetzt machte sie diesen Beamten und ihm etwas vor.

«Das ist eine Lüge», sagte Penn, «und du weißt es.»

«Und ist es auch eine Lüge, was sie in bezug auf ihren Mann gesagt hat, nämlich daß Sie ihn gerne loswerden wollten?» fragte Mac.

«Das hat Mrs. Ostrander behauptet, nicht ich», erwiderte Penn, wobei seine Knie nachgaben. «Deshalb wollte ich ja kündigen. Ich wollte mich nicht in eine Ehe mischen, die ...»

Der aufmerksam lauschende Polizeibeamte lächelte.

«Mein Mann und ich liebten uns sehr», sagte Ginnie.

Dann senkte sie den Kopf und weinte bitterlich und sehr echt.

Penn wandte sich dem Schreibtisch zu.

«Also gut, dann sperren Sie mich ein. Ich bleibe mit Vergnügen hier, bis David Ostrander wiederauftaucht – denn ich gehe jede Wette ein, daß er nicht tot ist.»

Penn preßte seine Handflächen gegen die kühle Zellenwand. Er war sich bewußt, daß Ginnie das Revier verlassen hatte, aber das war auch der einzige und rein äußerliche Umstand, dessen er sich bewußt war.

Sie war schon eine seltsame Frau, diese Ginnie. Sie liebte David also doch. Wahrscheinlich verehrte sie David seines Talents wegen oder seiner Disziplin wegen oder weil er sie liebte. Und wer war schließlich sie?

Eine gutaussehende junge Frau, die (bis zu diesem Zeitpunkt) keinen Erfolg als Schauspielerin hatte; eine Frau, die nicht über genügend Interessen verfügte, um sich allein zu beschäftigen, während ihr Mann zwölf Stunden am Tag arbeitete. Deshalb hatte sie begonnen, mit dem Sekretär ihres Mannes zu flirten.

Penn erinnerte sich, daß Ginnie ihm erzählt hatte, fünf Monate zuvor habe ihr Chauffeur gekündigt. Ihr Mann hatte auch keinen neuen mehr eingestellt. Penn fragte sich, ob der Chauffeur aus dem gleichen Grund weggegangen war? Oder hatte David ihn rausgeworfen? Penn glaubte inzwischen überhaupt nichts mehr, was Ginnie ihm jemals erzählt hatte.

Ein alptraumhafter Gedanke schoß ihm durch den Kopf. Angenommen, Ginnie liebte ihren Mann gar nicht, war dann auf dem Weg nach Croydon an der Jagdhütte vorbeigefahren, hatte ihn getroffen und ihn dann erschossen? Oder sie hatte ihn irgendwo auf dem Gelände oder in den Wäldern entdeckt, ihn erschossen und alles so arrangiert, daß man ihn später fand und den Mord ihm in die Schuhe schob. Damit sie David los war und ihn ebenfalls? Oder gab es vielleicht ein Gewehr in Stonebridge, das Ginnie an sich genommen hatte?

Liebte Ginnie David, oder haßte sie ihn? Von der Beantwortung dieser unglaublichen Frage hing seine Zukunft ab, denn wenn Ginnie ihn selbst umgebracht hatte ... Doch wie erklärte sich damit Davids freiwilliges Verschwinden in der vergangenen Nacht?

Penn hörte Schritte und erhob sich.

Mac blieb genau vor seiner Zelle stehen.

«Haben Sie die Wahrheit gesagt, Knowlton?» fragte er leise zweifelnd.

«Ja.»

«Dann ist das Schlimmste, was Ihnen passieren kann, ein Aufenthalt von ein, zwei Tagen, bis Ostrander wiederauftaucht.»

«Ich hoffe, Sie suchen nach ihm.»

«Das tun wir, im ganzen Bundesgebiet, und noch weiter, falls es sich als notwendig erweisen sollte.»

Er war im Begriff zu gehen, wandte sich jedoch nochmals um.

«Ich dachte, ich bringe Ihnen eine stärkere Birne und etwas zu lesen, falls Sie in der Stimmung dazu sind.»

Am nächsten Morgen wußte man immer noch nichts Neues.

Dann, gegen vier Uhr nachmittags, kam ein Polizeibeamter und schoß Penns Zelle auf.

«Was ist los?» fragte Penn.

«Ostrander ist in seinem Haus in Stonebridge aufgetaucht», erklärte der Mann mit der Spur eines Lächelns.

Penn lächelte ebenfalls. Er folgte ihm ins Büro.

Mac begrüßte Penn mit einem leichten Kopfnicken.

«Wir haben gerade in Mr. Ostranders Haus angerufen. Er ist vor einer halben Stunde nach Hause gekommen. Er sagte, er habe einen längeren Spaziergang unternommen, um nachzudenken, und er wisse gar nicht, weshalb seinetwegen ein solcher Aufstand gemacht worden sei.»

Penns Hand zitterte, als er sein Entlassungspapier unterschrieb. Er fürchtete sich vor der Rückkehr in die Jagdhütte, wo er seine Sachen holen wollte. Ebenso fürchtete er sich vor den unausweichlichen Minuten, die er gezwungenermaßen noch in dem Haus in Stonebridge verbringen mußte, um seine restlichen Sachen zu holen.

Davids Kabrio stand am Randstein, wo Penn es am Abend zuvor geparkt hatte. Er stieg ein und fuhr in Richtung Jagdhütte. Dort packte er seine Sachen und trug den Koffer zum Wagen. Auch das Tonbandgerät wollte er schon mitnehmen, beschloß jedoch nach kurzem Nachdenken, es dazulassen. Woher sollte er wissen, was David mit seinen Sachen vorhatte?

Während er in südlicher Richtung nach Stonebridge fuhr, stellte er fest, daß er sich über seine eigenen Gefühle völlig im unklaren war. Er wußte weder, was er denken, noch wie er reagieren sollte. Soweit es Ginnie betraf, lohnte es sich nicht, ihr irgend etwas zu sagen oder sie nach dem Grund ihrer eigenartigen Handlungsweise zu fragen.

Soweit es David betraf, würde es ihm schwerfallen, ihm nicht die ironische Frage zu stellen, ob er seinen kleinen Scherz wenigstens genossen habe.

Penns Fuß trat stärker aufs Gas, doch plötzlich nahm er die Geschwindigkeit wieder zurück.

Ich darf mich nicht aufregen, sagte er sich, *ich werde ganz ruhig meine Sachen abholen und ebenso ruhig verschwinden.*

Im Wohnzimmer brannte Licht und in Ginnies Zimmer ebenfalls. Es war etwa neun Uhr. Sie hatten bereits zu Abend gegessen, und manchmal saßen sie kurz danach noch beim Kaffee im Salon. Meistens allerdings ging David gleich in sein Arbeitszimmer und begann zu arbeiten. Penn konnte das Fenster zum Arbeitsraum nicht sehen. Er klingelte.

Hanna öffnete die Tür.

«Mr. Knowlton!» rief sie aus. «Man hat mir gesagt, Sie seien für immer weggegangen.»

«Das tue ich auch», sagte Penn. «Ich muß nur noch meine Sachen holen.»

«Dann kommen Sie rein, Sir! Mr. und Mrs. Ostrander sind im Wohnzimmer. Ich werde Sie anmelden!»

Sie war davongetrottet, ehe er sie zurückhalten konnte.

Penn folgte ihr durch das große Foyer. Er wollte David nur einen Moment sehen, nur ganz kurz. Penn blieb knapp vor der Tür stehen. David und Ginnie saßen nah nebeneinander und sahen ihn kommen. David hatte den Arm auf die Sofalehne gelegt und ließ, nachdem Hanna ihm mitgeteilt hatte, daß er da sei, seinen Arm sinken, bis er auf Ginnies Taille lag. Ginnie zeigte nicht die geringste Reaktion, sondern rauchte seelenruhig ihre Zigarette weiter.

«Kommen Sie rein, Penn!» sagte David lächelnd. «Weshalb stellen Sie sich so an?»

Penn blieb stehen.

«Ich wollte nur noch meine Sachen holen, wenn Sie gestatten.»

«Wenn ich gestatte», wiederholte David spöttisch. «Aber natürlich, Penn!»

Er erhob sich und hielt Ginnie an der Hand, wie um Penn zu demonstrieren, wie sehr sie sich in der Zwischenzeit liebgewonnen hatten.

«Sag ihm, er soll seine Sachen nehmen und dann verschwinden», sagte Ginnie und warf ihre Zigarette in den Aschenbecher. Ihre Stimme klang eigentlich nicht ärgerlich, sondern eher sanft. Aber man merkte ihr an, daß sie einige Drinks intus hatte.

David kam auf Penn zu. Alle seine Fältchen schienen zu lächeln.

«Ich komme mit Ihnen, vielleicht kann ich Ihnen beim Packen helfen.»

Penn drehte sich steif um und ging zu seinem Zimmer hinauf, das sich am Ende des Korridors befand. Er trat ein, holte einen riesigen Koffer aus dem Schrank und wandte sich der obersten Schublade der Kommode zu, wo sich die Socken und Pyjamas befanden. Er spürte Davids amüsiertes Grinsen in seinem Nacken wie Raubtierkrallen.

«Wo haben Sie sich heute nacht versteckt, David?»

«Versteckt? Nirgends!» sagte er kichernd. «Ich habe einen kleinen Spaziergang gemacht und Ihnen nicht geantwortet. Ich wollte wissen, was daraufhin passiert. Eigentlich war mir klar, was passieren würde. Alles war genauso, wie ich es vorhergesehen hatte.»

«Was soll das heißen?»

«Ich wollte Ginnies Reaktion testen», sagte David. «Ich wußte, daß sie sich gegen Sie wenden und sich auf meine Seite stellen würde. So ähnliche Dinge sind schon früher geschehen, wissen Sie. Sie waren ein Idiot zu glauben, daß sie sich von mir scheiden ließe, damit Sie sie dann haben könnten. Ein absoluter Idiot!»

Penn wirbelte, die Hände voller sorgfältig gefalteter Hemden, herum.

«Hören Sie zu, David. Ich wollte Ginnie nicht haben, ich wollte hier verschwinden.»

«Erzählen Sie mir nicht so einen Blödsinn! Sie haben die ganze Zeit hinter meinem Rücken mit ihr geflirtet, hinter dem Rücken Ihres Arbeitgebers! So ähnliche Dinge sind schon früher geschehen.»

Penn warf mit zornigem Schwung die Hemden in seinen Koffer.

«Was soll das heißen, so ähnliche Dinge sind schon früher geschehen?»

«Mit unserem letzten Chauffeur. Und mit meinem letzten Sekretär. Ich würde ja eine Sekretärin einstellen, wissen Sie, aber Ginnie liebt diese kleinen dramatischen Einlagen. Sie dienen dazu, daß wir uns jedesmal wieder näherkommen. Und außerdem halten sie sie davon ab, sich zu langweilen. Ihr Traum hat mir diese fabelhafte Idee mit dem Verschwinden eingegeben. Sie sehen ja, wie bezaubernd Ginnie sich mir gegenüber benimmt. Sie findet, daß Sie ein erstklassiger Idiot sind.»

David lachte und führte seine Zigarette an den Mund. Eine Sekunde später landete Penn den härtesten Schwinger, den er je ausgeteilt hatte, auf Davids Kinn. Davids Füße flogen in die Luft, und sein Kopf prallte zwei Meter weiter gegen eine Wand.

Penn warf den Rest seiner Sachen in seinen Koffer und schlug wütend den Deckel zu. Dann nahm er ihn vom Bett herunter und ging damit zur Tür.

Ginnie verstellte ihm den Weg.

«Was hast du ihm angetan?»

«Nicht das, was ich gern gewollt hätte.»

Ginnie rannte an ihm vorbei zu David, und Penn verließ das Zimmer.

Hanna kam den Korridor heruntergeeilt.

«Ist irgendwas geschehen, Mr. Knowlton?»

«Nichts Ernsthaftes. Auf Wiedersehen, Hanna», sagte Penn, wobei er versuchte, seine rauhe Stimme im Zaum zu halten. «Vielen Dank für alles», fügte er noch hinzu, während er auf die Eingangstür zuging.

«Er ist tot!» schrie Ginnie in klagendem Ton.

Hanna rannte zu dem Zimmer. Penn zögerte, dann ging er weiter auf die Tür zu. Diese kleine Lügnerin! Sie gab alles für einen dramatischen Augenblick.

«Halten Sie ihn fest!» schrie Ginnie. «Hanna, er versucht zu fliehen!»

Penn setzte seinen Koffer ab und ging zurück. Er würde David aufheben und seinen Kopf unter kaltes Wasser halten.

«Er ist nicht tot», sagte Penn, als er in das Zimmer eilte. Hanna stand neben David. Ihre Miene war völlig verstört, sie konnte jeden Moment in Tränen ausbrechen. «Doch, er ist tot, Mr. Knowlton.»

Penn beugte sich zu ihm hinunter, um ihn hochzuziehen, doch ehe er ihn berührte, weigerte sich seine Hand. Irgend etwas Glänzendes steckte in Davids Kehle, und Penn erkannten diesen Gegenstand: Es war sein eigener Brieföffner, den er aus Versehen nicht eingepackt hatte.

Ein langes, irres Lachen kam von Ginnie, die hinter ihm stand. Oder war es ein klagendes Schluchzen?

«Du Monster!» schrie sie. «Wie ich dich kenne, hast du deine Fingerabdrücke abgewischt! Aber das wird dir nichts nützen, Penn! Hanna, ruf sofort die Polizei an. Sag ihnen, daß wir einen Mörder hier haben!»

Hanna starrte sie voller Entsetzen an.

«O ja, ich rufe die Polizei, Ma'am. Aber Sie waren diejenige, die den Brieföffner abgewischt hat. Sie haben ihn an Ihrem Rock abgewischt, gerade als ich zur Tür hereinkam.»

Penn starrte Ginnie an. Sie beide waren noch nicht fertig miteinander.

MARY HIGGINS-CLARK

Im Vexierspiegel

Jimmy Cleary kauerte in den Büschen vor Carolines Gartenwohnung in Princeton. Das dichte braune Haar fiel ihm in die Stirn, er strich es mit einer zum Manierismus hochstilisierten Bewegung zurück. Der Maiabend war für die Jahreszeit ungewöhnlich kalt und unwirtlich. Trotzdem hatte er seinen Trainingsanzug durchgeschwitzt. Er fuhr sich mit der Zungenspitze über die trockenen Lippen. Sein ganzer Körper kribbelte in erwartungsvoller Spannung.

Vor genau fünf Jahren hatte er den Irrtum seines Lebens begangen und die Falsche getötet. Er, der beste Schauspieler der Welt, hatte die Schlußszene geschmissen. Diesen Schnitzer würde er jetzt ausbügeln. Diesmal würde es keinerlei Pannen geben.

Die Hintertür von Carolines Wohnung führte auf den Parkplatz. An den vergangenen Abenden hatte er den Schauplatz genau studiert. Letzte Nacht hatte er die Glühbirne vor ihrer Wohnung herausgeschraubt, so daß der Hintereingang jetzt ganz im Dunkeln lag. Es war zwanzig Uhr fünfzehn und an der Zeit, hineinzugehen.

Er zog ein spitzes Instrument aus der Tasche, schob es ins Schlüsselloch und stocherte darin herum, bis er den Zylinder klicken hörte. Mit den durch Handschuhe geschützten Fingern drehte er am Knauf und öffnete die Tür gerade so weit, daß er hineinschlüpfen konnte. Er machte sie zu und schloß wieder ab. Drinnen gab es eine Sicherheitskette, die sie wahrscheinlich nachts vorlegte. Ausgezeichnet. Diesmal wären sie beide eingeschlossen. Der Gedanke, wie Caroline sorgfältig die Wohnung absicherte, verschaffte Jimmy ein Gefühl tiefer Befriedigung. Es erinnerte ihn an die Geistergeschichte, die so endete: «Nun waren sie die Nacht über eingesperrt.»

Er stand in der Küche, von der ein Torbogen direkt ins Wohnzimmer führte. Am Vorabend hatte er sich draußen vor dem Küchenfenster versteckt und Caroline beobachtet. Wegen der Blumentöpfe auf dem Fensterbrett konnte die Jalousie nicht ganz heruntergelassen werden. Um zehn kam Caroline in einem rotweißgestreiften Pyjama aus dem Schlafzimmer. Während sie sich die Nachrichtensendung ansah, machte sie Rumpfbeugen, so daß die blonde Mähne von einer Schulter zur anderen schwang.

Sie ging zurück ins Schlafzimmer, wo sie vermutlich noch eine Weile las, denn das Licht wurde erst nach etwa einer Stunde gelöscht. Er hätte sie mühelos schon jetzt umbringen können, doch sein Sinn fürs Dramatische verlangte, den Jahrestag abzuwarten.

Beleuchtet wurde die Szene nur durch die Straßenlaternen, aber es gab in der Wohnung ohnehin nicht viele Verstecke. Er könnte sich unter das von einem Samtvorhang umrandete Bett zwängen – dort könnte er warten, während sie las, schläfrig wurde, die Lampe ausknipste, warten, bis sie sich nicht mehr bewegte und gleichmäßig atmete. Dann könnte er geräuschlos hervorkriechen, sich neben ihr hinknien, sie betrachten, wie er die andere betrachtet hatte, und sie schließlich wecken. Doch bevor er sich entschied, wollte er noch andere Möglichkeiten erkunden.

Als er die Tür zum Wandschrank im Schlafzimmer öffnete, schaltete sich die automatische Beleuchtung ein. Ein kurzer Blick auf eine nahezu volle Reisetasche bewog ihn, die Tür hastig wieder zu schließen. Da war kein Platz, wo er sich verstecken könnte.

Stellt euch eine Frau vor, die nur noch knapp zwei Stunden zu leben hat. Spürt sie es? Spult sie ihren normalen Tagesablauf ab?

Diese hypothetischen Fragen hatte Cory Zola eines Abends im Schauspielunterricht gestellt. Cory, ein berühmter Lehrer, nahm nur Schüler auf, in denen er das Zeug zu einer Starkarriere witterte. Mich hat er nach dem ersten Vorsprechen in seine Privatklasse gesteckt, erinnerte sich Jimmy jetzt. Er weiß eben genau, wer Talent hat.

Im Wohnzimmer entdeckte er nirgends ein Versteck. Rechtwinklig zur Eingangstür, die direkt hineinführte, befand sich jedoch ein Wandschrank, dessen Tür ein paar Zentimeter offenstand. Er eilte hinüber, um sich die Sache genauer anzusehen.

In diesem Wandschrank gab es keine automatische Beleuchtung. Er zog eine bleistiftdünne Taschenlampe heraus und untersuchte ihn damit systematisch von innen. Der Schrank war überraschend tief. Vorn hing ein schwerer Kleidersack, von etlichen Lagen Plastik umhüllt, was ihn so sperrig machte, daß sich die Tür nicht mehr schließen ließ, ohne das Kleid zu zerdrücken. Das Brautkleid natürlich, ohne den geringsten Zweifel. Als er ihr am Vorabend gefolgt war, hatte sie bei einem Geschäft für Brautmoden gehalten und fast eine halbe Stunde dort verbracht, wahrscheinlich mit einer letzten Anprobe. Vielleicht würde man sie in diesem Kleid beerdigen.

Die voluminösen Plastikhüllen boten ein ideales Versteck. Jimmy betrat den Wandschrank, schlüpfte hinter zwei Wintermäntel und schob sie dicht zusammen. Und wenn Caroline ihn hier fand? Schlimmstenfalls könnte er sie dann nicht mehr genauso wie geplant umbringen. Aber die Reisetasche in dem anderen Wandschrank war fast voll, also dürfte sie mit dem Packen so gut wie fertig sein. Wie er wußte, flog sie am nächsten Morgen nach St. Paul. Kommende Woche würde sie heiraten. Sie *glaubte,* daß sie kommende Woche heiraten würde.

Jimmy verließ den Wandschrank wieder. Um fünf Uhr hatte er in seinem Leihwagen vor dem Kapitol in Trenton auf Caroline gewartet. Sie kam spät von der Arbeit. Er war ihr zu dem Restaurant gefolgt, wo sie sich mit Wexton traf, und blieb draußen stehen, bis er durch das Fenster sah, wie sie bestellte. Dann fuhr er direkt hierher. Es würde mindestens eine Stunde dauern, ehe sie nach Hause kam. Er nahm sich eine Dose Sodawasser aus dem Kühlschrank und machte es sich auf der Couch bequem. Es war an der Zeit, sich auf den dritten Akt vorzubereiten.

Das Ganze hatte vor fünfeinhalb Jahren begonnen, im letzten Semester am Rawlings College of Fine Arts in Providence, wo er im Theaterseminar ein Schauspielstudium absolvierte. Caroline hatte Regie als Hauptfach belegt. Er wirkte in zwei von ihr inszenierten Stücken mit. Im vorletzten Jahr vor seiner Abschlußprüfung hatte er den Biff in «Tod des Handlungsreisenden» so phantastisch verkörpert, daß das halbe College anfing, ihn Biff zu nennen.

Jimmy trank einen Schluck Sodawasser. In Gedanken versetzte er sich zurück ins College und sah sich wieder in dem zweiten Stück auf der Bühne stehen. Er spielte die Hauptrolle. Der Präsident hatte einen alten Freund, einen Produzenten der Paramount, zur Premiere eingeladen, der angeblich auf der Suche nach neuen Talenten war. Von Anfang an hatte es zwischen Caroline und Jimmy Unstimmigkeiten wegen seiner Interpretation gegeben. Schließlich hatte sie ihm die Rolle zwei Wochen vor der Premiere weggenommen und mit Brian Kent besetzt. Er sah sie noch deutlich vor sich, das blonde Haar, zu einem Knoten am Hinterkopf aufgesteckt, die buntkarierte, in die Jeans gesteckte Hemdbluse, den ernsthaften, bekümmerten Blick. «Du hast es einfach nicht ganz drauf, Jimmy. Aber ich glaube, in der zweiten Hauptrolle, als Bruder, wärst du genau richtig.»

Die zweite Hauptrolle. Der Bruder hatte ungefähr sechs Zeilen Text. Er wollte argumentieren, bitten, wußte aber, daß es zwecklos war. Wenn Caroline Marshall die Absicht hegte, eine Rolle umzubesetzen, ließ sie sich durch nichts davon abbringen. In diesem Bruchteil einer Sekunde hatte er den Entschluß gefaßt, sie zu töten, und sofort begonnen, eine Schau abzuziehen, mit einem fröhlichen, leicht gekränkten Lachen. «Caroline, ich hab' meinen ganzen Mut zusammengenommen, um dir zu beichten, daß ich in diesem Semester mit allem unheimlich im Rückstand bin und nicht mal ans Theaterspielen denken kann.»

Sie war darauf hereingefallen. Und sah so erleichtert aus. Der Produzent von Paramount war tatsächlich erschienen. Er hatte Brian Kent aufgefordert, zu Probeaufnahmen für eine neue Serie an die Westküste zu kommen. Der Rest ist gelaufen, wie wir in Hollywood sagen, dachte Jimmy. Nach fast fünf Jahren rangierte die Serie immer noch unter den ersten zehn, und Brian Kent hatte gerade einen Filmvertrag unterschrieben – drei Millionen Dollar Gage.

Zwei Wochen nach dem Abschluß seines Studiums war Jimmy nach St. Paul gefahren. Carolines Familie bewohnte eine stattliche Villa, doch er fand rasch heraus, daß die Seitentür unverschlossen war. Sein Weg führte durchs Parterre, die breite Freitreppe hinauf, am Elternschlafzimmer vorbei. Die Tür war angelehnt, das Bett leer. Dann hatte er die nächste Schlafzimmertür geöffnet und sie gesehen. Da lag sie im tiefen Schlaf. Vor seinem geistigen Auge erblickte er immer noch deutlich einzelne Umrisse in ihrem Zimmer, das Himmelbett aus Messing, die weichen, teuren Laken aus Perkal, die sich so seidig anfühlten. Er erinnerte sich, wie er sich über sie gebeugt hatte. Da lag sie, zusammengerollt, das blonde Haar schimmerte auf dem Kopfkissen. Er flüsterte: «Caroline», sie schlug die Augen auf, sah ihn an und erwiderte: «Nein.»

Seine Arme hielten sie fest umspannt, mit beiden Händen verschloß er ihr den Mund. In ihren Augen stand panische Angst, als er ihr zuraunte, er würde sie töten, denn wenn sie ihm nicht die Hauptrolle abgenommen hätte, wäre er anstelle von Brian Kent vom Produzenten der Paramount entdeckt worden. «Du wirst nirgends mehr Regie führen, Caroline», schloß er. «Du hast eine neue Rolle bekommen. Du spielst das Opfer.»

Sie hatte versucht, sich von ihm loszumachen, doch er stieß sie zurück und legte ihr den Strick um den Hals. Ihre Augen weiteten sich immer mehr, durchbohrten ihn förmlich. Flehend streckte sie ihm die Hände entgegen, bis sie erschlafften und auf das Laken herunterfielen.

Am folgenden Morgen konnte er es kaum abwarten, die Zeitungen zu lesen: *Tochter eines bekannten Bankiers in St. Paul ermordet.* Er erinnerte sich, wie er zuerst gelacht, dann vor Enttäuschung geheult hatte, als er die ersten paar Sätze las. *Die Leiche der einundzwanzigjährigen Lisa Marshall wurde in den frühen Morgenstunden von ihrer Zwillingsschwester entdeckt.*

LISA MARSHALL. ZWILLINGSSCHWESTER.

Weiter hieß es: *Die junge Frau ist erwürgt worden. Die Zwillinge befanden sich allein in der elterlichen Villa. Die Polizei konnte Caroline Marshall bisher nicht verhören. Beim Anblick der Leiche erlitt sie einen schweren Schock. Sie steht noch unter der Einwirkung von Beruhigungsmitteln.*

Das alles würde er Caroline nachher erzählen. Während der ganzen Zeit in Los Angeles hatte er die Zeitungen aus Minneapolis-St. Paul abonniert und eventuelle neue Entwicklungen des Falles verfolgt. Dann las er, daß Caroline verlobt sei und am 30. Mai heiraten werde – nächste Woche. Caroline Marshall, die als Juristin dem Stab des Generalstaatsanwalts in Trenton, New Jersey, angehörte, wollte die Frau Dr. Sean Wexfords werden, eines außerordentlichen Professors an der Princeton University. Wexford war zur gleichen Zeit wie Jimmy in Rawlings gewesen, als Doktorand. Jimmy hatte bei ihm einen Kurs in Psychologie belegt. Er fragte sich, wann die Beziehung zwischen Caroline und Wexford wohl zustande gekommen war. Während Carolines Studienzeit in Rawlings hatte man die beiden nicht zusammen gesehen. Das wußte er ganz genau.

Jimmy schüttelte den Kopf. Er brachte die leere Sodawasserdose in die Küche und warf sie in den Mülleimer. Caroline konnte jetzt jeden Augenblick auftauchen. Er ging ins Badezimmer; die geräuschvolle Wasserspülung ließ ihn zusammenzucken. Dann betrat er mit größter Vorsicht den Wandschrank und versteckte sich hinter den Wintermänteln. Er tastete nach dem Stück Schnur in der Tasche seines Trainingsanzugs, eine besonders kräftige Angelleine. Es stammte von der gleichen Rolle, die er auch damals genommen hatte – für die Schwester. Er war soweit.

«Cappuccino, Darling?» Sean lächelte ihr über den Tisch hinweg zu. Caroline sah nachdenklich ins Kerzenlicht, ihre dunkelblauen Augen hatten wieder jenen unsagbar traurigen Ausdruck, den sie von Zeit zu Zeit annahmen. Verständlich an diesem Abend, an dem sich ihr letztes Zusammensein mit Lisa jährte.

Er versuchte sie abzulenken. «Ich kam mir etwas komisch vor, als ich heute nachmittag dein Kleid abholte.»

Caroline zog die Brauen hoch. «Du hast es doch nicht etwa angeschaut? Das bringt Unglück.»

«Die haben mich ja nicht mal in die Nähe gelassen. Die Verkäuferin hat sich unentwegt entschuldigt, weil sie es nicht liefern konnten.»

«Ich bin im letzten Monat so viel herumgesaust, daß ich abgenommen habe. Sie mußten es enger machen.»

«Du bist zu dünn. Wir müssen dich in Italien wieder aufpäppeln. Dreimal täglich Pasta.»

«Ich kann's kaum erwarten.– Caroline lächelte ihm zu. Sie liebte diesen Hünen mit dem rotblonden, immer etwas zerzaust wirkenden Haar und dem verschmitzten, humorvollen Blick in den grauen Augen. «Meine Mutter hat mich heute morgen angerufen. Sie macht sich immer noch Sorgen über mein ärmelloses Kleid. Zweimal hat sie mir den Standardwitz aus Minnesota vorgehalten: ‹An welchem Tag hat doch gleich der Sommer stattgefunden?›»

«Ich melde mich freiwillig zum Warmhalten. Dein Kleid ist im vorderen Wandschrank. Übrigens sollte ich dir wohl lieber deine Ersatzschlüssel zurückgeben.»

«Behalte sie. Wenn ich irgendwas vergessen habe, kannst du's mir nächste Woche mitbringen.»

Vom Lokal aus fuhr Caroline ihm nach, zu dem geräumigen viktorianischen Haus, das sie nach der Rückkehr von der Hochzeitsreise bewohnen würden. Ihren Wagen wollte sie während ihrer Abwesenheit in der zweiten Garage abstellen. Sean parkte seinen in der Zufahrt, und sie rutschte auf den Beifahrersitz. Er setzte sich ans Steuer und brachte sie nach Hause, den Arm um ihre Schulter gelegt.

Jimmy war stolz darauf, daß er sich auch nach einstündigem Stillstehen noch durchaus wohl fühlte. Er hatte sich eben mit Gymnastik in Form gehalten.

Die letzten fünf Jahre hatte er damit verbracht zu lernen, überall anzuklopfen, Besetzungsbüros abzuklappern, sich mit leeren Versprechungen abspeisen zu lassen. An einen Spitzenagenten konnte man nur herankommen, wenn man nachweislich ein paar gute Rollen gespielt hatte. Und bei den wirklich renommierten Besetzungsbüros konnte man wiederum nur von einem mit allen Wassern gewaschenen Agenten eingeschleust werden. Gelegentlich bekam er dann auch noch den vernichtenden Satz zu hören: «Sie sind ein Brian-Kent-Typ, und das hilft Ihnen nicht gerade.»

Bei der Erinnerung daran geriet Jimmy in Wut. Er schüttelte den Kopf. Und all das, nachdem seine Mutter den Vater überredet hatte, ihm ein Jahr bei diesem «Versuch mit der Schauspielerei», wie sie es nannte, finanziell unter die Arme zu greifen.

In Jimmy kochte wieder der alte Zorn. Seinem Vater hatte das, was er tat, nie gepaßt. War er etwa auf Jimmys tolle Leistungen im «Tod des Handlungsreisenden» stolz gewesen? Keine Spur. Sein Vater wünschte sich eine Sportkanone als Sohn, für den hätte er sich die Kehle heiser geschrien.

Jimmy dachte nicht daran, seinen Vater um weitere finanzielle Unterstützung zu bitten, nachdem ihm das Geld ausgegangen war. Seine Mutter schickte ihm jeden Monat, was sie vom Haushaltsgeld abknapsen konnte. Der Alte mochte zwar betucht sein, aber er war eben ein Geizhals. Wenn jedoch James jr. derjenige gewesen wäre, der letzte Woche den Drei-Millionen-Dollar-Vertrag von Brian Kent unterschrieben hätte, dann wäre er wohl aus dem Häuschen geraten. «Typisch mein Sohn», hätte er sich gebrüstet.

So wäre es ja auch gelaufen, wenn Caroline ihm nicht vor fünf Jahren die Rolle einfach abgenommen und Brian Kent gegeben hätte.

Jimmy erstarrte. An der Eingangstür erklangen Stimmen. Heiliger Himmel, Caroline war nicht allein. Eine Männerstimme. Jimmy preßte sich an die Wand. Als die Tür geöffnet und die Beleuchtung eingeschaltet wurde, blickte er entgeistert nach unten. Der Lichtschein drang in den Wandschrank. Ihn konnte man bestimmt nicht sehen, aber die Kappen seiner nach draußen gerichteten ramponierten Joggingschuhe waren ja das reine Alarmsignal.

Sobald es hell wurde, schaute sich Caroline im Wohnzimmer um. Aus unerfindlichen Gründen wirkte das Apartment an diesem Abend irgendwie anders, fremd. Doch das lag nur daran, daß dies Lisas Todestag war. Sie umarmte Sean, der ihr sanft den Nacken massierte. «Du warst den ganzen Abend meilenweit weg, das weißt du doch.»

«Ich hänge immer an deinen Lippen.» Der Versuch, fröhlich und unbeschwert darüber hinwegzugehen, schlug fehl. Ihre Stimme brach.

«Caroline, ich möchte nicht, daß du heute nacht allein bist. Laß mich bei dir bleiben. Schau mal, ich weiß doch, warum du für dich sein willst, und verstehe das auch. Geh du ins Schlafzimmer. Ich lege mich auf die Couch.»

Caroline lächelte gequält. «Nein, ich bin wirklich okay.» Sie schlang die Arme um seinen Hals. «Halt mich ganz fest, nur eine Minute, und dann fährst du nach Hause. Ich stelle den Wecker auf halb sechs. Den Rest packe ich lieber am Morgen. Du kennst mich ja – bis Mittag voller Tatendrang, und dann sinkt die Aktivitätskurve ab.»

«Das hab' ich noch gar nicht bemerkt.» Er küßte sie zärtlich auf Hals und Stirn und dann auf den Mund. Während er sie umschlungen hielt, spürte er die ungeheure Spannung in ihrem schlanken Körper.

Vorhin hatte sie ihm erklärt: «Sobald der Todestag vorbei ist, bin ich wieder ganz in Ordnung. Es sind bloß die zwei Tage davor, das ist, als ob Lisa bei mir wäre. Ein Gefühl, das immer stärker wird. Wie heute. Aber ich weiß, morgen wird alles bestens, ich fahre nach Hause, bereite mich auf die Hochzeit vor und bin glücklich.»

Zögernd löste Sean die Umarmung. Sie sah jetzt so müde aus und wirkte dabei seltsamerweise so jung. In diesem Augenblick hätte sie mit ihren Sechsundzwanzig glatt für eine seiner Studentinnen im ersten Semester gehalten werden können. Er sagte ihr das und fügte hinzu: «Aber du bist bei weitem hübscher als die alle. Ein höchst erfreulicher Gedanke, aufzuwachen und als erstes dich zu sehen – und das mein Leben lang.»

Jimmy Cleary war schweißgebadet. Wenn sie nun zugelassen hätte, daß Wexford die Nacht über hierblieb ... Er wäre entdeckt worden, sobald Caroline das Brautkleid aus dem Wandschrank holte. Sie standen nur knapp dreißig Zentimeter von ihm entfernt. Wenn nun einer von ihnen den Schweißgeruch wahrnähme ... Aber Wexford brach jetzt auf. «Ich bin um sieben hier, Schatz», erklärte er.

Und du wirst sie so vorfinden, wie sie ihre Schwester vorgefunden hat, dachte Jimmy. So und nicht anders wirst du sie jeden Morgen sehen – dein Leben lang.

Caroline verriegelte die Tür hinter Sean. Sekundenlang war sie versucht, sie gleich wieder zu öffnen, ihm nachzurufen: Ja, bleib bei mir! Ich möchte nicht allein sein. Aber ich bin ja gar nicht allein, dachte sie, als sie den Türknauf losließ. Lisa ist mir so nahe an diesem Abend. Lisa. Lisa.

Sie ging ins Schlafzimmer und zog sich schnell aus. Mit Hilfe einer heißen Dusche löste sich die Verspannung in der Nacken- und Rückenmuskulatur. Sie dachte daran, wie Seans Hände diese Muskeln massiert hatten. Ich liebe ihn so sehr, flüsterte sie stumm. Lieber Gott, ich danke dir, daß du ihn mir geschickt hast. Ihr rotweißgestreifter Pyjama hing an der Badezimmertür. Sie hatte ihn in einer Boutique in der Madison Avenue entdeckt, beim Kauf von Unterwäsche und Nachthemden. «Wenn er Ihnen gefällt, sollten Sie lieber rasch zugreifen», hatte die Verkäuferin gesagt. «In Rot haben wir nur dieses eine Modell hereinbekommen. Es ist bequem und dabei unheimlich flott.»

Nur ein Modell. Das hatte den Ausschlag gegeben. Mit am schwersten war es ihr in diesen letzten fünf Jahren gefallen, nicht mehr – wie gewohnt – alles doppelt zu kaufen. Wann immer sie von einem Stück angetan gewesen war, hatte sie automatisch ein zweites mitgenommen. Und Lisa genauso. Ihre sämtlichen Maße stimmten überein, auch ihr Gewicht. Sogar ihren Eltern bereitete es Schwierigkeiten, sie auseinanderzuhalten. Im vorletzten High-School-Jahr hatte Mutter sie genötigt, sich für den Ball verschiedene Kleider zu kaufen. Sie waren getrennt losgezogen, jede in ein anderes Geschäft, und mit haargenau dem gleichen Kleid aus blauweißgetupftem Schweizer Musselin nach Hause gekommen.

Ein Jahr später hatten sie unter Tränen ihren Eltern und dem Schulpsychologen zugestimmt, sie würden sich selbst einen Gefallen tun, wenn sie verschiedene Colleges besuchten und nicht ständig ihr Schicksal als eineiige Zwillinge erörterten. «Vertrautheit ist etwas Wunderbares», hatte der Psychologe gesagt, «aber Sie müssen lernen, sich als Individuen zu sehen. Keine von Ihnen kann zur vollen Entfaltung ihrer Persönlichkeit gelangen, wenn sie weder sich selbst noch der anderen genügend Spielraum läßt.»

Caroline war nach Rawlings gegangen, Lisa nach Südkalifornien. Im College amüsierte sich Caroline köstlich, als alle annahmen, sie habe ihr eigenes Foto mit der Widmung versehen: «Für meine beste Freundin.» Sogar ihre Abschlußfeiern fanden am selben Tag statt. Mutter war zu Lisa gefahren, Vater hatte Caroline besuchte, um an der Verleihung der Urkunden teilzunehmen.

Caroline ging ins Wohnzimmer, legte die Sicherheitskette am Hintereingang vor, stellte den Fernseher an und begann lustlos mit ihren Rumpfbeugen seitwärts. Der Werbespot einer Lebensversicherung wurde eingeblendet. «Ist es nicht tröstlich zu wissen, daß Ihre Angehörigen nach Ihrem Tode versorgt sind?» Caroline schaltete den Fernseher ab, löschte das Licht im Wohnzimmer, lief ins Schlafzimmer und schlüpfte unter die Bettdecke. Sie lag auf der Seite, die Beine angewinkelt, das Gesicht in den Händen vergraben.

Sean Wexford wurde das Gefühl nicht los, etwas falsch gemacht zu haben; er hätte es rundweg ablehnen müssen, Caroline allein zu lassen. Etliche Minuten lang saß er im Wagen und schaute zu ihrer Haustür hinüber. Andererseits brauchte sie dringend ihre Ruhe. Kopfschüttelnd drehte er den Zündschlüssel herum.

Auf der Heimfahrt schwankte seine Stimmungslage dauernd zwischen Sorge um Caroline und Vorfreude auf die Hochzeit in acht Tagen. Er hatte nicht schlecht gestaunt, als sie voriges Jahr über den Campus von Princeton gejoggt war. In Rawlings hatte sie nur eine seiner Vorlesungen besucht. Damals war er vollauf mit seiner Doktorarbeit beschäftigt gewesen und nicht einmal im Traum auf die Idee gekommen, sich mit einem Mädchen zu verabreden. An jenem Morgen vor einem Jahr hatte sie ihm erzählt, sie gehe auf die Columbia-Law-School, volontiere als Schreibkraft bei einem Richter am Superior Court von New Jersey und werde danach im Büro des Generalstaatsanwalts in Trenton arbeiten. Und bei dieser ersten Tasse Kaffee wußten wir beide, was mit uns geschah, dachte Sean, als er Carolines Wagen in die Zufahrt steuerte und hinter seinem parkte. Er ging ins Haus und lächelte vergnügt bei dem Gedanken, daß ihre beiden Autos bald für immer zusammen in der Zufahrt stehen würden.

Es verblüffte Jimmy Cleary, daß Caroline den Fernseher so abrupt ausgeschaltet hatte. Wieder fiel ihm die Frage ein, mit der die Schauspielschüler von Cory Zola konfrontiert worden waren. *Stellt euch eine Frau vor, die nur noch knapp zwei Stunden zu leben hat. Spürt sie es? Spult sie ihren normalen Tagesablauf ab?* Vielleicht witterte Caroline Gefahr. Später würde er die Frage im Unterricht wieder aufs Tapet bringen. «Meiner Meinung nach wirkt es belebend auf den Geist, wenn er sich anschickt, den Körper zu verlassen.» Er vermutete, daß Zola dies als tiefschürfende Erkenntnis werten würde.

Jimmy spürte einen Krampf im Bein. Er war es nicht gewohnt, so lange stillzustehen, aber wenn es sein mußte, konnte er bis zum Schluß durchhalten. Wenn Carolines Intuition sie vor einer drohenden Gefahr warnte, dann würde sie auf jedes noch so geringe Geräusch achten. Diese Gartenwohnung hatte keine dicken Wände. Ein Schrei, und womöglich hörte sie jemand. Zu seiner Erleichterung hatte sie die Schlafzimmertür offengelassen. Sehen konnte er zwar nichts, aber er brauchte sich wenigstens keine Gedanken zu machen, ob die Tür knarrte, wenn er zu ihr schlich.

Jimmy schloß die Augen. Er wollte sich genau vergegenwärtigen, in welcher Körperhaltung er ihre Schwester aufgeweckt hatte. Ein Knie auf dem Boden neben ihrem Bett, die Arme erhoben, um zuzupacken, die Hände über ihrem Mund, um den Angstschrei zu ersticken. Ein bis zwei Minuten hatte er damals neben der anderen gekniet, bevor er sie weckte. Diesen Luxus könnte er sich jetzt wohl kaum leisten.

Caroline schlief bestimmt nicht allzu tief. Ihr Unterbewußtsein würde auf sie einhämmern und ihr dringend raten, sich zu hüten.

Hüte dich. Ein wunderbares Wort. Wie geschaffen, um auf der Bühne geflüstert zu werden. Jetzt stand ihm eine Bühnenkarriere offen. Broadway. Nicht annähernd die Gage, die man für einen Film bekommen würde, aber dafür Prestige. Sein Name in Leuchtschrift über dem Portal.

Caroline brachte ihm Unglück, sie war sein böser Geist und sollte nun beseitigt werden.

Sie lag zusammengekuschelt im Bett und erschauerte. Die weiche Daunendecke vermochte nichts gegen das Zittern, und Caroline hatte Angst. Furchtbare Angst. Warum nur? «Lisa», flüsterte sie. «War dir auch so zumute, Lisa? Bist du aufgewacht? Wußtest du, was mit dir geschehen würde?» *Habe ich dich in jener Nacht aufschreien gehört und einfach weitergeschlafen?*

Sie konnte sich bis jetzt nicht erinnern. Nur ein flüchtiger Eindruck, ein unscharfes, verschwommenes Bild war in den Wochen nach Lisas Tod mehrmals zurückgekehrt. Sie hatte mit Sean darüber gesprochen. «Ich halte es für möglich, daß ich sie gehört habe. Wenn ich mich doch nur gezwungen hätte, wach zu werden, vielleicht . . .»

Sean hatte ihr klargemacht, daß ihre Reaktion typisch sei für die Angehörigen der Opfer. Das «Wenn-ich-doch-nur»-Syndrom. In diesem letzten Jahr hatte sie durch ihn und mit ihm allmählich Frieden gefunden, die Wunden begannen langsam zu verheilen. Aber nun schienen sie erneut aufzureißen.

Caroline drehte sich im Bett um und zwang sich, Beine und Arme auszustrecken. «Irrationale Angst und tiefe Traurigkeit sind Symptome von Depressionen», hatte sie gelesen. Traurigkeit ist durchaus verständlich am Todestag, dachte sie. Aber der Angst werde ich nicht nachgeben, sondern lieber an die glücklichen Zeiten mit Lisa denken. An den letzten Abend.

Mutter und Dad waren zu einem Bankerseminar nach San Francisco gefahren. Die Zwillinge hatten Pizza mit allen Schikanen bestellt, Wein dazu getrunken und sich die Köpfe heiß geredet über Lisas Entschluß, Jura zu studieren. Caroline hatte die Aufnahmeprüfung ebenfalls gemacht, war sich aber noch nicht klar darüber, was sie tun wollte.

«Ich war wirklich mit Begeisterung in der Theatergruppe», hatte sie Lisa gestanden. «Ich selbst bin zwar keine gute Schauspielerin, aber ich habe ein Gespür für darstellerische Qualität. Ich glaube, in der Regie könnte ich es zu etwas bringen. Das Stück kam wirklich fabelhaft an, und Brian Kent wurde von einem Produzenten entdeckt. Ich wußte eben, daß er genau die richtige Besetzung für die Hauptrolle war. Sollte ich es andererseits in der Juristerei zu einem akademischen Grad bringen, könnten wir beide vielleicht eine Kanzlei eröffnen und den Mandanten sagen, daß sie für ihr Geld die doppelte Leistung kriegen.»

Gegen elf waren sie zu Bett gegangen. Ihre Zimmer lagen nebeneinander. Meist ließen sie die Verbindungstür offen, doch Lisa wollte sich noch eine Sendung im Fernsehen anschauen, und Caroline war müde, so daß sie nach dem Gutenachtkuß die Tür schloß.

Wenn ich sie doch nur offengelassen hätte, dachte sie. Ich hätte sie bestimmt gehört, falls sie noch aufschreien konnte.

Am nächsten Morgen wachte sie erst nach acht Uhr auf. Sie erinnerte sich, wie sie sich aufgesetzt und gestreckt hatte, in dem angenehmen Gefühl, das College hinter sich zu haben. Zum Studienabschluß hatte sie ebenso wie Lisa eine Europareise geschenkt bekommen, die im Sommer stattfinden sollte.

Caroline erinnerte sich, wie sie aus dem Bett gesprungen war, weil sie Lisa ein Tablett mit Kaffee und Saft bringen wollte. Während der Kaffee durch die Maschine lief, preßte sie frischen Saft aus, stellte dann Gläser, Tassen und Kaffeekanne auf ein Tablett und stieg damit die Treppe hinauf.

Lisas Tür stand einen Spaltbreit offen. Sie stieß sie mit dem Fuß auf und rief: «Aufwachen, mein Schatz! Wir sind in einer Stunde zum Tennis verabredet.»

Und dann hatte sie Lisa gesehen – den unnatürlich verdrehten Kopf, die Schnur um den Hals, die weit aufgerissenen, angsterfüllten Augen, die ausgestreckten Hände, als hätte sie etwas zurückzustoßen versucht. Caroline hatte das Tablett fallen lassen, dabei ihre Beine mit Kaffee bespritzt, sich mühsam zum Telefon geschleppt, den Notruf gewählt und dann geschrien, geschrien, bis ihr nach einem gurgelnden Kehllaut die Stimme brach. Drei Tage später wachte sie im Krankenhaus auf. Die Polizei habe sie neben Lisa liegend gefunden, den Kopf der Schwester an ihre Schulter gebettet, erzählte man ihr.

Als einziger Hinweis der unvollständige Abdruck von einem schmutzigen Joggingschuh, unmittelbar hinter der Seitentür ... «Und dann», wie ihr der leitende Kriminalbeamte später mitteilte, «war er oder sie so höflich, sich den restlichen Schmutz an der Fußmatte abzutreten.»

Wenn man Lisas Mörder doch nur gefunden hätte, dachte Caroline, als sie im Dunkel dalag und grübelte. Die Kriminalbeamten vertraten alle die Auffassung, es sei jemand gewesen, der Lisa kannte. Keinerlei Hinweise, weder für einen Raub- noch für einen Vergewaltigungsversuch. Sie hatten Lisas Freunde ausgiebig verhört, sämtliche Partner, mit denen sie im College ausgegangen war. Ein junger Mann in der gleichen Studiengruppe war ganz verrückt nach ihr gewesen. Er galt weiterhin als Hauptverdächtiger, doch die Polizei konnte keinerlei Beweis dafür erbringen, daß er sich in der fraglichen Nacht in St. Paul aufgehalten hatte.

Man hatte den Fall im Hinblick auf eine mögliche Verwechslung untersucht, insbesondere, nachdem bekannt geworden war, beide Schwestern hätten ihren Freunden im College gegenüber nie etwas von eineiigen Zwillingen erwähnt. «Zuerst verschwiegen wir es, weil wir doch versprochen hatten, nicht darüber zu reden. Dann wurde es für uns so eine Art Spiel», erklärte Caroline.

«Haben Ihre Freunde aus dem College Sie zu Hause besucht?»

«Wir haben einfach niemanden eingeladen, weil wir die Ferien und andere freie Tage nur zu zweit verbringen wollten.»

Ach, Lisa, dachte Caroline jetzt, wenn ich doch nur wüßte warum! Wenn ich dir doch nur hätte helfen können in jener Nacht! Sie war nicht schläfrig, fühlte sich aber auf einmal wie ausgelaugt.

Schließlich fielen ihr die Augen zu. O Lisa, dachte sie, ich wünschte, du hättest auch ein solches Glück erlebt wie ich. Wenn ich es doch nur wiedergutmachen könnte an dir...

Das Fenster war ein Stückchen hochgeschoben und durch die seitlichen Haltevorrichtungen abgesichert. Ein heftiger Windstoß ließ die Jalousie klappern, Caroline fuhr hoch, erkannte, was passiert war, und legte sich wieder zurück in die Kissen, was sie einiges an Selbstüberwindung kostete. Hör auf damit, ermahnte sie sich, hör endlich auf. Energisch schloß sie die Augen und fiel nach einer Weile in einen leichten Schlaf voller Träume, einen Schlaf, in dem Lisa versuchte, nach ihr zu rufen, versuchte, sie zu warnen.

Der Augenblick war gekommen. Jimmy Cleary spürte es förmlich. Kein raschelndes Bettzeug mehr. Im Schlafzimmer herrschte völlige Stille. Er kam aus seinem Versteck hinter den Wintermänteln hervor und schob den Sack mit Carolines Brautkleid zur Seite. Als er die Tür des Wandschranks aufdrückte, knarrte sie leise in den Angeln, doch im Schlafzimmer war keinerlei Reaktion zu vernehmen. Er durchquerte den Wohnraum bis zur Schlafzimmertür. Caroline hatte in einer Steckdose eine Nachtbeleuchtung angeschlossen, die gerade genug Helligkeit verbreitete, um ihm zu zeigen, daß sie unruhig schlief. Ihr Atem ging gleichmäßig, aber flach. Sie drehte mehrmals den Kopf von einer Seite zur anderen, als wollte sie gegen irgend etwas protestieren.

Jimmy tastete in seiner Tasche nach der Schnur. Daß sie von derselben Rolle in seinem Angelgerät stammte, die er bei ihrer Schwester benutzt hatte, verschaffte ihm ein seltsames Gefühl der Genugtuung. Er trug sogar denselben Jogginganzug wie vor fünf Jahren und dieselben Schuhe. Sie zu behalten, war ein bißchen riskant, gar keine Frage, falls ihn die Bullen je verhören sollten, doch er hatte es nie fertiggebracht, das Zeug wegzuwerfen. Statt dessen hatte er es zusammen mit anderen Sachen in einem gemieteten Lagerraum verstaut, wo niemand irgendwelche Fragen stellte. Natürlich hatte er dabei einen anderen Namen benutzt.

Auf den Zehenspitzen schlich er zu Carolines Bett und kniete sich daneben hin. Eine volle Minute konnte er sich den Genuß gönnen, sie zu beobachten, bevor sie die Augen aufschlug und seine Hände sich auf ihren Mund preßten.

Sean sah sich die Zehnuhrnachrichten an, merkte, daß er nicht das leiseste Bedürfnis nach Schlaf hatte, und nahm sich ein Buch vor, das er gern lesen wollte. Nach wenigen Minuten warf er es ungeduldig beiseite. Irgend etwas stimmte nicht. Es war mit den Händen zu greifen – gerade so, als würde aus dem Nebenzimmer Rauch dringen und einem sofort verraten, daß im Haus Feuer ausgebrochen war. Er würde Caroline anrufen. Sich vergewissern, wie es ihr ging. Andererseits hatte sie es vielleicht doch geschafft, etwas Schlaf zu finden. Er trat an die Hausbar und goß sich ein ordentliches Glas Scotch ein. Nach ein paar Schlucken wurde ihm klar, daß er sich wahrscheinlich wie ein nervöses altes Waschweib aufführte.

Caroline schlug die Augen auf, als sie ihren geflüsterten Namen hörte. Ein Alptraum, dachte sie und wollte losschreien. Da spürte sie die Hand wie eine eiserne Klammer auf ihrem Mund, eine harte, muskulöse Hand, die ihre Wangenknochen zusammenpreßte, ihre Lippen aufeinanderdrückte, ihre Nasenlöcher halb bedeckte. Keuchend rang sie nach Luft. Die Hand rutschte ein winziges Stückchen nach unten, so daß sie atmen konnte. Sie versuchte sich loszureißen, doch da hielt sie der Mann mit dem anderen Arm fest. Sein Gesicht war ganz dicht vor ihrem. «Caroline», flüsterte er, «ich bin gekommen, um meinen Irrtum zu korrigieren.»

Im Halbdunkel der Nachtbeleuchtung zeichnete sich nur eine unheimliche, schattenhafte Gestalt ab. Doch die Stimme – die hatte sie früher schon gehört. Diese markante Stimme, das quadratische Kinn. Diese kräftigen Schultern. Wer war das?

«Caroline, die Meisterregisseurin.»

Nun erkannte sie die Stimme. Jimmy Cleary. Jimmy Cleary, und in der gleichen Sekunde wurde ihr schlagartig der Grund klar. Wie im Film sah sie die Szene wieder vor sich, als sie Jimmy eröffnet hatte, er sei nicht die richtige Besetzung für die Rolle. Er hatte es so gut hingenommen. Zu gut. Sie wollte es nicht wahrhaben, daß er Theater spielte. Sich vorzumachen, er würde ihre Entscheidung akzeptieren, war einfacher. *Und er hat Lisa getötet, als er eigentlich mich umbringen wollte.* Der tiefe Seufzer, der ihr über die Lippen kam, verhallte ungehört unter seiner Hand. Meine Schuld. Alles meine Schuld.

Und dann hörte sie Lisas Stimme, so deutlich, als ob sie ihr ins Ohr flüsterte, ihr Geheimnisse anvertraute wie in Kindertagen. *Es ist nicht deine Schuld. Aber wenn du es zuläßt, daß er abermals tötet, dann trifft dich daran die Schuld. Erspar Mutter und Dad diesen Schlag. Erspar ihn Sean. Werde alt und grau, um meinetwillen. Bring Kinder zur Welt. Nenn eins nach mir. Du mußt leben. Hör auf mich. Sag ihm, daß er sich nicht geirrt hat. Sag ihm, daß du mich auch gehaßt hast. Ich helfe dir.*

Jimmys heißer Atem berührte ihre Wange. Er sprach

von der Rolle, von Brian Kent, den der Produzent unter Vertrag genommen hatte, von Brians neuem Kontrakt. «Ich werde dich töten, genauso, wie ich deine Schwester umgebracht habe. Ein Schauspieler läßt nicht locker, bis er seine Rolle perfekt beherrscht. Möchtest du hören, was ich als letztes zu deiner Schwester gesagt habe?»

Erzähl ihm, du bist ich, Lisa.

Für den Bruchteil einer Sekunde wurde Caroline wieder zur Sechsjährigen. Sie und Lisa spielten auf der Baustelle neben ihrem Haus. Lisa, wie immer die Waghalsigere, Standfestere, kletterte voran über die aufgetürmten Ziegel. «Sei doch kein solcher Hasenfuß», drängte sie. «Komm einfach hinter mir her.»

Sie hörte sich flüstern: «Ich würde brennend gern alles genau erfahren. Ich möchte wissen, wie sie starb. Dann habe ich etwas zu lachen. Sie haben Caroline umgebracht. Ich bin Lisa.»

Sie spürte, wie ihr die Hand einen rabiaten Schlag auf den Mund versetzte.

Jemand hatte das Textbuch umgeschrieben. Wütend bohrte ihr Jimmy die Finger in die Wangenknochen. Wessen Wangenknochen! Carolines? Falls er sie tatsächlich bereits ins Jenseits befördert hatte, wieso war dann in seiner Pechsträhne keine Wende eingetreten? Ohne den über ihrer Brust liegenden Arm zu bewegen, zog er die Schnur aus der Tasche seines Trainingsanzugs. Bring's hinter dich, redete er sich zu. Wenn beide tot sind, kannst du ganz sicher sein, daß du Caroline erledigt hast.

Doch es war, als stünde man im dritten Akt auf der Bühne und wüßte nicht, wie das Stück enden würde. Wenn der Schauspieler den Höhepunkt des Dramas nicht kannte, wie konnte man dann beim Publikum irgendwelche Spannung erwarten? Denn es gab ein Publikum. Ein unsichtbares Publikum namens Schicksal. Er mußte ganz sichergehen. «Wenn du zu schreien versuchst, kommst du nicht mal mehr dazu, auch nur aufzujaulen», erklärte er. «Das war alles, was deine Schwester noch rausgekriegt hat – ein Gejaule.»

Sie hatte Lisa also in jener Nacht gehört.

«Wenn du es versprichst, nicht zu schreien, brauchst du bloß zu nicken. Ich will mit dir reden. Falls du mich überzeugst, lasse ich dich vielleicht am Leben. Wexford möchte dich doch jeden Morgen als erster sehen – bis ans Ende seiner Tage, stimmt's? Ich hab' gehört, wie er's gesagt hat.»

Jimmy Cleary war bei ihrer Ankunft bereits in der Wohnung gewesen. Caroline wurde schwarz vor Augen.

Tu, was er sagt! Untersteh dich, in Ohnmacht zu fallen. Lisas Kommandostimme. «Zu Befehl, Fürstin», war sie dann jedesmal von Caroline aufgezogen worden, und sie hatten gemeinsam gelacht.

Jimmy hob den Arm, mit dem er Caroline niederhielt, legte ihr die Schnur um den Hals und befestigte sie zu einer Schlinge. Sie war zweimal so lang wie das Stück, das er beim vorigen Mal benutzt hatte. Ihm war eingefallen, daß er sie diesmal doppelt verknoten würde, eine eindrucksvolle Geste für den Schlußakt, ein symbolischer Abgesang im Rampenlicht des Todes, ehe der Vorhang fiel.

Die Überlänge gab ihm die Möglichkeit, sie zu manipulieren. Ruhig verlangte er, sie solle aufstehen, er sei hungrig. Er wolle, daß sie ihm ein Sandwich zurechtmache und Kaffee koche, er werde das Ende der Schnur festhalten und die Schlinge zuziehen, um sie zu erdrosseln, falls sie Alarm schlagen oder sonstige Mätzchen versuche.

Tu, was er sagt.

Gehorsam setzte Caroline sich auf, sobald Jimmy den Arm wegnahm, der auf ihr lastete. Ihre Füße berührten den kühlen Holzboden. Automatisch tastete sie nach ihren Hausschuhen. Vielleicht bin ich in wenigen Sekunden tot, und da denke ich noch an meine blöden Füße, dachte sie. Als sie sich vorbeugte, schnitt ihr die Schnur in den Hals. «Nein – bitte.» Sie hörte die panische Angst in ihrer Stimme.

«Halt's Maul!» Sie spürte, wie Jimmy Clearys Hände die Schnur lockerten. «Keine schnellen Bewegungen und ja kein lautes Wort mehr!»

Nebeneinander gingen sie durch das Wohnzimmer in die Küche. Seine Hand lag auf ihrem Nacken. Seine Finger umschlossen die Schnur. Obwohl er sie gelockert hatte, empfand sie den Druck wie einen Stahlreif. Sie sah die graue Kerbe in Lisas Kehle vor sich. Zum erstenmal begann sie sich an den Rest jenes Morgens zu erinnern. Sie hatte die 911 angerufen, zu schreien angefangen und dann den Hörer fallen lassen. Lisas Leiche lag fast auf der Bettkante, als hätte sie im letzten Moment zu fliehen versucht. Ihre Haut ist so blau angelaufen, sie friert, dachte ich, ich muß sie wärmen, erinnerte sich Caroline, als sie den Kühlschrank öffnete. Ich lief um das Bett herum, legte mich hinein, nahm sie in die Arme und fing an, auf sie einzureden, versuchte dabei, ihr die Schnur vom Hals zu lösen, und dann hatte ich das Gefühl, in die Tiefe zu stürzen.

Jetzt lag die Schnur um ihren Hals. Würde Sean am nächsten Morgen sie so vorfinden wie sie damals Lisa?

Nein. Das darf nicht geschehen. Mach das Sandwich. Koch ihm Kaffee. Tu so, als ob ihr beide eine große Szene spielt. Erzähl ihm, wie herrschsüchtig ich war. Los doch. Verkehre alles, was gut war, ins Gegenteil. Gib mir die Schuld so, wie er sie dir gibt.

Caroline schaute in den Kühlschrank und empfand ein flüchtiges Gefühl der Dankbarkeit, weil sie ihn noch nicht geleert hatte. Sie sorgte immer für genügend Vorräte, um Sean eine schmackhafte Auswahl bieten zu können; die Putzfrau würde morgens vorbeikommen und alles mitnehmen. Sie holte Schinken, Käse und Putenfleisch heraus, dazu Kopfsalat, Mayonnaise und Senf – genau die Zutaten für Jimmys Standardbestellung, wenn sie in Rawlings nach der Probe noch eine Kleinigkeit essen gegangen waren; zu dieser Spezialität gehörte ein italienisches Brötchen.

Du erinnerst dich daran, aber woher soll ich das wissen? Frag ihn, was er haben möchte.

Sie blickte hoch. Das einzige Licht kam aus dem Kühlschrank, aber ihre Augen gewöhnten sich an die Dunkelheit. Sie konnte das unverwechselbare quadratische Kinn, das Jimmy Clearys Gesicht diesen harten Zug verlieh, ebenso deutlich sehen wie seine zornige, verwirrte Miene. Ihr Mund war wie ausgedörrt vor Angst, als sie flüsterte: «Was für ein Sandwich möchten Sie? Putenfleisch? Schinken? Ich habe Weizenvollkornbrot oder italienische Brötchen da.»

Sie merkte, daß sie die erste Prüfung bestanden hatte.

«Alles. Auf einem Brötchen garniert.»

Sie spürte, daß die Schnur ein wenig gelockert wurde, und setzte den Wasserkessel auf. Jimmy Cleary trank immer Kaffee, auch wenn alle anderen Sodawasser bestellten. Flink machte sie das Sandwich zurecht, schichtete Lagen von Putenfleisch und Schinken auf den Käse, umlegte das Ganze mit Salatblättern, kleckste Mayonnaise und Senf darüber.

Er setzte sich an den Tisch, zog sie auf einen Stuhl neben sich. Sie goß sich Kaffee ein, zwang sich, ein paar Schlucke zu trinken. Die Schnur schnitt ihr in den Hals. Sie hob die Hand, um sie zu lockern.

«Nicht anfassen.» Er ließ ihr etwas mehr Spielraum.

«Vielen Dank.» Sie beobachtete ihn, als er das Sandwich hinunterschlang.

Sprich mit ihm. Du mußt ihn überzeugen, bevor es zu spät ist.

«Ich glaube, Sie haben mir Ihren Namen genannt, aber ich habe ihn nicht richtig verstanden.»

Er würgte den letzten Bissen hinunter. «Auf den Plakaten steht James Cleary. Mein Agent und meine Freunde nennen mich Jimmy.»

Gierig stürzte er sich auf den Kaffee. Wie konnte sie erreichen, daß er ihr glaubte, ihr vertraute? Von ihrem Platz aus sah Caroline die Konturen des Wandschranks. Die Tür war doch vorhin fast geschlossen gewesen. Er mußte sich darin versteckt haben. Sean hatte unbedingt bei ihr bleiben wollen. O Gott, wenn sie es doch nur zugelassen hätte! In jenen ersten beiden Jahren nach Lisas Tod hatte es Zeiten gegeben, wo der Kampf, Tag für Tag durchzustehen, beinahe über ihre Kräfte gegangen war. Lediglich die harten Anforderungen des Jurastudiums hatten sie davor bewahrt, in Depression und Selbstmordgedanken zu versinken. Jetzt sah sie Seans Gesicht vor sich, das sie so unaussprechlich liebte. Ich will leben, dachte sie. Ich will mein Leben zu Ende leben.

Jimmy Cleary fühlte sich wohler. Er hatte nicht gemerkt, wie ausgehungert er war. Irgendwie lief es diesmal besser als vor fünf Jahren. Jetzt spielte er ein Katz-und-Maus-Spiel. Jetzt war er der Richter. War dies Caroline? Vielleicht hatte er sich beim letztenmal doch geirrt. Aber wenn er tatsächlich Caroline erwischt hatte, warum wurde er dann weiter vom Pech verfolgt? Er trank den Kaffee aus. Seine Finger umschlossen das Ende der Schnur und zogen die Schlinge eine Spur enger zusammen. Er langte hinüber zur Tischlampe und knipste sie an, um ihr Gesicht besser beobachten zu können. «Also, schieß los», sagte er leichthin. «Warum sollte ich dir glauben? Und wenn ich dir glaube, warum sollte ich dich am Leben lassen?»

Sean zog sich aus und duschte. Er musterte sich eingehend im Badezimmerspiegel. In zehn Tagen wurde er vierunddreißig. Und Caroline einen Tag später siebenundzwanzig. Sie würden beide Geburtstag in Venedig feiern. Auf dem Markusplatz sitzen, Wein trinken, Geigen schluchzen hören, die vorbeigleitenden Gondeln beobachten Ein idyllisches Bild, das ihm in den letzten paar Wochen öfter vor Augen gestanden hatte. An diesem Abend jedoch erlitt er offenbar einen Fehlschlag. Das Bild ließ sich einfach nicht heraufbeschwören.

Er mußte mit Caroline reden. In ein dickes Badelaken eingehüllt, ging er zum Telefon neben seinem Bett. Es war kurz vor Mitternacht. Trotzdem wählte er ihre Nummer.

Zum Teufel mit den faulen Ausreden, dachte er. Ich sage ihr einfach, daß ich sie liebe.

«Es ist gar nicht so einfach, ein Zwilling zu sein.» Caroline hob den Kopf, so daß sie Jimmy Cleary direkt ins Gesicht sehen konnte. «Meine Schwester und ich haben uns viel gestritten. Ich nannte sie immer die Fürstin. Sie war so herrschsüchtig. Schon in unserer Kindheit stellte sie alles mögliche an und gab mir dann die Schuld. Schließlich begann ich, sie regelrecht zu hassen. Deswegen besuchten wir auch verschiedene Colleges, eins an der Ostküste, das andere an der Westküste, dazwischen der Kontinent. Ich wollte unbedingt weit weg von ihr, denn ich war ihr Schatten, ihr Spiegelbild, eine Unperson. An dem letzten Abend damals wollte sie fernsehen, und ihr Apparat war kaputt, darum tauschten wir die Zimmer. Auf ihren Wunsch natürlich. Als ich sie am nächsten Morgen fand, klappte ich wahrscheinlich einfach zusammen. Aber Sie sehen ja, nicht mal meine Eltern haben den Irrtum erkannt.»

Caroline riß die Augen weit auf, senkte die Stimme, es sollte wie eine persönliche, vertrauliche Mitteilung klingen. «Sie sind Schauspieler, Jimmy. Sie können das verstehen. Als ich wieder zu mir kam, nannten sie mich Caroline. Wissen Sie, was die ersten Worte meiner Mutter waren, als ich aufwachte? ‹Ach, Caroline, wir danken Gott, daß es nicht dich getroffen hat!›»

Ausgezeichnet. Du kommst an ihn heran.

Sie war wieder sechs und spielte mit ihrer Schwester auf der Baustelle. Lisa rannte schneller und schneller. Caroline schaute nach unten, und ihr wurde schwindlig. Aber sie hatte trotzdem versucht, es ihr gleichzutun.

Jimmy amüsierte sich königlich. Er kam sich vor wie ein Agent, der eine Rolle zu besetzen hat und eine vielversprechende Bewerberin auffordert, ihm ihre Auffassung sachlich zu interpretieren. «Du hast dann also einfach beschlossen, von da an Caroline zu verkörpern. Wie bist du damit durchgekommen? Caroline hat das College in Rawlings besucht. Was ist passiert, wenn Carolines Freunde aus Rawlings aufgekreuzt sind?»

Caroline trank ihren Kaffee aus. Sie konnte den flackernden, irren Ausdruck in seinen Augen deutlich erkennen. «Das war wirklich kein Kunststück. Schock. Damit war alles erklärt. Ich gab vor, mich an viele gemeinsame Freunde und Bekannte nicht zu erinnern. Die Ärzte nannten es eine psychisch bedingte Amnesie. Jeder hatte Verständnis dafür.»

Entweder war sie eine verdammt gute Schauspielerin, oder sie sprach die Wahrheit. Jedenfalls faszinierte sie ihn. Seine Wut begann sich teilweise zu verflüchtigen. Dieses Mädchen war anders als Caroline. Sanfter. Netter. Er fühlte sich ihr innerlich verwandt, eine von Bedauern überschattete Verbundenheit. Was es auch sein mochte, er durfte sie nicht am Leben lassen. Der einzige Haken dabei war der – wenn er tatsächlich Caroline getötet hatte, wenn sie nicht log, und da war er sich immer noch nicht sicher –, warum hatte dann das Verhängnis nicht vor fünf Jahren geendet?

Dieser süße rotweißgestreifte Pyjama, den sie anhatte. Er legte ihr die Hand auf den Arm, zog sie gleich darauf wieder zurück. Plötzlich fiel ihm etwas ein. «Was ist mit Wexford? Wie seid ihr beide zusammengekommen?»

«Wir sind einfach ineinander reingerannt. Ich hörte ihn ‹Caroline› rufen und wußte, das war jemand, den ich kennen müßte. Sobald er mich beim Joggen eingeholt hatte, nannte er seinen Namen und erzählte gleich darauf, ich hätte bei ihm Vorlesungen gehabt, also brauchte ich bloß noch mitzuspielen.

Erinnere Jimmy daran, daß Sean sich in Rawlings um die echte Caroline überhaupt nicht gekümmert hat. Mach ihm klar, daß er sich Hals über Kopf in dich verliebt hat.

Jimmy rutschte unruhig hin und her.

«Ich kann Ihnen gar nicht schildern, wie oft Sean versichert hat, ich wäre soviel netter geworden», fuhr Caroline fort. «Kein Wunder, ich bin ja auch nicht dieselbe, die er früher gekannt hat. Finden Sie das nicht toll? Ich bin froh, Sie als Mitwisser zu haben, Jimmy. Sie sind in den letzten fünf Jahren mein geheimer Wohltäter gewesen, und nun lerne ich Sie endlich kennen. Möchten Sie noch Kaffee?»

Versuchte sie ihn mit Schmus einzuwickeln? Meinte sie es ehrlich? Er tippte sie an. «Noch eine Tasse Kaffee, das klingt nicht schlecht.» Er stand etwas seitlich hinter ihr, als sie die Heizplatte unter dem Wasserkessel anstellte. Ein bildhübsches Mädchen. Doch ihm war klar, daß er sie nicht am Leben lassen durfte. Er würde den Kaffee austrinken, sie ins Schlafzimmer zurückbringen und töten. Vorher wollte er ihr noch die Sache mit dem Unstern erklären. Er sah auf die Uhr – halb eins. Die andere Schwester hatte er um null Uhr vierzig umgebracht, das Timing war also perfekt. Er hatte wieder das Bild vor Augen, wie die andere die Hände ausstreckte, als wollte sie ihn packen, wie ihre Augen loderten und heraustraten. Manchmal träumte er davon. Bei Tageslicht tat ihm die Erinnerung wohl. Nachts brach ihm der Schweiß aus.

Das Telefon klingelte.

Caroline umklammerte krampfhaft den Henkel des Wasserkessels. Es war Sean; sie wußte es. Er hatte sie des öfteren nachts angerufen, wenn er spürte, daß sie schrecklich bedrückt war und vermutlich nicht schlafen konnte.

Überzeuge Jimmy, daß du unbedingt ans Telefon gehen mußt. Du mußt Sean irgendwie wissen lassen, daß du ihn brauchst.

Das Telefon läutete ein zweites, drittes Mal.

Auf Jimmys Stirn und Oberlippe glänzte Schweiß. «Vergiß es», sagte er.

«Das ist Sean, da bin ich ganz sicher, Jimmy. Wenn ich mich nicht melde, denkt er bestimmt, es ist irgendwas passiert. Ich will ihn nicht hier haben, ich möchte mit Ihnen reden.»

Jimmy überlegte. Wenn das Wexford war, hatte sie wahrscheinlich die Wahrheit gesagt. Das Telefon klingelte wieder. Es war an einen Anrufbeantworter angeschlossen.

Jimmy drückte auf die Konferenzschaltung, hob den Hörer ab und gab ihn ihr. Er ließ die Schnur um ihren Hals etwas locker.

Caroline wußte, daß sie sich kein Beben in der Stimme leisten durfte. «Hallo.» Sie markierte Verschlafenheit und wurde durch einen etwas nachlassenden Druck am Hals belohnt.

«Caroline, Schatz, du hast offenbar schon geschlafen. Entschuldige. Ich hab' mir Sorgen um dich gemacht, weil ich weiß, wie scheußlich dir in dieser Nacht zumute ist.»

«Nein, ich freue mich über deinen Anruf. Ich hab' nicht richtig geschlafen, war nur gerade im Eindösen.» Was kann ich ihm bloß sagen? Caroline zermarterte sich das Hirn.

Das Kleid. Dein Brautkleid.

«Es ist schon reichlich spät», hörte sie Sean sagen. «Hast du heute doch noch zu Ende gepackt?»

«Ja, ich war hellwach und hab' jetzt alles fertig.»

Jimmy wurde ungeduldig. Er bedeutete ihr, sich kurz zu fassen. Caroline biß sich auf die Lippen. Wenn sie die Situation nicht kaltblütig im Griff behielt, war alles aus. «Es war so lieb von dir, noch mal anzurufen, Sean, und mir geht's wirklich prima. Ich bin pünktlich fertig, um sieben Uhr dreißig. Nur eine Frage. Hast du daran gedacht, die Verkäuferin zu bitten, daß die Ärmel von meinem Brautkleid beim Einpacken ordentlich mit Seidenpapier ausgestopft werden, damit sie nicht knittern?» Bitte, lieber Gott, gib, daß Sean mich jetzt nicht verrät, dachte sie.

Sean fühlte, wie seine Finger, die den Hörer hielten, feucht wurden. Das Kleid. Carolines Brautkleid hatte ja gar keine Ärmel. Und da war noch etwas. Ihre Stimme klang irgendwie hohl. Sie lag nicht im Bett. Sie war am Telefon in der Küche, und die Konferenzschaltung lief. Sie war nicht allein. Mit äußerster Anstrengung hielt er seine Stimme im Zaum. «Schatz, ich kann auf einen Stapel Bibeln schwören, daß die Verkäuferin was in der Richtung gesagt hat. Ich glaube, deine Mutter hat sie auch telefonisch daran erinnert. Jetzt hör mal zu. Du mußt versuchen, wenigstens ein bißchen zu schlafen. Bis morgen früh, vergiß nicht – ich liebe dich.» Es gelang ihm, den Hörer geräuschlos aufzulegen. Dann warf er das Badelaken beiseite und zog seinen Trainingsanzug aus dem Schrank. Carolines Wohnungsschlüssel lagen neben seinen Wagenschlüsseln auf der Kommode. Sollte er sich die Zeit nehmen, die Polizei anzurufen? Das Autotelefon. Er konnte das unterwegs erledigen. Lieber Gott, laß es nicht zu, bitte . . .

Er hatte es begriffen. Caroline legte den Hörer auf und sah Jimmy an. «Gut gemacht», lobte er. «Weißt du was, ich fange allmählich an, dir zu glauben.» Er führte sie zurück ins Schlafzimmer und zwang sie, sich hinzulegen. Den Arm quer über sie gestreckt, hielt er sie in der Horizontale, genau wie damals ihre Schwester. Dann erläuterte er ihr, was ihm sein Lehrer, Cory Zola, über den Unstern gesagt hatte. «Vergangene Woche spielten wir im Unterricht eine Duellszene, und dabei geriet ich ziemlich in Rage. Ich brachte meinem Partner eine Schnittwunde bei. Zola regte sich mordsmäßig über mich auf, ich wollte ihm klarmachen, daß ich an die Person dachte, die mir diese Pechsträhne eingebrockt hatte, und wie seitdem alles schiefging. Daraufhin verlangte er von mir, so lange dem Unterricht fernzubleiben, bis ich mich davon frei gemacht habe. Selbst wenn ich dir also glaube, daß ich voriges Mal Caroline erwischt hab', muß ich trotzdem dieses Gefühl loswerden, denn ich kann erst wieder den Unterricht besuchen, wenn ich davon frei bin. Und auf meiner Tagesordnung, Lisa – das ist doch der richtige Name, wie? –, stehst du als Nachfolgerin.»

Seine Augen funkelten. Der Blick war leer, kalt. Er ist wahnsinnig, dachte Caroline. Sean braucht fünfzehn Minuten bis hierher. Drei sind verstrichen. Noch zwölf Minuten. Hilf mir, Lisa.

Brian Kent ist die Schlüsselfigur seines Unglücks. Zwei Fremde im Zug.

Ihr Mund war völlig ausgedörrt, Jimmys Gesicht so dicht vor ihrem. Sie konnte den Schweiß riechen, der ihm aus allen Poren quoll, und spürte, wie seine Finger an der Schnur zu ziehen begannen. Es gelang ihr, einen sachlichen Ton anzuschlagen. «Mich umzubringen, das ist keine Lösung. Brian Kent ist der Unstern, nicht ich. Wenn er aus dem Weg geräumt wird, dann haben Sie Ihre Chance. Und wenn ich ihn töte, haben Sie mich genauso fest in der Hand wie ich Sie.»

Er holte tief Luft, sichtlich verblüfft, was ihr Hoffnung gab. Sie berührte seine Hand. «Spielen Sie nicht dauernd mit der Schnur herum, Jimmy, und hören Sie mir zwei Minuten zu. Darf ich mich aufsetzen?» Wieder schoß ihr die Erinnerung durch den Kopf, wie sie als Kinder auf der Baustelle gespielt hatten, Lisa voran, sie hinterher. Einmal waren sie zu einer breit klaffenden Lücke gelangt, die man für ein Fenster ausgespart hatte. Lisa war darüber hinweggesprungen. Caroline, ein paar Schritte hinter ihr, hatte gezögert, die Augen geschlossen und es mit knapper Mühe geschafft. Jetzt setzte sie ebenfalls zum Sprung an. Wenn dieser Sprung hier mißlang, war alles aus. Sean kam. Sie wußte es. Sie mußte die nächsten elf Minuten überleben.

Jimmy lockerte den Arm und erlaubte ihr, sich aufrecht hinzusetzen. Sie zog die Beine an und verschränkte die Hände über den Knien. Die Schnur scheuerte an den Nackenmuskeln, doch sie wagte nicht, ihn um Abhilfe zu bitten. «Sie haben mir erzählt, Jimmy, daß Sie ein großes Problem haben – Sie sind Brian Kent zu ähnlich. Wenn nun Brian irgendwas zustößt? Man würde einen Ersatz für ihn brauchen. Also verwandeln Sie sich in ihn. Treten Sie an seine Stelle, wie ich es mit Caroline gemacht habe. Er hat einen tragischen Unfall, und die werden ganz verzweifelt jemanden suchen, der in dem Film für ihn einspringen kann. Warum sollten Sie nicht diesen Part übernehmen?»

Jimmy schüttelte sich den Schweiß von der Stirn. Das war eine völlig neue Deutung der Rolle, die Brian in seinem

Leben spielt. Er hatte sich immer darauf konzentriert, ein Star zu werden, größer als Brian, ihn zu überflügeln, in Restaurants einen besseren Tisch zu bekommen als er, Brians Ruhm verblassen zu sehen. Niemals hatte er daran gedacht, daß Brian einfach von der Bildfläche verschwinden könnte. Und selbst wenn er dieses Mädchen, diese Lisa – denn jetzt glaubte er, daß sie Lisa war – umbrachte, würde Brian Kent trotzdem nach wie vor Verträge unterschreiben, für ganzseitige Zeitschriftenanzeigen posieren. Und schlimmer noch – die Agenten würden ihm, Jimmy, weiterhin unter die Nase reiben, er sei ein Brian-Kent-Typ.

Glaubte er ihr? Caroline versuchte, sich mit der Zunge die Lippen anzufeuchten. Sie waren so trocken, daß sie kaum sprechen konnte. «Wenn Sie mich jetzt töten, Jimmy, wird man Sie erwischen. Die Bullen sind doch nicht blöde. Sie überlegen ständig, ob vielleicht der falsche Zwilling ermordet wurde.»

Er hörte zu.

«Jimmy, wir können das durchziehen. ‹Zwei Fremde im Zug› – Sie erinnern sich doch an die Handlung. Zwei Leute tauschen Morde, es gibt damit auch kein Motiv. Der Unterschied ist – wir bringen es zu Ende. Sie haben Ihren Teil bereits erledigt, nämlich Caroline für mich aus dem Weg geräumt. Lassen Sie mich jetzt Brian Kent für Sie beseitigen.»

«Zwei Fremde im Zug.» Jimmy hatte eine Szene aus dem Film im Unterricht gespielt. Er war großartig gewesen. Cory Zola hatte gesagt: «Jimmy, du bist ein Naturtalent.» Sein flackernder Blick glitt über ihr Gesicht. Sie lächelte ihm zu. Ein kaltblütiges Luder. Wenn sie es geschafft hatte, ihrer Familie einzureden, sie sei Caroline, dann könnte sie auch durchaus imstande sein, Brian Kent hinters Licht zu führen und die Tat zu begehen. Aber was für eine Sicherheit hatte er, daß sie nicht die Bullen rufen würde, sobald er gegangen war? Er fragte sie danach.

«Na, Jimmy, Sie haben doch die beste Sicherheit, die Sie

sich wünschen können. Sie wissen, daß ich Lisa bin. Carolines Fingerabdrücke wurden nie mit denen auf unseren Geburtsurkunden verglichen. Sie könnten mich verraten. Wissen Sie denn, was das für meine Eltern, für Sean bedeuten würde? Glauben Sie im Ernst, daß sie mir je verzeihen würden?» Sie sah ihm direkt in die Augen, wartete auf seinen Urteilsspruch.

Sean stürmte aus dem Haus, biß sich dann auf die Lippen. Verzweifelte Angst um Caroline erfaßte ihn, drohte ihn zu lähmen.

Wieder die Erinnerung an die Sechsjährige, die auf der Baustelle herumturnte. Ein vorsichtiger Blick nach unten – zwei bis drei Meter über dem mit scharfkantigen Bruchstücken aus Beton übersäten Boden. Lisa war zuletzt über eine breite, für ein Fenster ausgesparte Lücke gesprungen...

Jimmy öffnete die Tür. Sie fühlte die kalte Nachtluft auf ihrem Gesicht. Er wandte sich zu ihr. «Ich weiß, du hattest nie die Gelegenheit, mich auf der Bühne zu sehen, aber ich bin wirklich ein fabelhafter Schauspieler.»

«Ich weiß, Sie sind ein fabelhafter Schauspieler», hörte Caroline sich sagen.«Hat Sie nicht das ganze College nach ‹Tod des Handlungsreisenden› nur noch Biff genannt?»

Auf der Baustelle hatte sie diese eine Sekunde gezögert, ehe sie Lisa gefolgt war. Bei diesem letzten Sprung hatte sie den Schwung verloren, war abgestürzt und mit der Stirn auf dem Beton aufgeschlagen. Ihr wurde schlecht vor Angst, als sie merkte, daß sie es wieder einmal nicht geschafft hatte. Lisa zu folgen.

Die Tür fiel krachend ins Schloß. Für den Bruchteil einer Sekunde fixierten sie einander. «Lisa hätte das nicht wissen können», flüsterte Jimmy. «Du hast mich belogen. Du bist Caroline.» Hastig langte er mit beiden Händen nach ihrem Hals. Sie versuchte zu schreien, als sie vor ihm zurückwich, sich umdrehte und zur Eingangstür wankte. Doch sie brachte nur ein leises Ächzen über die Lippen.

Sean raste durch die stillen Straßen. Die Telefonistin vom Notruf fragte ihn nach seinem Namen, von wo er anrufe, worum es sich handle. «Schicken Sie einen Streifenwagen nach Priscilla Lane 81, Apartment 1A», brüllte er. «Kümmern Sie sich nicht darum, woher ich weiß, daß da was passiert ist. Schicken Sie sofort einen Wagen hin.»

«Und um was für einen Notfall handelt es sich bitte genau?» wiederholte die Telefonistin.

Jimmys Faust stemmte sich gegen die Tür, als sie sich am Schloß zu schaffen machte. Sie duckte sich an ihm vorbei und lief um den Klubsessel herum. Ihr Blick streifte den Spiegel über der Couch, ihr im dämmrigen Licht verschwimmendes Bild, seinen drohend hinter ihr aufragenden Schatten. Sie spürte den heißen Atem im Nacken. Wenn sie nur noch eine einzige Minute am Leben bleiben könnte, wäre Sean hier. Bevor sie zu Ende gedacht hatte, hechtete Jimmy mit einem Satz über den Klubsessel. Er stand vor ihr. Sie sah die Schnur in seinen Händen. Er drehte sie herum. Sie fühlte das Zerren an den Haaren, die Schnur um den Hals, sah ihr Bild im Spiegel über der Couch. Sie fiel auf die Knie, und die Schlinge zog sich fester zu. Sie versuchte, von ihm wegzukriechen, spürte, wie er sich über sie beugte. «Aus, Ende, Caroline. Jetzt bist du unweigerlich dran.»

Sean bog in Carolines Straße. Die Bremsen quietschten, als er vor ihrem Haus hielt. In der Ferne klangen Sirenen auf. Er rannte zur Tür, drehte am Knauf. Ohne Erfolg. Mit einer Faust hämmerte er gegen das Holz, während er in der Tasche nach Carolines Schlüsseln suchte. Das verdammte Sicherheitsschloß ist nicht ordentlich eingebaut worden, erinnerte er sich. Man mußte erst die Tür etwas heranziehen, bevor es funktionierte. In seiner Angst hantierte er so nervös, daß es erst beim dritten Mal klappte. Nun noch der reguläre Wohnungsschlüssel. O Gott, bitte...

Sie lag auf den Knien, packte die Schnur, die sie würgte. Sie hörte Sean an die Tür hämmern, nach ihr rufen. So nahe, die Rettung war so nahe. Ihre Augen weiteten sich, als sie keine Luft mehr bekam. Nachtschwarze Finsternis brach über sie herein, drohte sie zu begraben. Lisa... Lisa... Ich hab' es versucht.

Nicht wegziehen. Zurücklehnen. Rückwärtsbeugen, sage ich dir.

Um ihr Leben zu retten, beugte sich Caroline in einem letzten Kraftakt zurück, zwang ihren Körper, sich in Richtung auf Jimmy zu bewegen, anstatt sich loszuzerren. Für einen Moment lockerte sich der Druck, so daß sie einmal Luft holen konnte, bevor sich die Schlinge wieder zuzuziehen begann.

Jimmy stellte sich taub gegen das Hämmern und Rufen. Für ihn zählte auf der ganzen Welt nur noch eins – diese Frau, die seine Karriere ruiniert hatte, umzubringen. Sonst nichts.

Der Schlüssel drehte sich. Sean stemmte die Tür auf, so daß sie gegen die offene Wandschranktür krachte. Die Plastikhüllen um das Brautkleid bauschten sich knisternd. Sein Blick fiel auf den Spiegel über der Couch. Er erbleichte.

Ihre Augen loderten, traten aus den Höhlen, ihr Mund stand offen, ihre Nägel an den flehend ausgestreckten Händen krümmten sich wie Krallen. Eine hünenhafte Gestalt im Trainingsanzug beugte sich über sie, strangulierte sie. Eine Schrecksekunde lang blieb Sean wie angewurzelt stehen. Dann blickte der Eindringling hoch. Ihre Augen trafen sich im Spiegel. Sean, immer noch außerstande, sich zu rühren, sah in diesem kurzen Moment, wie er die Schnur fallen ließ, wie er sich die Arme schützend vor den Kopf hielt.

«Bleib mir bloß vom Leib!» kreischte Jimmy. «Komm mir nicht in die Nähe! Keinen Schritt!»

Sean wirbelte herum. Caroline lag auf dem Boden, zerrte an der würgenden Schlinge. Sean hechtete durch den Raum, stürzte sich auf den Angreifer. Die Wucht des Aufpralls schleuderte Jimmy gegen das Fenster. Er brüllte, Glas klirrte, Sirenen heulten, Bremsen kreischten, als die Streifenwagen vor dem Haus hielten.

Caroline spürte, wie Hände an der Schnur rissen. Sie hörte das leise Ächzen, das sich ihrer Kehle entrang. Dann lockerte sich die Schlinge, Luft strömte in ihre Lungen: Dunkelheit, köstliche, wohltuende Dunkelheit umfing sie.

Als sie zu sich kam, lag sie auf der Couch, mit einem eiskalten Halsumschlag. Sean saß neben ihr, rieb ihr die Hände warm. Im Zimmer wimmelte es von Polizisten. «Jimmy?» Ihre Stimme krächzte heiser.

«Sie haben ihn abgeführt. Ach, mein Darling.» Sean zog sie behutsam hoch, schloß sie in die Arme, bettete ihren Kopf an seine Brust, strich ihr beruhigend über das Haar.

«Warum hat er zu schreien angefangen?» flüsterte sie. «Was ist passiert? In ein paar Sekunden wäre ich tot gewesen.»

«Er hat dasselbe gesehen wie ich, dein Bild im Spiegel über der Couch. Es zeigte den spiegelverkehrten Bewegungsablauf. Während er dich nach hinten zog, schienst du auf ihn zuzukommen. Er ist völlig verrückt. Er glaubte Lisa zu sehen und dachte, sie wäre zurückgekehrt, um Rache zu üben.»

Sean wollte sie nicht allein lassen. Nachdem die Polizisten gegangen waren, lag er neben ihr auf der breiten Couch, die Wolldecke fürsorglich über sie beide gebreitet, und hielt Caroline fest umschlungen. «Versuch ein bißchen zu schlafen.» In seinen Armen geborgen, kam sie allmählich zur Ruhe und schlummerte ein.

Um sechs Uhr dreißig weckte er sie. «Steh auf, Darling, es wird Zeit. Du mußt dich reisefertig machen. Wenn du wirklich meinst, daß du ganz auf der Höhe bist, sause ich nach Hause, dusche und ziehe mich um.» Strahlender Sonnenschein erhellte das Zimmer.

Vor genau fünf Jahren war sie morgens zu Lisa hinübergegangen und hatte sie gefunden. Diesmal war sie in Seans Armen aufgewacht. Sie nahm sein Gesicht zwischen ihre Hände, streichelte ihm liebevoll über die stoppeligen Wangen. «Ich bin ganz in Ordnung. Ehrlich.»

Als Sean die Wohnung verließ, ging sie ins Schlafzimmer. Nachdenklich fixierte sie das Bett, rief sich in Erinnerung, wie ihr zumute gewesen war, als sie die Augen aufgeschlagen und Jimmy Cleary gesehen hatte. Sie duschte, ließ das heiße Wasser minutenlang über Körper und Haare laufen, wollte alle Spuren seiner Anwesenheit wegwaschen. Dann schlüpfte sie in einen khakifarbenen Overall und schlang einen geflochtenen Gürtel um ihre Taille. Als sie sich das Haar bürstete, sah sie den purpurroten Striemen um ihren Hals und wandte sich rasch vom Spiegel ab.

Die Zeit schien stillzustehen, als wartete sie darauf, daß Caroline das Unvermeidliche zu Ende brachte. Sie packte ihren Koffer, stellte ihn mit der Handtasche an die Tür. Was sie nun tun mußte, wußte sie, und sie tat es.

Sie kniete sich auf den Boden, genauso wie am Vorabend, als Jimmy Cleary sie zu erdrosseln versucht hatte, bog sich zurück und schaute in den Spiegel. Es war wie erwartet. Der untere Rand des Spiegels befand sich wenige Zentimeter über ihrem Haaransatz. Ausgeschlossen, daß er ihr Bild reflektiert hatte. Jimmys Reaktion stimmte also – er hatte Lisa gesehen.

«Danke, Lisa», flüsterte sie. Keine Antwort. Die Stimme schwieg. Ihre Schwester war tot, unwiderruflich. Ein letztes Mal ergriff der Gedanke, daß sie Lisas Tod verursacht haben könnte, von ihr Besitz und wurde dann endgültig verbannt. Es war ein schicksalhaftes Verhängnis, sinnlos, weiter zu hadern, sich mit Selbstvorwürfen zu quälen und dadurch Lisas Andenken zu schaden. Sie stand auf, und jetzt zeigte der Spiegel ihr Bild. Sie warf ihm eine zärtliche Kußhand zu. «Adieu, ich liebe dich», sagte sie laut.

Auf der Straße hörte sie einen Wagen anhalten. Sean. Caroline eilte zur Tür, riß sie auf, schob Koffer und Handtasche hinaus, griff nach dem Plastiksack mit ihrem Brautkleid, legte ihn sorgsam über den Arm, warf die Tür hinter sich zu und lief Sean entgegen.

FLETCHER FLORA

Ehemann verschwunden

Ich verbrachte einen ruhigen Nachmittag damit, das zehnte Gebot zu brechen. Dieses Gebot, ist, wie Sie sich vielleicht erinnern, ein sehr umfassendes. Zunächst wird eine Anzahl von Dingen aufgezählt, die man nicht begehren soll, falls sie dem lieben Nächsten gehören, und zum Schluß, wohl um ja allen Eventualitäten vorzubeugen, wird einem gesagt, daß man überhaupt nichts begehren darf, was dem Nächsten gehört. Ausdrücklich erwähnt wird unter anderem die Ehefrau, und genau da war mein wunder Punkt.

Mit dem Nächsten ist nicht einfach jemand gemeint, der nebenan oder über der Straße wohnt. Nein, nächster meint jeden anderen. Diese Tatsache, finde ich, macht die Erfüllung der Vorschrift äußerst schwierig, um nicht zu sagen, unmöglich. Man kann von einem Menschen sicher erwarten, daß er der Versuchung widersteht, das, was er unrechtmäßig begehrt, in seinen Besitz zu bringen; aber mir ist schleierhaft, wie man den Wunsch unterdrücken soll, etwas in seinen Besitz zu bringen – und das ist ja mit «begehren» gemeint –, selbst wenn es sich um die Ehefrau eines anderen handelt, und gerade wenn es sich um eine Ehefrau namens Ann Christopher handelt.

Womit ich zum springenden Punkt komme, nämlich einem komischen Zufall und Ausgangspunkt einer irren Geschichte. Ich gab mich also an diesem ruhigen Nachmittag meinen heimlichen Begierden hin, da klingelte das Telefon. Am Telefon war Ann, und das war der komische Zufall. Ich bekam ein ganz merkwürdiges Gefühl, als hätte sie mich angerufen, um mir zu sagen, ich dürfte solche Sachen nicht denken, und vielleicht, um mir eine runterzuhauen.

«Hallo, Mick», sagte sie. «Hier ist Ann.»

«Hallo, Ann. Willst du mir eine runterhauen?»

«Sei nicht blöd. Wie kann ich dir übers Telefon eine runterhauen?»

«Keine Ahnung. Da spricht wahrscheinlich mein schlechtes Gewissen. Wenn man ein schlechtes Gewissen hat, erwartet man immer, daß einem die unnatürlichsten Dinge widerfahren.»

«Bist du betrunken, Mick?»

«Nein.»

«Weshalb sollte ich dir überhaupt eine runterhauen wollen?»

«Ach, laß nur. Ich sage nichts mehr. Wolltest du etwas Bestimmtes?»

«Ja. Ich wollte fragen, ob du eine Ahnung hast, wo Cal ist.»

Cal war ihr Mann. Mein Freund. Und nächster. Ich hielt mir diese Tatsache ständig vor Augen.

«Ich hab' Cal seit fünf, sechs Tagen nicht mehr gesehen», antwortete ich. «Warum?»

«Er ist gestern nacht nicht nach Hause gekommen.»

«Ist das ungewöhnlich?»

«Nein, eigentlich nicht. Wenn er pokert, spielt er oft die Nacht durch, aber spätestens kommt er dann am nächsten Morgen in der Frühe nach Hause. Aber jetzt haben wir schon vier Uhr, und er ist immer noch nicht da.»

«Mach dir um Cal keine Sorgen, Ann. Ich hab' schon erlebt, daß er bei so einer Partie vierundzwanzig Stunden durchgespielt hat.»

«Das war vor unserer Ehe. Aber bei unserer Heirat hat er

mir versprochen, nie so lange wegzubleiben, und bis jetzt hat er das auch nicht getan.»

«Bis jetzt! Und jetzt hat er's getan. Ann, Schätzchen, Cal kann dieses Versprechen so leicht brechen wie ich das zehnte Gebot.»

«Wie heißt das zehnte Gebot?»

«Ach, das spielt jetzt keine Rolle. Kann ich was für dich tun?»

«Ich ängstige mich und trinke zuviel Gin. Ich wollte dich fragen, ob du nicht ein bißchen rüberkommen kannst, um mich zu trösten oder so.»

«Mit Vergnügen», versicherte ich.

Und das war der Anfang dieser Wahnsinnsgeschichte. Ich ging runter, setzte mich in meinen Olds und fuhr rüber zu dem Apartmenthaus, wo Ann und Cal Christopher wohnten. Auf der Fahrt dachte ich zuerst über Ann nach und das letzte Stück Weg über Cal. Ich kannte ihn schon lange, seit dem College, und ich mochte ihn. Er war ein großer, schlanker Kerl mit umwerfendem Charme, flexibler Moral und begabten Händen, die mit 52 Karten bemerkenswerte Dinge anstellen konnten. Er gehörte zu dem Typ, den die Frauen unbedingt heiraten wollen, obwohl sie's besser lassen sollten. Ich überlegte, was er jetzt wieder für Sachen machte und wo er sich möglicherweise herumtrieb, denn es konnte ja sein, daß meine Nächstenliebe mich zwang, nach ihm zu suchen. Ich hoffte aufrichtig, daß seine Eskapaden für ihn, ganz gleich, wo er war und was er trieb, keine schlimmeren Folgen haben würden als eine Scheidung.

In dem Apartmenthaus, einem imposanten Bau, nahm ich den Aufzug zum siebten Stock und ging durch den Korridor zu einer hellen Tür, drückte auf die Klingel und hörte mir das melodische Gebimmel des Glockenspiels an. Ann machte sofort auf. Sie trug eine weiße Bluse und eine schwarze Samthose. Ich konnte den Duft ihres Haares riechen, das ungefähr so hell war wie das Holz der Tür. Ihr

Anblick war überhaupt nicht dazu angetan, meine Begehrlichkeit abzuschwächen und mich mit meinem Gewissen auf etwas freundschaftlicheren Fuß zu bringen. Sie hob den Kopf, lächelte und bot mir die Hand, die ich augenblicklich nahm, um Trost zu spenden wie erwünscht. Ich hielt ihre Hand bis zur Mitte des Zimmers. Da erst ließ ich sie aus Rücksicht auf den Mann los, der dort saß. Ich hatte ihn nicht erwartet und wollte ihn nicht dahaben, und, wenn ich ganz ehrlich bin, er war mir ein Dorn im Auge. Meiner Meinung nach müßte jeder Mensch spüren, wann seine Aufmerksamkeit an einem bestimmten Ort angebracht ist und wann nicht.

«Kennst du Wade Hacket?» fragte Ann.

«Nein, ich glaube, ich hatte noch nicht das Vergnügen», sagte ich.

Wade Hacket stand auf und bot mir die Hand. Ich nahm sie weit weniger eifrig, als ich Anns Hand genommen hatte, und ließ sie viel schneller wieder los. Sie fehlte mir danach auch nicht. Immerhin mußte ich zugeben, daß Hacket ein ganz sympathischer Bursche war. Er war ungefähr so groß wie ich, knapp unter einsachtzig, und hatte den kraftvollen Körper eines ehemaligen Footballspielers, der langsam Ruhestandsspeck ansetzt. Soweit ich seinem gutgeschnittenen, gebräunten Gesicht entnehmen konnte, war ich für ihn kein lästiger Eindringling, den man eben aus Höflichkeit dulden mußte.

«Mick ist ein alter Freund von uns, Wade», bemerkte Ann. «Mick Mahony. So heißt er wirklich, auch wenn's wie ein irischer Witz klingt.»

«Meine Eltern waren etwas eigen», sagte ich.

Hacket lächelte höflich und meinte, er freue sich, mich kennenzulernen, und Ann warf ein: «Wade ist unser Arzt, Mick. Er hatte hier im Haus zu tun und kam auf einen Drink vorbei.» Ich wußte nicht, ob das noch zur Bekanntmachung gehörte oder ob es eine – ganz überflüssige – Erklärung für Hackets Anwesenheit sein sollte. Überflüssige Erklärungen machen mich immer mißtrauisch. Als wollte Hacket Anns Bemerkung wenigstens teilweise bestätigen, beugte er sich zu dem Beistelltisch neben seinem Sessel und hob ein Glas, das der Farbe nach zu urteilen viel Bourbon und wenig Wasser enthielt.

«Ich hab' nie gehört, daß ihr krank seid, du und Cal», sagte ich. Ann warf mir einen befremdeten Blick zu, der mir durch die Bemerkung nicht gerechtfertigt schien, und Hacket sagte: «Sie sind es leider nicht oft genug», was ein Witz sein sollte, über den aber keiner lachte.

«Es ist trotzdem gut, daß er vorbeigekommen ist», fuhr Ann fort. «Da kann er mir was dalassen, das besser ist als Gin.»

«Ann ist ein bißchen aus dem Tritt, weil Cal auf fremden Weiden grast.» Diesmal lachte Hacket selbst über seinen Scherz, um keinen Zweifel daran zu lassen, daß er nicht einen Moment lang ernstlich an einen Seitensprung Cals glaubte. «Ein leichtes Beruhigungsmittel kann ihr nicht schaden.»

Ich teilte Hackets Gewißheit hinsichtlich Cals Verhalten nicht. Ich kannte Cal lange genug und bin außerdem ein überzeugter Anhänger von Kiplings Theorie über den Leoparden, der seine Flecken nicht wechselt. Cal hatte sich zwar seit seiner Heirat mit Ann, die mittlerweile etwa neun Monate zurücklag, als ein Ausbund an Treue gezeigt; dieser Zustand konnte jedoch meiner Meinung nach selbst unter den günstigsten Bedingungen nur begrenzte Zeit anhalten. Das sagte ich natürlich nicht laut. Ich lächelte Ann zu und bemühte mich, Ruhe und Gelassenheit auszustrahlen. Ich wünschte, Hacket würde gehen, damit ich ihr wieder Trost spenden konnte.

«Machst du dir denn richtige Sorgen um Cal?» fragte ich.

«Ich wäre jedenfalls höchst erleichtert», antwortete Ann, «wenn ich wüßte, wo er ist und was er tut.»

«Er sitzt irgendwo am Pokertisch», sagte ich. «Und

wenn er heimkommt, hat er die Taschen voll Geld und die Arme voll Blumen, du wirst sehen. Du solltest deine Vorteile nutzen lernen, Schätzchen. Aus so einer Situation könnte ein kluges Kind mindestens ein Brillantarmband oder eine Nerzstola rausschlagen.»

Sie sah den Humor nicht und schüttelte den Kopf. «Nein. Er hat mir versprochen, daß er nie so lange ausbleiben würde. Als wir heirateten, wußte ich natürlich, daß er spielt, und war bereit, es zu akzeptieren. Wir haben offen darüber gesprochen und uns auf einen Kompromiß geeinigt. Ich versprach ihm, mich nicht zu beklagen, solange er sich an unsere Vereinbarung hält, und er versprach, sich an die Vereinbarung zu halten, solange ich mich nicht beklage. Die Vereinbarung besagt, daß er nie länger als zwölf Stunden auf einmal ausbleibt.»

«Na schön.» Mit einem Seufzer setzte ich mich. «Ich werde ebenfalls eine Vereinbarung mit dir treffen. Wenn du mir was zu trinken machst, so was Ähnliches, was Dr. Hacket da in seinem Glas hat, dann mach' ich mich auf die Suche nach Cal. Ich werde für meine Mühe wahrscheinlich nichts als Undank ernten, aber das gehört nun mal dazu, wenn man sich in Nächstenliebe übt.»

Während Ann meinen Drink bereitete, leerte Hacket sein Glas und stand auf. Er sagte, er hätte noch einen Besuch zu machen und müsse los. Ann bedankte sich für seine Hilfe und lud ihn ein, jederzeit vorbeizukommen, und er sagte, das wolle er tun, und legte noch ein leichtes Beruhigungsmittel auf den Tisch, ehe er mit seinem schwarzen Köfferchen in der Hand hinausging. Ann warf einen Blick auf das Beruhigungsmittel und entschied sich dann für einen Gin Tonic. Wir setzten uns zusammen aufs Sofa und hielten uns an den Händen, die nicht die Gläser halten mußten. So etwas nennt man harmlosen Kontakt, und das ist unter Freunden durchaus akzeptabel. Es war wonniglich und schrecklich zugleich.

«Wann hast du Cal zuletzt gesehen?» fragte ich.

«Gestern abend. Er ging früh weg. Es war ungefähr sieben.»

«Wohin wollte er?»

«Das sagte er nicht. Er sagte nur, er würde vielleicht ein bißchen spielen, sagte aber nicht, wo. Ich habe auch nicht danach gefragt. Es gehört zu unserer Vereinbarung, bei solchen Einzelheiten nicht zu insistieren.»

«Okay. Ich weiß verschiedene Plätze, wo er sein kann. Sagte er, wann er zurücksein würde?»

«Nein. Es war ja ausgemachte Sache, daß er innerhalb eines bestimmten Zeitraums wieder da sein würde.»

«Ich weiß. Zwölf Stunden. Eurer Vereinbarung gemäß. Ich glaube, ich trinke noch einen, wenn du nichts dagegen hast.»

Ich trank ein zweites Glas und hielt noch ein Weilchen tröstend ihre Hand, dann machte ich mich auf die Suche nach Cal.

Ich erkundigte mich in mehreren Kneipen, die ich kannte, nach ihm, aber er war in keiner gewesen. Schließlich ging ich in einen Laden namens *Number Ten Club,* und da war er gewesen. Da erfuhr ich allerdings nicht sofort. Die Bar war geöffnet, der Club selbst und die Spielsäle im oberen Stock aber nicht. Ich setzte mich mit einem Drink an den Tresen und hörte mir die Plauderei zwischen einer Marimba, einem Schlagzeug, einem Baß und einer Klarinette an, die durch die geschlossenen Türen des Hauptsaals herausdrang. Es war eine hübsche kleine Plauderei, und besonders gefiel mir, was die Klarinette der Marimba zu sagen hatte, obwohl die Marimba auch mit ein paar ganz guten Erwiderungen aufwartete. Alle zusammen unterhielten sie sich mit Improvisationen über das Thema «Baby, Won't You Please Come Home?». Das paßte genau zu meiner Mission und brachte mich auf den Gedanken, daß Baby vielleicht schon heimgekommen war, während ich ihn an Orten gesucht hatte, wo er nie gewesen war. Ich rutschte von meinem Hocker und ging zu der Telefonzelle vor der Herrentoilette. Nachdem ich mein Zehncentstück eingeworfen hatte, wählte ich Anns Nummer.

«Bist du's, Mick?» fragte sie, nachdem ich mich mit einem «Hallo» gemeldet hatte.

«Ja. Ist Cal inzwischen gekommen?»

«Nein. Hast du was rausgekriegt?»

«Ich hab' rausgekriegt, daß er in sechs Kneipen gestern abend nicht war. Das ist immerhin so 'ne Art ausschließendes Verfahren.»

«Wo bist du jetzt?»

«In der Bar vom *Number Ten Club.* Ich weiß nicht, ob er hier war. Ich hab' gerade ein Glas getrunken und ein bißchen den Gesprächen zugehört. Aber jetzt werd' ich mal nachfragen.»

«Danke, Mick. Ich bin dir wirklich dankbar.»

«Schon gut, Ann. Betrachte es als gutes Werk zur Wiedergutmachung meiner Sünden.»

«Wie?»

«Nichts, nichts. Ich melde mich später wieder.»

Damit legte ich auf, ging aus der Zelle und versuchte mein Glück an der geschlossenen Tür zum Hauptsaal. Sie war nicht abgesperrt, ich schlüpfte hinein und zog sie hinter mir zu. Außer mir waren nur die Marimba, das Schlagzeug, der Baß und die Klarinette im Raum. Sie achteten nicht auf mich, bemerkten wohl meine Anwesenheit gar nicht, sondern führten einfach ihre Plauderei fort. Zunächst verstand ich die Sprache nicht, aber nach einer Weile glaubte ich den «Potato Head Blues» zu erkennen, eine sehr, sehr alte Sprache, die ungefähr zu Beginn des Jahrhunderts mit Jelly Roll Morton oder so einem Typen aus New Orleans heraufgekommen sein mußte. Zwischen einem Durcheinander kleiner Tische hindurch ging ich quer durch den Saal zu einer Tür am anderen Ende, gelangte von dort in einen kleinen Flur, stieg eine Treppe hinauf zu einem längeren Flur voller geschlossener Türen.

An ihnen entlang marschierte ich bis zu einer Tür mit der Aufschrift «Büro», und da klopfte ich.

Das Büro gehörte einem Mann namens Duane Holland. Der ganze *Number Ten Club* gehörte ihm. Außerdem gehörten ihm eine Schnapsbrennerei, eine Kette von Süßwarengeschäften, ein weiblicher Varietéstar, zwei Stadträte und die Aktienmehrheit für den Job des Bürgermeisters. Alle diese Besitztümer hatte er vor seinem vierzigsten Lebensjahr angehäuft – das nun allerdings kurz bevorstand –, und das sagt einiges über seine kumulativen Fähigkeiten, insbesondere angesichts der Tatsache, daß er mit nichts als einer alkoholsüchtigen Mutter angefangen hatte, die er unterdessen verloren hatte. Er war glatt wie ein Aal, hart wie Stahl und schlau wie ein Fuchs. Das sind alles absichtlich banale Vergleiche für einen banalen Typ. Das Leben bringt ihn immer wieder hervor, und man muß ihn immer respektieren, aber mit der Zeit wird man es ein bißchen müde, ihn zu bewundern. Auf mein Klopfen forderte mich Holland auf hereinzukommen, und ich trat ein.

Mit einer Serviette unter dem Kinn saß er hinter einem Mahagonischreibtisch. Mit dem kurzgestutzten braunen Haar und dem kleinen, harten Gesicht hätte er Profiboxer, junger Geschäftsmann in leitender Position, Führer einer Pfadfindergruppe oder sonstwas Erfolgreiches sein können, einschließlich dem, der er war.

Vor ihm auf dem Schreibtisch stand ein frühes Abendessen, das man ihm aus der Küche heraufgebracht hatte – Hummer, gebackene Kartoffel mit saurer Sahne und Schnittlauch, Spargelspitzen, gemischter Salat mit knackigen Radieschen- und Gurkenscheiben. Ich wurde mir plötzlich des gähnenden Hohlraums unter meinem Zwerchfell bewußt. Es war sechs Uhr vorbei; seit meinem leichten Mittagessen waren Stunden vergangen. Holland betrachtete mich ohne Verwunderung und, soweit ich feststellen konnte, auch ohne Feindseligkeit, während er ein Stück Hummer aus der Schale löste, in ein Schälchen mit zerlassener Butter tauchte und dann in den Mund schob. Ich aß im Geiste mit.

«Hallo, Mick», sagte er.

Ich nickte. «Ich hoffe, ich störe nicht.»

«Keineswegs. Kommen Sie herein und setzen Sie sich.»

Er wies auf einen Sessel schräg vor seinem Schreibtisch, und ich ging hinüber und setzte mich. Der Sessel war mit Schaumstoff gepolstert und mit Leder bezogen und sehr bequem. Ich roch den Hummer und die zerlassene Butter und den Kaffee in der Wärmekanne.

«Hungrig?» fragte er.

«Ziemlich.»

«Hier ist noch ein Stück. Sowieso zuviel für mich. Nehmen Sie meine Salatgabel.»

Ich rückte näher heran und begann zu essen. Wir tauchten unsere Gabeln abwechselnd in das Schälchen mit der zerlassenen Butter. Die gebackene Kartoffel aß er allein, aber ich bekam die Hälfte des Salats und hinterher eine Tasse Kaffee. Es war alles sehr gut, und wir verdarben uns den Genuß nicht damit, daß wir über ernstere Angelegenheiten sprachen als über die Frage, wer die Yankees schlagen sollte.

«Kann ich was Besonderes für Sie tun, Mick?» fragte er schließlich.

«Vielleicht», antwortete ich. «Ich suche Cal Christopher.»

«Cal? Warum?»

«Seine Frau macht sich Sorgen. Cal ist seit gestern abend nicht mehr zu Hause gewesen.»

Holland lachte und wollte etwas sagen, aber da klopfte es, und ein Kellner kam herein, um abzuräumen. Holland wartete stumm, lachte nur leise vor sich hin, bis der Kellner weg war.

«Was finden Sie so komisch?» fragte ich, als sich die Tür geschlossen hatte.

«Ich hab' mir gerade überlegt, daß Cals Frau ein sehr

sorgenreiches Leben vor sich hat, wenn sie sich jedesmal, wenn Cal ein Weilchen verschwindet, Sorgen machen will. Sie sollte sich besser daran gewöhnen.»

«Das wird sie sicher früher oder später tun. Aber augenblicklich haben die beiden eine Vereinbarung.»

«Was für eine Vereinbarung?»

«Nichts Wichtiges. Eine private Abmachung. Haben Sie Cal in den vergangenen vierundzwanzig Stunden gesehen?»

Er zuckte die Achseln und inspizierte die Fingernägel seiner linken Hand. Dann nahm er ein kleines goldenes Taschenmesser heraus und machte sich daran, den Nagel des Zeigefingers sorgfältig etwas kürzer zu schneiden.

«Ich muß wissen, was dahintersteckt, Mick. Oder seh' ich vielleicht aus wie einer, der einer Ehefrau hilft, ihren Mann dranzukriegen? Soll sie doch einen Detektiv nehmen, wenn sie's so genau wissen will.»

«So ist das nicht. Sie hat Angst um ihn. Sie fürchtet, es könnte ihm was passiert sein.»

«Zum Beispiel?»

«Das hat sie nicht gesagt, und ich hab' sie nicht gefragt, und sie hätte es mir auch nicht sagen können, wenn ich gefragt hätte. Sie macht sich eben Sorgen. Ist beunruhigt. Sie wissen doch, wie das ist.»

«Nein, das weiß ich nicht. Wenn jemals einer um mich Angst gehabt hat, dann hat er das strikt geheimgehalten.»

«Schauen Sie, ich persönlich seh' das so: Ganz gleich, wo Cal ist oder wo er war, egal, mit wem er zusammen ist oder war, ich will ihm einzig und allein sagen, er soll endlich nach Hause gehen und basta.»

«Na schön, wenn das so ist. Ja, ich hab' ihn gestern abend gesehen und wollte, er wäre nie hier aufgetaucht.»

«Wieso?»

«Als er ging, hatte er dreißig Riesen in der Tasche, die er vorher nicht hatte.»

Ich pfiff durch die Zähne. «Das ist 'ne Menge Kohle für

ein Pokerspiel. War das eine Runde in einem der privaten Räume?»

«Das hat er nicht beim Pokern gewonnen», erklärte Holland mit einem Kopfschütteln. «Das kassierte er ruckzuck beim Würfeln. In nicht mal einer Stunde. Der Kerl hatte eine echte Glückssträhne.»

«Ich wußte gar nicht, daß Cal auch würfelt.»

«Gestern aber hat er's jedenfalls getan. Er würfelte und zog dann mit dreißig Riesen ab.»

«Wann ist er gegangen?»

«Das weiß ich nicht. Jedenfalls nicht sofort. Er spielte erst noch eine Weile mit Gail Sullivan Siebzehnundvier, eine Stunde vielleicht, und später sah ich ihn unten an der Bar. Das war, soweit ich mich erinnere, nach elf. Er hatte ganz schön einen sitzen. Feierte wahrscheinlich.»

«War er allein?»

«Es waren ziemlich viele Leute da, aber ich kann nicht sagen, ob er mit jemandem zusammen da war.»

«Ist er allein weggegangen?»

«Das hab' ich nicht gesehen. Das sagte ich schon, nicht wahr?»

Er klappte das goldene Taschenmesser zusammen und steckte es wieder ein. «Fragen Sie doch mal den Barmann.»

«Danke», sagte ich. «Ich werd' ihn fragen, aber er wird sich wahrscheinlich an nichts erinnern.»

«Tja, das ist bei Barkeepern meistens so», meinte er.

Ich stand auf und ging zur Tür. Dort drehte ich mich um.

«Nochmals vielen Dank», sagte ich. «Für alles. Den Hummer und so.»

«War mir ein Vergnügen», erwiderte er.

Als ich nach unten ging, war mir nicht mehr so recht wohl. Man nehme einen Mann mit zuviel Alkohol im Blut und dreißigtausend Dollar in der Tasche, dachte ich, und es ist durchaus denkbar, daß ihm oder dem Geld oder beiden ein Unglück widerfährt.

Im Hauptsaal hatten die Marimba, das Schlagzeug, der

Baß und die Klarinette ihre Plauderei beendet. Sie saßen schweigend beisammen, rauchten und tranken einen dazu.

Der Barkeeper hörte sich meine Frage höflich an, aber mit Sicherheit konnte er sich an nichts erinnern. Er hatte eine vage Erinnerung daran, Cal am Tresen bedient zu haben, wußte aber nicht mehr, ob es früh oder spät am Abend gewesen war, ja, um ehrlich zu sein, er konnte nicht einmal mit Gewißheit sagen, ob es am vergangenen Abend gewesen war oder vielleicht schon am Abend zuvor.

«Tut mir leid», sagte er.

«Schon in Ordnung», erwiderte ich.

«Sie wissen ja, wie das in so einem Laden wie hier ist», meinte er. «Jeder hat's eilig. Jeder mit einem Riesendurst, der nicht warten kann. Da kann man schon froh sein, wenn man hinterher noch weiß, welcher Tag gerade ist.»

«Es ist Samstag», sagte ich.

«Danke. Ich werd' versuchen, es mir zu merken, falls jemand fragt.»

«Tun Sie das. Inzwischen nehme ich, vorausgesetzt, Sie können sich an das Rezept erinnern, einen Fünfzigdollarwhisky mit Wasser.»

«Sagten Sie fünfzig Dollar?»

«Ganz recht. Vorausgesetzt, Sie erinnern sich an das Rezept», sagte ich. «Jemand mit solchen Gedächtnisproblemen wie Sie könnte da Schwierigkeiten haben.» Er mixte den Drink und stellte ihn vor mir auf den Tresen. Mit zwei Fingern nahm er meinen Fünfziger. Er holte zwei Dollar aus seiner eigenen Tasche, machte Kasse und steckte die fünfzig Dollar in die Tasche, wo vorher die zwei Dollar gewesen waren.

«Jetzt, wo ich mich konzentriere», sagte er, «wird die Erinnerung ein bißchen klarer.»

«Lassen Sie sich ruhig Zeit», meinte ich. «Es hat überhaupt keine Eile.»

«Hm», fuhr er fort, «es war ungefähr elf. Kurz danach.

Mir fällt jetzt alles wieder ein. Er hatte oben beim Würfeln einen Mordsreibach gemacht und kam hier runter, um zu feiern. Erst war er allein, aber später, ungefähr Viertel vor zwölf, kam Gail Sullivan runter und setzte sich zu ihm. Kennen Sie Gail?»

O ja, die kannte ich. Eine große, schlanke Rothaarige, die Geberin oben beim Siebzehnundvier. Die, an deren Tisch Holland zufolge Cal noch eine Stunde gespielt hatte, nachdem er von den Würfeltischen weggegangen war. Selbst für einen Mann, der mit einer Frau wie Ann was Festes hatte, wäre Gail eine interessante Abwechslung gewesen, und so langsam bekam ich eine Vorstellung davon, wo Cal vielleicht die Nacht verbracht hatte und möglicherweise immer noch war.

«Ja, die kenn' ich», sagte ich. «Hübsche Rothaarige. Gibt oben beim Siebzehnundvier.»

Der Barkeeper nickte. «Genau. Tja, also, wie ich schon sagte, sie kam so gegen Viertel vor zwölf runter. Im Mantel. War so 'n dunkler Pelz. Sie hat sich oben anscheinend ablösen lassen, denn es war lange vor Ladenschluß. Sie und Cal tranken was zusammen, dann sind sie gegangen. Seitdem hab' ich die beiden nicht mehr gesehen.»

«Jetzt sind Sie aber schwer auf Draht. Ihr Gedächtnis funktioniert richtig gut.»

«Wie gesagt, mir fällt so langsam vieles wieder ein. Ich erinnere mich sogar, daß ich noch dachte, was für ein Schwein der Kerl hat. Zu der ganzen Kohle auch noch die Puppe. Verstehen Sie, was ich meine?»

«Klar. Manche Leute haben überall Glück. Im Spiel und in der Liebe. Tja, ich muß weiter. Danke für die geistigen Bemühungen.»

«Keine Ursache.»

Ich trank den Fünfzigdollardrink aus, der nicht besser war als viele andere, die mich nur zwei Dollar gekostet hatten, stand auf und ging aus der Bar zu meinem Wagen hinaus.

Zwanzig Minuten später parkte ich ihn vor dem Apartmenthaus, in dem Gail Sullivan wohnte. Ich wußte, daß sie dort wohnte, weil ich schon einmal dagewesen war, und ich war schon einmal dagewesen, weil auch ich zu denen gehörte, die gelegentlich die Abwechslung suchten. Ich wage jedoch zu behaupten, daß ich, wäre ich Anns Ehemann gewesen, keine Abwechslung gesucht hätte, nicht einmal bei Gail, obwohl sie echt starke Konkurrenz war. Doch das war sowieso eine rein akademische Frage, die Ann herzlich wenig und Cal noch weniger interessiert hätte.

Vor Gails Tür angekommen, klopfte ich und wartete. Nach einer Weile klopfte ich noch einmal und wartete wieder. Ich sagte mir gerade, daß die Wohnung entweder leer war oder die Leute drinnen nicht gestört werden wollten, als ohne irgendein vorangehendes Geräusch plötzlich die Tür geöffnet wurde. Ich sah sogleich, daß ich Gail bei einer wichtigen Tätigkeit gestört hatte; sie war gerade dabei, sich für die Arbeit anzukleiden. Darum hatte ich auch warten müssen. Sie trug ein blaßgoldenes, beinahe hautenges Kleid, in dem sie so großartig aussah, daß jeder, der an ihrem Tisch saß, das Gefühl haben mußte, mit ihr Siebzehnundvier zu spielen, sei ein Privileg und das Verlieren eine Wonne oder zumindest ein angemessener Preis für einen solchen Anblick. Ihr rotes Haar war ein wenig zerzaust, da sie gerade das Kleid über den Kopf gezogen hatte, und der blaßgoldene Stoff schleifte auf dem Boden, da sie auf Strümpfen zur Tür gekommen war. Sie wirkte nicht direkt feindselig, aber auch nicht sonderlich erfreut.

«Hallo, Mick», sagte sie. «Was gibt's?»

«Kann ich reinkommen?» fragte ich.

«Nicht, wenn ich's verhindern kann», entgegnete sie. «Herrgott, Mick, ich arbeite abends, das weißt du doch. Ich ziehe mich gerade an, weil ich gleich gehen muß.»

«Ich halte dich nicht auf», versprach ich. «Ich kann ja durch den Türspalt mit dir reden.»

«Ach Mensch, dann komm eben rein», sagte sie gar nicht gastfreundlich.

Sie trat zur Seite, und ich ging an ihr vorbei in die Wohnung, wartete dann, um sie vorausgehen zu lassen. Ich folgte ihr ins Schlafzimmer und hockte mich auf den Bettrand, während sie sich vor den Toilettentisch setzte und anfing, ihr Haar zu bürsten. Ihr Haar war von einem tiefen, tiefen Rot. Unter den Bürstenstrichen begann es förmlich zu glühen. Im Spiegel sahen wir einander an.

«Also, was willst du, Mick?» fragte sie endlich.

«Eine Auskunft», antwortete ich. «Ich such' im Auftrag einer Freundin einen Freund.»

«Kenne ich denn überhaupt Freunde von dir?»

«Ich denke schon.»

«Tja, die Welt ist klein. Und du meinst, ich kann dir über diesen besonderen Freund etwas sagen?»

«Ich hoffe es jedenfalls. Soll ich taktvoll sein oder ganz direkt?»

«Frag ruhig direkt.»

«Gut. War Cal Christopher in der vergangenen Nacht hier?»

«Soll ich taktvoll sein oder ganz direkt?»

«Sei ruhig direkt.»

«Das geht dich einen Dreck an.»

«Stimmt. Ich geb's ja zu. Ich möcht's ja auch nur wissen, um die Gewißheit zu haben, daß Cal nichts passiert ist.»

«Cal ist kein kleiner Junge. Weshalb sollte ihm was passiert sein?»

«Du hast wahrscheinlich recht, aber er hat sich seit vierundzwanzig Stunden nicht mehr zu Hause blicken lassen, ist seit ungefähr achtzehn Stunden nicht mehr gesehen worden und hatte dreißigtausend Dollar in der Tasche, die er bei Holland am Würfeltisch gewonnen hatte.»

Sie hielt im Bürsten inne und drehte sich nach mir um. «Soviel? Ich wußte, daß er eine Menge gewonnen hatte, aber ich hatte keine Ahnung, daß es soviel war.»

«Die Zahlen hat mir Holland geliefert. Und ich kann mir nicht denken, daß er übertreibt.»

«Nein, sicher nicht.» Sie legte die Bürste nieder, stand abrupt auf und ging durch das Zimmer zu einem Wandschrank. Mit einem Paar goldener Sandalen kehrte sie zum Toilettentisch zurück, setzte sich und zog die Schuhe an. «Also gut, Mick, ganz unter uns und nicht zur weiteren Verbreitung bestimmt: Er war hier. Er war bis ungefähr elf Uhr heute morgen hier, und als er ging, war er bei guter Gesundheit und hatte alles bei sich, womit er gekommen war. Reicht dir das oder bestehst du auf Einzelheiten?»

«Einzelheiten sind nicht nötig. Aber vielleicht kannst du mir verraten, ob er was davon sagte, wohin er von hier aus wollte.»

«Er sagte nichts darüber. Und mich interessierte es auch nicht weiter.»

«Hm, das kann ich verstehen.» Ich stand auf und ging zu ihr. Einen Moment lang legte ich ihr die Hand auf den Kopf. Ich hatte mir vorgestellt, ich würde das Feuer in ihrem Haar spüren können, aber es fühlte sich nicht anders an als ganz gewöhnliches Haar. «Danke für die Beichte, Schatz.»

«War mir ein Vergnügen. Es heißt, das tut der Seele gut.»

«Wir sehen uns?»

«Vielleicht. Komm mal vorbei, wenn ich mehr Zeit habe.»

«Werd' ich tun. Bis dann.»

Ich ging zu meinem Wagen und blieb eine Weile darin sitzen, ohne irgend etwas zu tun. Es war gegen acht, und ich wußte nicht, wo ich noch suchen, mit wem ich noch sprechen, was ich überhaupt noch tun sollte. Schließlich beschloß ich, mich auf jeden Fall noch einmal bei Ann zu melden. Ich fuhr darum zu einem Drugstore und rief sie von dort aus an. Aber Cal war noch immer nicht aufgetaucht und hatte auch nicht von sich hören lassen. Ann meinte, sie wolle jetzt anfangen, die Krankenhäuser anzurufen und vielleicht auch die Polizei. Ich sagte, das mit den

Krankenhäusern solle sie ruhig tun, aber mit dem Anruf bei der Polizei solle sie noch warten; denn erstens hätte sie ja nichts zu berichten, was den Bullen mehr als ein gelangweiltes Gähnen entlocken würde, und zweitens würde Cal toben, wenn er heil und gesund nach Hause kommen sollte und davon erfuhr. Ich legte auf, ohne etwas von Cal und Gail und den dreißigtausend Dollar gesagt zu haben.

Danach klapperte ich, da ich keinen besseren Plan oder eigentlich überhaupt keinen Plan hatte, sämtliche Kneipen und Spelunken ab, wo Cal meiner Meinung nach gewesen sein konnte, auch die sieben Lokale, wo ich schon nach ihm gesucht hatte, und als ich damit endlich fertig war, war es ein Uhr vorbei. Von der letzten Pinte aus versuchte ich, Ann noch einmal anzurufen, um ihr zu sagen, daß ich jetzt nach Hause fahren und mich am Morgen bei ihr melden würde, aber das Telefon läutete und läutete, ohne daß sie sich meldete. Da fuhr ich eben nach Hause.

Am folgenden Morgen stand ich um acht auf und war nach einer Tasse Kaffee und einem Brötchen in einem Drugstore gegen neun bei Ann. Nachdem sie mir die Tür geöffnet hatte, wandte sie sich ohne ein einziges Wort um, ging seltsam steif, als kostete es sie höchste Anstrengung, ihre Bewegungen zu beherrschen, durch das Zimmer und setzte sich auf einen Stuhl mit hoher, gerader Rückenlehne. Sie saß völlig verkrampft auf der Stuhlkante, die Knie zusammengedrückt, die Hände auf den Knien gefaltet.

Sie trug ein einfaches dunkles Kostüm, und ihr Gesicht wirkte abgespannt und müde, die Augen waren dunkel, umschattet. Sie sah aus, fand ich, als hätte sie versucht, mit Seife und Wasser und peinlicher Pflege die Verheerungen einer tagelangen Sauftour zu vertuschen.

«Was ist denn mit dir los?» fragte ich.

Ich ging zu ihr und nahm ihre Hand. Sie war eiskalt. Ann sah mich nicht an, sondern starrte wie gebannt auf einen Brandfleck im Teppich, wo irgendwann einmal irgend jemand die glühende Asche einer Zigarette hatte fallen lassen.

«Sie haben einen Toten gefunden», sagte sie.

«Einen Toten? Wen denn?»

«Es muß Cal sein.»

«Woher willst du das wissen? Haben sie es dir gesagt?»

«Nein. Ich fühle es.»

«Du bildest es dir ein. In Wirklichkeit ist es wahrscheinlich gar nicht Cal.»

Sie schüttelte nur den Kopf, den Blick weiter auf den Brandfleck gerichtet.

«Wer hat den Toten gefunden?» fragte ich.

«Irgend jemand. Draußen auf dem Land. Der Sheriff oder jemand.»

«Woher weißt du das?»

«Ich habe heute morgen die Polizei angerufen, und sie erzählten es mir. Ein gewisser Sergeant Durham. Gestern abend habe ich das Beruhigungsmittel genommen, das Wade Hacket mir dagelassen, hatte, und es hat offenbar geholfen, denn ich konnte wenigstens schlafen. Allerdings habe ich ständig Alpträume gehabt und bin immer wieder aufgewacht. Heute morgen war mir klar, daß ich diesen Zustand nicht noch länger ertragen kann, deshalb rief ich die Polizei an. Und da erfuhr ich, daß man einen Toten gefunden hatte. Dieser Sergeant Durham sagte, es wäre das beste, ich käme vorbei und sähe ihn mir an.»

«Dann konnten sie den Toten bisher nicht eindeutig identifizieren?»

«Nein, ich glaube nicht. Ich glaube, der Tote ist irgendwie entstellt, so daß sie nicht feststellen können, wer er ist.»

«Siehst du? Du rufst wegen eines verschwundenen Ehemanns an, und sie haben einen unbekannten Toten. Ist doch klar, daß sie dich bitten, ihn dir anzusehen. Das ist reine Routine, Ann.»

«Du willst mich beruhigen, Mick, und ich bin dir dankbar, aber ich habe nun mal so ein Gefühl. Es ist ein ganz schreckliches Gefühl.»

«Und fährst du nun zur Polizei?»

«Ich muß doch. Ich muß Gewißheit haben. Sergeant Durham holt mich ab.»

«Soll ich mitkommen?»

«Ach ja, wenn's dir nichts ausmacht. Das wäre sehr lieb von dir.»

Ich versuchte, ihre Hand warm zu reiben, aber es war sinnlos. Die Hand blieb kalt und steif. Sie fühlte sich an wie einbalsamiert. Ich hätte gern etwas Vernünftiges und Beruhigendes gesagt, aber mir wollte nichts einfallen, das sie auch so aufgefaßt hätte. Ich war immer noch am Grübeln, als es läutete. Ich ging hin und machte auf. Ein kleiner dünner Mann im blauen Anzug, mit grauem Hut und schwarzen Stiefeln stand vor mir. Er nahm den Hut ab und blieb auf einem Bein stehen, während er die Schuhspitze des anderen an der Wade des Standbeins auf und ab rieb. Er schien sich gar nicht bewußt, daß er das tat.

«Ich hätte gern Mrs. Christopher gesprochen», sagte er.

«Da sind Sie hier richtig», erwiderte ich. «Kommen Sie herein.»

Er trat ein, und als er Ann sah, ging er direkt auf sie zu. «Mrs. Christopher?» fragte er und blieb ungefähr einen Meter von ihr entfernt stehen.

«Ja.» Sie drehte sich um und sah ihn an, aber ich hatte den Eindruck, daß sie ihn gar nicht richtig wahrnahm. «Sie sind wohl Sergeant Durham?»

«Richtig. Wir haben miteinander telefoniert.»

«Ja, ich weiß. Ich erinnere mich. Das ist Mr. Mahony. Ein Bekannter. Ich möchte gern, daß er mich begleitet.»

«Das geht schon in Ordnung.» Er warf mir einen flüchtigen Blick zu. Die Iris seiner Augen waren hell und gesprenkelt, wie ausgeblichene blaue Farbe auf altem Mörtel. «Es ist immer angenehm, wenn man einen Freund dabei hat.»

«Wollen wir gleich fahren?» fragte sie.

«Nein, nicht gleich. Ich möchte erst noch mit Ihnen sprechen, wenn Sie nichts dagegen haben.»

«Bitte. Nehmen Sie doch Platz.»

«Danke.»

Er sah sich nach einer Sitzgelegenheit um, rührte sich aber nicht von der Stelle. Ich holte ihm deshalb einen Stuhl wie der, auf dem Ann saß. Er nickte dankend und setzte sich, wobei er seinen Hut achtsam auf seine Knie legte.

«Es wird vielleicht ein Schock für Sie werden», sagte er. «Ich meine, wenn Sie die Leiche sehen. Ich denke, es ist besser, ich sage Ihnen, was Sie erwartet.»

«Ist das nötig?»

«Es ist empfehlenswert.»

«Gut, dann sagen Sie es mir.»

«Also, es ist so: Der Tote wurde am Indian River gefunden, außerhalb der Stadt, an einer Stelle, wo der Fluß ziemlich seicht ist. Die Ufer sind dort flach und kiesig, und auf beiden Seiten sind Felswände von ungefähr zehn bis zwölf Metern Höhe. Der Tote lag am Ostufer, am Fuß der Felswand. Es ist da ziemlich einsam, rundherum ist Gebüsch. Es war reines Glück, daß die Leiche so schnell entdeckt wurde. Reiner Zufall. Da draußen lebt nämlich in einer Hütte ein alter Mann – die Wasserratte wird er allgemein genannt –, und der war auf dem Wasser, weil er Katzenfisch fangen wollte. Mit den Händen, verstehen Sie. Ja, und wie er da so seine Fische fing, fuhr er um eine Biegung im Fluß und sah plötzlich ein Stück stromaufwärts hellen Lichtschein. Es war ein Feuer. Neugierig wie er war, ruderte er hin, weil er sehen wollte, was da brannte, und da sah er, daß es die Leiche war. Die da brannte, mein' ich. Irgend jemand hatte sie da hingeschleppt, mit Benzin übergossen und in Brand gesteckt.»

Durham schwieg und musterte Ann scharf, aber sie zeigte keinerlei Zeichen von Erschütterung, schwankte nicht einmal, regte sich überhaupt nicht, schien nur wie unter der Einwirkung eines tödlichen chemischen Prozesses auf der Kante ihres Stuhls zu schrumpfen und schrecklich klein zu werden.

«Der Alte», fuhr Durham fort, «bekam einen Riesenschrecken, nehme ich an. Ganz natürlich. Es hätte ja sein können, daß der Täter noch in der Nähe war und irgendwo im Dunkeln lauerte und ihn beobachtete. Er tat, was beinahe jeder getan hätte – er machte sich so schnell wie möglich davon. Vom nächsten Telefon aus rief er den Sheriff an, und als der Sheriff eine halbe Stunde später mit seinem Mitarbeiter kam, fuhren die drei zu der Stelle, wo der Alte die Leiche gesehen hatte. Da war von dem Toten nicht mehr viel übrig. Er war praktisch bis zur Unkenntlichkeit verbrannt. Aber man kann einen menschlichen Körper auf diese Weise natürlich nicht völlig zerstören. Es bleiben die Knochen. Und die Zähne. Mit Hilfe der Knochen und der Zähne kann man einiges feststellen. War am Knochenbau oder an den Zähnen Ihres Mannes irgend etwas Besonderes, Mrs. Christopher?»

Wieder hielt er inne und beobachtete sie aufmerksam, während er wartete und ich ihn im stillen verfluchte. Und da antwortete ihm Ann schon mit kleiner, dünner Stimme, die nicht körperlichen Ursprungs zu sein schien.

«Am rechten Fuß fehlt ihm das erste Glied der mittleren Zehe», sagte sie. «Er hat mir erzählt, daß er als Kind einen Unfall hatte. Wie es genau passierte, hat er nicht gesagt.»

«Hm.» Durham streckte sein rechtes Bein vor und sah auf seinen Fuß, als wolle er Schuh und Strumpf mit seinem Blick durchbohren, um sich der Normalität seiner eigenen mittleren Zehe zu vergewissern. Dann stand er unvermittelt auf und sagte so abrupt, daß es fast brutal wirkte: «Gut, fahren wir. Sind Sie soweit, Mrs. Christopher?»

Ann bejahte mit dieser kleinen, fernen Stimme, und wir fuhren mit Durham im Polizeiwagen zum Leichenhaus. Dort sahen wir uns den verkohlten Leichnam an, und es war eigentlich leichter als gedacht, denn dieses Ding konnte unmöglich auch nur im entferntesten etwas mit einem Menschen zu tun haben, den wir gekannt hatten. Aber die Größe stimmte ungefähr, der Körperbau hätte passen können, es fehlte das erste Glied der mittleren Zehe am rechten Fuß. Ann stand etwas abseits, und sie schien mir so zerbrechlich, so aufs äußerste gespannt, daß ich fürchtete, sie würde sich in Staub auflösen, wenn ich sie nur berührte. Als wir fertig waren und in Durhams Wagen wieder heimwärts fuhren, saß sie in der äußersten Ecke des Sitzes, die Augen geschlossen, das Gesicht wie das einer Toten. Sobald wir in der Wohnung waren, ging sie ins Schlafzimmer und legte sich aufs Bett. Ich folgte ihr und sah sie schweigend an, wie sie dalag. Sie schien mir viel zu still zu sein. In meinen Augen war das ein schlechtes Zeichen. Wenn da nichts unternommen wurde, mußte bald der Zusammenbruch kommen, und es war bestimmt besser, dem vorzubeugen.

Ich ging wieder ins Wohnzimmer, wo Durham saß.

«Ich rufe ihren Arzt an», sagte ich.

«Ja, tun Sie das.»

Ich schlug die Nummer von Hackets Praxis nach und wählte. Seine Sprechstundenhilfe teilte mir mit, er sei im Augenblick unterwegs, habe aber angerufen, um sie wissen zu lassen, daß er bald in der Praxis sein würde. Ich gab ihr Anns Adresse und bat sie, ihn schleunigst hierherzuschicken. Dann setzte ich mich und starrte Durham an, und er starrte mich an. So saßen wir ungefähr ein, zwei Minuten.

«Welche Rolle spielen Sie eigentlich in dieser Angelegenheit?» fragte er schließlich.

«Das hat sie Ihnen doch gesagt», erwiderte ich. «Ich bin ein Freund. Erst war ich mit ihm befreundet. Dann auch mit ihr. Ein Freund von beiden.»

«Aha. Was sagte sie, wann er zuletzt hier war? Vorgestern abend gegen neunzehn Uhr, ist das richtig?»

«Richtig.»

«Hat sie versucht, ihn ausfindig zu machen, ehe sie uns heute morgen anrief?»

«Ja. Sie wurde schon gestern nachmittag unruhig. Zumindest rief sie mich da an. Ich hab' ihn in der ganzen Stadt gesucht, aber das einzige, was ich herausbekam, war, daß er einen Teil des vorangegangenen Abends im *Number Ten Club* verbracht hat.»

«Ah, Duane Hollands Club. Hat's da vielleicht was gegeben, was eine Erklärung sein könnte?»

Ich erzählte ihm von den dreißigtausend Dollar. Erst wollte ich ihm auch von Gail Sullivan erzählen, daß Cal die Nacht bei ihr verbracht hatte, aber dann tat ich es doch nicht. Ich wollte lieber noch ein bißchen warten. Die dreißigtausend Dollar interessierten Durham. Man sah ihm an, daß ihm allerhand im Kopf herumging.

«Das ist ein Haufen Geld», bemerkte er. «Mehr Geld, als ich vermutlich in meinem Leben je zu sehen bekomme. Das könnte einen Mord schon erklären, aber dieser besondere Mord hat einiges an sich, das dadurch noch lange nicht erklärt wird. Ein Gangster, der wegen des Geldes tötet, überlegt sich hinterher nicht lange, was er mit der Leiche anfangen soll; er läßt sie einfach irgendwo liegen.»

Das war selbst mir klar, und dieser Punkt machte mir bereits einige Zeit zu schaffen; genau wie er Durham offensichtlich zu schaffen machte.

«Vielleicht waren die dreißigtausend gar nicht das Motiv», meinte ich. «Vielleicht wurde er aus einem ganz anderen Grund umgebracht.»

«Genau», sagte er. «Das ist mir auch schon durch den Kopf gegangen.»

Mit einem beinahe höhnischen Ausdruck in den blaßblauen Augen musterte er mich langsam von oben bis unten. Im ersten Moment begriff ich nicht, was das sollte. Als mir die Erleuchtung kam, war ich erst schockiert, dann erschrocken, schließlich ärgerlich.

«Hören Sie mal», sagte ich energisch, «ich hab' Ihnen

gesagt, daß ich mit den Christophers befreundet bin. Und zwar mit beiden. Ich war nie mehr als ein Freund der Familie. Fangen Sie also bitte nicht an, irgendwelche schlauen Theorien auszubrüten.»

«Ich? Ich bin noch nie schlau gewesen. Mit Theorien ist es bei mir nicht weit her, schon gar nicht mit schlauen. Was zum Teufel reden Sie da?»

«Sie wissen genau, was ich da rede. Das Zehnte nehm' ich vielleicht manchmal ein bißchen auf die leichte Schulter, aber vom Sechsten laß ich schön die Finger.»

«Was soll das heißen? Ich verstehe nur Bahnhof.»

«Sie dachten doch, ich könnte es Anns wegen getan haben. So 'ne richtige Schnulze für die Regenbogenpresse. Das sollten Sie lieber gleich vergessen, wenn Sie nicht einen Haufen Zeit vertun wollen.»

«Ach was, hab' ich das wirklich gedacht? Ich kann mich nicht erinnern, etwas dergleichen gesagt zu haben.»

«Sie ließen es durchblicken.»

«Tatsächlich? Ich wußte gar nicht, daß ich ein Talent für indirekte Anspielungen habe. Meistens hab' ich schon Schwierigkeiten genug, das, was mir auf dem Herzen liegt, geradeheraus zu sagen.» Er stand plötzlich auf und sah mich grinsend an. «Na, lassen Sie sich deshalb keine grauen Haare wachsen. An Ihrer Bemerkung darüber, daß die dreißigtausend vielleicht gar nicht das Motiv sind, sehe ich schon, daß Sie klar denken, und ich hab' so eine Ahnung, daß wir auf jedes bißchen Hilfe angewiesen sind, wenn wir den Fall abschließen wollen. Sollte Ihnen noch was Neues einfallen, dann melden Sie sich bei mir, ja?»

Er sagte das absolut freundlich und allem Anschein nach völlig aufrichtig; es war nicht festzustellen, wieviel Sarkasmus hinter seinen Worten steckte, ja, ob Sarkasmus überhaupt beabsichtigt war.

Er setzte seinen Hut auf und ging. Sobald er draußen war, ging ich zur Schlafzimmertür, um nach Ann zu sehen. Sie lag immer noch reglos auf dem Bett und sah aus wie eine

Tote. Ich sprach leise ihren Namen, aber sie antwortete nicht, öffnete auch nicht die Augen. Ich kehrte zu meinem Sessel im Wohnzimmer zurück, setzte mich und wartete auf Hacket, der endlich etwa eine Viertelstunde später kam.

«Was gibt's?» fragte er. «Ist Cal wiederaufgetaucht?»

«Ja, er ist aufgetaucht», antwortete ich. «Aber nicht er braucht Ihre Hilfe, sondern Ann. Sie hat eine Menge mitgemacht.»

«Was ist denn geschehen?» fragte er. «Sagen Sie schon.»

«Cal ist tot. Er ist umgebracht worden. Seine Leiche wurde dann aufs Land hinausgeschleppt und angezündet. Sie wurde gestern abend gefunden.»

«O Gott!»

Der Mund blieb ihm offenstehen nach dem Ausruf, und sein Gesicht war plötzlich grau und schlaff und sehr häßlich. Nach ein paar Sekunden der Erstarrung kam wieder Leben in ihn, und er ging mit energischem Schritt an mir vorbei ins Schlafzimmer. Ich hörte ihn sprechen, aber eine Antwort von Ann hörte ich nicht. Danach hörte ich ihn herumgehen, hörte verschiedene gedämpfte Geräusche, die seine Tätigkeit im Zimmer begleiteten, und nach ungefähr zehn bis fünfzehn Minuten kam er wieder aus dem Zimmer heraus. Er hatte seine Sicherheit wiedergefunden, sein Gesicht hatte wieder Farbe, seine Stimme klang sachlich.

«Sie haben recht», sagte er. «Es geht ihr schlecht.»

«Kein Wunder», meinte ich.

«Natürlich. Ich habe ihr etwas gegeben, das sie erst mal eine Weile ruhigstellt. Eine Spritze.»

«Ich hatte schon Angst, sie würde durchdrehen.»

«Das wäre sicher geschehen. Es war gut, daß Sie mich angerufen haben.»

«Und wenn sie aufwacht, geht es ihr dann besser?»

«Sie wird auf jeden Fall die Belastung etwas besser ertragen können. Wie entsetzlich, daß das geschehen mußte!»

«Ja», sagte ich seufzend.

«Wieso kam es dazu? Gibt es überhaupt einen Grund dafür?»

«Da es geschah, wird es auch einen Grund dafür gegeben haben.»

«Ja. Natürlich. Hat irgend jemand eine Ahnung, was der Grund war?»

«Er gewann vorgestern abend beim Würfeln dreißigtausend Dollar.»

«Er wurde des Geldes wegen getötet?»

«Vielleicht. Es ist jedenfalls eine einleuchtende Theorie.»

«Ja, wahrscheinlich.» Er ließ sich in einen Sessel fallen und stützte einen Moment lang den Kopf in die Hände. Dann richtete er sich auf und sagte: «Kann ich etwas zu trinken haben? Nur einen kleinen Whisky.»

«Aber sicher. Ich trinke auch einen.»

Wir tranken unsere Whiskys, die doch nicht so klein waren, und danach stand er auf und nahm sein Köfferchen, das er neben seinem Sessel auf den Boden gestellt hatte. Mit dem Koffer in der Hand ging er noch einmal zur Tür des Schlafzimmers und warf einen Blick hinein.

«Sie schläft», sagte er. «Bleiben Sie hier?»

«Nein. Ich muß bald gehen.»

«Sie sollte aber jetzt nicht allein gelassen werden, und es sollte auch jemand dasein, wenn sie aufwacht. Auf jeden Fall die nächsten ein, zwei Tage. Sie sollte entkleidet und richtig zu Bett gebracht werden. Könnten Sie wenigstens noch so lange hierbleiben, bis ich eine Pflegerin schicke? Ich werde dafür sorgen, daß sie so rasch wie möglich kommt.»

«In Ordnung», sagte ich. «Ich warte.»

Mit einem kurzen Nicken ging er. Als die Pflegerin kam, ging auch ich.

Spätestens zu diesem Zeitpunkt hätte ich aussteigen sollen, denn die Sache lag ja nun in Händen der Polizei, genau da also, wohin sie gehörte. Aber ich stieg nicht aus; aus dem einfachen Grund, weil ich es nicht fertigbrachte, plötzlich die Hände in den Schoß zu legen. Ich setzte mich vielmehr in meinen Olds und fuhr aufs Land hinaus, um mit dem Sheriff zu sprechen. Ich fand ihn in seinem Büro im Erdgeschoß des Countygefängnisses.

Er war ein unheimlich dicker Mensch, der sich mit bemerkenswerter Behendigkeit bewegte und mit hoher, blecherner Stimme zuviel redete. Als ich ihm eröffnete, wer ich war, zeigte er sich wenig beeindruckt; dafür beeindruckte es ihn um so mehr, daß ich ihn über die Person des Toten aufklären konnte. Und es machte ihn wütend. Es sei eine Schande, schimpfte er, daß ein rechtmäßig gewählter Gesetzesvertreter der County so etwas von wildfremden Menschen erfahren müsse. Diese aufgeblasenen Stadtpolizisten hätten die verdammte Pflicht und Schuldigkeit, ihn in dieser Sache auf dem laufenden zu halten, da die Leiche in seinem Zuständigkeitsbereich gefunden worden sei, und die verdammten Kerle sollten sich bloß nicht einbilden, sie könnten von ihm Zusammenarbeit erwarten, wenn sie ihn derart unverschämt behandelten.

Ich sagte, ich verstünde seine Empörung, fügte aber hinzu: «Wissen Sie, soviel Zeit ist seit der Identifizierung noch gar nicht vergangen. Ich weiß das, weil ich dabei war. Wir waren zu zweit dort, seine Frau und ich. Die Polizei ist wahrscheinlich einfach noch nicht dazu gekommen, Sie zu informieren.»

«Vielleicht», meinte er und warf mir einen abschätzenden Blick zu, wobei er die Lippen vorschob wie zu einem ekligen, nassen Kuß. «Sie waren also ein Freund von ihm, sagen Sie? Von diesem Cal Christopher, mein' ich.»

«Ja.»

«Haben Sie eine Ahnung, wer das getan hat?»

«Nein.»

«Üble Geschichte. Hab' so etwas noch nie gesehen. Ich meine, wie die Leiche da unten am Wasser brannte. Und ich hoffe von Herzen, ich seh' so was auch nie wieder.»

«Kann ich mir vorstellen.»

«Gestunken hat das! Furchtbar.»

«Ich würde mir die Stelle eigentlich gern mal ansehen», sagte ich.

«Wozu denn das?»

«Ich weiß selbst nicht genau. Ich würde sie mir nur gern mal ansehen. Wie gesagt, er war mein Freund. Der beste Freund, den ich je hatte. Irgendwie würde ich mich, glaub' ich, besser fühlen, wenn ich sehen könnte, wo es passiert ist.»

«Das versteh' ich nicht. Ich würde meinen, daß Sie sich dann um so schlechter fühlen.»

«Gefühle sind eben nicht immer mit der Vernunft zu fassen. Manchmal hat der Mensch Bedürfnisse, die er nicht erklären kann.»

Er starrte mich ein paar Sekunden lang an, während er überlegte und dabei die Lippen bald vorschob, bald einsog.

«Hm», machte er schließlich und zuckte die Achseln, «ich wüßte nicht, warum ich es Ihnen verwehren sollte. Ich find's verrückt, wenn Sie meine Meinung dazu wissen wollen, aber ansonsten ist ja nichts dabei. Ich fahr' Sie gleich selber hin.»

Wir fuhren mit seinem Dienstwagen, einem Ford, und brauchten ungefähr fünfundzwanzig Minuten. Den längsten Teil der Strecke befanden wir uns auf einer schmalen, betonierten Landstraße, die nach einiger Zeit anstieg und durch kiesige, spärlich mit Krüppeleichen bewachsene Hügel führte. Als wir von ihr abbogen, gelangten wir auf einen beinhart getretenen Trampelpfad und fuhren auf ihm durch hohes Gras und Gebüsch zu den Felsen über dem Flußufer. Der Kiesstreifen, wo die brennende Leiche gefunden worden war, bildete eine Art Sims zwischen Wasser und Felswand. Die Wand war ziemlich steil, aber keineswegs unbegehbar; im Gegenteil, ein Fußweg schlängelte sich an ihrer Flanke zum Fluß hinunter. Es konnte nicht allzu schwierig gewesen sein, über diesen Weg die Leiche in die Tiefe zu schleppen, und das Feuer wäre sicher ungesehen verglüht, wäre nicht der alte Flußfischer gerade an dem Abend auf den Gedanken gekommen, Katzenfisch zu fangen.

Wir stiegen den Pfad hinunter und sahen uns um, aber es gab nicht viel zu sehen – nur den Fluß, die Felsen und auf den Steinen unter der Felswand die verkohlte Brandstelle. Der Mörder mußte mindestens zweimal, wenn nicht häufiger, die Wand hinauf- und hinuntergeklettert sein. Erst mit dem Toten hinunter, dann allein hinauf, dann wieder mit dem Brennstoff hinunter. Benzin, hatte Durham gesagt. Vielleicht ließ sich feststellen, wer in den letzten Tagen eine größere Menge Benzin gekauft hatte. Viele Leute zweifellos. Und alle bis auf einen in aller Unschuld. Na, das war Sache der Polizei.

Ich drehte mich um und kletterte vor dem Sheriff die Wand wieder hinauf. Wir setzten uns in den Ford und fuhren zurück. Als ich vor dem Gefängnis in meinen Olds stieg, blieb der Sheriff neben der Tür stehen.

«Zufrieden?» fragte er.

«Könnte man sagen», antwortete ich. «Vielen Dank.»

«Keine Ursache. Und wenn Sie diese Blödmänner aus der Stadt sehen, dann sagen Sie ihnen, was ich von ihnen halte.»

«Wird gemacht», versprach ich.

Es war sechs Uhr, als ich wieder in die Stadt kam. Ich dachte daran, irgendwo einzukehren und etwas zu essen, aber allein bei dem Gedanken wurde mir übel. Deshalb fuhr ich direkt zu Gail Sullivan. Es war schon ziemlich spät, beinahe Zeit für Gail, sich zur Arbeit fertigzumachen. Sie würde mir sicher kein herzliches Willkommen bereiten.

Tat sie auch nicht.

«Mick», sagte sie, wobei sie mir die Tür versperrte, «du bist ein netter Kerl, wirklich, und ich mag dich, aber allmählich wirst du zur Plage.»

«Tut mir leid», erwiderte ich. «Ich weiß, ich bin im falschen Moment gekommen, und du hast keine Zeit. Aber ich wollte dir nur sagen, daß mir wahrscheinlich nichts anderes übrigbleiben wird, als dich anzuschwärzen. So leid mir das tut.»

«Was soll das heißen?»

«Das heißt, daß ich bei kleineren Sünden gern den Mund halte, aber nicht bei Mord.»

Ich hörte förmlich, wie ihr der Atem stockte, und ihre Augen waren plötzlich wie erstarrt. Dann stieß sie den Atem in einem tiefen Seufzer aus und trat zur Seite, um mich hineinzulassen.

«Vielleicht kommst du doch besser rein», sagte sie.

Ich ging hinein und setzte mich. Sie folgte mir ein paar Schritte, dann blieb sie stehen und sah zu mir herunter. Sie trug nur einen Bademantel aus weißem Frottee, und ihre Füße waren nackt. Mir schoß der Gedanke durch den Kopf, daß sie zu den wenigen Frauen meiner Bekanntschaft gehörte, die immer gut aussahen, ganz gleich, was sie anhatten oder nicht anhatten.

«Ich wollte gerade ein Bad nehmen», bemerkte sie.

«Tut mir leid. Ich glaube, das habe ich schon gesagt.»

«Schon gut. Möchtest du was trinken? Du siehst ganz erschlagen aus.»

«Nein danke. Ich möchte auf leeren Magen lieber nichts trinken.»

«Zu essen hab' ich leider nichts da.»

Ich schüttelte den Kopf. «Mir hat's ziemlich den Appetit verschlagen.»

«Wo war er?»

«Cal?»

«Du weißt, daß ich von Cal spreche.»

«Bis gestern vormittag elf Uhr war er hier. Das hast du mir gesagt.»

«Und nach elf?»

«Ich weiß es nicht. Das heißt, ich weiß nicht, wo er während des Tages war. Abends lag er draußen am Fluß und brannte wie eine Fackel. Irgend jemand hat ihn dort hingebracht, mit Benzin übergossen und angezündet. Jetzt liegt er im Leichenhaus.»

«Mein Gott», sagte sie leise und drückte eine Hand auf ihr Gesicht.

Ich versuchte, mir vorzustellen, was in einer Frau vorging, die sich an Zärtlichkeiten mit einem Mann erinnerte, der jetzt nur noch eine verkohlte Leiche war. Es war keine angenehme Vorstellung.

«Deshalb mußt du wahrscheinlich der Polizei sagen, daß er hier war», sagte ich.

«Natürlich, wenn es sein muß. Das macht mir nicht allzuviel aus.»

«Macht es dir auch nichts aus, wenn du zur sogenannten logischen Verdächtigen avancierst? Er war hier. Er hatte dreißigtausend Dollar in der Tasche, und bisher hat sich niemand gefunden, der ihn seitdem gesehen hat. Man kann wohl mit Recht vermuten, daß du das Geld gebrauchen könntest. Du siehst, mein Schatz, daß du dich nicht gerade in guter Position befindest.»

«Verdammt noch mal, Mick, willst du mir angst machen?»

Ich schüttelte den Kopf. «Nein.»

«Was ich dir gesagt habe, ist wahr. Er kam mit mir hierher, und zwischen uns war alles bestens. Gegen elf Uhr am folgenden Morgen ist er dann gegangen.»

«Ich weiß genau, was du gesagt hast. Wie gut kennst du Duane Holland?»

«Ich arbeite bei ihm. Wie gut kann man seinen Chef schon kennenlernen? Oder überhaupt einen anderen Menschen.»

«Was meinst du, wie weit würde er gehen, um sich dreißigtausend Dollar zurückzuholen?»

«Mach dich nicht lächerlich, Mick. Duane hat schon viel höhere Beträge verloren und wird in Zukunft noch höhere Beträge verlieren; aber dazwischen gewinnt er mehr, als er je insgesamt verlieren wird. Außerdem, wenn wir wirklich mal annehmen, daß er aus so einem Grund einen Menschen umbringen würde, dann würde er einen Killer bezahlen – so gut kenne ich ihn immerhin –, und der würde sich mit der Leiche bestimmt keine Umstände machen. Und im übrigen wäre es noch in derselben Nacht passiert, in der Cal das Geld gewonnen hatte. Unmittelbar danach. Wo man sicher sein konnte, daß er das Geld bei sich hatte.»

«Das klingt auf jeden Fall einleuchtend. Die Bullen werden das auch so sehen.»

«Aber es ist nicht in derselben Nacht passiert. Cal war nämlich die ganze Zeit hier bei mir.»

«Das sagst du. Aber du bist bei Holland angestellt, mein Schatz. Ich könnte mir denken, daß die Bullen das in Betracht ziehen.»

Sie holte tief und zitternd Atem. «Vielen Dank für dein Vertrauen, Mick. Und jetzt verschwinde. Ich brauch' das Bad dringender denn je.»

«Reg dich nicht auf. Ich beschuldige dich ja nicht. Ich will doch nur . . . Verstehst du, ich frag' mich, warum die Leiche verbrannt werden mußte. Warum landete sie nicht einfach im Fluß oder in einer dunklen Gasse oder sonst an einem Ort, wo Gangster, die des Geldes wegen morden, ihre Opfer liegenzulassen pflegen? Verstehst du, was ich meine? Wenn man berücksichtigt, daß Cal das ganze Geld bei sich hatte, drängt sich einem sofort die Möglichkeit des Raubmords auf, aber das Getue mit der Leiche verdunkelt das Motiv. Das lenkt die Spekulationen automatisch in andere Bahnen. Vielleicht sollte die Identifizierung verhindert werden; vielleicht war es ein Versuch, zu vertuschen, auf welche Art Cal getötet wurde; aber das paßt beides nicht ins Muster eines Raubmords. Ich finde das alles sehr verwirrend.»

«Dann überlaß es doch der Polizei, sich darüber den Kopf zu zerbrechen. Das ist schließlich ihre Aufgabe.»

«Ich weiß. Ich sollte die Hände von der Sache lassen. Es würde mich interessieren, ob Cal das Geld tatsächlich bei sich hatte, als er hier war.»

«Er muß es bei sich gehabt haben. Er erwähnte es nicht, und ich bekam es auch nicht zu sehen, aber er kann es in den Taschen gehabt haben, wenn es ihm in großen Scheinen ausgezahlt worden ist.»

«Stimmt. Dann fragt sich, wohin er von hier aus gefahren ist. Ja, das ist die Preisfrage, mein Schatz. Und für dich von entscheidender Wichtigkeit. Das ist dir doch wohl klar?»

«Ich hab' keine Ahnung, wohin er von hier aus gefahren ist. Er sagte nichts darüber. Ich hab' das Gefühl, ich muß dir alles wiederholen.»

«Hat er nicht wenigstens eine Bemerkung gemacht, die uns als Hinweis dienen könnte?»

«Nicht daß ich – Moment mal!»

Sie stand erstarrt, von einem plötzlichen Gedanken, einer unvermuteten Erinnerung in Bann geschlagen. Ihre Augen wirkten wie leer, während sie sich ganz auf ein inneres Bild konzentrierte, und ohne sich dessen bewußt zu sein, hob sie die Hand und zupfte in Gedanken versunken an ihrer Unterlippe.

«Er hatte Male am linken Arm», sagte sie.

«Was?»

«Male! Einstiche, viele, ganz kleine Einstiche. Zuerst dachte ich, er wäre ein Fixer.»

«Cal? Du bist ja verrückt!»

«Ich weiß. Aber ich sah die Einstiche an seinem Arm, und das war der erste Gedanke, der mir kam. Ich hab' für Rauschgiftsüchtige nichts übrig, deshalb fragte ich ihn danach. Aber da lachte er nur. Er sagte, er müsse sich Injektionen geben, aber nicht mit Heroin, sondern mit Insulin. Er sagte, er sei Diabetiker.»

Ich war wie vom Donner gerührt, und plötzlich fiel mir der befremdete Blick ein, den Ann mir zugeworfen hatte, als ich gesagt hatte, ich hätte nie etwas davon gehört, daß sie und Cal krank seien.

«Bist du sicher?»

«Natürlich bin ich sicher. Er sagte, er brauche alle vierundzwanzig Stunden eine Spritze. Er gäbe sie sich selbst. Und dann sagte er, dabei fiele ihm ein, daß er kein Insulin mehr hätte und sich wieder welches besorgen müsse.»

«Gut», sagte ich. «Schön. Es ist schon spät. Wenn du dich jetzt anziehst, fahr' ich dich nachher rüber zum Club.»

«Mach dir keine Mühe.»

«Das ist keine Mühe für mich. Ich möchte Wiedergutmachung leisten. Dafür, daß ich dir so zugesetzt habe. Zieh dich an, dann fahren wir.»

Sie ging ins Schlafzimmer. Ich konnte sie herumgehen hören. Vom Schlafzimmer ging sie ins Badezimmer. Ich setzte mich und lauschte dem Rauschen des fließenden Wassers. Sie brauchte vielleicht zwanzig Minuten, um ihr Bad zu nehmen und sich anzukleiden. Als sie aus dem Schlafzimmer kam, sah sie aus, als hätte sie Stunden mit ihrer Toilette zugebracht.

Im *Number Ten Club* ging sie gleich nach oben, und ich ging in die Bar. Duane Holland saß mit einem Whisky-Soda am Tresen.

«Hallo, Mick», sagte er. «Wie ich höre, hat man Ihren Freund Cal gefunden.»

«Ja», antwortete ich. «Das, was von ihm übrig war.»

«Verrückt», sagte er. «Ich versteh' das nicht.»

«Ich glaube, mir dämmert's langsam», entgegnete ich. «Vielleicht.»

Er trank einen Schluck von seinem Whisky und warf mir einen schrägen Blick zu.

«Tatsächlich? Na, Cal war ein netter Kerl. So ein Ende hat er nicht verdient.»

«Nein», sagte ich. «Bestimmt nicht. Vielleicht können Sie mir helfen, ein paar Dinge zu klären. So in der Art einer Leichenschau. Obwohl das Cal jetzt natürlich nichts mehr hilft.»

«Sagen Sie mir doch einfach, was Ihnen vorschwebt.»

«Sie führen ein Spielkasino. Hier spielen viele Leute, und die meisten verlieren dabei Geld, und einige verlieren mehr

Geld, als sie haben. Ich würde gern wissen, von wem Sie gegenwärtig Schuldscheine haben.»

«Es sind nicht viele. Duane Holland schuldet keiner lange Geld. Man könnte die Summe aller gegenwärtigen Schuldner an den Fingern abzählen.»

«Mich interessiert nur ein Finger.»

«Okay. Geben Sie dem Finger einen Namen, und ich sage Ihnen, ob Sie richtig liegen.»

Ich sagte es ihm, und ich lag richtig. Danach aß ich noch ein Sandwich, trank einen Whisky und fuhr nach Hause. Von dort rief ich die Polizei an. Ich hatte keine Ahnung, ob ich eine Abteilung oder eine Person verlangen sollte, und entschied mich kurzerhand dafür, nach Sergeant Durham zu fragen. Zu meiner Überraschung wurde ich prompt mit ihm verbunden. Ich hatte geglaubt, um diese Zeit sei er längst nach Hause oder in seine Stammkneipe gegangen, aber Bullen haben anscheinend keine geregelte Arbeitszeit.

«Hallo», sagte ich, «hier ist Mick Mahony.»

«Mick Mahony? Oh, ach so. Natürlich. Mick Mahony. Was gibt's denn?»

«Ist Cal Christopher obduziert worden?»

Einen Moment war es ganz still. Ich hörte nur das gedämpfte Rauschen in der Leitung. Dann meldete sich der Sergeant wieder.

«Komisch, daß Sie das fragen. Wozu wollen Sie es wissen?»

«Warum sollte ich es nicht wissen wollen? Finden Sie es so merkwürdig, wenn jemand wissen möchte, wie sein Freund ums Leben gekommen ist?»

«Äh – nein, eigentlich nicht, wenn ich mir's recht überlege. Wenn man länger bei der Polizei ist, wird man für solche Dinge ganz blind, wissen Sie. Also, um zur Sache zu kommen, es ist ihm nichts zugestoßen, was im Rahmen der Erwartung gelegen hätte. Kein Schädelbruch. Keine Schußverletzung. Keine Messerstiche. Er wurde vergiftet.

Trotz der Verbrennung waren noch Spuren des Gifts feststellbar. Zyanid.»

«Danke», sagte ich.

«Augenblick noch», rief er. «Sie wollen doch jetzt nicht mit einem Dankeschön und Wiedersehen auflegen.»

«Ich bin müde», entgegnete ich. «Ich will ins Bett. Und damit ich endlich zu Bett gehen kann, muß ich auflegen. Ich komme morgen vorbei und erzähle Ihnen, was mir vorschwebt.»

Damit legte ich auf. Ehe ich zu Bett ging, rief ich bei Ann an. Die Pflegerin sagte, sie schlafe noch.

Die Sprechstundenhilfe war nicht da, als ich am folgenden Tag zwischen halb zwölf und zwölf in Wade Hackets Praxis kam. Und auf den hell gebeizten Eichenstühlen warteten auch keine Patienten. Aus den Behandlungsräumen hinter dem Vorzimmer drang kein Geräusch; es gab keinerlei Anzeichen dafür, daß überhaupt jemand hier war.

Ich ging am Schreibtisch der Sprechstundenhilfe vorbei, öffnete eine Tür und warf einen Blick in den Raum dahinter. Wade Hacket im weißen Kittel saß, den Kopf in die Hände gestützt, an einem Schreibtisch. Beim Geräusch der sich öffnenden Tür hob er den Kopf. Sein Gesicht war aschfahl und schlaff.

«Mahony», sagte er, als wäre er meines Namens nicht sicher und probiere ihn nur der Wirkung halber mal aus, «ich habe jetzt keine Sprechstunde.»

«Ich weiß», erwiderte ich, während ich ins Zimmer trat und mich in einem Sessel vor seinem Schreibtisch niederließ. «Sind Ihre Mitarbeiterinnen um diese Zeit immer weg?»

«Ja. Ja, immer. Das ist ihre Mittagspause. Warum?»

«Dann müssen sie auch nicht dagewesen sein, als Cal Christopher vorgestern hier war.»

«Cal? Cal war hier? Ach ja, möglich. Ich hab's vergessen.»

«Hatten Sie es auch schon am Nachmittag desselben Tages vergessen, als Sie in seiner Wohnung waren und Ann besuchten? Obwohl sie beunruhigt war, weil er noch nicht nach Hause gekommen war? Mir scheint, das hätte doch ausreichen müssen, Sie zu erinnern.»

«Ja, wahrhaftig, nicht wahr? Dann wird er wohl an dem Tag doch nicht hiergewesen sein. Sonst hätte ich mich bestimmt daran erinnert.»

«O doch, er war hier. Er hatte kein Insulin mehr und brauchte neues. So etwas kann man nicht auf die lange Bank schieben. Wie lange behandeln Sie Cal schon wegen seines Diabetes?»

«Das weiß ich gar nicht genau. Ich könnte nachsehen, wenn es wichtig ist. Seit er das erstemal zu mir in die Praxis kam.»

«Das ist ein Punhkt, der mich interessiert. Wie kam Cal überhaupt zu Ihnen in die Praxis?»

«Mir scheint, Sie wollen mich ins Verhör nehmen, Mahony. Bin ich Ihnen Rechenschaft schuldig?»

«Ach, lassen Sie nur. Ich kann mir vorstellen, wie es war. Er lernte Sie in einem der Clubs kennen, wo er verkehrte. Vielleicht im *Number Ten Club.* Und nachdem Sie sich angefreundet hatten, war es für Cal ganz natürlich, daß er als Patient zu Ihnen kam. Das war so Cals Art. Bei ihm hatte Freundschaft keine Grenzen. Es ist interessant, daß Sie beide von der Leidenschaft gepackt waren, Sie genauso wie Cal.»

«Von der Leidenschaft? Ich verstehe nicht.»

«Von der Spielleidenschaft, meine ich. Glauben Sie, man wird je eine Wunderdroge entdecken, die die Menschen davon heilen kann? Meiner Meinung nach ist das unwahrscheinlich.»

«Das ist ja lächerlich. Ich spiele hin und wieder mal ganz gern, aber das ist auch alles. Und ich kann es mir leisten.»

«Wirklich? Warum zahlen Sie dann Ihre Schulden nicht? Die zwanzigtausend, die Sie Duane Holland schulden. Und was Sie vielleicht anderen noch schuldig sind.»

Er machte eine verzweifelte Anstrengung, den in seiner

Ehre Gekränkten zu spielen, aber die Wirkung war nur erbarmungswürdig. Das graue Gesicht verfiel noch mehr. Er sah krank aus. In seinen Augen war kein Schimmer von Furcht oder Wut, sondern statt dessen nur ein Ausdruck verständnisloser Verwunderung über die schreckliche Verletzlichkeit, die er sich infolge dessen, was er getan hatte und was aus ihm geworden war, zugezogen hatte.

«Sie haben ja den Verstand verloren», sagte er. «Wie können Sie sich unterstehen, einfach hier in meine Praxis zu kommen und in diesem Ton mit mir zu reden! Bitte gehen Sie auf der Stelle.»

«Aber gern», sagte ich. «Ich bin nicht hergekommen, weil ich das Verlangen danach hatte, und ich möchte auf keinen Fall länger bleiben, als ich unbedingt muß. Ich wünsche von Herzen, ich könnte Sie vollkommen aus meinem Gedächtnis streichen, sobald ich hier weggehe, aber das wird leider nicht möglich sein. Doch ehe ich gehe, möchte ich eines wissen. Ich möchte wissen, warum Sie durch Ihre übertriebene Raffinesse alles verpfuschen mußten? Warum haben Sie ihm nicht einfach mit irgendeinem Gegenstand eins über den Schädel gegeben? Das wäre doch viel einfacher gewesen. Hinterher, meine ich. Sie hätten die Leiche in eine Kammer oder einen Wandschrank einsperren können, wie Sie das ja sowieso getan haben, und sie dann bei Nacht wegbringen und irgendwo in einer finsteren Gasse deponieren können. In Anbetracht der dreißigtausend Dollar hätte alle Welt an einen Raubüberfall geglaubt und keiner hätte auch nur einen Gedanken an Dr. Wade Hacket verschwendet.

Aber so haben Sie es nicht gemacht, und ich glaube, Sie brauchen mir doch nicht zu erklären, warum nicht. Ich denke nämlich, ich weiß es bereits. Es war eine Art Zwang. Es war ein Mord, der praktisch von selbst geschah. Sie waren nur das ausführende Organ, wenn man so sagen kann.

Cal Christopher war bei Ihnen in der Praxis. Außer Ihnen

beiden war kein Mensch hier. Er beging den Fehler, mit den dreißigtausend in seiner Tasche zu prahlen – sozusagen von Spieler zu Spieler. Vielleicht zeigte er Ihnen die Scheine sogar. Verlockende dreißigtausend Dollar, ohne jede Verpflichtung und steuerfrei, und Sie brauchten das Geld so dringend. Es war die perfekte Gelegenheit, als hätte der Teufel persönlich alles arrangiert, und so töteten Sie ihn um des Geldes willen. Es war getan, ehe Sie sich's versahen. Er brauchte eine Insulinspritze, und Sie verabreichten ihm Zyanid. Das ging schnell und einfach.»

Er sah zu mir auf. Sein Mund zuckte, aber kein Laut kam über seine Lippen. Mir war plötzlich klar, daß er niemals ungestraft davongekommen wäre. Selbst wenn kein Verdacht auf ihn gefallen wäre, hätte seine Schuld ihn in Fesseln geschlagen und sein Geist ihn mit der Zeit zerstört. Er hatte sich von Schwäche, Gier und perfekter Gelegenheit zum Mord verführen lassen, und das hätte er niemals überleben können. Seine Schuld, sagte ich mir, hatte ihn gezwungen, knappe vier Stunden nach dem Mord die Wohnung aufzusuchen, in der Cal gelebt hatte, mit der Frau Kontakt aufzunehmen, mit der Cal verheiratet gewesen war.

«Da standen Sie nun mit der Leiche», fuhr ich fort, «und nach einer Weile werden Sie erkannt haben, daß Sie einen schweren Fehler begangen hatten. Niemals würde die Polizei an einen simplen Raubüberfall glauben, wenn das Gift in seinem Körper entdeckt wurde. Und sollte es gar gelingen, seine Spur bis zu Ihnen zu verfolgen und nicht weiter, so würde das Gift Sie als Täter entlarven. Es war klar, daß die Leiche vernichtet werden mußte. Als Arzt hätten Sie sie zerstückeln und sich der einzelnen Teile entledigen können, aber das brachten Sie wohl nicht über sich. Es gab andere Möglichkeiten, und Sie wählten die Verbrennung wahrscheinlich aus dem einfachen Grund, weil Sie sich für eine der Möglichkeiten entscheiden mußten. Mir erschien es verrückt, eine Leiche so zu verbrennen, aber Sergeant

Durham von der Polizei sagte mir, daß so was schon unzählige Male vorgekommen ist. Er sagte, daß es gar nichts Ungewöhnliches ist. Haben Sie Sergeant Durham schon kennengelernt? Er wartet draußen im Vorzimmer, und wenn Sie ihn noch nicht kennen, dann wird es höchste Zeit, daß Sie ihn kennenlernen.»

Mit einem einzigen Satz sprang er hinter seinem Schreibtisch auf, und ich dachte schon, er wollte sich auf mich stürzen; aber das tat er nicht. Sehr langsam setzte er sich wieder nieder und stützte den Kopf in die Hände. Dann kam Sergeant Durham ins Zimmer, und ich ging hinaus.

«Danke», sagte Durham. «Haben Sie gut gemacht.»

Ich antwortete nicht.

Auf der Straße blieb ich am Bordstein stehen und fragte mich, was ich jetzt tun solle. Ich dachte an Ann, dachte daran, sie zu besuchen, mit ihr zu sprechen und ihr zum Trost die Hand zu halten, aber der Gedanke hatte jetzt nichts Prickelndes mehr, nichts Verlockendes. Das war durch das, was geschehen war, unmöglich geworden. Ich dachte an Gail Sullivan, aber auch das hatte nichts Verlokkendes, und es erschien unter den Umständen nicht passend, zu ihr zu gehen. Schließlich überlegte ich mir, daß ich ebensogut nach Hause fahren könnte, und das tat ich dann auch. Und als ich einmal zu Hause war, trank ich viele einsame Stunden lang ein einsames Glas nach dem anderen.

RUTH RENDELL

Ein Geschenk für Patricia

«Sechs sollten reichen», sagte er. «Also sechs Teekisten und einen Schrankkoffer. Wenn Sie die morgen vorbeibrächten, würde ich alles packen, und Ihre Leute könnten das Ganze am Mittwoch abholen.» Er machte sich eine Notiz. «Bestens», meinte er. «Also dann morgen um die Mittagszeit.»

Sie hatte sich nicht gerührt. Sie saß immer noch auf dem schweren eichenen Armsessel am entgegengesetzten Ende des Raumes. Er zwang sich, sie anzuschauen, und rang sich ein Grinsen ab, gab vor, es sei alles in Ordnung.

«Kein Problem», sagte er. «Die sind sehr zuverlässig.»

«Hätte ich nicht geglaubt», sagte sie, «daß du das wirklich fertigbringst. Bis ich dich am Telefon hörte. Hätte ich nicht für möglich gehalten. Packst also wirklich deinen Kram zusammen und schickst ihn zu ihr.»

Die ganze Geschichte mußte also noch mal durchgekaut werden, natürlich. Und es würde auch kein Ende nehmen, bis seine Sachen und er selbst aus dem Haus waren, weg von London und von ihr, ein für allemal. Er hatte nicht vor, sich herumzustreiten oder lange zu rechtfertigen. Er steckte sich eine Zigarette an und wartete, daß sie anfing, dachte dabei, daß in einer Stunde die Pubs öffneten; dann konnte er raus und einen trinken.

«Ich verstehe nicht, weshalb du überhaupt gekommen bist», sagte sie.

Er gab keine Antwort. Er hielt noch die Zigarettendose in der Hand, schloß nun den Deckel, fühlte die Kühle des Onyx. Sie war weiß geworden. «Nur, um deine Sachen abzuholen? Maurice, bist du nur *deswegen* gekommen?»

«Es sind meine Sachen», erklärte er gelassen.

«Du hättest jemand anders schicken können. Selbst wenn du mir geschrieben und mich gebeten hättest –»

«Ich schreibe nie Briefe», sagte er.

Nun rührte sie sich, machte eine kleine flatternde Handbewegung vorm Mund. «Als ob ich das nicht wüßte!» stieß sie hervor und unternahm eine große Anstrengung, um ihre Stimme wieder unter Kontrolle zu bekommen. «Ein Jahr lang warst du in Australien, ein ganzes Jahr, und hast mir ein einziges Mal geschrieben.»

«Angerufen habe ich aber.»

«Jawohl, zweimal. Einmal, um mir zu sagen, daß du mich liebst und daß ich dir fehle und daß du dich danach sehnst, zu mir zurückzukommen, und daß ich auf dich warten soll, und da wäre sonst niemand, stimmt's? Und dann ein zweites Mal, vor einer Woche, um mir zu sagen, du kämst am Samstag, und um zu fragen, ob du bei mir unterkommen könntest. Himmel noch mal, zwei Jahre haben wir zusammengelebt, waren praktisch verheiratet, und du rufst auf einmal an und fragst mich, ob ich dich unterbringen könnte!»

«Sind doch nur Worte», sagte er. «Wie hättest du dich denn ausgedrückt?»

«Zuerst einmal hätte ich Patricia erwähnt. Jawohl, von der hätte ich etwas gesagt. Ich hätte den Anstand besessen, die Menschlichkeit. Weißt du, was ich gedacht habe, als ich hörte, daß du kommst? Solltest inzwischen doch wissen, wie eigen er ist, hab' ich gedacht, wie distanziert, schreibt nie, ruft nicht an, nichts. Aber so ist er halt, der Maurice, der Mann, den ich liebe, aber jetzt kommt er zurück zu mir, wir heiraten, und ich bin ja so glücklich!»

«Ich habe dir schon von Patricia erzählt.»

«Aber erst hast du mal mit mir geschlafen.»

Er verzog schmerzlich das Gesicht. Ja, das war ein Fehler gewesen. Selbstverständlich hatte er nicht vorgehabt, sie über den obligatorischen Begrüßungskuß hinaus anzurühren. Doch sie war attraktiv, er war an sie gewöhnt, und sie schien es auch erwartet zu haben, und – ach was, egal. Frauen hatten ohnehin keinen blassen Schimmer, wie das bei Männern mit dem Sex lief. Und außerdem gab es nur ein Bett. Eine tierische Szene hätte es am ersten Abend auf seinen Vorschlag hin gegeben, er könne ja hier auf dem Sofa schlafen.

«Du hast mit mir geschlafen», sagte sie. «Ganz leidenschaftlich, so wie früher, und dann läßt du am nächsten Morgen die Katze aus dem Sack. Hast in Australien eine Aufenthaltsgenehmigung, hast dir schon einen Job besorgt, hast ein Mädchen kennengelernt, das du heiraten willst. Alles ganz einfach. So kam das rüber, beim Frühstück. Bist du mal voll ins Gesicht geschlagen worden, Maurice? Hat dir mal wer deine Träume zertrampelt?»

«Hätte ich es denn noch länger hinausschieben sollen? Und was Schläge ins Gesicht angeht» – er rieb sich den Backenknochen –, «der Schwinger war ziemlich heftig.»

Sie schüttelte sich, stand auf und ging langsam und steif im Zimmer auf und ab. «Ich hab' dich kaum angerührt. Wenn ich dich doch umgebracht hätte!» An einem kleinen Tisch hielt sie inne. Dort standen eine Porzellanfigur, ein zum Aschenbecher passender Onyxbecher mit Stiften. Daneben lag ein Brieföffner aus Bronze. «Alle deine Sachen», sagte sie. «Ich habe auf sie aufgepaßt, sie gehütet wie einen Schatz. Und jetzt schickst du sie einfach an diese Frau. Die Gegenstände, mit denen wir gelebt haben. Immer wieder hab' ich gedacht, Maurice liebt das, Maurice würde das so arrangieren, Maurice hat dieses Stück gekauft, als wir zusammen in – mein Gott, ich kann es einfach nicht glauben. Und jetzt schickt er die Sachen an eine andere Frau!»

Er nickte, starrte sie an. «Die großen Sachen kannst du

meinetwegen behalten», sagte er. «Besonders das Sofa. Zwei Nächte versuche ich jetzt, auf dem verdammten Ding zu schlafen. Ich will es nie wieder sehen.»

Sie schnappte sich die Porzellanfigur und warf sie nach ihm. Der Gegenstand flog an ihm vorbei, weil er sich duckte, und verfehlte knapp ein gerahmtes Gemälde.» Vorsicht mit dem Lowry», meinte er lakonisch. «Für den hab' ich eine Menge Geld bezahlt.»

Sie warf sich aufs Sofa, brach in Schluchzen aus, schlug um sich, hämmerte mit den Fäusten auf die Kissen. Das rührte ihn nicht – nichts konnte ihn rühren. Sowie er diesen Kram gepackt hatte, ging es für drei Monate nach Europa. Ein freier Mann, frei für die Sehenswürdigkeiten, den Spaß, die Mädchen. Ein letztes Mal die Sau rauslassen, und dann zurück zu Patricia, dem gemeinsamen Heim, der Arbeit und Verantwortung. Eine rosige Zukunft also, die diese hysterische Frau nicht durcheinanderbringen durfte.

«Verdammt noch mal, Betsy, hör jetzt endlich auf.» Er packte sie grob an den Schultern, schüttelte sie durch und verließ dann die Wohnung, denn inzwischen war es elf, und er konnte einen trinken gehen.

Betsy kochte Kaffee und wusch sich die verquollenen Augen. Sie ging umher, betrachtete sich die Zierstücke und Bücher, die Gläser, Vasen und Lampen, die er ihr morgen wegnehmen wollte. Es traf sie weniger der Verlust der Gegenstände an sich, sondern die Leere, die sie zurücklassen würden, und die Gewißheit, daß sie nun alle Patricia gehören sollten.

In der Nacht war sie aufgestanden, hatte seine Brieftasche gesucht, die Bilder von Patricia herausgenommen und zerrissen. Das Gesicht aber war ihr unvergessen geblieben, hübsch und hart und habgierig, und sie stellte sich vor, wie die hellen Augen groß wurden, wenn Patricia die Teekisten auspackte, mit räuberischen Händen den

Schrankkoffer nach weiteren Schätzen durchwühlte. Und das womöglich sogar vor Maurice' Eintreffen tat, die Lampen und Gläser und Zierstücke im gemeinsamen Heim zu seinem Entzücken arrangierte.

Sicher, er wird sie heiraten. Die bildet sich wohl ein, daß er ihr treu ist, dachte Betsy, so was hab' ich mir früher ja auch eingeredet. Inzwischen bin ich klüger. Arme blöde Gans, hat ja keine Ahnung, was er bei erster Gelegenheit mit mir getrieben hat, oder was er anrührt, wenn er erst mal in Frankreich oder Italien ist. Wär das nicht ein tolles Hochzeitsgeschenk, ihr so was zu den ganzen schönen Nippes in den Koffer zu legen?

Warum auch nicht? Warum nicht Unfrieden in einer Ehe stiften, ehe sie überhaupt begonnen hatte? Mit einem Brief. Einem Brief, den man zum Beispiel in dem blauweißen Ingwertöpfchen versteckte. Sie setzte sich hin und schrieb. Liebe Patricia – was für ein Schwachsinn; mußte man so einen Brief an seine Feindin beginnen?

Liebe Patricia,
ich weiß nicht, was Maurice Ihnen von mir erzählt hat, aber seit er hier angekommen ist, leben wir wie ein Liebespaar. Um deutlicher zu sein: Wir schlafen miteinander. Maurice ist zur Treue völlig unfähig. Wenn Sie mir das nicht glauben, dann fragen Sie sich, warum er nicht in ein Hotel gegangen ist, wenn er mit mir nichts zu tun haben wollte. Das wäre alles. Ihre –

Und sie unterschrieb und fühlte sich ein wenig besser – gut und ruhig genug, um ins Bad zu steigen und sich etwas zu Mittag zu machen.

Tags darauf trafen sechs Teekisten und ein Schrankkoffer ein. Die Böden der Kiste waren mit Teeresten bedeckt und rochen entsprechend. Der Koffer bestand aus silbrigem Metall und hatte goldfarbene Beschläge. Ein schönes Objekt eigentlich; einsfünfzig lang, neunzig hoch, sechzig breit, und der Deckel schloß vorzüglich, scheinbar hermetisch dicht.

Um zwei begann Maurice zu packen.

Mit Seidenpapier und Zeitung ging er ans Werk, füllte die Teekisten mit Küchengerät und Tassen und Tellern und Besteck, mit Büchern, mit seinen Kleidern, die er vor einem Jahr zurückgelassen hatte. Mit Bedacht und einem gewissen grimmigen Vergnügen vermied er alles, worauf Betsy Anspruch erheben mochte – die schäbigen, billigen Dinge, die Messer und Gabeln aus rostfreiem Stahl, das Geschirr von Woolworth, die ekelhafte Bettwäsche, rot, orange und oliv, die er noch nie ausstehen konnte. Mit Patricia hatte er vor, nur auf weißen Laken zu schlafen.

Betsy half ihm nicht. Sie schaute kettenrauchend zu. Er nagelte die Deckel zu und schrieb mit weißer Farbe seine Adresse in Australien darauf. Darüber setzte er nicht seinen Namen, sondern Patricias. Dies tat er nicht, um Betsy zu ärgern, aber es freute ihn doch, daß es sie fuchste.

In der Nacht war er erst um eins zurückgekommen und hatte natürlich keinen Schlüssel dabeigehabt. Betsy hatte sich geweigert, ihn einzulassen, und so mußte er halt bis um sieben in seinem Mietwagen hocken. Sie sah ebenfalls aus, als hätte sie eine schlaflose Nacht hinter sich.

Miss Patricia Gordon, pinselte er flink und geschickt.

«Vergiß bloß dein Ingwertöpfchen nicht», sagte Betsy. «An dem hab' ich kein Interesse.»

«Das kommt in den Schrankkoffer.» *Miss Patricia Gordon, 23 Burwood Park Avenue, Kew, Victoria, Australia 3101.* «Alle schönen Objekte sind für den Koffer. Das gibt ein ganz spezielles Präsent für Patricia.»

Der Lowry wurde abgehängt, sorgfältig gepolstert und eingewickelt. Er verpackte den Aschenbecher und den Becher aus Onyx, die Alabasterschale, den Brieföffner aus Bronze, die chinesischen Täßchen, die hohen Weißweingläser. Die Porzellanfigur jedoch –

Er klappte den Schrankkoffer auf.

«Hoffentlich reißt der Zoll das auseinander!» schrie Betsy ihn an. «Hoffentlich wird der Kram beschlagnahmt und kaputtgeschlagen! Jede Nacht werde ich darum beten, daß er auf dem Grund des Meeres landet, ehe er nach Australien kommt!»

«Das Meer», meinte er, «dieses Risiko muß ich eingehen. Doch was den Zoll betrifft –» Er lächelte. «Patricia arbeitet dort. Sie ist nämlich Zollbeamtin, habe ich dir das nicht gesagt? Ich bezweifle sehr, daß man überhaupt hineinschauen wird.» Er beschrieb ein Etikett und klebte es seitlich an den Koffer. *Miss Patricia Gordon, 23 Burwood Park Avenue, Kew.* «So, und jetzt muß ich ein Vorhängeschloß kaufen gehen. Die Schlüssel, bitte. Wenn du wieder versuchst, mich auszusperren, hole ich die Polizei. Vergiß nicht, ich bin hier immer noch der Hauptmieter.»

Sie gab ihm die Schlüssel. Als er fort war, steckte sie ihren Brief in das Ingwertöpfchen. Sie hatte gehofft, daß er den Schrankkoffer sofort abschloß, doch das tat er nicht. Der Deckel blieb offenstehen, und von dem Verschluß baumelte die Vorrichtung für das Vorhängeschloß.

«Gibt's hier eigentlich was zu essen?» fragte er, nachdem er zurückgekommen war.

«Hol dir doch selbst deinen Fraß! Such dir eine andere, die dich durchfüttert!»

Er hatte sie gerne wütend und heftig; was er fürchtete, war ihre Liebe. Um Mitternacht kam er in eine dunkle Wohnung zurück und legte sich aufs Sofa, umstanden von den Teekisten wie Bollwerke, Barrikaden, von denen die weiße Farbe schwach im Finstern leuchtete. *Miss Patricia Gordon ...*

Nach einer Weile kam Betsy herein, machte kein Licht. Sie wand sich zwischen den Kisten hindurch und hatte eine Kerze auf einer Untertasse in der Hand, die sie auf den Koffer stellte. Im Kerzenschein sah sie in ihrem langen weißen Nachthemd aus wie ein Gespenst, eine umherirrende Geistesgestörte, eine Mrs. Rochester, eine Frau in Weiß.

«Maurice.»

«Verzieh dich, Betsy. Ich bin müde.»

«Bitte, Maurice. Es tut mir leid, was ich da alles gesagt habe. Und das mit dem Aussperren bedaure ich auch.»

«Na schön, mir tut die Sache auch leid. Vielleicht hätte ich es anders machen sollen. Aber ich fand es am besten, meine Sachen abzuholen und einen deutlichen Trennungsstrich zu ziehen. Klar? Und sei jetzt bitte so lieb und laß mich in Frieden schlafen.»

Mit dem, was nun geschah, hatte er nicht gerechnet. Es war ihm noch nicht einmal die Möglichkeit eingefallen. Männer verstehen halt die weibliche Sexualität nicht. Sie stürzte sich plump und gierig auf ihn, riß sein Hemd auf, küßte ihm Hals und Brust, hielt seinen Kopf fest, preßte ihm die Lippen auf den Mund, legte sich auf ihn und nahm mit den Knien seine Beine in die Zange.

Er versetzte ihr einen brutalen Stoß, schleuderte sie mit einem Tritt von sich. Sie stürzte und stieß mit dem Kopf an den Koffer. Die Kerze fiel um, flammte auf und erstarb in einer Wachslache. Er stieß in der Finsternis saftige Flüche aus, machte Licht. Sie raffte sich auf und hielt sich den Kopf, an dem ein wenig Blut zu sehen war.

«Mach bloß, daß du rauskommst.» Er packte sie, schleifte sie aus dem Zimmer und knallte die Tür hinter ihr zu.

Als sie am Morgen mit einem blauen Flecken an der Stirn ins Zimmer kam, lag er in allen Kleidern auf dem Rücken, streckte alle viere von sich und schlief. Bei seinem Anblick schüttelte sie sich. Sie machte sich ans Frühstück, brachte aber keinen Bissen hinunter. Beim Kaffee mußte sie würgen. Als sie zu ihm zurückkehrte, saß er auf dem Sofa und guckte sich sein Flugticket nach Paris an.

«Um zehn kommen die Männer den Kram abholen», meinte er, als sei nichts geschehen, «und hoffentlich sind sie pünktlich. Ich muß um zwölf am Flughafen sein.»

Sie zuckte die Achseln. Sie war in die Tiefen der Depression abgestürzt und glaubte nun, er könne ihr nicht mehr weh tun.

«Dann mach mal deinen Koffer zu», sagte sie geistesabwesend.

«Alles zu seiner Zeit.» Seine Augen funkelten. «Ich muß noch einen Brief reintun.»

Mit gesenktem Kopf – ihre Stirn schmerzte und war geschwollen – schaute sie ihn finster an. «Du schreibt doch nie Briefe.»

«Ach, nur eine Karte. Ohne Karte schickt man doch kein Geschenk.» Er holte das Ingwertöpfchen aus dem Koffer, zerknüllte ihren Brief, ohne ihn auch nur eines Blickes gewürdigt zu haben, und warf ihn auf den Boden. Rasch, aber betont auffällg und so, daß Betsy es sehen konnte, kritzelte er: *Für Dich, geliebte Patricia, auf immer und ewig.*

«Mein Gott, wie ich dich hasse», sagte sie.

«Hättest mich fast aufs Glatteis geführt.» Er holte eine große Tischlampe aus dem Koffer und stellte sie auf den Boden. Dann schob er seine Karte in das Ingwertöpfchen, verpackte es wieder und steckte es zurück zwischen die Handtücher und Kissen, die die zerbrechlichen Gegenstände polsterten. «Als Haß läßt sich die Emotion, die dich letzte Nacht bewog, dich auf mich zu stürzen, wohl kaum beschreiben.»

Sie gab keine Antwort. Er fand, ein so schwerer Gegenstand gehörte eigentlich nicht in den Koffer, und erwog, eine Kiste wieder aufzumachen. Er drehte sich nach der Lampe um, aber die stand nicht mehr da. Betsy hielt sie in beiden Händen.

«Bitte gib mir das.»

«Bist du mal voll ins Gesicht geschlagen worden, Maurice?» fragte sie atemlos, hob die Lampe und schlug sie ihm mit aller Wucht gegen die Stirn. Er taumelte, und sie schlug wieder zu, wieder und wieder wie eine Verrückte, ließ Schläge auf sein Gesicht, seinen Kopf hinabregnen. Er schrie schrill auf, sackte zusammen, bedeckte sein Gesicht mit blutigen Händen. Dann holte sie weit aus und versetzte ihm mit aller Kraft einen gewaltigen Hieb. Er fiel auf die Knie, kippte um und war dann endlich still und stumm.

Viel Blut, das aber rasch zu fließen aufhörte. Sie stand da, schaute ihn an, schluchzte. Hatte sie die ganze Zeit geschluchzt? Sie war mit Blut bedeckt. Sie riß sich die Kleider vom Leib und ließ sie um sich herum in einem Haufen zu Boden fallen. Einen Augenblick lang kniete sie nackt und weinend neben ihm, wiegte sich vor und zurück, sagte seinen Namen, biß sich in die Finger, die ganz klebrig waren von seinem Blut.

Doch der Selbsterhaltungstrieb ist ein Urinstinkt, stärker als Liebe oder Trauer, Haß oder Reue. Es war neun Uhr; in einer Stunde sollten die Männer kommen, um die Kisten abzuholen. Betsy holte einen Eimer Wasser, Reinigungsmittel, Lappen und einen Schwamm. Die schwere Arbeit, die große Reinigungsaktion stillte ihre Tränen, beruhigte ihr Herz, betäubte ihre Gedanken. Sie dachte an nichts, schaffte benommen und wie rasend drauflos.

Als Eimer auf Eimer rötlichen Wassers in den Ausguß gekippt worden und der Teppich triefnaß, aber sauber war, und die Lampe gewaschen, trockengerieben und poliert, warf sie ihre Kleider im Bad in den Wäschekorb und setzte sich in die Wanne. Dann kleidete sie sich sorgfältig an und kämmte sich das Haar. Acht Minuten vor zehn. Alles war sauber, sie hatte das Fenster aufgemacht, aber das tote Ding lag noch immer auf einem Stoß rotverschmierter Zeitungen.

«Ich hab' ihn geliebt», sagte sie und ballte die Fäuste. «Ich hab' ihn gehaßt.»

Die Männer kamen pünktlich um zehn und trugen die sechs Teekisten und den silbrigen Überseekoffer mit den goldfarbenen Beschlägen hinunter.

Als sie mit ihrem Lieferwagen fortgefahren waren, setzte sich Betsy aufs Sofa. Sie schaute sich die Tischlampe an, den Aschenbecher aus Onyx und den passenden Becher für die Stifte, das Ingwertöpfchen, die Alabasterschale, die Weißweingläser, den Brieföffner aus Bronze, die chinesischen Täßchen und den Lowry, der wieder an der Wand hing. Inzwischen war sie relativ ruhig und brauchte den Kognak, den sie sich eingeschenkt hatte, im Grund gar nicht mehr.

An die Vergangenheit dachte sie überhaupt nicht, und die Gegenwart schien nur als greifbares Nichts zu existieren, ein dickes Schweigen, das um sie hing. Sie dachte an die Zukunft, drei Monate weiter, und in die Stille klang ihr stetiges, recht tonloses Gelächter.

Miss Patricia Gordon, 23 Burwood Park Avenue, Kew, Victoria, Australia 3101. Das hübsche, habgierige, harte Gesicht, die Hände, die so eifrig das Vorhängeschloß öffneten und die Verschlüsse lösten, um an den Schatz heranzukommen.

Und wie interessant mochte dieser Schatz in drei Monaten aussehen – mit nichts vergleichbar, das Miss Patricia Gordon je im Leben erblickt hatte! Um so besser also, daß als Identifizierungshilfe obenauf eine Karte mit vertrauten Schriftzügen lag:

Für Dich, geliebte Patricia, auf immer und ewig.

JOAN AIKEN

Die schwarzen Felsen

Es war kalt auf der Überfahrt, aber windstill; beißender Frost lag in der Luft. Es wurde schon dunkel, als die beiden Amerikaner auf die Fähre gingen, trotzdem blieben sie fast die ganze Fahrt nach Rosslare hinüber an Deck und sahen zu, wie der Himmel langsam mit dem Meer verschmolz und sich dann allmählich mit großen, weißen, leuchtenden Sternen füllte, so daß er schließlich aussah wie ponciert. Diesen Satz murmelte Irving halblaut vor sich hin.

«Ponciert?» fragte Charley. «Was is'n das für 'n verrücktes Wort, Irv? Hab' ich noch nie gehört. Was heißt 'n das?»

«Es kommt aus dem Lateinischen», antwortete Irving zerstreut. «Heißt ursprünglich durchlöchern oder mit Krallen durchbohren – daher poncieren, was bedeutet, eine perforierte Zeichnung durchpausen. Es hat den gleichen Stamm wie das englische Wort *to pounce,* was soviel heißt wie plötzlich herabstoßen, um zu packen.»

«He, Irv, ist ja unheimlich, was du alles weißt», rief Charley bewundernd. «Plötzlich herabstoßen, um zu pakken – so ungefähr, hm?»

Und er packte den Freund mit rauher, scherzhafter Herzlichkeit.

«Paß doch auf – du stößt uns noch über die Reling.»

Irving warf einen raschen Blick zur offenen Tür des Gesellschaftsraums, wo ein halbes Dutzend anderer Passagiere mit Gläsern in den Händen dastand und den funkelnden Himmel bewunderte. Wenn diese Leute nicht gewesen wären ... Die Reling war nicht sehr hoch. Aber sie waren nun mal da. Ohne sich zu bemühen, den ätzenden Ton in seiner Stimme zu mildern, sagte Irving zu Charley: «Bitte denk daran, drüben nicht so demonstrativ zu sein. Das mögen die Iren vielleicht nicht.»

«Ach, Quatsch, Irv. Warum denn nicht?»

«Und nenn mich nicht Irv.»

Sein voller, sehr distinguierter Name lautete Irving Christopher St. John und hatte seit kurzem durch den Zusatz Professor noch an Würde gewonnen. Er konnte es nicht mehr hören, wenn Charley ihn «Irv» nannte.

«Entschuldige, Bimbo», sagte Charley zerknirscht. «Ich werd's mir merken.»

Ein wandernder Lichtstrahl, der durch den Spalt der Schwingtür fiel, beleuchtete flüchtig Charleys unscheinbare, unerhört plebejische Züge; die glänzende kahle Stirn, über die in hoffnungsvollem Bemühen eine strähnige strohblonde Locke geklebt war; die flehentlich dreinblikkenden Hundeaugen, ganz auf den Freund konzentriert, der sich dieser Tage kaum bemühte, Gereiztheit und Langeweile zu verbergen.

«Ach, komm, gehen wir essen, ehe diese Rowdys alles kahlgefressen haben.»

Zwei Busladungen irischer Fußballfans kehrten von einem Länderspiel in Wembley heim. Alle hatten sie bunte Papierhüte auf den Köpfen und grölten und lachten, daß die Wände wackelten. Kaum war die Bar geöffnet worden, hatten sie geschlossen zum Zapfhahn gedrängt. Jetzt lagen einige von ihnen wie vom Sturm angespültes Strandgut im Gesellschaftsraum herum und sangen *In Dublin's Fair City,* während Gruppen anderer mit ihren Gläsern in den Händen zielstrebig zum Selbstbedienungsrestaurant marschierten. Als Irving und Charley sich in die Schlange vor der Theke einreihten, waren nur noch *fish and chips* da.

Und die ganze Überfahrt ging es so weiter – Erbrochenes in den Toiletten, überall am Boden leere Bierdosen. Als die Fähre anlegte und die Leute hinuntergingen, um ihre Autos zu holen, gab es eine endlose, beklemmende Verzögerung, weil einer der betrunkenen Sportsfreunde, dessen Wagen am Fuß der Abfahrtsrampe stand, sich irgendwo zusammengerollt hatte, um in süßem Vergessen Trost für die Niederlage seiner Mannschaft zu suchen, und nicht gefunden werden konnte. Irving, der in dieser stickigen, von Auspuffgasen erfüllten Höhle, wo es vom Heulen ungeduldig aufgedrehter Motoren nur so vibrierte, am Steuer des Mietwagens saß, hätte laut schreien mögen vor nervöser Gereiztheit über diesen Aufenthalt; noch eine solche Störung seines Plans, und er würde völlig außer Rand und Band geraten, Amok laufen, etwas total Verrücktes und nicht wieder rückgängig zu Machendes tun.

Nur bis zur Westküste will ich kommen, dachte er.

Endlich ging es los, und sie fuhren schnell, aber vorsichtig durch die neblige irische Nacht.

«Es ist schon so spät, daß es eigentlich gar keinen Sinn mehr hat, ein Hotel zu nehmen», meinte Irving. «Wir müßten für eine halbe Nacht den vollen Preis bezahlen. Das wäre Geldverschwendung. Was meinst du, sollen wir nicht gleich weiterfahren, hinüber auf die andere Seite? Das Landesinnere von Irland ist sowieso langweilig, da können wir ebensogut im Dunkeln fahren. Ich fahre gern, wenn du schlafen möchtest.»

Charley war mit diesem Plan natürlich einverstanden, bestand aber darauf, selbst auch ein Stück zu fahren. «Ganz wie du meinst, Irv. Ich fahre das erste Stück wenn du möchtest.»

«Nein, erst fahre ich. Ich bin hellwach. Schlaf du ruhig erst eine Runde.»

«Ehrlich? Na schön, wenn du meinst, Bimbo.» Fügsam kippte Charley seine Rückenlehne nach hinten und wickelte sich in die Decke, die sie mitgenommen hatten. Sie wollten zelten, wenn das Wetter mitmachte; wenn nicht, wollten sie auf Bauernhöfen, in Hotels oder Privatzimmern übernachten, je nachdem, was sich anbot. Ihr Plan war, die Sehenswürdigkeiten an der Westküste zu besuchen, in aller Gemächlichkeit nach Irvings Vorfahren zu forschen – die angeblich aus einem kleinen Ort namens Lismaley in County Clare stammten – und dann ohne Eile Richtung Dublin zu fahren, wo Irving ein Jahr lang als Austauschprofessor der Universität Chicago Gastvorlesungen über amerikanische Literatur am Trinity College halten sollte. Ein angenehmes Programm ohne Hektik; sie hatten zwei Wochen der Muße vor sich.

Ursprünglich hatte Irving nicht beabsichtigt, Charley nach Dublin mitzunehmen.

«Ich glaube wirklich, es wäre besser, wenn du nicht mitkämst. Ein Jahr ist keine so lange Zeit. Und es täte dir gut, eine Weile allein zu sein. Du hättest Zeit, ein paar Kurse zu machen.»

Charley hatte ihn gar nicht ernst genommen.

«Na hör mal, Bimbo, das soll wohl 'n Witz sein! Ich soll hier bleiben? Bei dir piept's wohl? Ich kann den großen Tag kaum erwarten. Ich möchte doch das Land meiner Väter kennenlernen.» Charleys Vorfahren waren aus Schweden gekommen.

«Ich komm' dir schon nicht in die Quere, Kumpel. Mach dir mal um den guten alten Charley keine Sorgen.»

«Ja, aber was willst du denn da drüben anfangen?»

«Ich sag' doch, mach dir keine Sorgen. Ich such' mir 'n Job. In 'nem Drugstore oder so.»

«So etwas gibt es da drüben nicht», erklärte Irving gereizt.

«Na, dann eben in 'nem Waschsalon oder so was. Irgendwas find' ich immer», behauptete Charley nicht ohne Stolz, und es stimmte, er fand immer etwas. Bereit, alles anzupakken, was sich bot, gegen Langeweile anscheinend immun, konnte Charley an der Werkbank oder am Fließband arbeiten, als Babysitter oder als Zeitungsausträger. Duldsam, gutmütig und schlichten Geistes, wie er war, tat er mit Vergnügen jede Arbeit, und wenn sie noch so niedrig war.

Es hatte eine Zeit gegeben, da hatte Irving das positiv gefunden. Damals, als Charley seine ganze Wohnung gestrichen, Möbel abgebeizt und mit Schmirgelpapier bearbeitet, Wände tapeziert hatte. Jetzt aber fielen ihm seine blöde Fügsamkeit und die ewige Freundlichkeit doppelt auf die Nerven.

Dunstverhangen ging hinter ihnen der Vollmond auf. Mit zusammengepreßten Lippen fuhr Irving durch die Dunkelheit. Kein Fahrzeug begegnete ihnen. Kilometerweit kamen sie an keinem Haus vorbei. Ungepflegte Hekken, mit Heu behangen, das von den Fuhrwerken herabgefallen war, glitten ohne Ende zu beiden Seiten vorüber.

Charley schlief den Schlaf des Gerechten. Mit offenem Mund und leise schnarchend, lag er wie ein Kind zusammengerollt unter der Decke, völlig entspannt im Vertrauen auf die Fahrkunst seines Freundes.

Und Irving fuhr mit gerunzelter Stirn weiter durch Wexford und County Cork und Limerick. Lange, verbissene Analyse seines Problems hatte keine klare Lösung gebracht; immer war da nur ein unbestimmter Drang. Er sagte sich stets von neuem, daß er Charley loswerden mußte. Diese blamable Freundschaft, dieses Gefängnisleben mußten ein Ende haben. Seine neuen Kollegen in Dublin sollten ihn nicht als Charleys Freund, Charleys Gönner kennenlernen und aus diesem Bild ihren ersten Eindruck von ihm gewinnen. Im riesigen Chicago – okay; im Chaos einer solchen Stadt waren alle Leben anonym und daher frei. Aber bei seinem Einführungsbesuch in Dublin hatte er augenblicklich gespürt, daß hier eine kleine, aufmerksame, wache, redselige Gemeinde war, wo man stets bereit war, sich auf die Schwächen anderer zu stürzen, sie ausführlich zu beklatschen und dann entweder prüde die Nase zu rümpfen oder kräftig zu lästern. Irving wollte sich weder

der einen noch der anderen Reaktion aussetzen. Nein, es mußte ein Schlußstrich gezogen, Charley dazu gebracht werden, einen solchen zu akzeptieren.

Als der Morgen kam, waren sie schon weit im Westen. Sie frühstückten in Limerick, einer grauen, lebendigen Stadt mit vielen Kirchtürmen. Charley maulte, er könne nicht ein Wort von dem verstehen, was die Iren sprachen, doch Irving war entzückt von ihrer Sprechweise und stellte zahlreiche Fragen, um immer wieder diesen poetisch klingenden Redestrom zum Fließen zu bringen, der zu jedem beliebigen Thema so leicht sprudelte.

«*Yerrah, Sir!* Zum hintersten Ende von Erin wollen Sie also? Und wie wollen Sie je so ein gottverlassenes kleines Nest wie Lismaley finden, wenn ich fragen darf? Bleiben Sie lieber in Limerick – es ist bestimmt die schönste Stadt im Westen –, und machen Sie sich eine schöne Zeit, solang Sie können.»

Sie beherzigten den guten Rat nicht, sondern waren schon am späten Vormittag wieder unterwegs und fuhren am nördlichen Ufer des Shannondeltas entlang. Trotz der Gedanken, die ihm ständig im Kopf herumspukten, wurde sich Irving bewußt, daß ihm dieses friedliche kleine Land gefiel – die Haselnuß- und Fuchsienhecken, die Stille und Einsamkeit, die von Gräsern überwucherten Felsen am Ufer, die Schwäne und Möwen, die sich auf dem Wasser der Flußmündung tummelten. Doch Charleys Anwesenheit wurde immer lästiger.

Wie konnte ich nur sein Geschwätz so lange ertragen? fragte sich Irving, während er sich mit Widerwillen die pubertären Witze anhörte, die albernen Kommentare über Dinge an der Straße, die dummen Fragen.

«Wieso sehen die irischen Dörfer so ärmlich aus? Warum reparieren sie ihre kaputten Kirchen nicht – das ist bestimmt schon die sechste, an der wir seit dem Mittagessen vorbeigekommen sind? Wieso gibt es in Irland keine Fabriken?»

Charley war unfähig, eine Karte zu lesen, und Wegweiser verwirrten ihn; er konnte einfach nicht verstehen, daß ein Straßenschild, auf dem zwei Orte aufgeführt waren, die in diametral entgegengesetzten Richtungen lagen, eine Straßengabelung anzeigte.

«Aber Irv, wieso kann die Straße nach Dublin *und* nach Kilkee führen? Dublin ist drüben im Osten, und Kilkee muß direkt vor uns liegen.»

Folglich verfuhren sie sich dauernd und mußten immer wieder anhalten, um die Karte zu studieren. Ein Königreich für einen Begleiter, der für diese Reise Sinn hätte, dachte Irving wutentbrannt und fragte sich sogleich, wie ein solcher Begleiter sein müßte. Ein ruhiger, unaufdringlicher, intelligenter Mensch, der das Land kannte und darüber erzählen konnte; nicht dieser Ausbund an Ignoranz und plumpem Humor.

«Mann, hab' ich einen Kohldampf. Ich könnt' ein Pferd fressen, Bimbo», platzte Charley plötzlich am späten Nachmittag heraus. «Hast du keinen Hunger, Bimbo? Was meinst du, wollen wir nicht langsam anfangen, uns ein Quartier zu suchen?»

«Warum hast du das nicht in Killane vorgeschlagen?» fragte Irving kalt.

«Nein, Irv. Das war ja 'n grausiges Loch. Nicht ein einziges anständiges Gasthaus in dem ganzen üblen Nest.»

Irving war recht angetan gewesen von Killane, einem geheimnisvollen kleinen Hafen, wo es totenstill gewesen war und man auf der ganzen ungeheuer breiten Hauptstraße, die zu zwei offenbar unbenutzten Lagerhäusern hinunterführte, keine Menschenseele gesehen hatte. Hätte er es nicht so eilig gehabt voranzukommen, hätte er sich den Ort gern näher angesehen. Doch einem Zugvogel ähnlich fieberte er danach, weiterzuziehen, jenen Punkt zu erreichen, an dem das Land ein abruptes Ende nahm.

«Nun, hier jedenfalls sind die Chancen, ein Bett zu finden, gering», sagte er.

Charley saß am Steuer, und sie durchquerten gerade ein großes Moorgebiet, wo Torf gestochen wurde. Die schwarzen Streifen lagen in Haufen gestapelt. Es war ein einsamer, düsterer Landstrich.

«Wozu brauchen die denn den ganzen Torf?» fragte Charley.

Nach einer weiteren Stunde Fahrt kamen sie endlich zu einem melancholisch wirkenden, langgezogenen Dorf namens Ballybaha: schiefergedeckte, einstöckige Häuser hinter Fuchsienhecken, die weit auseinanderstanden. Hier und dort konnte man hinter grasgetupften Sanddünen in der Ferne das Meer sehen.

«Wenn man hier wohnen müßte! sagte Charley mit Abscheu. «Wieso ham die hier nicht so malerische Dörfer, wie wir sie in England gesehen haben? Mit strohgedeckten alten Tudorhäusern und so?»

«Die Iren waren arme Leute», erklärte Irving. «Sie lebten in Lehmhütten, als die Engländer ihre hübschen alten Tudorhäuschen mit den Strohdächern bauten – von den Steuern der Iren. Die einzigen bäuerlichen Gebrauchsgegenstände, die aus dieser Zeit übrig sind – die einzigen Gegenstände, die nicht vom ständigen Gebrauch völlig abgenützt wurden –, sind die, die ins Moor gefallen sind.»

Moor! dachte er plötzlich. Warum bin ich da nicht gleich darauf gekommen? Aber der Sommer war kalt gewesen und ungewöhnlich trocken; die Moore, an denen sie vorüberkamen, waren ausgetrocknet und erinnerten in der Beschaffenheit an dunkles Früchtebrot: Außerdem ist ein Moor allzu unzuverlässig, seine Umarmung nicht vollkommen; es kann leicht geschehen, daß es das, was es nimmt, wieder hergibt. Wogegen direkt vor ihm, gleich dort vorn . . .

«Da ist ein Gasthaus mit Übernachtung!» rief Charley triumphierend.

«Und? Ist es dir gut genug?» erkundigte sich Irving ätzend.

«Na klar. Mir ist alles gut genug, das weißt du doch, Irv.»

Charleys selbstgefällige Seelenruhe war ungebrochen. Er lenkte den Wagen von der Straße auf einen ungepflasterten Platz vor dem ziemlich großen ebenerdigen Haus mit dem Schild «Gästehaus Inishkeen, Übernachtung mit Frühstück, Ferienunterkünfte».

«Gib mir die Wagenschlüssel, Charley, dann hole ich das Gepäck heraus», sagte Irving.

Aber das wollte Charley unbedingt selber tun – wie immer. Während Irving dastand und ihn betrachtete, wie er gebückt und mit hochrotem Gesicht im Kofferraum kramte, überkam ihn eine wilde Lust, einfach wieder in den Wagen zu springen, auf und davon zu fahren und Charley hilflos und allein in Ballybaha zurückzulassen.

Die stille, ärmlich-vornehme Dame mit dem traurigen Gesicht, die das Gästehaus führte, empfing sie ohne Kommentar und versprach das Abendessen für sieben Uhr.

«Wenn Sie vorher etwas trinken möchten, bekommen Sie im Angler's Arms alles, was Sie wünschen.»

Da das Zimmer im Gästehaus winzig und der Aufenthaltsraum bedrückend war, marschierten die beiden Reisenden die übliche breite, menschenleere, staubige Straße hinunter zu einem unfreundlich wirkenden Gasthaus an der Straßenkreuzung in der Mitte des Dorfes. Unterwegs fiel ihnen ein Neubau von so avantgardistischer Architektur auf, daß es ihnen buchstäblich die Sprache verschlug. Da er nicht weit von der grauen Ruine der alten Dorfkirche stand, konnte es sich eigentlich nur um die neue Kirche handeln – ein sechseckiger, niedriger Bau, dicht an den Boden geschmiegt, so, als wolle er sich dem ständig wehenden Wind entziehen, doch mit einem spitzen Giebeldach von merkwürdiger Form, aus rötlichem Schiefer. Die neue Kirche hatte schmale Fensterschlitze, die an Schießscharten erinnerten, und in der Mitte des Daches ein kurzes Horn.

Wie eine Antenne, dachte Irving, um mit den himmlischen Gefilden Kontakt aufzunehmen.

Charley sagte wie erwartet: «Hey, Mann, das ist ja 'n irrer Bau! Soll das 'ne Kirche sein? Sieht aus wie so 'n Papierschiffchen, wie wir sie als Kinder immer gefaltet haben – du weißt schon, was ich meine.»

Irving wußte sehr wohl, was er meinte, doch er erwiderte: «Ich habe nie mit Papierschiffchen gespielt.»

«Schauen wir sie uns mal an?»

«Ich würde lieber einen trinken. Außerdem ist es sowieso zu dunkel, um viel zu sehen.»

«Klar, Bimbo, du hast natürlich recht – wie immer.»

Zu dieser frühen Stunde waren sie die einzigen Gäste im Schankraum, so daß ihnen die ganze freundliche Aufmerksamkeit des weißhaarigen Wirts zuteil wurde. Thomas Roche hieß er, wie er ihnen sagte, und freute sich wirklich sehr, Leute aus Amerika kennenzulernen. Sein eigener Bruder lebte ja in Boston und sein Vetter in Cleveland, aber er selber hatte den Großen Teich noch nie überquert. Was er ihnen denn bringen dürfe?

Charley, der nur höchst selten Alkohol trank – er blieb meistens bei Cola –, bestellte sich einen Sherry, der grauenvoll aussah. Irving nahm Whisky. Sein feines, trockenes Aroma belebte ihn, und er gratulierte dem Wirt höflich zu der bemerkenswerten modernen Kirche, die für eine so kleine Gemeinde äußerst ungewöhnlich sei. Zu ihrer Überraschung verfinsterte sich Mr. Roches Gesicht.

«Das kann man wohl sagen, daß das eine bemerkenswerte Kirche ist. Am bemerkenswertesten an ihr ist, daß sie das Dorf langsam, aber sicher auslaugt.»

Er brannte offensichtlich darauf, sich darüber auszulassen, und ein paar Fragen brachten die ganze Geschichte ans Licht. Als die alte Kirche bei einem Wintersturm vor fünf Jahren endlich völlig eingestürzt war, hatte der Priester, Pater Hegarty, extra aus Dublin einen Architekten kommen lassen, der einen Kostenvoranschlag für den Bau einer neuen Kirche machen sollte. – «Der Architekt war ein

Freund von ihm, verstehen Sie!» – Und diesem Burschen, der reden konnte wie ein Buch, gelang es tatsächlich, die ganze Gemeinde zu beschwatzen, so daß alle ihm glaubten, als er behauptete, er könne ihnen für zwanzigtausend die schönste Kirche in ganz Westirland hinstellen.

«Zwanzigtausend! Lang soll seine Seele für diese Lüge im Fegefeuer schmachten! Bei Gott, man sollte wirklich meinen, daß die, die ihm glaubten, alle behext waren.»

«Wie viele Einwohner hat das Dorf?»

«Höchstens dreihundert.»

«Und was geschah also?»

«Seine Lordschaft, der Bischof, genehmigte den Plan, und die Arbeit begann. Wirklich großartig, wie da gearbeitet wurde. Nur dauerten die Arbeiten drei Jahre länger als veranschlagt und kosteten fünfmal soviel. Und was es während des Baus für Scherereien gab, können Sie sich überhaupt nicht vorstellen. Zweimal krachte der Giebel runter, bis sie sich schließlich mit dem Ding zufriedengeben mußten, das jetzt zu sehen ist. Dreimal sackte der Boden unter dem Bau weg. Heiliger Bimbam, man mußte sich wirklich fragen, ob die Kirche vor dem Tag des Jüngsten Gerichts überhaupt noch fertig werden würde. Und als sie dann endlich doch fertig war, was meinen Sie wohl? Da stellte sich heraus, daß Pater Hegartys feiner Freund vollkommen vergessen hatte, eine Heizung einzubauen. Also mußte wieder alles aufgehauen und aufgerissen werden.»

«Und ist sie jetzt wirklich fertig?» erkundigte sich Irving.

«Ja, jetzt ist sie fertig – recht und schlecht. Im Sommer, wenn die Feriengäste kommen, ist sie nicht groß genug, und im Winter macht das neue Heizsystem, das soviel Geld gekostet hat, einen solchen Krach, daß man manchmal Pater Hegartys Stimme gar nicht mehr hört – und trotzdem friert wie ein nackter Schneider. Der Bau hat das Dorf in so riesige Schulden gestürzt, daß wir sie frühestens abzahlen können, wenn unsere Kinder verdienen. Ist das nicht eine Affenschande? Den jungen Leuten eine solche Bürde aufzuhalsen!»

Roches Augen blitzten zornig. Die Amerikaner erkannten allmählich, daß Pater Hegarty, der oberste geistliche Machthaber im Dorf, in Thomas Roche, dem Wirt, seinen heftigsten weltlichen Widersacher hatte. Er erzählte weiter, redete immer schneller, während er berichtete, wie den Dorfbewohnern bei jeder Gelegenheit das Geld für den Kirchenfonds aus der Nase gezogen wurde; wenn der eine eine Ladung Heu verkaufte oder der andere für ein paar Fische einen guten Preis bekam, kreuzte prompt Pater Hegarty auf und verlangte eine zusätzliche Spende.

«Es ist wirklich eine Unverschämtheit, da müssen Sie mir doch zustimmen, oder?»

Irving, den das Thema schon seit einiger Zeit zu langweilen begonnen hatte, erwiderte geschickt, es wäre ja wirklich eine traurige Angelegenheit, aber sie müßten nun leider ins Gästehaus zurückkehren, da Mrs. Kelleher mit dem Abendessen auf sie wartete.

«Kommen Sie hinterher noch auf einen Sprung vorbei, dann erzähl' ich Ihnen mehr.»

Das verhüte der Himmel, dachte Irving. Er erklärte, sie müßten früh zu Bett gehen, da sie die vorangegangene Nacht kaum geschlafen hätten, und dann flohen sie. Charley schien überraschenderweise etwas störrisch. «Du wolltest doch nicht etwa bleiben und dir sein Gelaber über das Unrecht anhören, das den Dorfbewohnern angetan worden ist?» fragte Irving, als sie wieder draußen auf der breiten, leeren Straße waren.

«Ich fand es interessant. Diese heimtückischen Pfaffen legen die Leute wirklich rein», brummte Charley. «Immer setzen sie ihren Kopf durch . . .»

Den ganzen Rückweg verbreitete er sich über dieses Thema. Irving marschierte mit gesenktem Kopf und den Händen in den Hosentaschen neben ihm her und achtete nicht auf das Gerede. Bald, dachte er. Und im Geist sah er die Felsen vor sich, die Felsen von Scath, wo das Land so plötzlich aufhört, als wäre es mit dem Fallbeil abgeschnitten worden. Neunhundert Fuß vertikale schwarze Felswand. Die Große Wand von Thomond. Das ist der Ort. Morgen. Es reicht.

In der Nacht schlief er schlecht. Unruhig wälzte er sich in dem schmalen, kalten Bett von einer Seite auf die andere, während Charley, auf der anderen Seite des Zimmers, ruhig auf dem Rücken lag, die zu Fäusten geballten Hände über dem Kopf wie ein Säugling, friedlich schnarchend. Das bißchen Ruhe, das Irving fand, wurde von Träumen gestört: Er mühte sich ab, einen gewaltigen steinernen Turm zu bauen, aber immer wieder lösten sich Felsbrocken im heulenden Sturm und stürzten donnernd und bedrohlich rund um ihn herab. Dann begann der ganze Turm von einer Seite auf die andere zu schwanken. Er wachte gerade noch auf, bevor das labile Bauwerk einstürzte und ihn unter sich begrub. Wach, stellte er fest, daß tatsächlich ein Sturm aufgezogen war. Wie würde das seine Pläne beeinflussen? Nur günstig, sagte er sich – bei Sturm geht kein Mensch auf Besichtigungsfahrt. Und endlich fiel er in einen schweren Schlaf.

Als er erwachte,war Charley schon auf. Vor sich hin pfeifend, rasierte er sich. Diese Gewohnheit Charleys, tonlos vor sich hin zu pfeifen, pflegte Irving sonst bis zur Weißglut zu reizen, aber an diesem Tag konnte er sie ertragen, indem er sich sagte: das letztemal.

Nachdem sie gefrühstückt und ihre Rechnung bezahlt hatten, wollte Charley unbedingt die neue Kirche besichtigen.

«Wozu denn nur? Du weißt doch bereits alles darüber.» Irving wollte schnellstens los.

«Nach alldem, was er uns erzählt hat, würde ich sie mir aber gern ansehen, Irv. Mensch, du wirfst mir doch sonst immer vor, daß ich mich für nichts interessiere.»

«Na ja, aber das bezieht sich auf Dinge von Bedeutung.»

«Schön, das hier ist für mich von Bedeutung», entgegnete Charley stur.

Widerstrebend begleitete Irving ihn. Der Sturm hatte sich mittlerweile verzogen. Nasses Laub, Fuchsienzweige und Strähnen von Heu bedeckten den Boden; ein schwerer, feuchter Dunst hing in der Luft. Schade, dachte Irving, die Araninseln werden wir nicht sehen können.

Vor der Kirche bemerkten sie eine hochgewachsene, schwarzgekleidete Gestalt, die den gepflasterten Zugangsweg fegte. Das muß der schlimme Pater Hegarty sein, dachte Irving, der die armen Dorfbewohner so schamlos ausplündert. Ich bin gespannt, wie Charley sich ihm gegenüber verhalten wird.

Der Priester richtete sich auf, musterte sie kurz, lächelte höflich. Er war ein kräftig gebauter Mann – in den Vierzigern vielleicht – mit einem ausdruckslosen Gesicht, das nichts verriet, und scharfblickenden grauen Augen, die ziemlich klein waren und dicht an der Nase saßen. Er wirkte sehr selbstbewußt und locker, und das ist ja auch kein Wunder, dachte Irving, man braucht sich nur anzusehen, was er erreicht hat. Immerhin wäre es interessant zu wissen, was ihn hierher verschlagen hat; er macht den Eindruck eines äußerst fähigen Mannes, dessen Talente in dieser kleinen Gemeinde vergeudet sind. Werden Priester nicht aus disziplinarischen Gründen in so abgelegene Orte gesandt?

«Guten Morgen, Pater», sagte er. «Wir waren gestern abend so beeindruckt von Ihrer Kirche, daß wir sie uns gern bei Tageslicht näher ansehen wollten.»

«Aber bitte, gern.» Sein Blick glitt über sie hin.

Was hielt er von zwei so wenig zusammenpassenden Freunden? Irving, der sich unter dem forschenden Blick des Priesters unbehaglich fühlte, war froh, ins Innere der Kirche treten zu können, um die erwarteten Banalitäten zu begutachten; die nachgemachten byzantinischen Mosaiken, die kitschigen Glasfenster mit den abstrakten Motiven, die pompösen Leuchter, das Betonkreuz mit seiner Karikatur von Jesus Christus. Das ganze Innere der Kirche hatte etwas Aufdringliches und zugleich Verlegenes, wie ein junges Mädchen, das sich zum erstenmal die Lippen geschminkt hat und zum erstenmal raucht, weil es hofft, damit seine Mutter zu schockieren.

Und noch etwas war da. Irgend etwas, das nicht paßte. Etwas Seltsames, Höhnisches, Falsches . . .

Charley war, wie zu erwarten, höchst beeindruckt. Er lief überall herum und sah sich alles an.

«Wow!» brummte er. «Die ham schon was gekriegt für ihr Geld, auch wenn sie schwer blechen mußten.»

«Es ist ein einziges banales, kitschiges Durcheinander. Schlimmer. Irgendwas stimmt da nicht. Komm, machen wir, daß wir hier rauskommen.»

Irving schritt zur Tür, ohne den Abscheu zu verbergen, den die Kirche in ihm weckte. Bedauerlicherweise kam in diesem Augenblick der Priester herein. Nachdem er geknickst hatte, fragte er, was sie von dem Bau hielten.

«Sehr ungewöhnlich», sagte Irving, und Pater Hegarty warf ihm einen raschen Blick zu.

«Ein toller Bau, Sir», platzte Charley heraus. «Das muß ich wirklich sagen. Aber wenn ich ehrlich sein soll – mußte man dafür wirklich den armen Leuten hier das ganze Geld rausquetschen? Hätte es eine schlichte Gemeindehalle aus Holz nicht genausogut getan? Da hätten die jungen Leute dann an Regentagen Volleyball spielen können oder so was.»

Irving wünschte, er wäre Charley nahe genug gewesen, um ihm einen Tritt zu geben. Doch der Priester war keineswegs gekränkt. An Kritik dieser Art offensichtlich bereits gewöhnt, blieb er vollkommen freundlich und neutral bei der nachfolgenden Diskussion, während Charley immer leidenschaftlicher wurde. Irving, der sich nicht hineinziehen lassen wollte, stand etwas abseits und lächelte fein mit hochgezogenen Brauen, während Charley, ganz wie zu erwarten gewesen war, sich bald von Pater Hegarty in die Enge getrieben sah.

«Wofür würden denn die Leute sonst ihr Geld ausgeben? Ist es nicht das beste, seinen Wohlstand der Herrlichkeit Gottes zu weihen?»

Im Lächeln des Priesters war ein Hauch von Ironie.

«Ein paar Annehmlichkeiten – Vergnügungen – in diesem einsamen Dorf am Ende der Welt», murmelte Charley.

«Und was wäre in fünfzig Jahren von ebendiesen Annehmlichkeiten und Vergnügungen noch übrig? Wer wird sich daran erinnern, daß Mrs. O'Brien einmal einen Fernsehapparat hatte? Diese Kirche jedoch wird von Generation zu Generation bestehen bleiben.»

Wirklich? fragte sich Irving skeptisch.

«Glauben Sie nicht, daß die Erbauer von Chartres, von Burgos und Sankt Peter zu ihrer Zeit auf einige Annehmlichkeiten und Vergnügen verzichtet haben – und daß das Ergebnis ihnen recht gegeben hat?»

«Aber, Pater, da kann man doch wohl kaum einen Vergleich –», warf Irving unklugerweise ein und wurde mit einem so messerscharfen Blick der kleinen grauen Augen bedacht, daß er abbrach. Und was, in Gottes Namen, war das für ein kleines Ding an der Uhrkette des Priesters?

Pater Hegarty sagte: «Wir können nur unser Bestes tun und hoffen, daß es den Beifall zukünftiger Generationen findet. Und den unseres Herrn. Aber jetzt erzählen Sie mir etwas von sich. Ich sehe auf den ersten Blick, daß Sie –» Er machte eine winzige Pause und fügte hinzu: «Sie wirken wie Akademiker auf mich – habe ich recht?»

«Klar, mein Kumpel ist Professor», erklärte Charley so eifrig wie ein zutraulicher Hund. «Er soll ein Jahr an der Universität in Dublin unterrichten –»

«Ach, tatsächlich? Von der Universität in Chicago kommen Sie? Sehr schön. Und Professor St. John will ein wenig Ahnenforschung betreiben. Das ist sehr interessant. Da dürfen wir wohl hoffen, Sie häufiger hier in der Gegend zu sehen?»

«Kann sein», antwortete Irving, während er im stillen den Entschluß faßte, das Dorf Ballybaha nie wieder zu betreten. Irgend etwas an Pater Hegartys Fragen flößte ihm tiefes Unbehagen ein; ein Anflug leicht gönnerhafter Belustigung, als sagte der Priester: Bilden Sie sich nur ja nicht ein, Sie könnten mich täuschen – ich habe Sie längst durchschaut.

Aber ich habe dich auch durchschaut, dachte Irving.

«Und jetzt müssen Sie sich in unser Gästebuch eintragen.»

Charley schrieb augenblicklich seinen Namen und steckte eine Pfundnote in den Sammelkasten. Irving gelang es, dies zu vermeiden, als Charley naiv fragte: «Die Diskussion hat Sie doch nicht verärgert, Sir?»

«Aber nein. Es ist immer ein Vergnügen, mich mit Fremden zu unterhalten – wenn ich auch nur wenig Zeit dafür habe. Und wohin wollen Sie von hier aus, wenn ich fragen darf?»

«Oh, wir fahren nach Lismaley», antwortete Charley. «Aber vorher will Irv sich noch die Felsen von Scath ansehen. Mich reizt das wenig. Ich hab' was gegen Höhen.»

«Ach ja? Nun, da kann ich Ihnen wünschen, daß die Sicht sich bessert. Die Felsen sind ein großartiger Anblick. So, und jetzt muß ich mich verabschieden – ich muß noch eine ganze Reihe von Besuchen machen. Manchmal fahre ich bis zu fünfundsiebzig Kilometer am Tag ...»

Er hatte sie zum Tor begleitet und nickte ihnen höflich zu, als er auf sein Fahrrad stieg, das an der Kirchhofsmauer stand.

«Eigentlich ganz in Ordnung, der Mann, nicht wahr?» meinte Charley, nachdem der Priester davongefahren war.

Irving erwiderte kalt: «Meiner Meinung nach ist er ein Hexer.»

«Du immer mit deinen Witzen, Irv», prustete Charley und schlug seinem Freund auf die Schulter.

Hin und wieder lichtete sich der Dunst, als sie an der Küste entlang nach Norden fuhren, und sie erhaschten immer wieder flüchtige Ausblicke auf ihr Ziel. Das Panorama der gebogenen Küste, das sie von der Höhe eines Kaps besichtigten, wurde von einem schwarzen, jäh endenden Balken durchkreuzt, der aussah wie ein dicker Arm mit einer geballten Faust. Wie ein dicker schwarzer Arm.

«Großer Gott», murmelte Charley, während er in die Ferne spähte, «und das ist ein Fels? Wie weit ist es noch?»

«Oh, vielleicht dreißig Kilometer.»

«Müssen wir da wirklich hin, Irv? Ich hab' fürs Empire State Building noch nie viel übrig gehabt.»

«Natürlich müssen wir da hin. Diese Felsen gehören zu den hervorragendsten Sehenswürdigkeiten des ganzen Landes.»

«Also gut, meinetwegen. He», fügte Charley hinzu, um zu einem erfreulicheren Thema zurückzukehren, «der Priester war echt kein übler Kerl, hm? Er war überhaupt nicht wütend, daß ich nicht seiner Meinung war.»

«Das hätte ja auch gegen seinen Beruf verstoßen. Außerdem wollte er dein Geld haben. Es lag nicht in seinem Interesse, dich gegen ihn einzunehmen.»

«Hm, da hast du wahrscheinlich recht», stimmte Charley langsam zu. «Für ihn waren wir reiche Amis. Er wußte 'ne ganze Menge über die Gehälter an den Unis in Amerika, nicht wahr? Glaubst du, daß er wirklich einen Vetter an der Uni in Chicago hat?»

«Wahrscheinlich. Die irischen Familien sind groß.»

«Du hättest ihm auch 'ne Spende geben sollen, Irv.»

«Warum denn? Ich sehe keine Verpflichtung, seine kitschige Kirche zu unterstützen.» Was er wirklich von der Kirche hielt und wozu sie seiner Ansicht nach diente, sagte er nicht.

Die ersten Straßenschilder tauchten auf, die den Weg zu den Felsen von Scath wiesen.

«Was Scath wohl heißt?» meinte Charley ohne sonderliches Interesse.

«Das war die Königin der Finsternis», erklärte Irving kurz.

Nach einer weiteren halben Stunde Fahrt erreichten sie den öffentlichen Parkplatz für die Touristen, die die Felsen besichtigen wollten. Er war, wie Irving gehofft hatte, völlig leer; das Wetter war feucht und regnerisch, die Urlaubszeit war vorbei. Das Ende des Parkplatzes lag ziemlich dicht am Rand der Felsen. Ein Pfeil wies den Besucher zum Souvenirkiosk, doch Irving sah mit Genugtuung, daß ein Schild mit der Aufschrift «Den Winter über geschlossen» darübergeklebt war.

«Wollen wir nicht zu Mittag essen, ehe wir uns die Felsen ansehen?» schlug Charley vor. Er schwitzte ein wenig und fuhr sich mit der Hand über die glatte, glänzende Stirn. «Du weißt doch, daß mir bei so großen Höhen immer mulmig wird, Bimbo – mit einem harten Ei im Bauch könnt' ich's wahrscheinlich besser vertragen.»

«Verdammt noch mal, Charley. Wir haben schon einen Haufen Zeit in der dämlichen kleinen Bank vertan, wo wir die Schecks eingelöst haben, und jetzt – »

«Bitte, Irv.»

«Also gut.»

Wenigstens, dachte Irving, ist es das letztemal.

Es war zu feucht und zu kalt, um sich auf den Rasen zu setzen. So blieben sie im Wagen sitzen, während sie die harten Eier und das Brot verzehrten, das ihnen Mrs. Kelleher mitgegeben hatte. Irving erstickte beinahe an seiner Ungeduld. Jeden Augenblick konnte jemand kommen und ihm alles verderben. Obwohl das bei diesem Wetter nicht sehr wahrscheinlich war. Zum Nachtisch brachte Charley zwei Tafeln Schokolade zum Vorschein, die er im Dorf gekauft hatte. Er hatte eine kindliche Schwäche für Süßigkeiten.

«Willst du mal beißen, Irv? Nein? Bestimmt nicht?»

Er hatte außerdem einen Biskuitkuchen dabei, den er jetzt mit einem aus dem Selbstbedienungsrestaurant auf der Fähre entwendeten Plastikmesser zerteilte und dabei vor sich hin grummelte, wie er das auf der ganzen Fahrt durch Irland getan hatte.

«Warum hast du mich nicht daran erinnert, daß ich mein Schweizer Armeemesser mitnehme, Irv? Das könnten wir jetzt gut gebrauchen. Das Ding hier taugt ja überhaupt nichts.»

Auch das werde ich in Zukunft nicht mehr ertragen müssen, dachte Irving.

Er sah hinunter zu den Windungen der leeren Straße, die zum Parkplatz führte, und sagte: «Komm, Charley, ich glaube, der Nebel lichtet sich ein bißchen. Gleich kann man die Araninseln sehen. Leg die Sachen hinten in den Kofferraum und komm mit.»

Langsam und recht widerwillig packte Charley die Überreste der Mahlzeit wieder in die Plastiktüte. Dann ging er nach hinten zum Kofferraum und hob den Deckel.

«Klemm die Tüte ganz hinten zwischen den Koffern ein», sagte Irving. «Ich hasse es, wenn ich beim Fahren dauernd leere Milchflaschen herumrollen höre.»

Er paßte den genauen Zeitpunkt sorgfältig ab. Als Charley, nachdem er dem Befehl gehorcht hatte, Kopf und Schultern zurückzuziehen begann, drückte Irving mit aller Kraft den Kofferraumdeckel herunter. Die scharfe Kante traf Charley direkt auf den Kopf und spaltete ihn, als wäre er nur eines der hartgekochten Eier, die sie soeben gegessen hatten.

Irving hatte einen großen Plastikbeutel parat. Mit einem hastigen Blick in die Runde – noch immer kein Auto zu hören oder zu sehen – stülpte er den Beutel über Charleys Kopf, dann hievte er mit Mühe den Körper in die Höhe –

Gott sei Dank war der Weg nicht weit – und schleppte ihn schwankend zum Felsrand, der durch einen mit schweren Steinplatten verstärkten Erdwall gesichert war. Es war nicht allzu schwierig, Charley über die Brüstung zu wälzen. An einer Stelle war sie nur ungefähr knapp einen Meter hoch – er hatte sich den günstigsten Punkt ausgesucht, während sie zu Mittag gegessen hatten. Von dort bis zum richtigen Abgrund führte nur ein schmaler Pfad.

Er stieß Charley in den Abgrund und sah ihn in bodenlose Tiefe stürzen, ehe er die Ausbuchtung der Felswand passierte und seinen Blicken entschwand. Die schwarze, seidige See, die ab und zu durch den Dunst sichtbar wurde, war so tief unten, daß kein Geräusch, kein Aufklatschen zu ihm heraufdrang – selbst das Tosen der Brandung war hier oben nur als ein schwaches Seufzen vernehmbar.

Geschwind reinigte sich Irving die Hände an einem Büschel Grasnelken, stieg wieder über den Erdwall und lief zum Mietwagen zurück. Er wischte den Kofferraumdeckel mit einem Papiertuch ab. Keine Spur mehr zu sehen. Das Tuch konnte er später verbrennen. Was sollte mit Charleys Gepäck geschehen? Sollte er es ebenfalls in den Abgrund werfen? Nein; er würde sich etwas anderes einfallen lassen, um es loszuwerden.

Er klappte den Deckel herunter. Als er sich umdrehte, sah er mit Schrecken die schwarzgekleidete Gestalt Pater Hegartys den Hügel heraufkommen. Der Priester ging zu Fuß und schob sein Fahrrad neben sich her. «Ganz schön steil dieses letzte Stück», bemerkte er mit einem Nicken zur Straße.

»Nun, Sie haben doch sicher nicht in Ihrer Eigenschaft als Seelsorger hier zu tun, Pater», meinte Irving, der Mühe hatte, die Sprache wiederzufinden. Wie zum Teufel kam der Mann plötzlich hierher? Hatte eine der Windungen in der Straße ihn verborgen? Und was konnte er gesehen haben, wenn er überhaupt etwas mitbekommen hatte.

«Nein, aber zwei meiner Gemeindemitglieder wohnen

nicht weit von hier. Ab und zu bekomme ich Lust, hier heraufzukommen und Gottes mächtiges Werk zu betrachten. Ihr Besuch hat mich diesmal auf den Gedanken gebracht. Sagen Sie, ist Ihnen eigentlich der Gedanke gekommen, sich zu fragen, wo der andere Teil des Felsens geblieben ist?»

«Der andere Teil des Felsens?» wiederholte Irving dümmlich.

«Wir sehen diese gewaltige Kante – wie von einem Laib Brot. Was hat Gott mit der anderen Hälfte getan?»

«Könnten die Araninseln vielleicht ein Teil sein, der sich gelöst hat?» meinte Irving vage, während er aufs Meer hinausblickte. Doch der Dunst war wieder dichter geworden. Die Inseln waren nicht zu sehen.

«Und weil wir gerade von der anderen Hälfte sprechen – wo ist denn Ihr junger Freund? Doch hoffentlich nicht abgestürzt?» sagte Pater Hegarty scherzhaft.

«Oh –» Irving hatte Zeit gehabt, zu Atem zu kommen, und war jetzt ruhiger. «Wir beschlossen, getrennte Wege zu gehen. Er hat einen Bus genommen.»

«Ach was, tatsächlich?» Pater Hegartys bedächtige Worte und sein stählerner Blick wirkten wie ein Eimer eiskaltes Meerwasser zwischen den Schulterblättern. Scheinbar ganz ohne Zusammenhang fügte der Priester hinzu: «Da ich das Glück hatte, Ihnen noch einmal zu begegnen, darf ich vielleicht erwähnen, daß Sie vorhin in der Kirche möglicherweise vergaßen, uns eine kleine Spende für den Kirchenfonds zu geben. Ihr junger Freund war so großzügig, daß es von Ihrer Seite sicherlich nur Vergeßlichkeit war –»

«Ach, ja – ich glaube, ich habe es wirklich vergessen. Selbstverständlich – zwei Pfund. Natürlich, ich würde mich freuen –»

Mit nasser, zitternder Hand kramte Irving in seiner Hüfttasche.

«Äh, nun – ich dachte eigentlich mehr an einen regelmäßigen Beitrag», erklärte Pater Hegarty mit ernster Miene.

«Mit den Details brauchen wir uns im Moment nicht zu befassen – ich melde mich später bei Ihnen. Sie brauchen mir Ihre Dubliner Adresse nicht zu geben – ich habe einen Vetter an der englischen Abteilung im Trinity College. Ich werde ihn bitten, Sie aufzusuchen. Er ist ein feiner junger Mensch – er wird Ihnen gewiß gefallen. Ach, du lieber Gott, so spät schon – ich muß weiter.»

Damit schwang sich der Priester auf sein Fahrrad und sauste den Hügel hinunter. So lautlos, als wäre er auf schwarzen Schwingen davongeflogen, verschwand er im Nebel.

PETER LOVESEY

Der heimliche Liebhaber

«Pam.»

«Ja?»

«Triffst du ihn an diesem Wochenende?»

Pam Meredith atmete tief durch und unterdrückte den Drang, laut zu schreien. Sie wußte genau, was jetzt kam. «Wen denn?»

«Deinen heimlichen Liebhaber.»

Sie raffte sich zu einem schüchternen Lächeln auf, sagte: «Hör auf damit!», und alle kicherten.

Aus einem bestimmten Grund verwandelten sich in der letzten Besprechung der Arbeitswoche drei tüchtige Sprechstundenhilfen in zu alt geratene Schulmädchen. Sie waren auch alle schon über Dreißig. Sobald sie Samstag morgens im Gesundheitszentrum eingetroffen waren, arbeiteten sie wieder voll in ihrer Routine. Nachdem sie sich vorzustellen versuchten, was die Ärzte aufgrund ihrer Untersuchungsergebnisse mit den Patienten vorhatten, machten sie sich alle selbständig an die Arbeit. Es dauerte nicht besonders lange, bis Pams heimlicher Liebhaber dann wieder zu ihr kam.

Er war ein harmloser, bedrückt wirkender Mann Ende Dreißig, der zufällig eines Nachmittags in das Gesundheitszentrum kam, weil er Hilfe brauchte. Ein Sandkörnchen hatte sich unter seinem linken Augenlid festgesetzt. Zu diesem Zeitpunkt befand sich kein einziger der Ärzte im Gebäude, und auch die Bezirkskrankenschwester war abwesend. Deshalb kümmerte sich Pam selbst um den Fall.

Da sie mit ihren Kontaktlinsen schon einige Erfahrungen gesammelt hatte, hatte sie eine ungefähre Vorstellung davon, wie man ein Auge dazu überreden konnte, einen Fremdkörper abzustoßen. Und sie hatte auch sehr schnell Erfolg mit ihrer Methode, ohne dem Patienten größere Unannehmlichkeiten zu bereiten. Er hatte sich bei ihr bedankt und war dann ganz eilig verschwunden, so als hätte ihm dieser Zwischenfall nicht so recht gepaßt. Pam hatte nicht mehr an ihn gedacht, bis sie zwei Wochen später ihren Dienst antrat und erfuhr, daß ein Mann nach ihr persönlich gefragt habe und um die Mittagszeit noch einmal anrufen werde. In der Aufnahme erzeugte das verständlicherweise ein lebhaftes Interesse an diesem Mann. Ganz aufregend war es für alle, als er fünf vor eins mit einem Strauß Osterglocken in der Hand ankam.

Mit dreiunddreißig war Pam die Zweitjüngste der Sprechstundenhilfen. Sie trieb viel Sport, lebte diät und färbte ihr Haar blond. Sie war bei vielen Männern beliebt, die hier ihre Rezepte abholten, aber Blumen war sie nicht gewohnt. In ihrem weißen Overall hielt sie sich für nüchtern und sachlich. Sie hatte ein blasses, ovales Gesicht, braune Augen und einen kleinen, hübschen Mund, der nach Aussage anderer eher Vornehmheit als Sinnlichkeit verriet. In jüngster Zeit hatte sie entdeckt, daß sie an ihrem Hals Falten bekam, und deshalb war sie dazu übergegangen, Polo-Sweatshirts zu tragen.

Unter den amüsierten und offengestanden neidischen Blicken ihrer Kolleginnen hatte Pam mit schamrotem Kopf die Blumen entgegengenommen und versucht zu erklären, daß eine solche Aufmerksamkeit wirklich nicht notwendig sei, so reizend es auch wäre. Als der edle Spender jedoch noch weiterging und sie fragte, ob er ihr im Green Dragon einen Drink ausgeben dürfe, brachte sie es nicht fertig, sich dieser Einladung zu verschließen. Sie hatte dann noch herumgestottert, sie habe nach dem Mittagessen Dienst, doch da schlug er ihr einfach einen Tomatensaft oder Bitter Lemon vor, und da hatte ihr eines der Mädchen schon einen unauffälligen Stups gegeben und ihr die Handtasche in die Hand gedrückt, so daß es kein Zurück mehr gab.

Auf diese Weise entstand die witzige Geschichte von Pams heimlichem Liebhaber, eine Geschichte, die sich lange hielt.

So witzig war das aber für die anderen auch wieder nicht, denn eigentlich wurde ihnen ein Streich gespielt. Sie hatten sich in ihren wildesten Fantasien den wahren Ausgang dieser witzigen Geschichte nicht vorstellen können, aber die Angelegenheit hatte sich mittlerweile so entwickelt, daß Pam nun regelmäßig mit diesem Mann schlief.

Interpretieren Sie nicht zuviel in diese Beziehung hinein. Im üblichen Sinne des Wortes war er nicht ihr Liebhaber. Miteinander zu schlafen und sich zu lieben ist nicht notwendigerweise dasselbe. Natürlich war diese Möglichkeit nicht ausgeschlossen, doch dies war nicht die automatische Folge, wenn man ein Bett teilte. Und das wiederum paßte gut zu Pams angeborener Vornehmheit.

Also war es nicht ganz so, wie es sich die Mädchen im Gesundheitszentrum ausmalten. Bei jenem ersten Tomatensaft im Green Dragon hatte Pam erfahren, daß Cliff einen Job in der Apfelweinindustrie hatte, der es mit sich brachte, daß er mehrere Hersteller im Westen Mittelenglands und im Südwesten regelmäßig aufsuchen mußte und auch alle zwei Wochen über Nacht nach Hereford kam. Er reiste gern, doch er gab zu, daß seine häufige Abwesenheit von zu Hause ursächlich für das Scheitern seiner Ehe gewesen war. Untreu war er allerdings nicht gewesen. Aber jeder, so drückte er sich sehr altruistisch aus, der in den Zeitungen die Berichte über Vergewaltigungen und Überfälle lese, könne es einer Frau kaum übelnehmen, daß sie sich andere Begleiter suche, wenn ihr Mann jede zweite Woche geschäftlich unterwegs sei.

Weil er so offen zu ihr war, hatte Pam bald ausgeplaudert, daß auch sie geschieden sei. Die Nächte, darin stimmte sie mit ihm überein, waren das schlimmste. Sogar in der alten Bischofsstadt Hereford, die nicht eben für Gewalttätigkeiten bekannt war, vermied sie es, nach Sonnenuntergang allein auszugehen. Oft lag sie lange wach im Bett und lauschte, ob nicht unten jemand an ihrem Schloß herummachte.

Dem ersten Mittagsdrink folgte gleich der zweite, als Cliff das nächstemal in der Stadt war. Vierzehn Tage später hatte Pam ihn zu einem kleinen Abendessen zu sich nach Hause eingeladen. Sie erklärte ihm, daß dies überhaupt kein Umstand sei und daß man für zwei Personen viel interessantere Dinge kochen könne als für eine Person. Cliff hatte ihr Puten-Cordon-bleu in den höchsten Tönen gelobt, und danach war das vierzehntägig stattfindende Abendessen eine feste Einrichtung geworden.

Beim erstenmal war Cliff am Ende des Abends ganz anständig in sein Hotel zurückgekehrt, doch schon beim zweiten Treffen hatte er Pam in das altmodische Cribbagespiel eingeführt, in das sich die beiden so vertieft hatten, daß sie ganz die Zeit vergaßen. Als sie auf die Uhr schauten, war es weit nach Mitternacht. Zu diesem Zeitpunkt fühlte sich Pam in der Gegenwart von Cliff schon so entspannt und sicher, daß es ihr wie die natürlichste Sache auf der Welt erschien, ihm das Gästebett zu bereiten und ihn einzuladen, über Nacht zu bleiben. Keiner von beiden sprach davon, ein intimeres Arrangement zu treffen. Das war, was sie an Cliff so mochte. Er war nicht einer dieser Schürzenjäger. Er war Gentleman genug, um seine körperlichen Triebe in Schach zu halten. Und sechs Wochen später, als sie während eines Gewitters an seiner Schlafzimmertür anklopfte und sagte, sie habe Angst, hatte er ihr genauso gentlemanlike angeboten, in ihr Schlafzimmer zu kommen, bis der Sturm sich gelegt habe. Pam schlief noch immer in ihrem überdurchschnittlich großen Bett, an das sie sich in ihrer Ehe gewöhnt hatte. Deshalb war genug Platz für Cliff, und es bestand keine Gefahr, daß man sich versehentlich berührte. Während sie nach dem Donner lauschten, waren sie eingeschlafen.

Mittlerweile war also die Zeit der Sommergewitter gekommen. Als er das nächstemal zu ihr kam, vereinbarten sie, daß es eine vernünftige Vorsichtsmaßnahme sei, zusammen zu schlafen, selbst wenn der Himmel klar war. Man wußte nie, wann in der Nacht ein Sturm aufkam. Und als die ersten kühlen Herbstnächte sich einstellten, gefiel keinem von beiden die Aussicht, in kalten Bettlaken getrennt zu schlafen. Außerdem, so hatte Cliff überlegt bemerkt, sei es auch vom Waschen her billiger, nur ein Bett zu benutzen.

Da wir schon beim Waschen sind, Pam gewöhnte es sich an, Cliffs Hemden, Unterwäsche und Schlafanzüge zu waschen. Sie hatte ihm einen ganz besonderen flaschengrünen, französischen Schlafanzug gekauft, der keine Knöpfe, aber einen elastischen Hosenbund hatte. Jedesmal wenn er kam, lag der Schlafanzug frisch gewaschen und gebügelt auf seinem Kopfkissen. Er wußte das sehr zu schätzen. Niemals vergaß er, eine Flasche Apfelwein mitzubringen, die sie zum Essen tranken. Ein- oder zweimal dachte er daran, sie in ein Restaurant auszuführen, aber ihre Kochkunst war so exzellent, daß sie den dortigen Koch bloßstellen würde. Er liebte vor allem das Frühstück, das sie auf einem ovalen Tablett servierte, ehe er sich morgens auf den Weg machte.

Also ertrug Pam eisern die Neckereien im Gesundheitszentrum. Schließlich wußte sie, daß das alles nur Fantasien ihrer Kolleginnen waren. Sie war vorsichtig genug gewesen, ihnen nicht zu erzählen, daß sie ihn mit zu sich nach Hause genommen hatte. Sie fühlte sich sehr gut, als sie an diesem Tag zum Mittagessen nach Hause lief. Es war immer eine Erleichterung, wenn der Sonnabendmorgen hinter ihr lag.

Als sie um die Straßenecke bog, sah sie vor ihrem Haus einen kleinen Wagen stehen, einen roten Mini, in dem jemand saß. Sie erwartete keinen Besuch. Sie schlenderte zu ihrer Eingangspforte und stellte fest, daß es sich um eine Frau handelte, die keine Anstalten machte, auszusteigen, und die sie nicht erkennen konnte. So lief sie an dem Auto vorbei und begab sich in ihr Haus.

Auf dem Fußboden in der Diele lag ein Brief, dem Aussehen nach handelte es sich um eine Grußkarte. Sie hatte ganz vergessen, daß sie am Sonntag Geburtstag hatte. Da sie allein lebte und auch zu ihrer Familie keine besonderen Beziehungen unterhielt, neigte sie dazu, solche Daten zu verpassen. Aber offensichtlich hatte sich jemand in den Kopf gesetzt, diesen Geburtstag nicht unbemerkt vorübergehen zu lassen. Die Handschrift kannte sie nicht, und auch der Poststempel war zu schwach, um erkennen zu können, woher der Brief stammte. Sie öffnete den Brief und lächelte. Sie zog eine Karte mit einer einzelnen Osterglocke aus dem Umschlag und las den gedruckten Geburtstagsgruß. Darunter stand handschriftlich der Buchstabe C.

Sie hatte Cliffs Handschrift nicht erkannt, weil sie sie eben jetzt zum erstenmal zu Gesicht bekam. Der Handschrift nach war er kein großer Briefeschreiber. Und der Poststempel hätte Pam auch keinen Hinweis geben können, wenn er leserlich gewesen wäre, denn sie wußte nicht, wo er wohnte. Wenn es um persönliche Angaben ging, zog er sich immer in sein Schneckenhaus zurück, weshalb sie ihn mit solchen Fragen auch nicht weiter behelligte. Er hatte ein Recht auf seine Privatsphäre. Natürlich wunderte sie das Ganze schon ein wenig. Sie glaubte, daß er seit dem Scheitern seiner Ehe so zerfahren war, daß er sich und sein Zuhause vernachlässigte und sich nur noch in seinen Job vertiefte. Er lebte für seine Arbeit und die vielen Reisen, und fühlte sich berechtigt, davon auszugehen, daß er auch seine regelmäßigen Besuche in Hereford nicht missen mochte.

Plötzlich läutete es an der Tür. Pam öffnete, und vor ihr stand die Frau, die sie in dem Auto gesehen hatte. Sie hatte dunkles Haar, war etwa so alt wie sie selbst oder vielleicht ein bißchen älter, sie sah gut aus und hatte eines jener schmalen, eleganten Gesichter mit hohen Backenknochen, die man immer in ausländischen Filmen zu sehen bekommt. Sie trug ein dunkelblaues Kleid und eine weiße, bis zum Hals geknöpfte Bluse. Sie sah aus, als wollte sie zu einem Einstellungsgespräch gehen. Pam war hauptsächlich beeindruckt von den graugrünen Augen, die sie mit einem solchen Interesse musterten, unüblich für jemanden, der zufällig vorbeikam.

«Hallo», sagte Pam.

«Mrs. Pamela Meredith?»

«Ja.»

Die Frau blickte sie noch intensiver an. «Wir kennen uns nicht. Sie wissen vielleicht nicht einmal, daß es mich gibt. Ich bin Tracey Gibbons.» Sie wartete auf eine Reaktion.

Pam lächelte schwach. «Sie haben recht. Ich habe Ihren Namen noch nie gehört.»

Tracey Gibbons seufzte und schüttelte den Kopf. «Ich bin nicht überrascht. Ich weiß zwar nicht, was Sie von mir denken werden, wenn ich so einfach bei Ihnen reinplatze, aber die Sache hat inzwischen einen Punkt erreicht, an dem etwas geschehen muß. Es geht um Ihren Mann.»

Pam runzelte die Stirn. «Meinen Mann?» Sie hatte sechs Jahre lang nichts von David gehört.

«Darf ich reinkommen?»

«Ja, ich glaube, das ist besser.»

Als Pam die Frau in ihr Haus führte, konnte sie nicht umhin, sich zu fragen, ob es sich hier nicht um Bauernfängerei handelte. Die Augen der Frau prüften eingehend das Zimmer, die Möbel, die Kunstgegenstände, einfach alles.

Pam sagte eindeutig: «Ich denke, Sie kommen jetzt besser zur Sache, Miß Gibbons.»

«Mrs., bitte. Aber das spielt ja keine Rolle. Ich warte im Moment nur darauf, daß meine Scheidung durchgeht.» Plötzlich klang die Frau verlegen und unsicher. «Ich bin nicht zufällig hier. Ich möchte, daß Ihnen das klar ist, Mrs. Meredith, egal, was Sie von mir denken. Ich bin auch nicht hinterlistig, sonst wäre ich ja nicht hier. Ich möchte, daß zwischen uns alles geregelt ist. Ich bin heute morgen von Worcester herübergefahren, um mit Ihnen zu sprechen.»

Pam dämmerte allmählich, worum es hier ging. Mrs. Gibbons hatte eine Affäre mit David, und aus irgendeinem dunklen Grund wollte sie das seiner Exfrau beichten. Es war nicht zu übersehen, daß die Frau Probleme mit ihren Nerven hatte. Deshalb war es wohl das freundlichste, sie ausreden zu lassen, bevor man sie wieder zum Ausgang brachte.

«Sie fragen sich wahrscheinlich, woher ich Ihre Adresse habe», fuhr Mrs. Gibbons fort. «Er weiß nicht, daß ich hier bin, Ehrenwort. Erst in den letzten paar Wochen fing ich an zu glauben, daß er eine Frau hatte. Das liegt an so gewissen Dingen, die man bemerkt, wie seinen frisch gebügelten Hemden. Letztesmal ließ er seinen Koffer offen liegen, als er zu mir kam, und da habe ich zufällig die Geburtstagskarte gesehen, die an Sie adressiert war.»

Pam bekam eine Gänsehaut. «Welche Karte denn?»

«Die mit der Osterglocke. Ich habe reingeschaut, ach, ich schäme mich so. Ich mußte es einfach wissen.»

Pam schloß die Augen. Die Frau sprach überhaupt nicht von David. Es ging um Cliff, *ihren* Cliff. Ihr drehte sich alles. Sie dachte, sie würde in Ohnmacht fallen. Sie sagte: «Ich glaube, ich brauche einen Brandy.»

Mrs. Gibbons nickte. «Da schließe ich mich Ihnen an, wenn Sie nichts dagegen haben.»

Als Pam ihr das Glas reichte, sagte sie ganz leise: «Sie sprechen doch gerade von einem Mann, der *Cliff* heißt?»

«Natürlich.»
«Er ist nicht mein Mann.»
«Was?» Mrs. Gibbons starrte sie ungläubig an.
«Er besucht mich manchmal.»
«Und Sie waschen ihm die Hemden?»
«Gewohnheitssache.»
«Der Bastard!» sagte Mrs. Gibbons, ihre Augen traten weit heraus. «Ich wußte, daß da noch jemand war, aber ich meinte, es wäre seine Frau, über die er nichts erzählen wollte. Und ich redete mir ein, er wäre unglücklich verheiratet. Ich bin hergekommen, um Sie darum zu bitten, ihn gehenzulassen. Ich könnte ihn glatt umbringen!»
«Was glauben Sie, wie ich mich fühle?» platzte es aus Pam heraus. «Ich wußte nicht einmal, daß es noch jemanden in seinem Leben gibt.»
«Hat er in Ihrem Badezimmer eine Zahnbürste und ein Rasiermesser?»
«Einen Waschlappen hat er dort auch.»
«Und ich gehe davon aus, daß Sie ihm ein teures Aftershave gekauft haben, was?»
Pam mußte auch das bestätigen. Es war bitter. Sie war so außer sich, daß sie einfach jemanden brauchte, um darüber zu sprechen. Und geteiltes Leid ist halbes Leid. Sie berichtete, wie sie Cliff kennengelernt und wie sie ihn zu sich nach Hause eingeladen hatte.
«Und eins ergab das andere», sagte Mrs. Gibbons. «Wenn ich daran denke, was ich mir eingebildet habe, daß ich die Liebe seines Lebens wäre.» Sie schüttete den restlichen Brandy hinunter.
Pam nickte. «Und teuer war es auch noch.»
«Teuer?»
«Ja, Essen mit drei Gängen zuzubereiten und riesige Frühstücke.»
«Über das Kochen habe ich nicht gesprochen», sagte Mrs. Gibbons und sah Pam durchdringend an.
«Ah», sagte Pam und nickte leicht mit dem Kopf. So

versuchte sie, deutlich zu machen, daß sie genau wußte, *worüber* Mrs. Gibbons sprach.

«Er gab mir, was ich in zehn Jahren Ehe von einem athletischen Mann nicht bekam», vertraute Mrs. Gibbons Pam weiter an und schaute dabei bescheiden in eine andere Richtung. «Aber das kennen Sie ja selbst. Casanova war im Vergleich zu Cliff ein Pfadfinder. O Gott, ich fühle mich so gedemütigt.»

«Möchten Sie noch einen Schluck, Brandy, Mrs. Gibbons?»

«Warum nennen Sie mich nicht Tracey?» schlug Mrs. Gibbons vor, während sie ihr Glas noch einmal von Pam füllen ließ. «Wir sind nur seine Spielsachen, Sie und ich. Was meinen Sie, wie viele er noch hat?»

«Wer weiß das schon?» sagte Pam, die diese beängstigende Vision nun ganz deutlich vor Augen hatte und ihre Gedanken offen darlegte. «Es gibt viele geschiedene Frauen wie Sie und mich, die in ihrem ehemaligen ehelichen Heim in recht ansehnlichem Wohlstand leben und für jede Aufmerksamkeit geradezu leidenschaftlich dankbar sind. Ja, für jede Aufmerksamkeit, die man bekommt, ist man dankbar.»

Nach einer längeren, ernüchternden Pause schob Tracey Gibbons ihr leeres Glas wieder zur Brandyflasche und fragte: «Was machen wir jetzt mit ihm?»

«Ich glaube, ich schmeiße ihn hochkant raus, samt Zahnbürste und Waschlappen», antwortete Pam emotionsgeladen, aber doch eher unbedacht.

«Damit er sich auf andere Frauen stürzen kann, die er genauso betrügt?» sagte Tracey.«Das ist nicht die richtige Behandlung für diese Art von Bestie, mit der wir es zu tun haben. Wenn ich ganz ehrlich bin, ich bin so wütend und fühle mich so hintergangen, daß ich ihn am liebsten umbringen würde, wenn ich nur wüßte, daß man mich dabei nicht erwischt. Geht es Ihnen nicht ebenso?»

Pam starrte sie an. «Meinen Sie das ernst?»

«Vollkommen ernst. Er hat alle meine Hoffnungen und jedes Stückchen meiner Selbstachtung, die ich noch hatte, zerstört. Was habe ich ihm denn bedeutet? Ich war seine Puppe in Worcester, sein Montagabendvergnügen.»

«Dasselbe war ich jeden zweiten Donnerstag abend in Hereford», fügte Pam düster hinzu. Plötzlich verstand auch sie auf grausame und lebhafte Weise, wie sie mißbraucht worden war. Sex gab es am Montag, Abendessen am Donnerstag. Auf ihre Weise fühlte sie sich genauso verletzt wie Tracey. Ein Arrangement, das besonnen und schön anmutete, entpuppte sich als zynisch zweckdienlich. Der Grund, warum er sie nie berührt hatte, war, daß er nach der Nacht zügelloser Leidenschaft in Worcester immer übersättigt war mit Liebe. «Tracey, wenn Sie wissen, wie man ihn umbringen kann», sagte sie mit einer Ruhe, die man ausstrahlt, wenn man eine schwierige Entscheidung gefällt hat, «dann weiß ich, wie man sich nicht erwischen läßt.»

Traceys Augen weiteten sich vor Erstaunen.

Pam machte Kaffee und Sandwiches und erklärte ihren Plan. Das Ganze als einen Plan zu bezeichnen, ist vielleicht irreführend, denn es fiel ihr alles so nach und nach ein, während sie sich unterhielten. Sie war niemand, der oft über Mord nachdachte. Doch als sie so sprach, spürte sie ganz aufgeregt, daß es klappen könnte. Der Plan war einfach, sauber, und sie war in der Lage, ihn auszuführen.

Die zwei Frauen unterhielten sich bis in den Abend hinein. Damit der Plan funktionierte, mußten sie sich eine Art des Tötens ausdenken, bei der man keinerlei Spuren hinterläßt. An der Leiche durften keine Gewalteinwirkungen zu erkennen sein. Richtig feierlich diskutierten sie über verschiedene Methoden, sich eines Mannes zu entledigen. Unabhängig davon, ob die Absicht nun ernst gemeint war oder nicht, empfand Pam bereits beim Gespräch über einen möglichen Mord das herrliche Gefühl, daß solche Überlegungen Balsam auf den Wunden waren, die Cliff ihnen zugefügt hatte. Vernünftigerweise kamen sie und Tracey überein, so lange nichts zu unternehmen, bis sie den Schock erst einmal verdaut hatten, aber sie wollten sich unter allen Umständen noch einmal treffen, da waren sie eisern.

Am folgenden Montagabend bekam Pam von Tracey einen Anruf. «Haben Sie noch einmal über das nachgedacht, was wir besprochen haben?»

«Ab und zu schon», antwortete Pam vorsichtig.

«Nun, ich habe ein paar Nachforschungen angestellt», sagte ihr Tracey. Ihre Stimme klang wahnsinnig aufgeregt. «Ich möchte hier am Telefon nicht zu sehr in Einzelheiten gehen, aber ich weiß, wo man dieses Zeug herbekommt, das die Sache erledigen würde. Verstehen Sie mich?»

«Ich denke schon.»

«Es ist einfach, schnell und sehr wirksam – und das beste an der Sache ist, daß ich es bei meiner Arbeitsstelle besorgen kann.»

Pam erinnerte sich wieder daran, daß Tracey gesagt hatte, sie arbeite in einer Firma, die Kunstdünger für die Landwirtschaft herstellt. Sie nahm an, daß sie von einer chemischen Substanz sprach.

Gift.

«Die Sache ist nur die», sagte Tracey, «wenn ich es besorge, sind Sie dann bereit, auch Ihren Beitrag zu leisten? Sie haben gesagt, das sei kein Problem.»

«Das stimmt schon, aber . . .»

«Bis zum Wochenende? Sie wissen, er kommt am Montag zu mir.»

Da sie jetzt wieder daran erinnert wurde, daß Cliff montags seine Termine in Worcester hatte, jagte ein spitzer Schmerz durchs Pams Herz. «Bis zum Wochenende», bestätigte sie im Brustton der Überzeugung. «Kommen Sie wieder um dieselbe Zeit am Sonnabend zu mir. Ich leiste meinen Beitrag, das verspreche ich Ihnen, Tracey.»

Die Rolle, die Pam beim Mord an Cliff spielen mußte, bestand darin, daß sie von einem der Ärzte im Gesundheitszentrum einen Blankototenschein besorgte. Sie hatte schon des öfteren bemerkt, wie sorglos Dr. Holt-Wagstaff mit seinen Unterlagen umging. Er war der älteste der praktischen Ärzte, von denen es fünf im Zentrum gab, und sein Schreibtisch war immer in heilloser Unordnung. Fast die ganze Woche über wartete sie auf ihre Chance. Am Freitagmorgen mußte sie in sein Besprechungszimmer gehen und ihn darum bitten, seine Handschrift auf einem Rezept zu interpretieren. Auf dem Schreibtisch lag der Block mit den Totenscheinen. Um zwölf Uhr fünfzehn, als er seine Visite machte, und Pam mit einem anderen Mädchen Dienst tat, schlich sie sich in sein Sprechzimmer. Niemand sah sie.

Am Sonnabend hatte Pam einen schweren Vormittag vor sich. Die Zeit schritt nur zäh voran, und die Neckereien über ihren heimlichen Liebhaber ertrug sie nur schwer. Sie mußte es sich verkneifen, die anderen anzuschnauzen. Sie fragte sich, ob Dr. Holt-Wagstaff etwas bemerkt hatte. Sie hätte sich keine Sorgen zu machen brauchen. Er verabschiedete sich um zwölf Uhr und wünschte jedem ein angenehmens Wochenende. Um zwölf Uhr dreißig schlossen die Mädchen die Büroräume zu und gingen.

Als Pam nach Hause kam, wartete Tracey schon auf sie. «Ich bin mit dem Zug gekommen», erklärte sie. «Wollte nicht wieder mein Auto hier draußen stehenlassen. Es ist kaum zu glauben, wie viele Leute so etwas beobachten.»

«Vernünftig», sagte Pam zustimmend, als sie die Tür öffnete. «So, jetzt möchte ich von dem Zeug erfahren, das Sie besorgt haben. Funktioniert das auch wirklich?»

Tracey legte die Hand auf Pams Arm. «Es ist narrensicher. Möchten Sie es sehen?» Sie öffnete ihre Handtasche und holte ein braunes Glasfläschchen heraus. «Reines Nikotin. Wir benutzen das bei uns im Betrieb.»

Pam hielt die Flasche in der Hand. «Nikotin? Ist das Gift?»

«Absolut tödlich.»

«Das hier ist nicht viel.»

«Die tödliche Dosis mißt man in Milligramm, Pam. Ein paar Tropfen reichen schon.»

«Wie können wir es ihm denn einflößen?»

«Das habe ich mir schon ausgedacht», lächelte Tracey. «Es wird Ihnen gefallen. Wir geben es in ein Glas seines Apfelweines, den er uns immer gratis mitbringt. Nikotin verfärbt sich gelb, wenn es in Licht oder an die Luft gerät, und es hat einen bitteren Geschmack, aber den verdeckt der süße Apfelwein.»

«Wie wirkt es?»

«Es ist ein sehr starkes Aufputschmittel. Die Organe spielen da ganz schnell nicht mehr mit. Er wird innerhalb kürzester Zeit an Herzversagen sterben. Haben Sie den Totenschein?»

Pam stellte das Giftfläschchen auf den Küchentisch und schlug eines ihrer Kochbücher auf. Die Sterbeurkunde lag darin.

«Sie sind auch sehr vorsichtig», sagte Tracey mit einem verschwörerischen Lächeln. Sie langte wieder in ihre Handtasche. «Ich habe ein Rezept von meinem Arzt mitgebracht, um seine Unterschrift nachmachen zu können, wie Sie vorgeschlagen haben. Was müssen wir hier denn sonst noch eintragen? *Name des Verstorbenen.* Wie nennen wir ihn denn?»

«Irgendwie, nur nicht Cliff», sagte Pam. «Wie wäre es mit Clive? Clive Jones?»

«Prima, Clive Jones, das paßt. *Sterbedatum.* Das fülle ich lieber aus, wenn alles vorüber ist. Was geben wir als Todesursache an? Herzversagen?»

«Nein, das hört sich nach einem plötzlichen Tod an», sagte Pam, die an die Gefahr einer Autopsie dachte. «Bronchopneumie ist besser, eine spezielle Art von Lungenentzündung.»

«In Ordnung», sagte Tracey und schrieb es auf den Zettel. «Wenn er tot ist, bringe ich das in Worcester auf das Standesamt und sage ihnen, daß Clive Jones mein Bruder war, okay?»

«Ja, das ist unkompliziert. Die brauchen nur sein Geburtsdatum und noch ein paar andere kleine Einzelheiten, die Sie ja erfinden können. Dann erhalten Sie eine andere Urkunde, die Sie dem Leichenbestatter geben müssen. Der übernimmt dann die ganze Sache.»

«Ich verlange natürlich eine Feuerbestattung. Ist das teuer?»

«Keine Sorge», sagte Pam. «Das kann er sich leisten.»

«Zu wahr!» sagte Tracey. «Sein Geldbeutel ist immer voller Banknoten.»

«Der muß nie viel ausgeben», stellte Pam fest. «So wie der lebt, kriegt der alles umsonst.»

«Der Bastard!» sagte Tracey und schüttelte sich.

«Sie wollen das wirklich tun, was?»

Tracey stand auf und schaute Pam mit ihren graugrünen Augen bohrend an. «Am Montagabend, wenn er zu mir kommt. Ich rufe Sie an, wenn es vorbei ist.»

Pam nahm Tracey in den Arm. «Als erstes werde ich seinen Schlafanzug verbrennen.»

Tracey bemerkte: «Bei mir trug er nie einen.»

«Wirklich?» Pam zögerte, sie war neugierig. «Was hat er denn eigentlich mit Ihnen gemacht? Können Sie darüber sprechen?»

«Ich glaube nicht, daß ich das kann», sagte Tracey mit gesenktem Kopf.

«Wenn ich Ihnen einen Brandy einschenke? Wir sitzen doch hier in *einem* Boot.»

«In Ordnung», sagte Tracey seufzend.

Der Sonntag schien Pam der längste Tag in ihrem Leben zu sein, aber schließlich war er vorbei. Am Montag ging sie nicht zur Arbeit. Abends wartete sie von sechs Uhr dreißig an am Telefon. Sie war nervös.

Kurz nach sieben klingelte das Telefon. Pam schnappte sich den Hörer.

«Hallo, Schatz.» *Es war Cliffs Stimme.*

«Cliff?»

«Ja. Überrascht, daß ich dich am Montag anrufe, hm? Ja, ich bin zufällig in Worcester, und ich hätte Lust, zu dir nach Hereford rüberzukommen. Ich könnte in einer halben Stunde da sein, wenn du heute Zeit für mich hast.»

«Ist etwas passiert?» fragte Pam.

«Nein, mein Schatz, ich habe nur meine Pläne geändert. Du brauchst nichts Großartiges zu kochen.»

«Gut, denn ich habe auch gar nichts da», sagte Pam offen.

Cliff zögerte kurz, ehe er sagte: «Geht es dir gut, mein Schatz? Du klingst so anders.»

«Wirklich?» sagte Pam knapp. «Nun, ich hatte einen Schock. Meine Schwester ist hier am Sonnabend gestorben. Es war nicht gänzlich unerwartet. Bronchopneumonie. Ich mußte alle Behördengänge selbst erledigen. Am Mittwoch ist die Feuerbestattung.»

«Deine Schwester? Pam, mein Schatz, das tut mir furchtbar leid. Ich wußte gar nicht, daß du eine Schwester hast.»

«Sie hieß Olive, Olive Jones», sagte Pam, und sie konnte sich ein Lächeln einfach nicht verkneifen, wenn sie so an ihren Erfindungsreichtum dachte. Nachdem sie Tracey mit einem Tropfen Nikotin in ihrem Brandy vergiftet hatte, mußte sie auf dem Totenschein nur noch einen Federstrich anbringen. «Wir standen uns nicht sehr nahe. Ich bin nicht in allzu tiefer Trauer. Ja, warum kommst du nicht zu mir?»

«Bist du sicher, daß du mich willst?»

«Oh, ich will dich», antwortete Pam. «Ja, ich will dich, und nur dich.»

Als sie aufgelegt hatte, ging sie nicht zum Kühlschrank, um nachzuschauen, was sie noch an Essen hatte. Sie ging nach oben ins Schlafzimmer und zog sich ein Negligé aus schwarzer Spitze über.

LIA MATERA

Der Todesengel

Ich hockte nicht weit von einer Eiche inmitten von Giftsumach (das Berufsrisiko eines Pilzexperten). Als ich von einem kleinen Hügelchen die nassen Blätter weggeschoben hatte, entdeckte ich zwei junge Pilze. Sorgfältig lockerte ich die Erde um einen der beiden mit einer Schaufel und hob ihn vorsichtig heraus. Ich hielt ihn hoch und betrachtete ihn. Es war ein geradezu vollkommener Waldchampignon. Der Hut war fest und weiß wie Schnee, mit einem Stich ins Gelbliche. Unter dem Hut waren die Lamellen ebenfalls weiß und noch nicht von den schokoladenbraunen Sporen gefärbt. Ein häutiger Ring (der Anulus) umgab wie ein weicher Kragen den Stiel. Ein paar Fasern des Mycels (der unterirdischen Pflanze, deren Frucht der Pilz ist) hingen an der Stielbasis. Ich zupfte das Mycel ab und roch an den Lamellen. Der Waldchampignon schmeckt wie er riecht: wie eine Mischung aus Pilzen, Äpfeln und Fenchelstielen.

Ich schob die toten Blätter um den anderen Pilz beiseite und grub ihn ebenfalls aus. Er ähnelte dem ersten Pilz. Er hatte einen weißen Hut, weiße Lamellen und einen Anulus. Aber wie eine kleine Papiertüte bedeckte eine fleischige Scheide das untere Drittel des Stiels. Das war der Rest des Pilz-«Eies», aus dem Stiel und Hut geschlüpft waren, und sie war charakteristisch für einen Pilz mit dem lateinischen Namen *Amanita,* nicht für den Champignon. Die Scheide war der Grund, weshalb ich so sorgfältig um die Basis des Pilzes herumgegraben hatte. Ich wollte sichergehen, daß ich ihn vollständig ausgegraben hatte. Hätte ich die Hautscheide in der Erde gelassen, wäre der Pilz nicht von dem Waldchampignon zu unterscheiden gewesen.

Der Pilz war schön, makellos und stattlich, und angeblich schmeckte er köstlich (auch wenn man ihn kein zweites Mal essen würde). Aber es war ein tödlicher Knollenblätterpilz, ein Todesengel, und ich ließ ihn auf seinem Teppich von Waldboden stehen.

Ich füllte meinen Korb mit Waldchampignons und warf die aussortierten Knollenblätterpilze auf den Boden. Ein Schwarm Vögel flog plötzlich aus einem Baum auf und erschreckte mich so, daß mir eine Gänsehaut den Rücken hinablief. Es war ein wunderbarer Vormittag.

Ich ging die fünf oder sechs Kilometer zurück zur Straße. Meine Gummistiefel sanken im Schlamm ein. Ich sah, wie der Nebel über den Manzanitabüschen hing, an den geraden Ästen der Eichen entlangzog und auf den Moospolstern kleine Tropfen bildete. Still standen die immergrünen Tannen und die Redwoodbäume. Es roch nach Lehmerde, nassen Blättern und Kiefernholz. Spechte klopften, Eichhörnchen kletterten umher und Vögel tranken Wasser aus gebogenen Rindenstücken. Überall gab es Pilze: winzige braune, bei denen sich noch nie jemand die Mühe gemacht hatte, sie zu klassifizieren; fuchsiafarbene Speisetäublinge und kleine orangefarbene Pfifferlinge, die aus den Laubhaufen lugten. Die meisten Leute sehen allerdings, wenn sie einen Waldboden betrachten, nichts als Laub und Tannennadeln, weil sie die kaum sichtbaren Hinweise nicht erkennen können. Aber die meisten Leute sind ja auch damit zufrieden, die Natur aus dem Autofenster heraus zu betrachten, Wanderungen lediglich durch Einkaufsstraßen zu machen und sich mit geschmacklosen Supermarktpilzen aus der Massenproduktion abspeisen zu lassen.

Ich nicht.

Das Museum war für die jährliche Pilzausstellung bereit. Wir hatten die ausgestopften Kojoten und Pumas und die Tabletts mit den Schmetterlingen und Käfern ins Untergeschoß getragen, und die Ausstellungsständer mit den Wasservögeln in den Souvenirladen gerollt. Hinter dem einen oder anderen Tisch schaute noch ein Otter oder Silberreiher hervor, aber es war uns gelungen, den Hauptraum größtenteils freizuräumen.

Wir hatten einige Tische mit Sand bedeckt, den wir zu kleinen Hügeln formten (zwei Tage Arbeit), und dann den Sand mit Moos und Flechten bedeckt (ein weiterer voller Tag). Auf diesem Ersatzwaldboden verteilten wir hundertsiebenundzwanzig verschiedene Arten von Pilzen, von denen jeder mit einem Schild versehen wurde, auf dem der lateinische und der gebräuchliche Name sowie die Eigenschaften verzeichnet waren. Einige von ihnen waren eßbar, einige verwendete man zu medizinischen Zwecken, einige leuchteten in der Dunkelheit, einige sonderten eine farbige Milch ab, einige wurden zum Färben gebraucht, einige, um daraus Raketentreibstoff herzustellen, und einige waren auch giftig. Faszinierend waren sie alle. Auf jeden Fall für mich, aber ich schreibe schließlich Pilzhandbücher. Und ich gebe Pilzbestimmungskurse.

«Sieht gut aus.» James Ransome, der Kurator des Museums, strahlte vor Zufriedenheit. James hat ein breites, rosafarbenes Gesicht, welliges schwarzes Haar und trägt eine randlose Pilotenbrille. Er ist etwa vierzig, und unter seinem unvermeidlichen Button-down-Hemd und der Wollweste wölbt sich ein kleiner Bauchansatz. Ich mag James sehr.

«Wir sollten die kleinen Kiefern woanders hinstellen», knurrte Don Herlihy. Zum wiederholten Mal.

Don erwies mir einen großen Gefallen, indem er beim Aufbau der Ausstellung half. Er hilft uns jedes Jahr. Er ist Botaniker und Ornithologe und arbeitet, ebenso wie ich, nicht an einer Universität. Sein Geld verdient er als Landschaftsgärtner, wobei er sich auf einheimische Pflanzen spezialisiert hat, die Trockenheit vertragen. Wir sind Freunde, weil wir in den botanischen Labors von vielleicht einem Dutzend Colleges zusammengearbeitet haben, und wenn ich mit meinen Kursen im Museum die Miete nicht bezahlen kann, schiebt er mir gelegentlich den einen oder anderen landschaftsgärtnerischen Auftrag zu, den er selbst nicht mehr unterbringt. Ich wünsche mir, Don wäre mehr als nur ein Freund, aber er steht leider mehr auf den Angorapullovertyp. Doch ich gebe die Hoffnung nicht auf.

«Sie werden umkommen vor Hitze, wenn die Sonne wandert.» Don war der Meinung, wir sollten überhaupt keine Topfpflanzen aufstellen, aber James wollte ‹Atmosphäre› und schließlich war es James' Museum.

Mich interessierte die Atmosphäre nicht sonderlich, und die Kiefern interessierten mich noch weniger. Ich wollte nur, daß zwischen meinen beiden besten Freunden Friede herrschte.

Ich sagte: «Wißt ihr, was ich heute gefunden habe?»

Don jammerte noch immer über die dürren Kiefern. «Sie werden umgestoßen – wenn sie nicht vorher vor Hitze eingehen!»

«Wir brauchen sie, um das Becken mit der Wattlandschaft zu verdecken.» James blieb ruhig, denn er wußte, daß er wie immer seinen Willen durchsetzen würde. «Letztes Jahr war es hinterher voller Plastiktassen und Einweggabeln.»

«Waldchampignons», fuhr ich fort. «Ich werde sie heute nachmittag bei der Kostprobe dünsten.»

James sah mich erstaunt an. «Vor ein paar Jahren hast du für mich welche gekocht. Dabei hast du gesagt, ich solle sie nie allein sammeln.»

«Man kann sie leicht mit Knollenblätterpilzen verwechseln.» Ich beugte mich über meinen Korb mit Champignons und nahm ein junges Exemplar heraus. «Aber das ist ja das Schöne daran! Nur wenige Leute kennen sich gut genug aus, um sie zu sammeln.» Ich schaute zu dem Tisch hinüber, auf dem die Heizplatten und Bratpfannen für die Kostprobe standen. «Die Leute, die heute kommen, werden sie vielleicht nie wieder in ihrem Leben probieren können.»

James nahm mir den Champignon aus der Hand und drehte ihn hin und her. Er wußte genug über Pilze, um die Unterschiede und Ähnlichkeiten erkennen zu können – wenn jemand anders ihm einen Anhaltspunkt für die Klassifizierung gab.

Don ging hinüber zu der Reihe knorriger Kiefern und zog sie einige Zentimeter weiter vom Fenster weg. Er kümmerte sich immer um Kleinigkeiten – und sah mich jetzt an, damit ich ihn unterstützte. Als ich das nicht tat, sagte er grollend: «Auch Experten machen Fehler, Lucy.»

James machte sich nicht die Mühe, die Bäume wieder zurückzuschieben. Ich wußte, daß wir sie später dort finden würden, wo er sie haben wollte.

Don kratzte sich in seinem dichten Bart und sah mich von der Seite her an, als hätte ich mich vor der Verantwortung gedrückt. «Der Typ, der mir alles über das Klettern beigebracht hat, ist, soviel ich weiß, im letzten Sommer in Mittelamerika abgestürzt und hat sich den Hals gebrochen.»

«Danke für diesen Vertrauensbeweis.» Ich nahm James den Champignon aus der Hand. «In der Geschichte der Pilzkunde ist noch nie ein Experte – und damit meine ich nicht jemanden, der ein oder zwei Kurse gemacht hat und mit einem Pilzbuch zum Sammeln geht, sondern jemanden, der sich beruflich mit Pilzen befaßt – an einer Pilzvergiftung gestorben.« Ich fühlte, wie mir das Blut ins Gesicht stieg. Die Leute fürchten sich so sehr vor Pilzen. Das ist irrational und in Kulturen, wo ganze Familien miteinander zum Pilzesammeln gehen, gibt es diese Furcht überhaupt nicht. «Schaut, niemand hat Angst, daß seine Petersilie Schierling sein könnte oder seine Lorbeerblätter Oleander!

Davor haben die Leute keine Angst, wer auch immer das Zeug gesammelt hat . . .»

«O je!» sagte James mit grimmiger Miene. «Lucys Stekkenpferd.»

Vom Eingang des Museums her kam ein Klopfen. Jemand pochte an die Glastüren. Möglicherweise waren es sogar schon mehrere Leute, denn die Pilzausstellung zieht immer eine Menge Menschen an: Amateurnaturkundler, Leute mit Kindern, Hippies, die sich für Naturfarben und Rauschgifte interessieren, Feinschmecker und Leute, die sich gern eine farbenprächtige Ausstellung ansehen.

Als ich mit der Garnfärbevorführung fertig war und einige Zeit damit verbracht hatte, Pilze zu identifizieren, die Leute auf ihren Wiesen gefunden hatten, drängten sich im Hauptraum vielleicht fünfzig Leute.

Es war an der Zeit, ein paar Pilze zu kochen.

Ich begann mit zotteligen Parasolpilzen und machte weiter mit Maronenröhrlingen, Pfifferlingen, Rotkappen, Stockschwämmchen und Steinpilzen. Jeder Pilz unterschied sich deutlich vom anderen, wobei die Geschmacksrichtungen von würzig über kräuterartig zu fruchtig reichten und sich in jedem Fall deutlich unterschieden von den Kunstpilzen, die man im Supermarkt kaufen kann.

Es wurde ziemlich hektisch: um mich herum drängten sich die Leute mit kleinen Wegwerftassen und Plastikgabeln, immer wieder erklärte mir irgendein Gourmet, wie man die Pilze noch viel besser zubereiten könne (als ob man beim Dünsten in Butter irgend etwas falsch machen könnte), und immer wenn James irgendwo ein winziges Problem hatte, wollte er, daß ich alles stehen- und liegenließ und es löste. So rannte ich schließlich schwitzend hin und her, tauschte wurmige Pilze gegen neue aus, die ich aus den Vorratskörben im Untergeschoß holte, besorgte noch mehr Butter und schaute zwischendurch auch noch nach, ob das Garn aus der Garnfärbevorführung richtig trocknete.

Für eines nahm ich mir allerdings Zeit: Ich beugte mich nach unten und schaute den Korb mit den Waldchampignons durch. Einige Hüte hatten sich von den Stielen gelöst, aber das passiert immer, wenn man Pilze transportiert. An keinem der Stiele befand sich eine Hautscheide.

Als ich die Waldchampignons zu braten begann, war der Raum so voll, daß man sich kaum bewegen konnte. Ich fühlte mich feucht und klebrig vom Butterdunst und war müde nach all den Tagen, an denen ich Pilze gesammelt, die Ausstellung und das Museum vorbereitet hatte. Diese Erschöpfung überfiel mich sehr plötzlich, und ich weiß noch, daß ich, während ich die Champignons schnitzelte, froh war, daß ich heute morgen noch in den Wald gegangen war. Schon der Gedanke an den Wald wirkte auf mich wie ein Stärkungsmittel.

James' Frau kam herein und unterbrach meine Meditation. Karen Ransome war eine üppige Frau, mit großen Augen und dünnen, fransigen, gelblichen Haaren. Sie wirkte nervös und flattrig und kicherte ständig. Ich kannte sie nicht besonders gut, obwohl ich viel mit James zu tun hatte. Das meiste, was ich über sie wußte, hatte ich von Mary Clardy erfahren, die den Souvenirladen des Museums führte. Mary erzählte mir, daß Karen nicht gern zum Wandern ginge und daß das doch schade sei, nachdem James es so sehr liebe, und man doch erwarten könne, daß Karen die Kinder gelegentlich zum Fußballspielen begleite und James seinen freien Sonntag lasse, und ob das nicht schrecklich sei, daß Karen erwarte, James solle am Wochenende auf die Kinder aufpassen, nachdem sie sie die ganze Woche einem Babysitter überlasse, obwohl sie nicht einmal arbeiten ging, und Karen müsse doch klar sein, daß sie James' Karriere nicht gerade nütze, wenn sie sich auf den Partys des Museumsausschusses betrinke und mit dem Vertreter des Stadtrats flirte.

Karen kam auf mich zu und stellte sich neben mich, während ich kochte. Sie erzählte etwas über einen Einkaufsbummel, aber ich hörte ihr nicht richtig zu. Ihr Atem roch nach Schnaps, und sie lachte und sagte: «Das ist aber keiner dieser Pilze, die man nicht essen darf, wenn man etwas getrunken hat, oder?»

Es gibt eine Tintlingart, die Nase und Finger rot färbt und einige Stunden Herzrasen verursacht, wenn man sie zusammen mit Alkohol zu sich nimmt.

Ich schöpfte etwas von dem Pilzgericht in eine Plastiktasse. «Nein. Hier, spielen Sie für mich das Versuchskaninchen. Waldchampignons.»

James kam aus dem Souvenirladen, sah Karen die Waldchampignons essen und wurde etwas rot im Gesicht. Er kam auf uns zu und konnte gerade noch hören, wie Karen kichernd wiederholte: «Wal'champignons.»

James wirkte peinlich berührt. Diesen Gesichtsausdruck zeigte er meistens, wenn er mit seiner Frau zusammen in der Öffentlichkeit war. Er murmelte: «Karen, wo sind die Kinder?»

Sie rümpfte die Nase. «Ich glaub', ich muß mal den Babysitter ablösen – der Nachbarsjunge, Liebling, der mit den Sommersprossen, du weißt schon, wer. Ich will nur noch schnell zum Souvenirladen – Souvenir*laden* ...»

«Nein!» James sah erschrocken aus. «Er kann doch noch nicht einmal zehn sein! Geh, und schau nach, was die Kinder ...» Er legte ihr einen Arm um die Schultern und schob sie zur Tür. Ich hörte ihn noch fragen, wo sie eigentlich gewesen sei.

Ich fand, er hätte ihr eigentlich ein Taxi rufen sollen, aber er kannte sie wohl besser als ich.

Die Leute standen an, um die Waldchampignons zu probieren. Ich schaute in ihre Gesichter, wenn sie den ersten Bissen nahmen. Viele von ihnen hatten noch nie Wildpilze versucht, und sie zeigten einen Gesichtsausdruck, als seien sie im Himmel.

Ich hatte gerade beschlossen, noch eine Pfanne voll zu dünsten, als James zurückkam.

«Allen schmeckt es wunderbar», prahlte ich.

James wirkte abwesend. Er half mir dabei, einige Pilzhüte zu putzen, dann schob er sich wieder durch die Menge zum Souvenirladen.

Ein junges Paar, das in Wollschals gewickelt war und aussah, als käme es direkt aus Woodstock, stand neben dem Tisch und hielt die Plastiktassen bereit. Die Frau, mit langen Haaren und einem etwas dümmlichen Gesichtsausdruck, blätterte eine meiner Broschüren durch, die im Souvenirladen verkauft wurden: «Eßbare Pilze und die nicht eßbaren, mit denen man sie verwechseln kann.» Der junge Mann, der ein unwiderstehliches Lächeln hatte, fragte mich, was ich hier kochen würde, und ich sagte es ihm.

Die Frau deutete auf eine Fotografie des Waldchampignons in meiner Broschüre: «Dieser da? Da steht, man soll ihn nicht sammeln, außer wenn ihn ein Fachmann begutachtet.»

«Nun, sie ist ja Expertin», erklärte der Mann. «Wir halten uns lieber an Fliegenpilze.» Er grinste. «Die kann man nicht verwechseln.»

Der Fliegenpilz ist hellrot und hat flockige weiße «Warzen» (eigentlich Stückchen einer zerrissenen dünnen Haut). Er wirkt berauschend. Seit Tausenden von Jahren wird er in Gegenden wie Sibirien verwendet, wo man Alkohol erst relativ spät entdeckt hat.

Ich versuchte, nicht allzu mißbilligend dreinzuschauen, denn ich hasse Leute, die Pilze nur für ein anderes Mittel halten, um high zu werden.

Mary Clardy tauchte neben mir auf. Die Porzellanhaut ihrer Wangen glühte fast ebenso rot wie ihre Locken.

«Ich habe gesehen, wie Karen gegangen ist. ‹Eine glückliche Trinkerin.›» Marys Ton klang sarkastisch. «Das glauben sie doch immer von sich selbst, nicht wahr?» Sie schob ihr Kinn nach vorn.

Das Pärchen mit den Schals lobte die Waldchampignons

lauthals, aber Mary stellte sich zwischen mich und ihre Komplimente.

«Das ist wirklich lächerlich in letzter Zeit», klagte sie, während sie Fussel von ihrem Pullover zupfte. «James muß Sitzungen verlassen, um die Kinder abzuholen. Man sollte Karen wirklich wegen Vernachlässigung ihrer Kinder anzeigen!»

Don Herlihy gesellte sich zu uns; angezogen von Marys Reizen, der verdammte Kerl. Er hätte eigentlich eine Vorführung darüber abhalten sollen, wie Baumschulen die Wurzeln junger Bäume mit Sporen bedecken. Das Mycel der Pilze bildet eine Schutzhülle für die Wurzeln, daher gedeihen Bäume doppelt so gut, wenn sie zusammen mit Pilzen wachsen.

Mary drehte sich mit einem etwas selbstgefälligen Lächeln zu Don um. Die Angorakönigin und ihr Höfling. «Ich habe gehört, Sie wollen uns verlassen», sagte sie und versuchte, etwas Trauer in ihre Stimme zu legen. «Nehmen im Süden eine Stelle an.»

Ich schaltete die Heizplatte ab und vermied es, Don anzusehen. Wir hatten weiß Gott wie viele Hektar miteinander abgegrast, auf der Suche nach Pilzen, Nachtreihern und seltenen Schwingelgrassorten für seine Botanisiertrommel. Näher war ich einer Romanze mit ihm nie gekommen. Er, James und die Kurse, die ich gab, waren mein gesamtes gesellschaftliches Leben.

Don schlurfte einen Schritt auf mich zu und stand etwas steif da. Seine Kleider rochen nach feuchtem Gras. «Ich glaube, ich werde alt.» Er klang schuldbewußt, nachdem er mir nicht einmal erzählt hatte, daß er an einen Stellenwechsel dachte. «Meine Knie machen mir immer mehr Schwierigkeiten. Und mit dem feuchten Wetter in diesem Jahr . . . Das Geld . . .»

Ich wußte, daß er sich nur mit knapper Not über Wasser halten konnte; so geht es uns ja immer. Aber ich glaube, ich nahm einfach an, daß ihm das nichts ausmachte; vermutlich war ich darauf angewiesen, daß es ihm nichts ausmachte. Denn wenn es ihm etwas ausmachte, würde es auch mir etwas ausmachen müssen. Wenn Don Herlihy eine ordentliche Stelle annahm, würde wohl auch ich das in absehbarer Zeit tun müssen.

James spazierte wieder vorbei und schien etwas überrascht, uns drei hier zusammenstehen zu sehen, ohne daß wir etwas bestimmten, vorführten oder verkauften.

Ich schaute Don an und bemerkte, daß er Mary gerade einen innigen Blick zuwarf.

Mary schaute genauso, aber ihr Blick war auf James gerichtet.

Ich entschuldigte mich und stürmte hinunter ins Untergeschoß. Dort war es kühl und dunkel, und ich war mit den ausgestopften Kojoten, den Schachteln und den Pilzen und den Haufen von Moosresten allein. Ich setzte mich an den mit Pilzen übersäten Konferenztisch und konnte meine Schüler beinahe vor mir sehen, wie sie ihre Körbe ausleerten und darüber plauderten, was sie im Wald gefunden hatten, über denjenigen, «den ich leider dortlassen mußte», den unvermeidlichen Steinpilz («so groß!»), der voller Würmer war.

Ich war einunddreißig Jahre alt, und niemand liebte mich. Für ein anständiges Auto, und sei es nur ein gebrauchtes, hatte ich kein Geld. Mir blieb immer nur die Wahl zwischen Untermiete oder einer Bruchbude (im Moment war es gerade die Bruchbude). Ich trug meine Kleider, bis der Stoff auseinanderfiel. Aber ich hatte schließlich meine Kurse, oder? Über die Jahre hatte ich viele Menschen zu enthusiastischen Pilzfreunden gemacht und eine Menge dummer Ängste und Vorurteile zerstört. An den meisten Tagen war ich draußen im Wald. Das war doch auch etwas wert, nicht wahr?

Es sollte jedenfalls Don etwas wert sein, schlimme Knie oder nicht. *Ich* sollte ihm etwas wert sein.

Die Tür zum Untergeschoß öffnete sich. «Ich wünschte

mir», sagte Don von der Schwelle aus, «daß ich eine reiche Frau hätte, wie James. Eigentlich» – ein düsteres Stirnrunzeln – «wünsche ich mir, ich *wäre* James. Ich wünsche mir, ich hätte einen silbernen Audi und ein großes Haus. Ich wünschte, ich hätte einen Job, bei dem die Leute tun, was ich ihnen sage.»

«James ist nicht glücklich», gab ich zurück, obwohl ich über dieses Thema noch nie zuvor nachgedacht hatte.

Don zuckte mit den Schultern. «Mary ist verrückt nach ihm, weil sie ihn nicht haben kann.» Dieses Gefühl kannte ich. «Sogar seine Probleme wirken sich noch zu seinem Vorteil aus.»

«Wohin gehst du?»

«Zu einer Elektronikfirma in Encino.»

Encino. Endloser Beton ohne jeden Schatten.

Bitte, lieber Gott, laß mich nie in Encino enden.

Der Labortechniker im Gemeindekrankenhaus reichte mir eine Schachtel mit Objektträgern aus Glas. Es war das dritte Mal in acht Jahren, daß ich ihnen diesen Dienst erwies. Das dritte Mal in acht Jahren, daß sie einen Verdacht auf Pilzvergiftung hatten und die örtliche Expertin riefen. Aber dieses Mal war es anders. Ich hörte die Objektträger klappern, als ich die Schachtel in die Hand nahm.

Ich zog eine kleine Glasplatte heraus und schmierte mit einem sterilen Tupfer etwas braune Masse in die Mitte. Sie stammte aus einer Keramikschale mit der Aufschrift «Kot – Peterson, Robin J.». Dann legte ich ein Deckplättchen darüber.

Ich wußte, daß ich Sporen finden würde. Ich wußte es, weil ich beim Essen der Pilze zugesehen hatte. Ich hatte zugesehen, wie er meine Waldchampignons probiert und mir mit einem herzlichen Lächeln versichert hatte, wie herrlich er sie fände (während Mary Clardy zwischen uns stand).

Den Leuten im Krankenhaus hatte ich erklärt: «Ich habe

keinen Fehler gemacht – ehrlich! Peterson hat einen harmlosen Pilz gegessen. Wenn er jetzt krank ist, dann muß es sich um eine seltene Allergie handeln, die vielleicht einmal unter einer Million vorkommt. Das ist alles.»

Aber sie sagten, er zeige Anzeichen einer Leberschädigung. Sie machten sich Sorgen über ein Nierenversagen. Solche Symptome werden vom Gift des Knollenblätterpilzes hervorgerufen. Vom Todesengel.

Ich schob den Objektträger hin und her, bis ich zwei zitternde Sporen im Miasma entdeckte. Eine war braun und oval; der Waldchampignon besitzt braune ovale Sporen. Die andere war weiß und rund. Ich lehnte mich zurück. Es war die Spore eines *Amanita* (und nicht eines *Agaricus*, der Art, zu der der Waldchampignon zählt).

Alle Pilze der Art *Amanita* haben runde, weiße Sporen, aber nicht alle *Amanitas* sind giftig. Es gibt drei oder vier eßbare Sorten, die in den Wäldern und Wiesen dieser Gegend wachsen. Ich schloß die Augen und rief sie mir ins Gedächtnis, als wollte ich die Sporen auf dem Objektträger beeinflussen.

Ich griff nach einer kleinen, verkorkten Flasche, die ich mitgebracht hatte. Sie war voll mit Melzer-Reagenzflüssigkeit, einer öligen, gelbroten Lösung. Diese färbt bestimmte Sporen – «amyloide» Sporen – grau. Die tödlichen *Amanitas* haben amyloide Sporen, die eßbaren *Amanitas* nicht.

Ich ließ einen Tropfen der Lösung auf den Rand des Deckplättchens fallen und sah zu, wie die Flüssigkeit in den Spalt kroch und die ganze Masse granatrot färbte. Ich atmete tief durch, klammerte mich noch einmal an meine Hoffnung und schaute durchs Mikroskop.

Die Spore hatte sich hellgrau verfärbt. Sie war amyloid.

Robin Peterson lag da, mit einer Menge Schläuche im Körper und einem Computermonitor, der neben seinem Bett klickerte. Sein Mund stand offen, seine Haut zeigte ein stumpfes Orangerot und war mit blauen Flecken übersät.

Ich war zu sehr erschüttert, um ihn zu fragen, ob er selbst zum Pilzesammeln gegangen war, ob er einige *Amanitas* gefunden und sie zubereitet hatte.

Der arme Mann begann zu würgen. Eine Krankenschwester zog das Laken von seinem Körper und den Beinen beiseite, und ich sah, daß er in einer Pfütze blutiger Exkremente lag. Es war das Schrecklichste, was ich jemals gesehen habe. Ich rannte aus der Intensivstation. Ich rannte geradewegs in James.

James sprach gerade mit einem Arzt, und der Arzt sagte: «Wenn man vom Ausmaß der Leber- und Nierenschäden ausgeht – ich nehme an, daß es etwa sechzehn Stunden her ist, seit er die Pilze gegessen hat?»

«Normalerweise dauert es länger», sagte ich mechanisch. «Mindestens drei Tage, bis sich die Symptome zeigen.»

Der Arzt schüttelte ärgerlich den Kopf. «Und eine kleine Menge kann tödlich sein?»

«Zwei Kubikzentimeter.» Meine Stimme schien seltsam körperlos, als käme sie aus einer Lautsprecheranlage. «Das ist die kleinste bekannte tödliche Dosis.»

«Ein Pilz, mit anderen Worten.»

«Ja, aber ...»

«Aber gar nichts!» Der Arzt rieb mit seinen mit Leberflekken übersäten Fingerknöcheln über Petersons Karteikarte, als wolle er darauf radieren. «Ihre Pilze werden diesen Mann umbringen, wenn wir nicht sehr bald eine neue Leber für ihn finden!»

«Ich habe ihm einen harmlosen Waldchampignon gegeben, einen Verwandten der Champignons, die man im Supermarkt kaufen kann. Ich kenne meine Pilze. Ganz bestimmt! Ich hätte niemals – ich habe – keinen Fehler gemacht!»

James legte mir den Arm um die Schultern und zuckte etwas zusammen. «Natürlich nicht, Lucy. Natürlich hat er den Pilz nicht von dir bekommen. Sobald er ansprechbar ist, wird er Ihnen das bestätigen.»

Der Arzt sah aus, als müßte er sich zurückhalten, um nicht auf uns einzuschlagen. Er schob sich zwischen uns durch und ging in die Intensivstation zurück.

James zog mich zu einer gepolsterten Bank. Seine blasse Haut glänzte. «Laß dir das nicht einreden, Lucy. Du weißt, daß es nicht dein Fehler war.» Sein Blick suchte meinen. «Du *weißt* das.» Aber es klang wie eine Frage.

«Was ist mit den anderen Leuten?»

Er berührte meine Wange. «Welchen anderen Leuten?»

«Die auf der Ausstellung Pilze gegessen haben. Sie werden Angst bekommen, wenn sie davon erfahren.»

Er seufzte und blickte beiseite. «Der Museumsausschuß und der Vertreter des Stadtrats haben darauf bestanden, daß wir einen Aufruf herausgeben. Jeder, der auf der Ausstellung Pilze gegessen hat, soll ins Krankenhaus kommen.» Er sah mich wieder an. «Aber dabei geht es nur darum, die Rechtsanwälte zufriedenzustellen. Betrachte das nicht als einen Ausdruck von Mißtrauen. Wer dich kennt, weiß, daß er sich keine Sorgen machen muß.»

«Wir werden niemals wieder Pilze servieren können, nicht wahr?» Was immer mit Robin Peterson geschehen würde, die Pilzausstellung war erledigt. Dabei war sie so eine hübsche kleine Ausstellung gewesen. Und niemand würde mehr in meine Kurse kommen.

Ich fühlte mich selbstsüchtig, weil ich jetzt an so etwas dachte, während Peterson da drinnen in seinem Blut lag.

Eine Frau kam aus dem Aufzug auf uns zu. Petersons Begleiterin von gestern, mit ihren glatten, in der Mitte gescheitelten Haaren und mehreren Schichten Kleidern aus den sechziger Jahren. Sie blieb stehen, als sie mich erblickte. Sie beugte sich zu mir, nahe genug, daß ich Patschuli und feuchte Wolle riechen konnte.

Es war leichter für mich, ihren Schal anzusehen als ihr Gesicht, unter diesen Umständen. «Leuchtende Ölbaumpilze», murmelte ich.

Sie spielte mit ihrem Schal. «Ja, ja. Wir haben sie gekocht

und in Kaliumdichromat, Eisenoxid und Alaun gelegt, um diese Farbe zu bekommen.»

«Sie kennen sich mit Pilzen aus.»

Sie nickte.

«Hat Peterson Pilze gesammelt? Vor der Ausstellung? Oder danach?»

«Nein.» Sie verblüffte mich, als sie mir übers Haar strich. «Aber es ist nicht Ihr Fehler. Es ist Robins Karma. Ich bin nicht krank. Sie sind nicht krank. Es muß Robins Karma sein. Er ist ein Fischer. Ein Thunfischfischer.»

«Sind Sie sicher, daß er nicht beim Pilzesammeln war?»

«Wir sind nicht nach draußen gegangen. Wir hatten Soma zu Hause, getrocknet. Das haben wir gegessen.» Ihr Gesicht verzog sich, als sei ihr die Erinnerung daran unangenehm. «Wir haben Delphine gesehen, und sie sind in Robins Netz ertrunken.»

Soma. Das Thema einer sechstausend Jahre alten Abhandlung im *Rigveda,* dem ältesten schriftlichen Zeugnis überhaupt. Soma, der Gott, den man zu sich nehmen kann. Auch bekannt als *Amanita muscaria,* Fliegenpilz, der berauschend wirkt, aber nur in dem Sinne «giftig» ist, in dem auch Alkohol und Beruhigungsmittel giftig sind. Seine Sporen sind nicht amyloid. Es war keine Fliegenpilzspore gewesen, die ich auf dem Objektträger gefunden und gefärbt hatte.

Der Arzt kam aus der Intensivstation und stellte sich vor uns auf. «Peterson ist tot!»

James legte seine Arme um mich. Die junge Frau sank zu Boden und kauerte sich in einer aufrechten Fötusposition zusammen. «Ich kann seine Seele fühlen», flüsterte sie. Ruckartig hob sie den Kopf und sah mich an. «Er wird in Soma zu Ihnen sprechen.»

James blieb in dieser Nacht bei mir und kochte mir Kannen voll Kräutertee, den ich nicht trinken konnte, und erzählte mir alles, was ihm gerade einfiel: über seine Kinder, seine Ferienaufenthalte, wie das feuchte Wetter unsere Planungen bezüglich der Wildblumenausstellung beeinflussen würde.

Ich wußte, daß außerhalb unserer schützenden Höhle die Besucher der Pilzausstellung ins Krankenhaus eilten, Botaniker, die nichts über Pilze wußten, die Ängste der Öffentlichkeit mit falschen Informationen schürten, und Zeitungen alarmierende Lügen veröffentlichten. Ich hatte mein ganzes Berufsleben hindurch versucht, die Haltung der Menschen zu einer der faszinierendsten (und oft als Heilmittel dienenden) Lebensform zu ändern. Jetzt war alles vernichtet, meine gesamte Arbeit – sieben sechsstündige Kurse im Jahr, die ich über acht Jahre hinweg abgehalten hatte, zwei Ausgaben meines Pilzführers, die Broschüre über eßbare Pilze. Nun war ich für die Leute nur noch die Pilzexpertin, die auf einer Pilzausstellung einen Mann umgebracht hatte.

Und ich hatte es nicht getan. Wie hätte ich einen Fehler machen sollen? Ich kannte die Pilze. Ich kannte sie wirklich.

Am liebsten hätte ich mich in einen Abgrund gestürzt.

James gab sich alle Mühe, mich aufzuheitern, aber ich merkte, wie verärgert er unter der Oberfläche war. Es endete damit, daß ich weinend zusammenbrach.

Als es dämmerte, schlief ich endlich ein, während mir James gähnend von einer Kreuzfahrt nach Alaska erzählte, einer Kreuzfahrt, die er sehr gern machen würde, wenn er Karen nur dazu bekommen könnte, sich so weit vom nächten Kaufhaus weg zu wagen.

Ein paar Stunden später wachte ich auf und fand James schlafend in meinem kaputten Sessel. Auf Zehenspitzen schlich ich aus dem Haus (vielleicht war «Schuppen» die passendere Bezeichnung), zog meine Stiefel an und fuhr hinaus in den Wald. Das ist der einzige Ort, wo ich mich wirklich wohl fühle.

Die Pilze waren wunderschön, tomatenrot mit flauschigen weißen «Warzen». Sie standen ganz allein in der Mitte einer

Lichtung, im Zentrum der Aufmerksamkeit, frisch und vollkommen, ohne ein einziges Insekt in ihren Lamellen, ohne eine Spur von Fäulnis. Dennoch sah ich sie mit einem Gefühl der Furcht an, Furcht davor, was sie mit mir machen würden. Ich rief mir in Erinnerung, daß die Menschen sie seit Tausenden von Jahren aßen. Und ich hatte noch nie von irgendwelchen Todesfällen gehört (außer in einem britischen Kriminalroman).

Jetzt tat ich es selbst – ich ließ mein Wissen über den Pilz von der Angst verdrängen.

Ich zwang mich auf dem Moosboden vor dem großen Gott Soma in die Knie. Von der Basis eines der Pilze flog im Wind eine schwankende Fliege auf, die von dem Pilz angezogen und dann berauscht worden war.

Ich brach die breiten Hüte von den Stielen.

Als ich nach Hause kam, war James nicht mehr da. Das war gut so.

Ich schnitt die Fliegenpilze in Scheiben und versuchte eine Stunde lang, sie so zu behandeln, wie es die Arier im *Rigveda* beschreiben. Ich schluckte die joghurtähnliche Masse hinunter. Sie schmeckte wie modrige Blätter.

Eine halbe Stunde lang geschah gar nichts, außer daß ich Angst hatte: Angst vor den Pilzen und Angst vor Robin Petersons Geist.

Und dann lag ich schwitzend auf dem Rücken am Boden. Die Zimmerdecke drehte sich. Jahrelang hatte ich Pilze studiert, sie gesammelt, unter dem Mikroskop betrachtet, gekocht, serviert, gegessen, arrangiert, über sie Kurse gegeben und sie fotografiert. Jetzt sah ich mich selbst als Teil eines Kontinuums. Ich sah, wie Rentiere mit den Geweihen gegeneinanderstießen im wilden Kampf um den Pilz, sah arische Priester Somamilch trinken, sah bärtige Sibirier herumhüpfen, torkeln und lachen; sah Blumenkinder die rote Haut von den Hüten abziehen und zu Zigaretten rollen.

Und dann sah ich mich selbst:

An einem kühlen, nebligen Morgen, in meinem Regenmantel und mit dem Korb, der neben mir auf dem Boden stand. Es lagen bereits zwei Dutzend Pilze darin, einige davon sehr jung, mit Hautschleiern über den Lamellen, einige mit breiten Hüten und Lamellen, die mit braunen Sporen bestäubt waren.

Ich schaute nach oben. Die nassen Äste einer Eiche breiteten sich wie knorrige Arme im Weiß des Himmels aus. Vögel zwitscherten droben im Baum und riefen *Krie, krie, krie.*

Ich blickte wieder nach unten. Auf dem Waldboden standen mehrere Pilze. Knollenblätterpilze, deren Hüte dem Waldchampignon so sehr ähnelten, daß nur die sackähnliche Hautscheide an der Basis des Stiels zeigte, daß sie tödlich giftig waren.

Ich betrachtete die Pilze in meinem Korb. Ich atmete die kühle Luft ein. Ich horchte auf das *Krie* der Vögel über mir, auf das Rascheln der Erdhörnchen und das ferne Geräusch fallender Tannenzapfen. Das Leben war schön.

Ich grub im Moos. Hier standen zwei junge Pilze mit schneeweißen Hüten, rund und klein, noch teilweise mit Haut überzogen und mit kräftigen, festen Stielen. Ich grub vorsichtig, denn ich erkannte die Gefahr. Einer war ein Knollenblätterpilz und der andere ein Waldchampignon. An der Basis des einen hingen Mycelfäden. Ich zupfte sie ab. Die andere Basis war mit einer sackähnlichen Scheide bedeckt. Ich warf diesen Pilz weg und bemerkte dann eine purpurrote Verfärbung an der Scheide, die wie schleimige Tinte aussah. Es war nicht ungewöhnlich, einen fehlerhaften Pilz zu finden, einen Pilz, der irgendeinen seltenen Parasiten beherbergte oder eine untypische Färbung hatte. Wenn ich solche Abweichungen entdeckte, freute ich mich; sie bildeten einen Teil des Vergnügens beim Pilzesammeln. Ich hob den Knollenblätterpilz auf und löste die verfärbte Hautscheide ab. Der Schleim war nicht bis auf den Stiel durchgedrungen. Möglicherweise war es etwas aus dem

Boden; etwas, das mit dem Pilz selbst gar nichts zu tun hatte. Ich warf ihn wieder weg.

Das *Krie, krie, krie,* das aus den Zweigen über mir erklang, wurde hektisch. Ich blickte gerade rechtzeitig auf, um einen kleinen Schwarm nach unten fliegen zu sehen. Sie schienen auf mich zutauchen zu wollen. Ich fiel aus meiner Kauerstellung auf den Rücken. Als die Vögel wieder hochflogen und verschwanden, sah ich etwas Weißes unter ihren Flügeln aufblitzen. Ich mußte Don fragen, was für eine Vogelart das war.

Ich stand wieder auf, zupfte Zweige aus meinem Haar und klopfte nasses Moos von meinem Mantel.

Ich bückte mich, um meinen Korb aufzunehmen. Es wurde Zeit, zum Museum zu gehen.

Ich lange nach unten, um den jungen Waldchampignon aufzuheben, den ich gerade entdeckt hatte.

Robin Petersons eisige Hand schloß sich über meiner, als ich den falschen Pilz aufhob.

Ein lautes Klopfen an meiner Haustür riß mich aus einem narkoseähnlichen Schlaf. Jemand rief meinen Namen.

Ich setzte mich auf. Meine Möbel waren umgestellt, sie waren in die Mitte des Zimmers gezogen. Warum, um Himmels willen, hatte ich das getan?

Ich krabbelte auf Händen und Knien zur Tür und zog mich am Türknauf hoch.

Es war Don Herlihy. Er sah aschgrau und krank aus. Er sagte: «Hast du schon von Karen gehört? Karen Ransome?»

«Du lieber Gott!» Ich hatte James' Frau eine Plastiktasse mit etwas gegeben, was ich für Waldchampignons gehalten hatte. Hatte es ihr mit prahlerischen Worten und einem stolzen Lächeln überreicht.

«Sie ist tot, Lucy. James war weg, glaube ich, fast die ganze Nacht. Und niemand hat Karen gesagt, sie soll ins Krankenhaus gehen, um sich testen zu lassen. Als James nach Hause kam und sie fand, war es schon zu spät.»

«James war bei mir», hörte ich mich selbst sagen. «Es ist meine Schuld, daß Karen nicht rechtzeitig geholfen wurde.»

Don sagte: «Nein, Lucy», aber er kam nicht herein.

Aus seiner Hemdtasche ragte ein Rezept, auf dem ich das Symbol des Gemeindekrankenhauses entdeckte. Er war im Krankenhaus gewesen, um sich testen zu lassen. Ich hatte kein Recht, verletzt zu sein, aber ich war es.

«Komm herein, Lucy», sagte James freundlich. «Ich habe mir Sorgen gemacht um dich.»

Irgendwo im Obergeschoß von James' Haus hörte ich Kindergeschrei, und ich hörte auch die ruhige Stimme einer erwachsenen Frau. James trug Jeans und einen Kaschmirpullover. Seine Haut sah wächsern aus, so blaß war er. Sein Haar stand vor dem Hintergrund der mit Eichenpaneelen getäfelten Wand wirr in die Höhe.

Ich folgte ihm nach drinnen. Ich folgte ihm durch das Wohnzimmer, durch das Eßzimmer und durch den Flur in eine Küche, die größer war als mein ganzes Haus. Über die gekachelte Anrichte war ein Pullover geworfen: Er gehörte Mary Clardy. Es war ihre Stimme, die ich gehört hatte; ihre Stimme, die die Kinder tröstete.

«In diesem Raum fühle ich mich am wohlsten», sagte James und fuhr mit einer Hand lustlos über die Kacheln. «Auch wenn es grausam erscheint, aber nachdem jetzt endlich alle gegangen sind, wollte ich mir gerade etwas zum Essen machen.»

«Wenn es dich entspannt.» Wie oft hatte ich James schon beim Aufschneiden von Pilzen und Hühnerfleisch zugesehen? Mein Freund; wie nett von ihm, mich in seine Küche zu lassen.

«Es ist schrecklich, aber ich bin hungrig. Ich will nur . . .»

Er sah mich mit blitzenden Augen an. «Iß doch mit mir, Lucy, ja? Gib mir das Gefühl, daß ich nicht unnormal bin.»

Ich konnte mir nicht vorstellen, daß ich etwas herunterbringen würde. «Wenn du willst. Wenn du wirklich nicht . . .» Nicht wütend auf mich . . .

Er drehte sich um und begann die notwendigen Dinge zusammenzusuchen: einen Wok, etwas Ingwer, Kalamares in einer Plastiktüte, Austernpilze, Supermarktchampignons, Sojasoße und Sesamöl.

Ich sah ihm zu, wie er den Wok auf den Herd stellte, das Öl erhitzte, den Ingwer hineingab und dann die Sojasoße. Was ich sah, war meine eigene Hand, die nach dem einen tödlichen Pilz griff, dem auf dem Mooskissen.

So ein kleiner Pilz, so ein kleiner Todesengel, er tötete zwei gesunde . . .

Es fuhr mir wie ein Messer durch die Eingeweide: ein kleiner Pilz. Ein sehr kleiner Pilz, der zwei gesunde Menschen getötet hatte.

Die kleinste tödliche Dosis, die je verzeichnet worden war, waren zwei Kubikzentimeter: etwa die Größe eines mittelgroßen Pilzhutes.

Ich sah zu, wie James die Austernpilze und die Supermarktchampignons kleinschnitt. Und ich erinnerte mich daran, daß er auf der Pilzausstellung einen Hut abgewischt und mir gegeben hatte. Ich war gerade dabeigewesen, Waldchampignons in die Pfanne zu schneiden, die ich dann danach Robin Peterson servierte. Direkt *nachdem* ich Karen Ransome eine Portion gegeben hatte.

James sah mich mit schräg gelegtem Kopf an. Seufzend warf er eine Handvoll geschnittener Pilze in den Wok.

Er konnte jetzt alles haben: Karens Vermögen. Marys Liebe.

Wenn man es so betrachtete, war es passend, daß er die Nacht damit verbracht hatte, mir zu helfen und mich zu trösten. Es paßte auch, daß er seine Frau nicht gewarnt hatte, auf Anzeichen von Pilzvergiftung zu achten, und daß er nicht zu Hause gewesen war, um die Symptome zu erkennen und sie eilig ins Krankenhaus zu bringen.

Ich sah James zu, wie er in einen Schrank griff und zwei

Teller und zwei Weingläser herausholte. Er reichte mir die Gläser. In den letzten acht Jahren hatten wir das oft gemacht. Ich hatte den kleinen Ecktisch in der Küche vielleicht hundertmal gedeckt. Vielleicht hundertmal hatten wir über einem Pfannengericht, Bagels oder einer Currysuppe Museumsangelegenheiten besprochen, während Karen im Obergeschoß ihren Rausch ausschlief.

Ich holte Platzdeckchen aus einem Geschirrschrank, zog eine Flasche Chardonnay aus dem Weinregal und nahm Eßstäbchen aus der Schublade. Mein Rücken war James zugewandt. Ich hatte Angst – in Schrecken versetzt durch den Verdacht, der mir plötzlich gekommen war.

Er tischte zwei dampfende Suppenteller mit dem Pfannengericht auf. Einen davon stellte er auf meinen gewohnten Platz. «In dem da ist keine Austersoße», sagte er. «Ich weiß, daß du das Zeug nicht magst.»

Ich wußte, wieviel Knollenblätterpilz nötig war, um zwei Menschen umzubringen. Wenn ich einen Fehler gemacht hatte, das wußte ich, war nur ein Pilz darunter gewesen, derjenige mit der verfärbten Hautscheide. Wenn ich einen Fehler gemacht hatte, das wußte ich, wäre jetzt nur ein Mensch tot und nicht zwei.

Ich griff nach meinen Eßstäbchen und schaute auf meinen Teller. Um ein Bett aus Pilzen, Kalamares und Gemüse brutzelte Sesamöl.

Ich entfaltete meine Serviette, während James den Wein entkorkte.

Ich sah mich im Raum um. Die Wandvertäfelung war aus goldfarbenem Eichenholz, die Wände waren mit einer sattgrünen Tapete bezogen und der Boden in glänzendem Terrakotta gekachelt. Durch die Fenster an der Sitzecke konnte man auf einen Karpfenteich schauen, der von Weiden umstanden war. Ich erinnerte mich an Don Herlihys Worte: «Ich wollte, ich hätte eine reiche Frau.»

Und plötzlich war ich mir sicher: Ich hatte in meiner Rauschvision nicht den Geist von Robin Peterson gesehen.

Ich hatte meine eigene Angst gesehen. Meinen schlimmsten Alptraum.

Ich hatte den falschen Pilz nicht gepflückt. Selbst wenn ich es getan hätte, dann wäre mir *irgend etwas*, irgend etwas Seltsames an dem häutigen Stiel aufgefallen, als ich die Pilze später noch einmal überprüfte.

Es war nicht mein Fehler. Für einen Augenblick entstellte die Erleichterung meine Vision, wie ein Film, der in einem Projektor schmilzt.

Dann richtete ich meinen Blick auf James.

James. Er hatte Karen beim Essen der Waldchampignons beobachtet. Sie hatte schon wieder getrunken und die Kinder vernachlässigt. So ganz anders als Mary Clardy.

Er würde Karen später zu Hause Knollenblätterpilze servieren. Er würde sie endlich loswerden; er würde seine Kinder von ihrer unzureichenden Fürsorge befreien, ohne ihnen ihr großes Haus wegzunehmen. Und es würde wie ein Unfall aussehen. Ein unbeabsichtigter Fehler. Besonders, wenn noch jemand anderes auf der Pilzausstellung krank wurde.

Nachdem Karen das Museum verlassen hatte, gab mir James den Hut eines Pilzes, damit ich ihn aufschnitt und servierte. Einen Knollenblätterpilz aus der Ausstellung des Museums. Er wußte wohl nicht, daß so ein kleines Stück tödlich sein konnte. Zwei Kubikzentimeter – das hätte nur ein Pilzexperte gewußt.

Jetzt sagte James: «Iß, solange es heiß ist, Lucy. Essen wirkt tröstlich.» Er schaufelte sein Essen hinein, als hätte er Trost bitter nötig.

Aber es ging ihm besser als mir. Er hatte ein großes Haus, zwei liebe Kinder und jemanden, der ihn liebte. Und was hatte ich?

Ich hatte immer geglaubt, zwei Freunde zu haben; vielleicht nicht viel mehr, aber zwei beste Freunde.

Don Herlihy, und der zog weg.

Und James Ransome. Wie viele Kanu-Ausflüge hatten

wir miteinander unternommen? Wie viele Ausstellungen hatten wir gemeinsam aufgebaut?

Ich hatte geglaubt, James liege etwas an mir. Wie konnte er meinen Ruf – mein *Leben* – zerstören, nur damit seine Lebensumstände sich zu seinem Vorteil veränderten?

Ich stocherte in meinem Teller herum.

Selbst wenn ich den Leuten davon erzählte, würde mir niemand glauben. Sie würden es für eine gemeine Ausrede halten, eine billige Lüge, einen Versuch, sich reinzuwaschen. Und ich konnte sowieso nichts beweisen. Und auch wenn ich tatsächlich vorhätte, James' Kinder zu Vollwaisen zu machen, ich konnte gar nichts beweisen.

Zwei beste Freunde. Ich dachte an Don Herlihy, der voller Nervosität an meiner Tür gestanden hatte, mit dem Rezept des Krankenhauses in seiner Hemdtasche. Nach Jahren gemeinsamen Studiums, gemeinsamer Arbeit, vertraute er mir nicht. Er liebte mich nicht.

Und James. Ich hatte ihn für meinen Freund gehalten, als er letzte Nacht bei mir geblieben war. Aber er hatte mein Leben zerstört.

Was immer ich in Zukunft auch sagte oder tat, meine berufliche Laufbahn war ruiniert. Niemand würde glauben, daß es nicht mein Fehler gewesen war. Wenn ich nicht einmal Don Herlihy überzeugen konnte, wie konnte ich dann einen Haufen fremder Leute überzeugen?

Man würde mich nie wieder für eine «Expertin» halten; ich würde jemand sein, der in seiner Überheblichkeit ständig leugnete, was doch jeder wußte: daß Pilze gefürchtet und gemieden werden sollten, ganz egal, wer sie zubereitet hatte.

James saß jetzt über seinen Teller gebeugt und aß nicht. Seine Augenlider sahen mitleiderregend geschwollen und rot aus.

Ich war überrascht, daß ich nicht mehr Wut verspürte. Vielleicht war ich zu traurig. Vielleicht konnte ich es nicht ertragen, auch noch meinen letzten Freund zu verlieren.

Ich versuchte einige Scheiben von den Pilzen. Sie waren ausgezeichnet gewürzt. (Mary konnte sich glücklich schätzen.)

Irgendwo im Obergeschoß vereinigten sich die Stimmen der Kinder mit Marys Stimme zu einem hymnischen Gesang. James legte seine Hände über die Augen.

Nein, es würde mir nichts helfen, wenn ich James beschuldigte. Beweise benötigten Vertrauen in mein Urteil. Niemand würde mir glauben; und niemand würde mir jemals wieder vertrauen. Ich würde nie wieder meinen Lebensunterhalt als Pilzexpertin verdienen können. Ich würde eine ordentliche Stelle annehmen müssen. In irgendeiner Hölle aus Beton arbeiten.

So konnte ich nicht leben. Es war ganz einfach: So konnte ich nicht leben.

Heute hatte ich mit Soma experimentiert, etwas, von dem ich nie gedacht hätte, daß ich es je tun würde. Heute abend würde ich wieder experimentieren. Ich würde nach Hause gehen und Knollenblätterpilze essen. Ich würde erfahren, ob sie wirklich köstlich schmeckten.

CELIA FREMLIN

Riskante Spiele

«Liebling, ich würde ja so gerne noch bleiben. Das weißt du doch. Ich bin genauso enttäuscht wie du. Aber ...»

Aber, aber, aber. Was würde es *diesmal* sein, fragte sich Stella verdrießlich. Was auch immer es war, sie hatte es schon einmal gehört, soviel war sicher. Nach fünf Jahren mit einem verheirateten Mann kannte eine Geliebte sein Repertoire auswendig.

Aber ich muß Wendy beim Wochenendeinkauf helfen. *Aber* heute nachmittag kommt der Mann, um den Heizkessel zu reparieren. *Aber* ich muß Carol von den Brownies abholen. *Aber* Simon liegt mit Fieber im Bett und konnte heute nicht zur Schule gehen. *Aber* ich muß Tante Esmé vom Flughafen abholen.

Diese letzte Ausrede war von allen die dreisteste gewesen. Im Rückblick konnte sich Stella kaum ein bitteres, sarkastisches Lachen verkneifen, obgleich ihr damals überhaupt nicht zum Lachen zumute gewesen war. Es war so plötzlich gekommen, so grausam schnell nach jenem sonnendurchfluteten Septembertag, als sie jenseits von Marlow am Flußufer im hohen Gras gelegen hatten und Gerald ihr, wie das alle verheirateten Männer bei ihren Geliebten tun, von seiner inneren Einsamkeit erzählt hatte. Schon als Kind schien er einsam gewesen zu sein.

«Keine Geschwister. Noch nicht einmal Onkel oder Tanten», hatte er traurig erklärt. «Ich habe mich manchmal so richtig nach einer großen, hektischen, streitsüchtigen Familie gesehnt, nach Hochzeitsessen, Beerdigungen und großen Familienfesten mit Brathähnchen und Bratensoße, nach Anstandsbesuchen bei allen möglichen Verwandten. Ich habe mich nach allem gesehnt, was außerhalb der engen Kleinfamilie lag, in der ich aufgewachsen bin, aber es gab immer nur mich und meine Eltern. Was hätte ich nicht alles für ein paar sauertöpfische Tanten oder einen zwielichtigen Onkel gegeben! Besonders zu Weihnachten ...»

Stella konnte sich nach der langen Zeit nicht mehr erinnern, wie es dem armen Gerald zu Weihnachten immer ergangen war – es hatte etwas mit Mandarinen zu tun und dem Großvater irgendeines Freundes, der draußen im Schnee immer Holzscheite sägte, oder so ähnlich. Es war nicht wichtig, deshalb hatte sie es auch vergessen. Wichtig war der riesige Widerspruch, der ihr sofort ins Auge gesprungen war und den sie bis zu ihrem Todestag nicht vergessen würde – der Widerspruch zwischen seinen rührseligen Erinnerungen und der Lügengeschichte, die er ihr keine drei Monate später auftischte, als er sagte, er müsse «Tante Esmé» vom Flughafen abholen.

Keine Geschwister. Der arme, einsame kleine Junge, der noch nicht einmal Tanten oder Onkel hatte. Wer zum Teufel war dann diese «Tante Esmé»?

Oh, doch, sie hatte ihm eine faire Chance gegeben. «Warum kann *Wendy* sie nicht abholen?» hatte sie gefragt und ihn dabei genau beobachtet. «Schließlich ist es Wendys Tante, nicht deine ...» –

«Aber nein, Liebling, nein, wie bist du denn darauf gekommen? Sie ist *meine* Tante. Als ich noch ein kleiner Junge war, war sie immer so lieb zu mir. Sie vom Flughafen abzuholen, ist wirklich das mindeste, was ich für sie tun kann. Ich weiß, es klingt schrecklich sentimental, aber ... Du verstehst mich doch, oder, Liebling?»

Natürlich verstand sie ihn. Dafür sind Geliebte ja da.

«*Natürlich*, Liebling!» sagte sie, ohne mit der Wimper zu zucken.

Wie hatte sie hinterher darüber gelacht, als ihre Tränen endlich versiegt waren.

Sie mußte sehr vorsichtig sein, das war das Wichtigste. Wenn sie es auch nur ein einziges Mal darauf ankommen ließ, könnte sie es für immer verderben. Er hatte ihr schon ganz zu Anfang ihrer Beziehung deutlich klargemacht, daß Mißtrauen, Eifersucht und Besitzansprüche zu den Vorrechten der Ehefrau gehörten und auch nur ihr zustünden. Es war ganz natürlich (schien Gerald zu glauben), daß *Wendy* ihn über seine Geschäftsreisen ausfragte, in seinem Büro anrief, um zu überprüfen, ob er tatsächlich Überstunden machte, und seine Taschen nach Briefen und verdächtigen Theaterkarten durchsuchte. Bei *Stella* hingegen sah er dies als Schandtat an, als Beleidigung der natürlichen Ordnung der Dinge.

«Schau, Liebling», hatte er gesagt (und die Härte seines Tonfalls war ihr angesichts ihres geringen Vergehens – eines einzigen vorsichtigen Anrufs bei seiner Sekretärin, um sich zu erkundigen, wann er aus Wolverhampton zurückerwartet wurde – ziemlich unangemessen erschienen). «Schau, Liebling, wenn ein verheirateter Mann ein Verhältnis eingeht, dann deshalb, weil er diesen Dingen *entfliehen* will, nicht weil er mehr davon braucht. Es ist für ihn schwierig genug, ein paar Stunden der Freiheit abzuzwacken, da kann er es nicht gebrauchen, daß seine Geliebte jedesmal, wenn er aus seiner Haustür tritt, auf ihn lauert wie die Katze vorm Mauseloch!»

Eine sowohl grausame als auch ungerechtfertigte Gardinenpredigt, die Stella schrecklich kränkte. Aber mit Gekränktsein kam man bei Gerald nicht weit, es führte nur dazu, daß er gar nicht mehr ans Telefon ging. Und nach einer Weile hörte sie auf, gekränkt zu sein, und nahm sich vor, ihre Schritte in Zukunft noch vorsichtiger zu planen. Deshalb ließ sie, als die Sache mit Tante Esmé zur Sprache kam, die Angelegenheit ohne jedes Anzeichen des Protests auf sich beruhen. Sie gab sich naiver als das naivste Blondchen, das sie mal gewesen war, warf ihr schwarzes, glänzendes Haar zurück und hörte mit großen, vertrauensvollen, dunklen Augen zu, wie er sich tiefer und immer tiefer in ein Labyrinth von Lügen und Ausflüchten verstrickte, aus dem er sich ohne ihre Hilfe nie wieder würde befreien können.

Denn die Lügen hatten mit Tante Esmés Eintreffen am Flughafen nicht aufgehört, sie waren wochenlang weitergegangen. Der Besuch der imaginären alten Dame zog sich länger hin als erwartet, und er war vollgestopft mit allen möglichen Ereignissen. Sie mußte ausgerechnet an dem Abend ins Theater ausgeführt werden, an dem Gerald normalerweise mit Stella ausging; sie holte sich genau an dem Wochenende eine Grippe, als Gerald und Stella einen Ausflug aufs Land geplant hatten; und als Stella selbst eine Grippe bekam, mußte sie sie allein auskurieren, weil Tante Esmé zufällig zu einer alten Schulfreundin nach Bournemouth kutschiert werden mußte.

Aber Stella hatte alles hingenommen, hatte endlos ins Telefon gelächelt, verständnisvolle Laute von sich gegeben, hatte sie nie gefragt, nie protestiert. Erst über ein Jahr später (und ein Jahr ist doch sicherlich lang genug? Es kann ihr doch wohl niemand vorwerfen, daß sie nach einem Jahr endlich die Wahrheit wissen wollte?) hatte sie es gewagt, vorsichtig und mit gesenkten Augenlidern nach Tante Esmé zu fragen. Ob er sie in letzter Zeit noch mal gesehen oder eine Weihnachtskarte von ihr bekommen hätte, fragte sie mit Unschuldsmiene an einem späten Dezemberabend, an dem der überaus beschäftigte und von seinem Familienleben sehr beanspruchte Gerald kurz mit einem Geschenk bei ihr erschienen war. Es war wieder einmal Schmuck, und zwar sehr teurer. In dieser Hinsicht war Gerald nicht zu überbieten.

Stella bedankte sich artig, ja fast herzlich; dann ließ sie, noch immer ganz unschuldig, die Bombe platzen, an der sie so lange gebastelt hatte.

«Hast du eigentlich mal wieder was von Tante Esmé gehört?» fragte sie wie beiläufig. Und während sie ihn beobachtete, die Verblüffung und offene Verwirrung auf seinen rosigen, selbstzufriedenen Gesichtszügen sah, empfand sie einen so intensiven Genuß, wie sie ihn bei seinen Liebesspielen nur selten verspürte. Er ließ noch nicht einmal besondere Vorsicht walten, so gründlich hatte er die Sache vergessen.

«Tante Esmé? Wer zum Teufel ist Tante Esmé?» fragte er überrascht, ohne jedes Mißtrauen.

Stella hatte vorgehabt, es damit bewenden zu lassen, es mit einem leichten «Ach, dann muß ich das wohl mit irgendeiner anderen Familie verwechseln» wieder fortzuwischen, ihn unversehrt zu lassen, unberührt von jeglicher Schuld, um ihren Triumph im stillen auszukosten. Aber die Versuchung, noch einen Schritt weiter zu gehen und die Falle genüßlich zuschnappen zu lassen, war unwiderstehlich.

«Tante Esmé, Liebling! Du weißt doch – die Tante, die im letzten Winter so lange bei euch war ...» Und während sie sprach, sah Stella mit einer Mischung aus Schrecken und Schadenfreude, wie sich auf seinem glatten, zufriedenen Gesicht das schlechte Gewissen auszubreiten begann. Angst, Berechnung und Panik schnellten wie wendige Fische auf seinem runden Gesicht hin und her, bis er wieder die Beherrschung fand.

«Natürlich! Wie dumm von mir! Die gute alte *Esmé*. Sie ist eigentlich gar keine Tante, sondern die Haushälterin von Wendys Mutter ... Die Kinder nennen sie ‹Tante›, weil ... na ja, du weißt schon ...»

Natürlich, Stella wußte schon. Gnädig befreite sie ihn vom Angelhaken. Auch sie habe als Kind so eine «Tante» gehabt, eine Tante Polly, improvisierte sie hastig, sie habe immer Tiere aus Lebkuchenteig gebacken ... Mit erfinderischen Plaudereien gab sie dem Gespräch einen harmonischen Ausklang, aber innerlich schmiedete sie Zukunftspläne. In etwa einem Jahr würde sie ihn fragen: «Wie geht's eigentlich der alten Haushälterin deiner Schwiegermutter?», und sein Gesicht beobachten, während er nichtsahnend in ihre Falle tappte: «*Haushälterin?* Aber Wendys Mutter hatte nie eine Haushälterin . . .» Und während er noch unbeholfen Ausflüchte stammelte, würde sie die Augen nicht von ihm wenden, würde sehen, wie sich seine Überheblichkeit in Schrecken, Verwirrung und schlechtes Gewissen auflöste.

Das schlechte Gewissen war ihr am wichtigsten. Er hatte es so reichlich verdient, es stand schon so lange aus, lag zwischen ihnen wie eine unbeglichene Schuld. Es verschaffte ihr ein herrliches Gefühl der Macht, daß sie in der Lage war, ihn von Zeit zu Zeit in diesen Zustand zu stürzen, und dieses Gefühl der Macht entschädigte sie in gewisser Weise für die schreckliche Schwäche ihrer tatsächlichen Position, für die furchtbare Unsicherheit, mit der ihre Beziehung befrachtet war. Daß sie ihn dazu bringen konnte, sich verlegen hin und her zu winden, wann immer sie es wollte, stellte zwischen ihnen eine Art Gleichgewicht her. Manchmal glaubte Stella, ohne die Gewißheit, wenigstens gelegentlich den Spieß umdrehen zu können, einfach nicht weitermachen zu können.

Es machte aber auch Spaß! Es war eine Art Katz-und-Maus-Spiel, ein lustiger Zeitvertreib. Allerdings war es bald nicht mehr so lustig wie früher, denn Gerald wurde im Laufe der Zeit vorsichtiger, ließ sich nicht mehr so leicht in die Falle locken. Er verhielt sich ausweichender, war weniger voreilig mit verräterischen Rückfragen wie: «*Welche* Reise nach Manchester, Liebling?» oder «Aber die Kinder hatten doch nie Masern . . .» Sie konnte jetzt sehen, wie er, distanziert und verschlagen, in Gedanken alle Lügen und Ausflüchte der letzten Wochen durchging, ehe er seine Antwort formulierte.

Und während Gerald vorsichtiger wurde, wurde Stella immer gerissener. Die Fragen, mit denen sie ihn in die Falle lockte, waren nicht mehr direkt, sondern unendlich subtil und hinterhältig. Es war ein riskantes Spiel geworden, und wie alle riskanten Spiele erforderte es Fingerspitzengefühl und Urteilsvermögen, ein sicheres Auge und ein perfektes Timing. Wenn sie Gerald zu sehr unter Druck setzte, würde das Ganze in einem schrecklichen Streit enden. «Besitzansprüche!», «Krankhafte Eifersucht!» – sie kannte all die uralten Vorwürfe auswendig. Setzte sie ihn andererseits nicht genug unter Druck, wäre ein gegensätzlicher Effekt zu befürchten. Er würde den Eindruck gewinnen, er könne sich alles erlauben, sie tagelang ohne einen einzigen Anruf allein lassen, um dann plötzlich strahlend vor ihrer Tür zu stehen, als sei nichts gewesen, von ihr erwarten, daß sie ihm ein Steak briet und seine Schuhe polierte. Er würde all das als selbstverständlich betrachten, als ob sie verheiratet wären. Und welche vernünftige Frau würde schon die Nachteile *beider* Möglichkeiten, verheiratet und nicht verheiratet zu sein, ganz bewußt auf sich nehmen?

Es war eine Gratwanderung, ein äußerst gefährliches Unterfangen. Erst vor wenigen Monaten hatte Gerald allen Ernstes damit gedroht, sie für immer zu verlassen, wenn sie nicht aufhören würde, ihm nachzuspionieren. War «nachspionieren» nicht ein unverhältnismäßig hartes Wort für Stellas harmloses Interesse an der Geschäftskonferenz, auf der er angeblich das zurückliegende Wochenende verbracht hatte?

«Aber, Liebling, Lord Bernes kann doch gar nicht beim Dinner gewesen sein!» hatte sie mit einem besänftigenden Lächeln eingeworfen, und das auch nur, um Gerald die Mühe zu ersparen, noch weitere geistreiche Zitate aus einer Tischrede erfinden zu müssen, die niemals gehalten worden war. «Ich habe am nächsten Morgen in der *Times* gelesen...» Daraufhin war er, plötzlich und unberechenbar, vollkommen außer sich geraten, war auf sie losgegangen wie ein in die Enge getriebenes Tier. Sein Zorn, seine furchtbaren, durch nichts zu rechtfertigenden Vorwürfe hatten eine noch nie dagewesene Schärfe besessen und sie in Angst und Schrecken versetzt, so daß sie kaum wußte, was sie tun oder sagen sollte. Zum Schluß war er aus der Wohnung gestürmt, hatte ungeachtet ihrer bitteren Tränen die Tür hinter sich zugeschlagen und geschworen, nie wieder einen Fuß in ihre Wohnung zu setzen.

Es hatte keines geringeren Mittels als einer Selbstmorddrohung bedurft, um ihn wieder an die Kandare zu nehmen. Es war eine so edelmütige Selbstmorddrohung, wie sie eine Frau einem widerspenstigen Liebhaber nur schreiben kann, und Stella erinnerte sich noch immer mit einer gewissen Genugtuung daran, trotz der verzweifelten Lage, die zu der Abfassung dieses Briefes geführt hatte.

«Du darfst dir keine Vorwürfe machen, Liebling», hatte sie geschrieben, «es ist meine Entscheidung, sie liegt ganz allein bei mir. Ich kann mir ein Leben ohne dich einfach nicht vorstellen, und das ist *mein* Problem, nicht deins. Du brauchst also nicht zu mir zu eilen, Liebster, wenn du diese Zeilen bekommst; das letzte, was ich will – und je gewollt habe –, ist, dir in irgendeiner Weise Umstände oder ein schlechtes Gewissen zu machen. Wenn du diese Zeilen liest, wird es ohnehin zu spät sein. Wenn du sie liest, werde ich schon ...»

Die Post muß in jener Woche besonders lange gebraucht haben, denn es dauerte fast drei Tage, bis sie endlich Geralds Schritte auf der Treppe vernahm. Mit beiden Händen stopfe sie die Pillen in den Mund und war gerade fertig, als er ins Zimmer stürzte.

Aber es hatte sich gelohnt. Er war tagelang ganz besonders lieb zu ihr, besuchte sie regelmäßig im Krankenhaus, und als sie wieder zu Hause war, überhäufte er sie mit Blumen und Geschenken, rief beinahe täglich an und legte genau den Grad an Reue, Zerknirschtheit und Zärtlichkeit an den Tag, den eine Frau in dieser Situation von einem Mann erwarten kann.

Nach einer Weile wurde ihm das natürlich langweilig. Dann wurde er ärgerlich. «Erpressung» nannte er es jetzt, wenn Stella versuchte, ihn zu etwas zu bewegen, das er eigentlich nicht wollte, und Stella begann allmählich zu begreifen, daß sie wieder am Ausgangspunkt angekommen war und noch vorsichtiger sein mußte, ungeheuer vorsichtig. Sie konnte ihn jetzt nur noch halten, indem sie jedem Streit aus dem Weg ging, sich unendlich tolerant und verständnisvoll zeigte – kurz, indem sie ihm alles, aber auch wirklich alles durchgehen ließ.

Und so kam es, daß Stella an einem heißen Sommernachmittag lächelnd und ohne zu murren Geralds üblichen Ausflüchten lauschte. Das Schlimme ist, daß verheiratete Männer immer so ehrenwerte Gründe haben, aus denen sie ihre Geliebte im Stich lassen: kranke Ehefrauen, Kinder, die für ein paar Tage aus dem Internat zu Besuch sind, längst fällige Verwandtenbesuche ... All diese Gründe waren sowohl unüberprüfbar als auch unangreifbar; sie zeigten, was für ein netter, treusorgender, tugendhafter und pflichtbewußter Mensch doch eigentlich in dem verräterischen Wesen steckte, das diese Lügen erfand.

Was würde es diesmal sein?

Simons Sportfest. Gerald war für den Jungen ganz Feuer und Flamme.

«Das verstehst du doch, Liebling?» bat er flehentlich. Natürlich verstand sie ihn. Sie verstand, daß er die Aussicht, einem Neunjährigen zuzuschauen, wie er in Turnschuhen über einen staubigen Sportplatz keuchte, der Aussicht vorzog, einen ganzen Samstagnachmittag in der kühlen, abgedunkelten Wohnung seiner Geliebten zu verbringen, in der nur schmale Sonnenstreifen durch die Stabjalousien auf das breite Bett drangen ...

«Das Tolle ist, Liebling, er hat gute Chancen zu *gewinnen*!

Er ist erst neuneinhalb und hat die Chance, den Zweihundertmeterlauf der unter Elfjährigen zu gewinnen! Er ist ein hervorragender kleiner Läufer, hat Mr. Foulkes gesagt, und er hat einen herrlichen athletischen Körper!»

Einen herrlichen athletischen Körper. Dieses Leuchten in Geralds Augen hatte Stella noch nie gesehen, nicht einmal auf den absoluten Höhen ihres Liebesspiels. Ein paar Sekunden lang versuchte sie sich vorzustellen, wie es wäre, die Mutter dieses kleinen athletischen Körpers zu sein, ihn gemeinsam mit Gerald gezeugt zu haben, das Recht zu haben, diesen idiotischen Stolz mit ihm zu teilen . . . Beim Anblick dieses Leuchtens, das auf seinem rundlichen, zufriedenen Gesicht lag, spürte Stella, wie sie eine große Dunkelheit überkam. Sie überrollte sie wie eine riesige schwarze Welle, verschlang sie, raubte ihr den Atem, ließ sie sprachlos zurück.

«Ich möchte es für eine Million Pfund nicht versäumen!» hörte sie ihn von irgendwo außerhalb der wirbelnden Dunkelheit sagen.

«Ich möchte hören, wie sein Name ausgerufen wird – Simon Graves – mein Sohn! Und dann der Beifall und die Bravorufe . . .! Und dabei ist er erst neuneinhalb Jahre alt! Die anderen sind alle über zehn! Er ist der einzige Neunjährige, der sich qualifizieren konnte . . .»

Seine Lügen waren ihr lieber, tausendmal lieber. Woher hätte sie wissen sollen, daß ihr die Wahrheit, als sie endlich über seine Lippen kam, so weh tat?

Die Schultore waren weit geöffnet, um all die Besucher einzulassen, die Mütter und Väter, Schwestern, Freundinnen und Tanten, die in Scharen herbeiströmten, um beim Sportfest zuzusehen. Rund um das Sportgelände tummelten sich so viele junge Frauen in weißen Sandalen, hellen Sommerkleidern oder pastellfarbenen frisch gebügelten Hosen, daß Stella gar nicht auffallen würde – es sei denn, daß sie sich irgendwie verriet, womöglich zu schnell ging oder ihre Augen allzu offensichtlich hin und her wandern ließ.

Die Väter waren weniger zahlreich als ihre Frauen, und das machte es für Stella sehr viel einfacher; zwischen den hellen Kleidern stachen sie hervor wie dunkle Baumstämme. Stellas Blicke schossen von einem zum anderen, denn er konnte überall sein – nicht auszudenken, was geschehen würde, wenn er sie sah, ehe sie ihn ausfindig gemacht hatte!

Das Risiko war allerdings nicht allzu groß. Sie hatte den Vorsprung des Jägers vor seiner Beute: Sie wußte, wonach sie suchte und was sie tun würde, wenn sie es gefunden hatte. Gerald hingegen sah sich nicht nur nicht nach ihr um, er hatte auch nicht den geringsten Verdacht, daß sie überhaupt hier sein könnte. Außerdem hatte sie sich ein wenig verkleidet, hatte eine große, runde Sonnenbrille aufgesetzt und ein weißes Seidentuch um ihr glänzendes schwarzes Haar gebunden.

Über die große Wiese und die Lindenallee hinauf wand sich die langsame Prozession. Die Leute plauderten, riefen sich Neuigkeiten zu, tauschten Grüße aus, einige fächelten sich wegen der großen Hitze ein wenig Luft zu. Ebenso langsam, doch mit klopfendem Herzen paßte Stella ihre Schritte den anderen an. Erst als sie sich am hinteren Ende einer langen Reihe von Liegestühlen im Gras niedergelassen hatte, atmete sie etwas entspannter. Eingerahmt von all den Stühlen, war sie aus ein oder zwei Meter Entfernung kaum noch zu erkennen, und doch hatte sie, wenn sie ein wenig den Hals reckte, einen guten Überblick über die Menschenscharen, die noch immer vom Schulgebäude herüberkamen. Hier und da ließ sie ein dunkler Haarschopf, der die Menge überragte, den Atem anhalten; doch es war jedesmal falscher Alarm.

Dann ging der Sportlehrer mit seinem Megaphon auf und ab und sagte die Reihenfolge der Wettkämpfe an. Die Menge verfiel in ein erwartungsvolles Schweigen, wellenförmig erstarben Tausende von Stimmen, verstummten wie das Gezwitscher der Vögel in der Dämmerung.

Und Gerald war noch nicht gekommen.

Hatte er doch gelogen? Hatte seine Absage am Ende gar nichts mit Simons Sportfest zu tun, trotz der leidenschaftlichen Appelle väterlichen Stolzes? Dieses Schwein! Dieses verlogene, verräterische Schwein! All die Aufregung, die qualvollen Gefühle waren vergeblich, ein glühendheißer, todlangweiliger Nachmittag war vertan!

Aber ich werde es dir zeigen, Gerald Graves! Ich werde dich lehren, mich anzulügen, mich zum Narren zu halten! Hast wohl gedacht, du würdest damit durchkommen, was? Aber ich werde es dir heimzahlen, wart's nur ab!

Sie fühlte ein feines Rinnsal aus Schweißtropfen unter dem Tuch an ihrer Schläfe herunterlaufen. Sie hatte so ein Tuch noch nie getragen, und bei Gott, dachte sie, ich werde es auch nie wieder tun!

«Hürdenlauf der unter Sechzehnjährigen . . .»

«Fünfhundertmeterlauf der unter Vierzehnjährigen . . .»

Die Veranstaltung war todlangweilig, und Stella fühlte sich immer unbehaglicher; ihr Rücken tat weh, ihre Augen schmerzten, und ihr Gehirn dämmerte vor Hitze und Langeweile vor sich hin.

Weitsprung. Hochsprung. Die monotone Stimme sprach unermüdlich weiter, Pfeifen ertönten, Rufe stiegen in die schimmernde Luft und erstarben, Beifall erhob sich und verebbte wieder. Einen Pokal für . . . Einen Preis für . . . Die Sonne strahlte erbarmungslos hernieder, die Stimmen schwollen an und verstummten, und Stella begann gerade in einen dumpfen Schlaf zu versinken, als sie plötzlich seinen Namen hörte.

«Simon Graves! Gewinner des Zweihundertmeterlaufs der unter Elfjährigen! Simon Graves!»

Mit einem Ruck saß Stella aufrecht und blinzelte durch den dichten Wald aus Liegestühlen, um einen Blick aufs Sportfeld zu erhaschen. Doch kaum hatte sie den kleinen, dunkelhaarigen Jungen erspäht, der stolz den Preis entgegennahm, wurde sie von einer hellen Stimme abgelenkt, die wenige Meter rechts von ihr ertönte.

«*Simon!* Unser Simon! Er hat es geschafft, Mummy! Genau, wie Daddy es vorausgesagt hat! Hallo, Simon! . . . Si-i-imon!»

«Ganz ruhig, Liebling, Carol, du mußt dich setzen . . .» Eine dickliche Frau zupfte lächelnd am Ärmel eines wild gestikulierenden, etwa siebenjährigen Mädchens und zog es auf seinen Platz zurück. «Psst, Carol, schrei nicht so laut, das ist Simon bestimmt nur peinlich. Aber du hast recht, Daddy wird sich riesig freuen!»

«Daddy hat gesagt . . .» – «Daddy wird sich freuen . . .» Und wo zum Teufel steckte Daddy, wenn diese Frage erlaubt war? «Ich möchte es für eine Million Pfund nicht versäumen», hatte er gesagt. Er steckte irgendwo, um mit irgend jemandem, der mehr zu bieten hatte als eine Million Pfund, diesen sonnigen Nachmittag zu genießen.

Durch die Stuhlreihen konnte Stella sehen, wie die stolze Mutter und die jubelnde kleine Schwester ihren Helden empfingen. Er kam die Zuschauerreihen heraufgestürmt, drahtig und braungebrannt, mit einem triumphierenden Lächeln, von allen Seiten mit Glückwünschen überhäuft.

Hinter den Stühlen, hinter den begeisterten Menschen saß Stella und schaute zu. Welches Recht hatten diese drei Menschen auf diese Freude, dieses vollkommene, unverfälschte Glück? Wußten sie denn nicht, daß das Fundament längst verfault war, daß ihr gemütliches kleines Familienleben auf einer bröckelnden Grundlage von Lügen und Betrügereien ruhte? «Daddy dies . . .» und «Daddy das . . .»! Die grundlose Bewunderung in den hellen, schrillen Kinderstimmen machte sie krank.

Langsam, unauffällig stand Stella auf und bahnte sich ihren Weg durch die Stuhlreihen. Sie erreichte das kleine Mädchen gerade, als Mutter und Bruder sich einen Moment lang abgewendet hatten, um weitere Gratulationen entgegenzunehmen. Rasch ging Stella vor dem Kind in die Knie, so daß ihre Gesichter auf gleicher Höhe waren.

«Weißt du, warum dein Daddy heute nicht hier ist?» fragte sie sanft. «Er ist nicht hier, weil er den Nachmittag mit mir verbracht hat! Im Bett, verstehst du?»

Der leere, verständnislose Ausdruck auf dem Gesicht des Kindes trieb sie zum Wahnsinn. Sie beugte sich weiter vor.

«Im Bett! Beim Sex!» zischte sie. «Sex, Sex, Sex! Weißt du nicht, was Sex ist? Habt ihr an eurer verdammten Schule denn keinen Aufklärungsunterricht?»

Das Gesicht des Kindes blieb bis zum Schluß völlig ausdruckslos. Doch Stella hatte die Genugtuung, nachdem sie sich Stuhlreihe für Stuhlreihe wieder nach hinten durchgearbeitet hatte, Carol endlich in lautes Schluchzen ausbrechen zu hören.

Es war fast zehn, als sie Geralds Schritte auf der Treppe hörte; selbst nach all den Stunden hätte sie nicht sagen können, ob sie mit seinem Kommen gerechnet hatte.

Natürlich würde er wütend sein. Aber doch sicherlich auch erleichtert? Fünf Jahre Geheimnistuerei waren genug; es würde für alle eine Wohltat sein, endlich mit offenen Karten spielen zu dürfen.

«Findest du denn nicht, Liebling, daß es höchste Zeit war, deiner Familie reinen Wein einzuschenken?» fragte sie die stumme, zusammengesunkene Gestalt im Sessel zum vierten oder fünften Mal. Seit seiner Ankunft hatte sie versucht, irgendeine Art von Reaktion aus ihm herauszuquetschen. Sie hatte alles versucht – hatte ihm sogar zum sportlichen Erfolg seines Sohnes gratuliert.

«Schade, daß du nicht da warst, um es dir anzuschauen», hatte sie, weil sie es sich nicht verkneifen konnte, hinzugefügt. Doch selbst diese Provokation hatte Gerald nicht mehr entlocken können als die knappe Aussage, daß er es gesehen *hatte,* und zwar vom Pavillon aus, wo einige der Väter bei der Betreuung der Jungen geholfen hatten.

Dann wieder Schweigen. Sie versuchte es noch einmal.

«Es tut mir leid, Gerald, Liebling, wenn die kleine Carol sich erschreckt hat. Ich wollte ihr nicht weh tun. Ich dachte nur, daß die Kinder über uns Bescheid wissen sollten. Ich halte nichts davon, Kinder zu belügen, ich finde, sie haben ein Recht, die Wahrheit zu erfahren. O Liebling, bitte, schau mich nicht so an! Es war ein Schock, ich weiß, aber wenn du erst einmal in Ruhe darüber nachgedacht hast, wirst du einsehen, daß es für alle so am besten ist. Am besten für uns und auch für Wendy. Für sie war der ganze Lug und Trug in den letzten Jahren bestimmt auch nicht schön. Ich bin sicher, daß sie lieber wissen möchte, woran sie ist, damit sie vernünftig für die Zukunft planen kann. Sie macht doch wirklich einen netten Eindruck, ich glaube nicht, daß sie uns großen Ärger machen wird, wenn sie erst einmal verstanden hat, daß wir uns lieben. Liebling! Was ist denn bloß mit dir los? Warum sagst du nichts? Komm, wir nehmen einen Drink und entspannen uns und denken darüber nach, was wir machen, wenn die ganzen Unannehmlichkeiten vorbei sind. Meine Wohnung hier ist vielleicht ein bißchen klein für uns beide, aber da du bestimmt die Hälfte vom Wert eures Hauses bekommst, könnten wir zusammenlegen . . .»

Endlich rührte er sich. Seine Glieder wirkten etwas steif, als er langsam aufstand. Stella dachte, er würde ihnen beiden ein großes Glas Whisky einschenken. Statt dessen ging er zum Schreibtisch am Fenster, wo Stellas Schreibmaschine stand. Mit einem Finger begann er, umständlich zu tippen.

Stella ließ ihm ein, zwei Minuten Zeit, dann ging sie zu ihm und schaute ihm über die Schulter.

«Gerald B. Graves
27 Firfield Gardens
Sydenham Way . . .»

Der große, braune Briefumschlag steckte steif im Wagen der Schreibmaschine. Verblüfft schaute sie zu, wie er die letzten Buchstaben seiner Adresse tippte. Dann . . .

«Um Himmels willen, Liebling, was machst du denn da?» fragte sie beklommen. «Schreibst du etwa einen Brief an dich *selbst* . . .?»

Und dann sah sie den Zettel, neben seiner rechten Hand. Ihre Selbstmorddrohung vom letzten Herbst. «Wenn Du diese Zeilen liest, werde ich tot sein . . .»

«Niemand wird bezweifeln, daß es deine Handschrift ist», sagte er im beiläufigen Plauderton. «Und die Adresse ist auf deiner Schreibmaschine geschrieben. Der Poststempel wird auch stimmen, weil ich den Brief auf dem Heimweg selbst einwerfen werde. Übermorgen zur Frühstückszeit wird er bei mir sein, gerade rechtzeitig, um die Polizei zu alarmieren. Und jetzt, meine Liebe, nur noch eine Kleinigkeit, und wir haben die Sache ein für allemal erledigt.»

Als er aufstand und sich zu ihr umdrehte, fiel das Licht der Lampe direkt auf sein Gesicht, und sie sah den Blick in seinen Augen.

«Nein . . . nein . . .!» keuchte sie, trat einen Schritt zurück und drückte sich ängstlich an die Wohnzimmerwand.

«Ich will, daß es wie Selbstmord aussieht», sagte er, wie um sie zu beruhigen. Und als er über den Teppich auf sie zukam, war Stellas letzter zusammenhängender Gedanke: Es wird ihm gelingen! Er wird ungestraft davonkommen, er wird sich herauslügen, wie er es immer getan hatte.

Was für ein ausgezeichneter Lügner er war, wußte sie natürlich selbst am besten. Sie hatte es ihm beigebracht. Sie hatte ihn, wie ein Zirkuspferd, fünf lange Jahre darauf dressiert.

NEDRA TYRE

Rezept für eine glückliche Ehe

Heute ist einfach nicht mein Tag.

Dabei ist es noch nicht einmal Mittag.

Vielleicht wird es ja besser.

Auf jeden Fall wäre es blöd, sich aufzuregen.

Dieses Mädchen, das vorhin kam, um mich zu interviewen, war eigentlich ganz nett. Ich hatte sie bloß nicht erwartet. Und ganz sicher hatte ich nicht erwartet, daß Eliza McIntyre so früh am Morgen in mein Schlafzimmer stolpern und ihre Rosen mit einer Miene auf meinen Nachttisch stellen würde, als ob ich meinen Fuß einzig und allein gebrochen hätte, damit sie mir um halb acht Uhr morgens einen Blumenstrauß bringen muß. Sie kam zwar oft genug, seit ich meinen Fuß gebrochen habe, aber nie vor elf oder zwölf.

Diese junge Frau vom *Bulletin* ließ sich sofort nieder, und ehe sie noch ihren Rock glattgestrichen oder ihre Beine gekreuzt hatte, schaute sie mir direkt ins Gesicht und fragte, ob ich ein Rezept für eine glückliche Ehe hätte. Ich finde, sie hätte zumindest damit anfangen können, daß es ein schöner Tag sei, oder damit, wie es mir ginge, vor allem, da es so offensichtlich war, daß ich einen gebrochenen Fuß hatte.

Ich sagte ihr, daß ich ganz bestimmt kein Rezept für eine glückliche Ehe hätte, aber gerne wüßte, warum man mich fragte, und sie sagte, es sei bald Valentinstag, und sie sei beauftragt, einen Artikel über die Liebe zu schreiben. Da ich über Liebe mehr wissen müßte als sonst jemand in der Stadt, hätten sie und der Redakteur gedacht, meine Ansichten sollten an wichtigster Stelle in dem Artikel stehen.

Ihre Erklärung verblüffte mich mehr als ihre Frage. Aber was auch immer ich sonst sein mag, gutmütig bin ich jedenfalls. Ich nehme an, es war mein gebrochener Fuß, der mich reizbar machte.

In diesem Moment war über die Hintertreppe Elizas Gekicher aus der Küche zu hören und gleich danach das Gelächter meines Mannes, und ich hörte Geschirr klappern und Töpfe klirren, und all das steigerte meine Reizbarkeit noch.

Wenn ich etwas nicht leiden kann und nie habe leiden können, dann ist es, wenn jemand in meiner Küche ist. Bleibt raus aus meiner Küche, das ist mein Motto. Die Leute nehmen immer an, sie würden die Sachen wieder an den richtigen Platz stellen, aber das tun sie nie. Ich erinnere mich gut, wie Tante Mary Ellen sagte, sie wolle uns nur rasch eine Tasse Tee machen und ein paar Zitronenscheiben dazu schneiden. Ich hätte den Tee genausogut machen können wie sie, aber sie ließ mich nicht. Ich konnte zwar überhaupt keinen Unterschied zwischen ihrem Tee und meinem feststellen, aber sie räumte mein Lieblingsmesser so gut weg, daß es erst acht Monate später unter einem Haufen von Raffeln und Reiben wiederauftauchte. Das ist gut zwanzig Jahre her, und Tante Mary Ellen liegt seit zehn Jahren im Grab, aber trotzdem denke ich noch immer an dieses Messer und vertrage es schlecht, wenn jemand in meiner Küche hantiert.

Die junge Frau lehnte sich vor und kam mit einer weiteren, ebenso blödsinnigen Frage. Sie fragte, was für einen Ehemann ich gerade hätte.

Ich betrachte Dinge – vor allem Ehemänner – nicht auf diese Art. Also antwortete ich ihr nicht. Ich war zu empört.

Und dann kam aus der Küche erneut Elizas Gekicher und Lewis' Gekrächze.

Ich habe Eliza Moore, jetzt Eliza McIntyre, mein ganzes Leben gekannt. In der Schule war sie von Anfang an zwei Klassen über mir, aber heute tut sie so, als sei sie drei Klassen unter mir gewesen. Aber die Schulzeugnisse gibt es ja noch irgendwo, wie vergilbt und verkrumpelt sie auch sein mögen, und Eliza braucht gar nicht vorzugeben, sie sei jünger als ich, wenn sie zwei Jahre älter ist. Nicht, daß es was ausmachen würde. Ich will sie bloß nicht in meiner Küche haben.

Die junge Frau mißdeutete mein Schweigen. Sie lehnte sich noch weiter vor, als ob ich taub wäre oder ein kleines Kind, das nicht aufgepaßt hat. Wie oft waren Sie verheiratet? fragte sie mit sehr lauter Stimme.

Wenn sie es so hinstellte, wie konnte ich ihr dann antworten? Ehemänner sind nicht wie Teetassen. Ich kann sie nicht aufzählen und mich daran weiden wie Kusine Brenda, wenn sie vor ihren Geschirrschränken stand und sagte, sie hätte soundso viele von diesem Muster und so viele von jenem.

Du meine Güte, ich hatte sie nacheinander, einen Ehemann nach dem anderen und völlig legal. Sie sind mir einfach weggestorben. Ich konnte die Hand des Schicksals nicht aufhalten. Ich war immer Witwe – dabei gibt es in unserer Familie sonst gar keine Witwen. Wie Mama immer sagt, liegt es bei uns in der Familie, verheiratet zu sein, bis der Tod uns scheidet. Aber so wie dieses Mädchen seine Frage stellte, klang es, als hätte ich eine ganze Horde von Ehemännern auf einmal gehabt, wie eine Tanztruppe in einem Musical.

Ich wußte nicht, was ich ihr antworten sollte. Ich legte mich, ohne was zu sagen, in die Kissen zurück, als ob mir jemand die Zunge abgebissen hätte.

Dabei war es reiner Zufall, daß ich überhaupt geheiratet hatte. Ich wollte gar nicht. Nicht, daß ich was gegen Heiraten gehabt oder irgendwas Besonderes vorgehabt hätte. Aber Mama überredete mich. Baby, sagte sie, andere Frauen schauen auf Frauen, die nicht heiraten, herunter. Außerdem hast du keine ausgesprochenen Begabungen, und Tante Sally Mae hinterläßt dir vielleicht keinen Penny, auch wenn sie dauernd davon redet. Ich glaube, sie hat mir nie verziehen, daß ich dich nicht nach ihr genannt habe, und das ganze Gerede, daß sie dir ihr Geld hinterläßt, ist wahrscheinlich nur ihre gehässige Art, sich an mir zu rächen.

Außerdem, sagte Mama, wie die an ihrem Geld klebt, wären, selbst wenn sie es dir hinterläßt, derart viele Bedingungen dran geknüpft, daß du eine ganze Armee von Anwälten beschäftigen müßtest, bloß um das Kleingedruckte zu lesen, ehe du auch nur einen Fünfer davon abheben könntest. An deiner Stelle, Baby, sagte Mama, würde ich heiraten. Und wenn du nicht heiratest, wirst du nirgends eingeladen, außer als Lückenbüßer, wenn sie in letzter Minute irgend jemanden brauchen, um nicht dreizehn bei Tisch zu sein. Und es ist nett, jemanden zu haben, der einem die Tür aufhält und die Pakete trägt. Ein Ehemann kann sehr praktisch sein.

Also heiratete ich Ray.

Ray und ich waren gerade ein halbes Jahr verheiratet, da kam Mama mit dem Taschentuch in der Hand an und betupfte sich die Augen. Baby, sagte sie, die Ehefrau erfährt es immer zuletzt. Ich muß dir einfach erzählen, worüber alle reden. Ich weiß, wie lieb und wie wenig mißtrauisch du bist, aber die ganze Stadt redet darüber. Über Ray und Marjorie Brown.

Ray war nett, und ich mochte ihn. Er nannte mich Lucyliebchen, als ob es ein Wort wäre. Manchmal sagte er einfach auch nur Lucylieb. Er hatte nicht besonders viel Ausdauer oder Rückgrat – wie hätte er auch sollen, wo er als einziges Kind von seiner Mutter, Großmutter und drei unverheirateten Tanten maßlos verwöhnt worden war!

Baby, sagte Mama, und ihre Tränen waren getrocknet, und sie benutzte ihr Taschentuch jetzt, um sich Luft zuzufächeln, sei nicht einfältig. Ich kann es nicht ertragen, daß du schlecht behandelt oder betrogen wirst. Soll ich zum Pfarrer gehen und ihn bitten, mit Ray zu sprechen und ihn darauf hinzuweisen, was seine Pflichten sind? Oder soll ich Onkel Jonathan fragen, von Mann zu Mann mit Ray zu reden?

Ich sagte, Mama, das ist einzig und allein meine Schuld. Laß, um Himmels willen, Ray machen, was er will. Er braucht niemanden, der ihm sagt, wann er kommen oder gehen kann und wen er treffen darf. Es ist sein Haus, und er bezahlt die Rechnungen. Außerdem ist das mit Marjorie Brown keine Schande für mich – sie ist eine ganze Portion hübscher als ich. Ich finde das romantisch und mutig von Ray. Marjorie Brown ist schließlich eine verheiratete Frau. Ihr Ehemann könnte Ray erschießen.

Ich weiß nicht genau, was Ray abkühlte. Jedenfalls kam er reumütig und schafäugig zurück und bat um Verzeihung. Ich bin stolz auf dich, Ray, sagte ich. Bis du mich geheiratet hast, warst du so schüchtern, daß du nicht mal Buh zu einer Gans gesagt hättest, und jetzt hast du sogar eine heimliche Affäre gehabt. Ich finde das großartig. Marjorie Browns Ehemann hätte dich auspeitschen können.

Ray grinste und sagte, ich hab' wirklich eine tolle Frau.

Und er hat nie wieder eine andere Frau angeschaut, so lange er lebte. Was leider Gottes nicht sehr lange war.

Ich stellte mir vor, daß er Schuldgefühle haben und sich Vorwürfe machen könnte; dabei war ich doch selber schuld – ich hatte nicht genug für ihn getan, und so wollte ich etwas wirklich Nettes für ihn tun und kam auf die Idee mit dem Kuchenrezept. Es war seit Jahren in der Familie – seit Jahrhunderten, könnte man sagen, feierlich von Mutter zu Tochter weitergegeben, so lange man denken kann.

Und als mich dieses Mädchen nun nach einem Rezept für eine glückliche Ehe fragte, dachte ich mit keinem Gedanken an dieses Rezept. Außerdem bin ich sicher, daß sie auch nicht wirklich ein Rezept meinte, sondern eine Art Regel wie Laß-den-Mann-immer-spüren-daß-er-der-Herr-Ist oder sonst so einen Blödsinn.

Jedenfalls empfand ich Reue darüber, daß ich Ray nicht die Aufmerksamkeit geschenkt hatte, die er offensichtlich brauchte, und ich ihm so langweilig war, daß er losging und den Tod durch die Hand von Marjorie Browns eifersüchtigem Ehemann riskierte.

Nun dachte ich, das ist zwar das schwierigste Rezept, das ich je gesehen habe, und es verlangt mehr Zutaten, als ich je gehört habe, aber es ist das mindeste, was ich für Ray tun kann. Ich ging also in Drogerien und Apotheken, zu Leuten, die sagten, mein Gott, so was haben wir nicht, aber wenn Sie es unbedingt brauchen, versuchen Sie es doch bei Soundso, und es stellte sich heraus, daß Soundso jemand war, der weit draußen auf dem Land wohnte und mich anschaute, als ob ich nach einem Mittel gefragt hätte, das Metall in Gold verwandelt, bis er schließlich mit einem Päckchen und der idiotischen Frage rausrückte, für was in aller Welt ich das brauchte.

Als ich nach Hause kam, fing ich an mit Zerkleinern und Hacken und Mischen und Kneten und saß in der Küche und wartete, bis der Teig aufging. Ausgebacken war mein Werk das hübscheste, was ich je gebacken hatte.

Ich servierte es am Abend zum Nachtisch.

Ray aß von dem Kuchen, er schmeckte ihm, er machte mir die extravagantesten Komplimente, und nach dem ersten Stück sagte er, Lucylieb, kann ich noch ein Stück haben, aber ein großes, bitte.

Aber natürlich, Ray, sagte ich, der ist nur für dich.

Nach einer Weile stieß er den Teller weg und sah mich mit einem wundervollen Ausdruck von Dankbarkeit im Gesicht an und sagte, Lucylieb, ich könnte vor Glück sterben. Und soviel ich weiß, tat er genau das.

Als ich am nächsten Morgen an seine Tür klopfte, um

ihm seinen Morgenkaffee zu bringen, die Läden zu öffnen und sein Badewasser einzulassen, war er tot, und auf seinem Gesicht lag ein glückliches Lächeln.

Aber während ich so meinen Erinnerungen nachhing, schaute mich die junge Frau immer noch an, und sie blätterte unruhig in ihren Notizen und feuchtete ihre Lippen mit der Zunge an wie ein Redner, der noch eine Menge zu sagen hat. Und sie brüllte mich an, als wäre ich ein ganzes Publikum, dessen Aufmerksamkeit nachgelassen hatte: Glauben Sie, daß der Weg zum Herzen eines Mannes durch den Magen führt?

Entschuldigen Sie, meine Beste, hätte ich gerne gesagt, aber ich habe noch nie gehört, daß Kleopatra zu Mark Anton oder einem der vielen anderen, die ihre Gunst genossen, gesagt hätte: Möchtest du nicht von meinem Kartoffelsalat kosten? Vielleicht irre ich mich, denn meine Bildung ist lückenhaft, aber es klingt ein bißchen unwahrscheinlich, daß Madame Pompadour je Ludwig XV. ins Ohr geflüstert hat: Ich habe dir einen herrlichen Auflauf gebakken.

Daß ich nicht antwortete, verwirrte das Mädchen, und ich hatte das Gefühl, ich müßte mich entschuldigen, konnte mich aber nicht dazu aufraffen.

Sie suchte in ihren Notizen nach der nächsten Frage und war beinahe knallrot vor Verlegenheit, als sie fragte: Hatte die finanzielle Situation Ihrer Ehegatten je damit zu tun, daß Sie sie geheiratet haben?

Ich öffnete nicht mal den Mund. Ich war schweigsam wie ein Grab. Ihre Fragen wurden immer abwegiger. Und ich wurde noch verwirrter, als ihre Augen den Fragenkatalog rauf und runter glitten.

Sie versuchte es mit einer anderen Frage: Was, glauben Sie, ist die beste Art, einen Mann zu finden?

Das ist nun eine Frage, die ich mir selber noch nie gestellt habe und zu der ich niemandem etwas in einem Valentinstagartikel oder sonstwo anzubieten habe. Ich habe niemals einen Mann gesucht. Ich habe nie, wie der altmodische Ausdruck so schön sagt, meine Netze nach jemandem ausgeworfen.

Zum Beispiel Lewis, der jetzt gerade mit Eliza McIntyre in der Küche herumschäkert. Ich habe bestimmt nicht versucht, ihn einzufangen. Das war einige Monate nach Altons – nein, Edwards Tod, und die Leute versuchten, mich aufzumuntern. Nicht, daß ich Aufmunterung gebraucht hätte. Ich meine, nach all den Verlusten, die ich erlitten habe, bin ich philosophisch geworden. Aber der Enkel meiner Kusine Wanda veranstaltete eine Ausstellung. Der arme, irregeleitete Junge hat kein bißchen Talent. Trotzdem kaufte ich zwei seiner Bilder, die übrigens, allen Blicken entzogen, unten im Dielenschrank eingeschlossen sind.

Jedenfalls war auf der Vernissage auch Lewis und sah sehr verloren aus. Er war gekommen, weil der Junge ein entfernter Vetter seiner verstorbenen Frau ist. Lewis sprang von einer Bank auf, als er mich sah, und sagte: Lucy, dich habe ich ja ewig nicht gesehen, und wir standen da und redeten miteinander, während sich die anderen in Bewunderung über die Bilder des Jungen ergingen, und Lewis sagte, er sei hungrig, und ich fragte ihn, ob er mit zu mir kommen wolle, um was zu essen.

Ich machte rasch was zu essen, und Lewis aß wie ein Verhungernder, und dann saßen wir im Wohnzimmer und sprachen über dies und das, und um Mitternacht sagte er, Lucy, ich möchte hierbleiben. Ich fühle mich so wohl hier bei dir. Ohne respektlos gegen Tote zu sein, aber Ramona und ich haben uns nicht besonders geliebt. Ich würde gern für immer hierbleiben.

Nach so was – wenn ein Mann einem seine innersten Gefühle aufgedeckt hat – kann man ihn doch nicht vor die Tür setzen. Außerdem konnte ich ihn auch nicht raussetzen, weil es angefangen hatte zu schneien und der Schnee nach einer Weile zu Graupelregen wurde. Er hätte hinfallen und sich auf den Stufen das Genick brechen können, und ich hätte das für den Rest meines Lebens auf dem Gewissen gehabt.

Lewis, sagte ich, es klingt vielleicht dumm, wenn ich in meiner Situation noch um meinen guten Ruf besorgt bin, aber, dem Himmel sei Dank, Kusine Alice ist für die Ausstellung von Washington rübergekommen und wohnt bei mir, und so kann sie Anstandsdame für uns spielen, bis wir alles legal und über jeden Zweifel erhaben unter Dach und Fach gebracht haben.

Und genau das geschah.

Solche Sachen plant man nicht, hätte ich dem Mädchen gerne gesagt. Sie passieren, ob man will oder nicht. Und deshalb ist es töricht von Ihnen zu fragen, wie man am besten einen Mann findet.

Mein Schweigen störte sie kein bißchen. Sie kniff ein Auge zu, wie jemand, der mit einem Gewehr zielt, und fragte: Wie oft waren Sie verheiratet?

Sie hatte sich gefangen. Sie wiederholte sich. Praktisch war das dieselbe Frage, die sie mir schon früher gestellt hatte. Ein bißchen anders, aber das war auch alles.

Ich hatte keineswegs die Absicht, ihr die Wahrheit zu sagen, weil ich mir über die selber nicht ganz im klaren war. Manchmal werden meine Ehemänner etwas unscharf und vermengen sich. Manchmal muß ich mich mit Bleistift und Papier hinsetzen und nachrechnen.

Auf jeden Fall ist das nicht unbedingt die richtige Art, Ehemänner zu betrachten – die genaue Anzahl oder die genaue Reihenfolge.

Meine Ehemänner waren außergewöhnlich, wenn ich so sagen darf. Und gutaussehend. Sogar Art, obwohl der eine Hasenscharte hatte. Und sie waren alle sehr fürsorglich. Reich und bereit, ihr Geld auszugeben – nicht wie gewisse andere reiche Leute. Nicht, daß ich Geld gebraucht hätte. Denn Tante Sally Mae hatte mir ihres hinterlassen, trotz aller Verdächtigungen Mamas, und es waren keine boshaften Bedingungen daran geknüpft. Ich konnte an das Geld ran, wann und wie ich wollte.

Ich habe mir auch nie viel aus Geld, oder was man dafür kaufen kann, gemacht.

Für mich selbst kann ich es kaum ausgeben. Schmuck steht mir nicht. Meine Finger sind kurz und knubblig, meine Hände grob – unnötig, die Aufmerksamkeit durch Ringe drauf zu lenken. Außerdem stören mich Ringe. Ich koche gern, und Ringe sind da nur im Weg. Halsketten würgen mich, und Ohrringe zwicken. Und Pelzmäntel, ob Nerz, Chinchilla oder schlicht Karnickel – ich mag den Gedanken nicht, daß irgend etwas, das mal gelebt hat, um meinen Hals drapiert endet.

Geld bedeutet mir persönlich also wenig. Aber es ist hübsch, es weiterzugeben. Nichts macht mir größeres Vergnügen; und nicht einer meiner Ehemänner ist gestorben, ohne daß eine Klinik, eine Schulbibliothek, ein Spitalflügel, ein Forschungslabor oder irgend so was zu seinem Andenken gestiftet und nach ihm benannt wurde. Manchmal mußte ich Peter berauben, um Paul zu bezahlen. Das heißt, manche haben mehr hinterlassen als andere, und manchmal mußte ich von dem, was mir der eine hinterlassen hatte, an die Stiftung des anderen zahlen. Aber am Ende ging es immer auf.

Außer bei Buster. Bei Buster gab es einen hübschen Überschuß. Er lebte am kürzesten und hinterließ mir am meisten von all meinen Ehemännern. Für jeden Monat, den ich mit ihm gelebt hatte, erbte ich eine Million. Fünf im ganzen.

Meine schweigenden Erinnerungen halfen dem Mädchen nicht für seinen Valentinstagartikel. Wenn ich bei jemandem zu Besuch wäre und die Gastgeberin wäre derart schweigsam, wie ich es war, dann hätte ich mich längst entschuldigt und nach der Türklinke gegriffen.

Aber wenn überhaupt möglich, wurde diese junge Dame noch impertinenter.

Hatten Sie einen Lieblingsmann unter Ihren Ehemännern? fragte sie, und ihre Zunge schnellte hervor wie die einer Schlange.

Sogar wenn meine Ehemänner mich das fragten, schwieg ich. Manchmal zeigten sie sich etwas eifersüchtig auf ihre Vorgänger und machten unfreundliche Bemerkungen. Aber ich tat dann natürlich alles in meiner Macht Stehende, um den zu beruhigen, der eine unziemliche Bemerkung über einen anderen machte.

Alle meine Ehemänner waren hochanständige Menschen, pflegte ich in einem solchen Fall zu sagen, aber ich finde, du bist der Beste von allen. Das sagte ich, ob ich es glaubte oder nicht.

Aber zu diesem Mädchen hatte ich zu dem Thema nichts zu sagen.

Wenn man mich je zwingen würde, meine Ehemänner einzustufen, dann würde wohl Luther als unterster auf der Liste stehen. Er war der einzige Abstinenzler. Ich hatte erst gemerkt, wie er über Alkohol dachte, als wir schon verheiratet waren – das sind so Dinge, die man während der Verlobungszeit übersieht und die einen dann wie ein Schlag ins Gesicht treffen. Luther wand sich, wenn Gästen Wein zum Essen serviert wurde, und seine Augen blickten salbungsvoll zum Himmel, wenn jemand ein zweites Glas nahm. Wenigstens hielt er sich soweit zurück, einem Gast keinen Vorwurf zu machen, aber Mama sagte, sie erwartete immer, er würde Traktätchen verteilen, in denen vor den Fallgruben gewarnt wird, die der Trinker harren.

Armer Mensch. Er wurde von einem Bierwagen überfahren.

Was für eine Ironie des Schicksals, sagte Mama. Da steckt eine Lektion für uns alle drin. Und am hellichten Tag, sagte sie kopfschüttelnd, statt im Dunkeln, so daß wir uns nicht mal damit trösten können, daß Luther nicht wußte, was ihn traf.

Nicht lange nach Luthers unglückseligem Unfall erschien Matthew – quasi auf Zehenspitzen. Er war schrecklich klein und reckte sich immer in die Höhe, um größer zu erscheinen. Er entschuldigte sich dauernd für seine Kleinwüchsigkeit. Ich würde dich bitten, mich zu heiraten, Lucy, sagte er, aber alle deine Ehemänner waren über einsachtzig groß. Die Größe hat damit nichts zu tun, sagte ich ihm, und gar nicht lange danach waren Matthew und ich verheiratet.

Er schien nur auf Zehenspitzen zu gehen, und ich krümmte mich zusammen, aber der Unterschied war immer noch schrecklich, und er redete auch weiterhin dauernd davon, daß Napoleon fast die ganze Welt erobert hatte, obwohl er so klein war. Ich begann, niedrige Absätze zu tragen und gebückt zu gehen, und Mama sagte, um Himmels willen, Baby, man kann den Takt auch zu weit treiben. Du warst zwar nie eine Schönheit, aber du hattest immer so was Gewisses an dir, und keine Königin hatte je einen eleganteren Gang, und jetzt kommst du zusammengesunken daher. Deine Tante Francine war mit einem Zwerg verheiratet, wie du weißt, aber da gab's kein Sichkrümmen und Insichzusammensinken. Sie ließ ihn so groß sein, wie er nun mal war, und er sie auch. Also hör auf mit diesem Blödsinn.

Aber das konnte ich nicht. Ich versuchte buchstäblich, mich mit Matthew in der Mitte zu treffen. Und ich hatte das Gefühl – wie sollte ich es auch nicht haben, wo ich doch erlebt hatte, wie sie mir alle weggestorben waren –, daß Matthew nicht mehr lange von dieser Welt sein würde. Deshalb war es meine Pflicht, ihn sich während der Zeit, die ihm noch blieb, so wichtig und so groß fühlen zu lassen wie ich nur konnte.

Matthew starb glücklich. Ich habe allen Grund, das zu glauben. Aber eben, wie Mama sagte, sie starben alle glücklich.

Nie wieder, Mama, sagte ich. Nie wieder. Ich komme mir vor wie die Typhus-Mary oder jemand, der Verderben über die Häupter der Männer bringt.

Nie ist eine lange Zeit, sagte Mama.

Und sie hatte recht. Ich heiratete Hugh.

Ich glaube, es war Hugh.

Auf zwei Dinge war und bin ich stolz. Ich habe niemals ein hartes Wort zu einem meiner Ehemänner gesagt, und ich habe nie einen mit dem Namen eines anderen genannt, und das kostete eine Menge Mühe, denn nach einiger Zeit flossen sie in meinen Gedanken alle irgendwie zusammen.

Nach jedem Verlust war Homer die größte Hilfe und der größte Trost für mich. Bis er letztes Jahr pensioniert wurde, war Homer der Leichenbeschauer, und er war ein Kindheitsfreund von mir, obwohl ich ihn außerhalb seiner Pflichterfüllung praktisch nie sah.

Wenn jemand sehr plötzlich oder aus unersichtlichen Gründen stirbt, muß der Leichenbeschauer benachrichtigt werden, so will es das Gesetz bei uns und vielleicht auch anderswo.

Die ersten paar Male, als ich Homer rufen mußte, war mir das peinlich. Ich hatte das Gefühl, mich entschuldigen zu müssen, wie wenn man mitten in der Nacht den Arzt ruft und man, wenn einen die Schmerzen auch noch so plagen, Angst hat, falschen Alarm zu schlagen und den Arzt unnötig im Schlaf zu stören.

Aber Homer war immer fröhlich, wenn ich ihn rief. Ich fürchte, das ist nicht das richtige Wort. Homer war beruhigend, nicht fröhlich. Jederzeit, Lucy, jederzeit, sagte er, wenn ich anfing mich zu entschuldigen, weil ich ihn rufen mußte.

Ich glaube, es war gleich nachdem Sam starb. Oder war es Karl? Es könnte auch Georg gewesen sein. Jedenfalls war Homer da, beruhigend wie immer, aber plötzlich glitt ein Ausdruck von Betrübnis oder Bedauern über sein Gesicht. Verdammt schade, Lucy, sagte er, daß du mich nicht auf irgendeine Art auch mal berücksichtigen kannst. Du warst zwar nicht das hübscheste oder das klügste Dingelchen in der dritten Klasse, aber du hattest immer so was Besonderes an dir, verdammt noch mal, von Anfang an. Ich erinnere mich, sagte er, in der vierten Klasse war ich so verrückt nach dir, daß ich außer im Rechnen alle Klassenarbeiten verpatzte und die Klasse wiederholen mußte. Du wurdest natürlich versetzt und bist damit für den Rest meines Lebens für mich unerreichbar geblieben.

Also, das ist das Hübscheste, was mir je jemand gesagt hat, sagte ich.

Ich hatte die Absicht, Homer mal zum Abendessen einzuladen, als die Beerdigung vorbei war und alles wieder normal lief. Aber es schien mir zu berechnend, als ob ich ihn an seiner hübschen Bemerkung aufhängen wollte, ihn irgendwo als einen meiner Ehemänner zu berücksichtigen. So entschied ich mich dagegen.

Statt dessen heiratete ich Beau Green.

Da lachen sie grade wieder – Eliza und Lewis in der Küche. In *meiner* Küche.

Merkwürdig, daß Eliza in meiner Küche auftaucht und so tut, als ob sie darin zu Hause sei, wo sie doch die eine und einzige Person in dieser Stadt ist, die ich nie gemocht habe – zumindest nicht, seit ich gehört habe, daß sie gesagt hat, ich hätte ihr Beau Green direkt vor der Nase weggeschnappt.

Das war nicht sehr nett von ihr. Außerdem ist da auch nicht ein Körnchen Wahrheit dran. Den Mann möchte ich sehen, denn man vor irgend jemandes Nase wegschnappen kann, wenn er nicht will.

Eliza hätte Beau Green gerne haben können, wenn sie ihn gewollt hätte und wenn er sie gewollt hätte.

Ich hatte eine Reise um die Welt geplant, hatte schon die Fahrkarten und Reservierungen und mußte alles rückgängig machen, weil Beau sich nicht weiter von zu Hause wegrühren wollte als bis zum Green River – der heißt nach seiner Familie –, um zu fischen. Ich wollte wirklich auf diese Weltreise – mein Herz hing besonders daran, den Tadsch Mahal im Mondlicht zu sehen –, aber Beau hörte nicht auf zu sagen, er würde was Verzweifeltes tun, wenn ich ihn nicht heiratete, so daß ich glauben mußte, er würde

Selbstmord begehen oder sich dem Alkohol ergeben. Also machte ich alle Reservierungen rückgängig, gab alle Fahrkarten zurück und heiratete ihn.

Eliza hätte Beau gerne haben können.

Ich habe schon betont, daß ich nicht gerne meine Ehemänner einstufe, aber in vieler Beziehung war Beau der am wenigsten befriedigende, den ich je hatte. Er war von Natur aus ein Freudentöter – er hatte keinen Sinn für Lebensfreude, und wenn er sich was in den Kopf gesetzt hatte, setzte er es durch, egal ob es anderen paßte oder nicht.

Er wußte ganz genau, daß ich mir nichts aus Schmuck mache. Aber meine Wünsche kümmerten Beau Green kein bißchen. Er kam also mit einem Päckchen an, und ich öffnete es. Ich bemühte mich, meine ganze Höflichkeit zusammenzunehmen, als ich sah, daß es ein Brillant war. Liebling, sagte ich, es ist so lieb von dir, mir was zu schenken, aber ist das nicht ein bißchen zuviel?

Es sind siebenunddreißig Karat, sagte er.

Ich hatte das Gefühl, ich müßte ihn auf einem Sofakissen vor mir hertragen, statt ihn anzuziehen, aber ich zog ihn zweimal an und fühlte mich so auffällig und protzig, als ob ich mit einem Fächer aus Pfauenfedern herumgewedelt hätte.

Wenn ich mich über jemanden aufrege, war und ist es meine Angewohnheit, auf mein Zimmer zu gehen, meine Kümmernisse aufzuschreiben und meine gute Laune zurückzugewinnen, genau wie jetzt wegen der Fragerei dieses Mädchens. Aber manchmal schien es mir auf der ganzen Welt nicht genug Papier zu geben, um meine Klagen über Beau draufzuschreiben.

Dann gab ich mir selbst die Schuld. Beau war eben Beau. Wie alle Kreaturen Gottes benahm er sich so, wie er gemacht war, und ich fühlte mich so schuldbewußt, daß ich beschloß, was zu tun, um ihm zu zeigen, daß ich ihn wirklich liebte und achtete, wie ich es tief in meinem Herzen ja tat.

Ich beschloß, ihm einen Kuchen nach dem komplizierten Rezept zu backen, das schon seit wer weiß wie langer Zeit in meiner Familie ist. Ich brauchte einen ganzen Tag, um dafür einzukaufen. Am nächsten Tag stand ich um fünf Uhr morgens auf und blieb bis zum späten Nachmittag in der Küche.

Beau war ein bißchen wählerisch, wenn's ans Kuchenessen ging. Doch von allen meinen Ehemännern mochte er Süßes am meisten.

Darling, sagte ich, als er sich wegen des Kuchens störrisch zeigte, ich habe ihn extra für dich gebacken und fast zwei Tage dafür geopfert. Ich lächelte ihn an und bat ihn, ob er ihn mir zuliebe nicht wenigstens probieren wollte. Ich war wirklich außer mir, wenn ich an all die Arbeit dachte, die ich reingesteckt hatte. Eine schreckliche Sekunde lang wünschte ich, es wäre eine Sahnetorte und ich könnte sie ihm ins Gesicht schleudern wie in einem von diesen alten Buster-Keaton-Filmen. Und dann erinnerte ich mich, daß wir geschworen hatten, einander zu lieben, und legte nun einen Arm um ihn und rückte mit der freien Hand den Kuchen ein bißchen näher und sagte, Belle möchte so gerne, daß Beau wenigstens ein winzig kleines Bißchen probiert. Belle war ein blöder Kosename, den er mir manchmal gab, weil er es toll fand, daß er Beau und ich Belle wären.

Er guckte dämlich, und ich wußte, er wollte mir den Gefallen tun, so wie ich ihm zu Gefallen zweimal den Siebenunddreißigkaratbrillanten getragen hatte.

Du liebe Zeit, Belle, sagte er, als er den ersten Bissen herunterschluckte, das ist ja köstlich.

Sei vorsichtig, Liebling, sagte ich, der Kuchen ist schwer.

Das Beste, was ich je gegessen habe, sagte er und suchte auf dem Teller die Krümel zusammen, und ich sagte, Liebling, willst du nicht ein bißchen Kaffee zum Runterspülen?

Er antwortete nicht, saß einfach da und lächelte. Nach einer Weile sagte er, er fühle sich wie gelähmt. Ich hab' überhaupt kein Gefühl mehr in den Füßen, sagte er. Ich rannte nach Franzbranntwein, zog ihm Schuhe und Socken aus und fing an, ihm die Füße zu reiben; er hatte eine Art Krampf, und seine Zehen krümmten sich, aber nichts berührte das Lächeln auf seinem Gesicht.

Homer, sagte ich ein wenig später – ich mußte ihn natürlich anrufen wegen Beaus Tod –, was in aller Welt ist los? Kann es irgendwas sein, was er gegessen hat? Und Homer sagte, wie kommst du denn darauf, irgendwas, was er gegessen hat? Natürlich nicht. Du bist die beste Köchin in der ganzen Stadt. Du bist berühmt für deine Kocherei. Es kann nichts sein, was er gegessen hat. Sei nicht dumm, Lucy. Er tätschelte mir die Schulter und sagte, ich habe ein Buch gelesen über Schuld und Verlust, und darin steht, daß Hinterbliebene sich oft verantwortlich für den Tod ihnen Nahestehender fühlen. Aber ich dachte, du wärst vernünftiger, Lucy.

Diesmal war Homer ein bißchen streng mit mir.

Julius Babb regelte Beaus Hinterlassenschaft. Beau hat Ihnen eine hübsche Summe hinterlassen, sagte er, und ich hätte am liebsten geantwortet: keine so hübsche wie die meisten anderen, tat es aber nicht.

Genau in dem Moment wiederholte die junge Frau vom *Bulletin* ihre letzte Frage.

Hatten Sie einen Lieblingsmann unter Ihren Ehemännern? Sie hatte dabei einen Ton wie ein Staatsanwalt und nichts von einer Reporterin, die einen Artikel über Liebe für den Valentinstag schreiben will.

Ich hatte genug von ihr und ihren Fragen. Ich zog mich mühsam hoch in eine sitzende Stellung. Hören Sie mal zu, junge Frau, sagte ich. Es kommt mir so vor, als seien wir beide mit dem falschen Fuß aufgestanden – und dann lachten wir beide über den unfreiwilligen Witz, den ich gemacht hatte.

Das Gelächter versetzte uns beide in gute Laune, und dann versuchte ich ihr klarzumachen, daß unten unverhoffter Besuch wartete, um den ich mich kümmern sollte, und daß ich zwar herzlich gerne an ihrem Valentinstagartikel mitarbeiten wollte, all diese Fragen mich aber erst mal aus der Fassung gebracht hätten. Es sei wie bei einem Examen, wo einen die Fragen überraschen. Ich sagte ihr, wenn sie mir ihre Liste daließe, würde ich sie durchackern, und sie könnte morgen zurückkommen, und dann hätte ich meine Antworten bereit und wäre etwas präsentabler als jetzt mit meinem zerknautschten Morgenrock und den ungekämmten Haaren.

Sie war honigsüß, gab mir die Liste mit den Fragen und sagte, sie hoffe, zehn Uhr morgen vormittag sei mir recht, und ich sagte, ja, das sei es.

Und wieder hörte ich Elizas Lachen, mehr ein Gekrächze als ein Lachen. Ich sollte nicht so denken. Aber es war solch ein komischer Tag mit dieser jungen Reporterin und Elizas frühem Besuch.

Wenn ich so drüber nachdachte, dann hatte Eliza sehr gut für sich gesorgt, was das Heiraten anbetraf. Diese Reporterin sollte Eliza ein paar von den Fragen stellen.

Mama war ihr Leben lang eine gutmütige Frau, und sie lebte neunundachtzig Jahre lang, aber Eliza war ihr immer zuwider. Um ehrlich zu sein, Eliza war allen Frauen dieser Stadt immer zuwider. Es ist einfach nicht recht, Baby, sagte Mama, alle anderen Frauen haben sich ihr ganzes Leben lang krumm gelegt, gespart und geknausert, und dann, wenn sie schließlich alt und krank werden, kommt Eliza daher, nur weil sie Krankenschwester ist. Und als nächstes hört man, daß Eliza den Witwer geheiratet hat und sich mit einem Schlag schnappt, was die arme tote Frau während eines ganzen Lebens angesammelt hat.

Das war von Mama zwar nicht gerade die großmütigste Art, es hinzustellen, aber von anderen habe ich es viel schlimmer gehört. Zum Beispiel von Mrs. Perkerson. Eliza ist wie ein Geier, sagte Mrs. Perkerson. Zuerst schaut sie zu, wie die Frau stirbt, dann heiratet sie, und dann schaut sie zu, wie der Mann stirbt. Und schon heißt es Witwenschleier und ein gutgepolstertes Bankkonto für Eliza, nicht zu reden von den wertvollsten Liegenschaften in der Stadt.

Das letztemal, als ich sie traf, sagte Mrs. Perkerson, ich weiß, daß sich Luise Eubanks McIntyre im Grab umdrehen würde, wenn sie wüßte, daß Eliza ihr Haus mit den Gärten, die nach dem Muster der Villa d'Este angelegt wurden, geerbt hat. Und dann heißt es noch, Krankenpflege sei harte Arbeit!

Ich hatte Eliza lange nicht gesehen. Wir kannten uns gut, waren aber nie Freundinnen gewesen, und ich war sehr gekränkt, nachdem ich hörte, was sie über mich gesagt hatte, daß ich ihr Beau Green weggeschnappt hätte. Aber wir pflegten stehenzubleiben und ein bißchen zu plaudern, wenn wir uns zufällig in der Stadt trafen, und sagten beim Verabschieden dann immer, wir sollten uns mal sehen. Aber da wurde nie was draus.

Und dann rief Eliza vor drei Wochen an, und ich war überzeugt, jemand sei gestorben. Aber nein, sie war süß wie Zuckerwasser und turtelte herum, als ob wir uns täglich sehen würden, und lud mich für den Nachmittag zu einer Tasse Tee oder einem Glas Sherry ein. Ich fragte sie, ob es was Besonderes gäbe, und sie sagte, sie fände, für alte Freunde sei doch kein besonderer Anlaß nötig, um sich zu sehen, aber ja, es gäbe was Besonderes. Sie wollte mir ihre Gärten zeigen – natürlich waren es nicht ihre Gärten, sondern die von Luise Eubanks McIntyre –, sie hätte sie doch neulich zur Besichtigung für den Kirchenchor geöffnet, aber ich sei nicht gekommen. Deshalb wolle sie sie mir an diesem Nachmittag zeigen.

Das kam alles so plötzlich, daß sie mich überrumpelte. Ich wollte nicht hingehen, und es gab auch gar keinen Grund für mich, hinzugehen, aber mir fiel ums Verrecken keine Ausrede ein. Und so ging ich hin.

Die Gärten waren wirklich wunderschön, und ich bin verrückt nach Blumen.

Eliza veranstaltete mit mir eine persönliche Besichtigungstour. Es gab eine Menge Wege und steile Stufen und unerwartete Biegungen, und ich war so entzückt von den Blumen, daß ich blödsinnigerweise nicht auf den Weg achtete. Ich war nicht gewöhnt, auf soviel Kies zu laufen oder unebene Stufen rauf und runter zu steigen, und Eliza warnte mich nicht.

Plötzlich – und es war ein ganz komisches Gefühl, nicht als ob ich hingefallen wäre, sondern als ob mich jemand gestoßen hätte – lehnte Eliza über mir und sagte, sie könne sich nie verzeihen, daß sie mir nichts über die geborstene Stufe gesagt hätte, und ich solle ganz ruhig liegenbleiben und mich nicht bewegen, bis der Arzt käme, und was für ein Jammer es wäre, daß das, was sie als Vergnügen für mich geplant hatte, nun zur Tragödie geworden sei. Wobei sie eine Menge mehr drausmachte, als notwendig gewesen wäre, weil es sich ja nur um einen gebrochenen Fuß handelte – obwohl das unangenehm genug war.

Aber Eliza flatterte drei Wochen lang in der Gegend herum, sagte, ich sollte sie verklagen, denn sie sei versichert, und wie gut es doch sei, daß sie Pflegerin sei und dafür sorgen könne, daß ich die notwendige Pflege erhielte. Ich brauche keine Pflegerin, aber sie bestand darauf, jeden Tag vorbeizukommen, an manchen Tagen sogar mehrere Male. Sie scheint in meinem Haus ein und aus zu gehen wie der Kuckuck in einer Kuckucksuhr.

Aber ich sollte besser mit den Fragen dieser Reporterin weitermachen.

Haben Sie ein Rezept für eine glückliche Ehe?

Ich habe ihr ja schon gesagt, daß ich das nicht habe, und natürlich gibt es auch kein Rezept für eine glückliche Ehe, aber ich könnte ihr von der Praxis erzählen, wie ich mit Kummer und Gram fertig werde, indem ich niederschreibe, was mich bedrückt, und dann zerreiße, was ich geschrieben habe. Vielleicht kann das jemand anderem auch helfen, was weiß ich.

Ich hörte Eliza nicht die Treppe heraufkommen. Ich erschrak, als ich aufblickte und sie neben meinem Bett stehen sah. Wenn sie nun entdeckte, daß ich über sie schrieb? Wenn sie mir das Notizbuch aus den Händen riß und zu lesen begann? Ich wußte nicht, wie ich sie daran hindern könnte.

Aber sie lächelte nur und fragte, ob ich essen wollte, und sie hoffte, ich hätte mir richtig Appetit geholt. Wie um alles in der Welt sie auf die Idee kommt, ich könnte mir richtig Appetit geholt haben, wo ich doch im Bett liege, weiß ich nicht, aber so ist Eliza eben, und alles, was sie gekocht hatte, war Büchsensuppe, und die war nicht mal heiß.

Ich wollte nur noch alles auslöschen – die Fragen von dem Mädchen, Elizas Gegenwart in meinem Haus, meinen gebrochenen Fuß. Ich hätte gedacht, in tausend Jahren nicht einschlafen zu können. Aber ich war so dösig, daß ich nicht mal mehr mein Notizbuch zumachen konnte, geschweige denn, es unter der Decke verstecken.

Ich weiß nicht, was mich aufweckte. Es war stockdunkel, aber die Dunkelheit bricht in diesen Wintertagen so schnell herein, daß man nicht mehr sagen kann, ob es früher Abend oder Mitternacht ist.

Ich fühlte mich nach meinem langen Schlaf erfrischt und allem gewachsen. Ich war bereit, jede Frage auf der Liste dieses Mädchens zu beantworten.

Das Notizbuch lag immer noch aufgeschlagen neben mir, und wenn Eliza hiergewesen war und gesehen hatte, was ich über sie schrieb, geschah es ihr recht, dachte ich.

Von der Küche stieg ein köstlicher Duft herauf, und eine Menge Geräusche waren zu hören. Plötzlich waren Hintertreppe und Diele hell erleuchtet, und dann standen Eliza und Lewis in der Tür und sagten, sie hätten eine Überraschung für mich. Lewis nahm etwas von einem Tisch im Treppenhaus und brachte es mir voller Stolz. Ich konnte nicht sagen, was. Es war rot und herzförmig mit was Weißem obendrauf. Zuerst dachte ich, es sei vielleicht ein Hut, dann tastete ich nach meiner Brille, aber auch jetzt konnte ich immer noch nicht sagen, was Lewis da vor sich her trug.

Lewis hielt mir das Tablett hin. Ein Valentinskuchen, sagte er, und Eliza sagte, wir haben ihn mit Zuckerguß für dich dekoriert. Lewis kippte ihn ein wenig, und ich sah, daß in ungelenken Buchstaben LUCY draufstand.

Im allgemeinen esse ich nichts Süßes, und so war ihre Arbeit verlorene Liebesmüh. Dann dachte ich, wie nett es doch war, daß sie sich all diese Mühe gemacht hatten, und ich verzieh ihnen, daß sie in meinen Rezepten rumgekramt hatten – vielleicht hatten sie ja auch eine Fertigmischung benutzt. Jedenfalls hatte ich das Gefühl, daß ich meine Anerkennung zeigen mußte, und es würde mich ja nicht umbringen, etwas von ihrem Kuchen zu essen.

Sie beobachteten mich derart stolz und entzückt, als ich von dem Kuchen aß, daß ich noch ein zweites Stück nahm. Als ich fertig war, sagten sie, es sei am besten für mich, auszuruhen, und ich bat sie, den Kuchen mitzunehmen und so viel davon zu essen, wie sie wollten, und ihn dann in Folie einzupacken.

Und jetzt ist es still im ganzen Haus.

Ich habe mich in meinem ganzen Leben nie wohler gefühlt. Ich lächle vor mich hin, ein großes, dickes, zufriedenes Lächeln. Es muß genauso aussehen wie das letzte glückliche Lächeln auf den Gesichtern meiner Ehemänner – außer auf dem von Luther, der vom Bierwagen überfahren wurde.

Ich fühle mich wunderbar und ganz entspannt.

Aber ich kann kaum mehr den Bleistift halten.

O Gott, er entgleitet mir,

f

ä

l

l

t

ROSS MACDONALD

Der Mann im Cadillac

Es war Freitag abend. Ich fuhr mit meinem hellblauen Kabriolett in schwärzester Laune von der mexikanischen Grenze zurück. Ich hatte einen Mann von Fresno nach San Diego verfolgt und ihn dort im Straßenlabyrinth der Altstadt verloren. Als ich seine Spur endlich wiederfand, hatte er sich über die Grenze abgesetzt. Da meine Instruktionen nicht über das Gebiet der Vereinigten Staaten hinausgingen, kehrte ich nach Hause zurück.

Auf halbem Weg, gerade oberhalb der Emeraldbucht, holte ich den miserabelsten Autofahrer ein, der mir je begegnet war. Er steuerte seinen schwarzen Cadillac wie eine Segeljolle gegen den Wind, wobei er im Zickzackkurs über zwei, manchmal auch über drei der vier Fahrbahnen hin und her kreuzte. Mitternacht war schon vorbei, und ich mußte mich beeilen, wenn ich bis zum Morgengrauen noch ein Auge zutun wollte. Ich setzte rechts zum Überholen an, als der Cadillac wieder einmal gerade auf der doppelten Linie in der Straßenmitte fuhr. In diesem Augenblick trudelte er wie ein verirrtes Geschoß auf mich zu, so daß ich nur knapp mit kreischenden Bremsen einem Zusammenstoß ausweichen konnte.

Jetzt versuchte ich es von links. Gleichzeitig beschleunigte auch der Cadillac sein Tempo. Da mein Wagen nichts mehr hergab, rasten wir Nase an Nase in der Straßenmitte weiter. Ich fragte mich, ob ich es mit einem Verrückten oder einem Betrunkenen zu tun hätte oder ob der Fahrer vor mir auf der Flucht war. Die Schnellstrecke endete, und ich fuhr mit hundertdreißig auf der falschen Fahrbahn einer zweispurigen Überlandstraße, als ein Lastzug hinter der Kuppe einer Bodenwelle auftauchte und wie ein fauchender Komet näher kam. Ich trat das Gaspedal durch und zog meinen Wagen knapp vor dem Kotflügel des Cadillacs nach rechts. Im Scheinwerferlicht des entgegenkommenden Lasters sah ich einen Augenblick lang das Gesicht des Fahrers: Es war kreidebleich mit tiefliegenden, schwarzen Augenhöhlen. Sein Oberkörper war nackt.

Erst in letzter Sekunde verringerte er seine Geschwindigkeit so weit, daß ich mich ohne Gefahr vor ihn setzen konnte. Der Laster fuhr ärgerlich hupend an uns vorbei. Ich bremste allmählich ab in der Absicht, den Cadillac zum Stehen zu bringen, aber er überholte mich in einem wahnsinnigen Bogen mit quietschenden Reifen und verschwand vor mir in der Dunkelheit.

Als mein Wagen schließlich stand, mußte ich die Finger mit Gewalt vom Lenkrad lösen. Über meinen Rücken lief kalter Schweiß, meine Knie zitterten. Ich rauchte eine Zigarette an und wendete vorsichtig, um zur Emeraldbucht zurückzufahren. Meine stürmischen Jugendjahre lagen weit hinter mir, ich sehnte mich nach Ruhe.

Das erste Motel, auf das ich stieß, hieß «Siesta», und ein Schild zeigte an, daß noch Zimmer frei waren. Die Neonreklame stellte einen schlafenden Mexikaner in schreienden Farben dar. Ich beschloß, seinem Vorbild zu folgen, und parkte auf dem Kiesplatz vor dem Empfang. Drinnen war noch Licht. Die Glastür stand offen, und ich trat ein. Die kleine Halle war hübsch mit hellem Holz und Chintz ausgestattet. Ich läutete einige Male mit der Tischklingel; da niemand kam, setzte ich mich und zündete mir eine Zigarette an. Die elektrische Uhr zeigte Viertel vor eins.

Ich muß eingenickt sein, denn ich erinnere mich, daß ich

träumte. Hinter dem Steuer eines schwarzen Cadillac, der mit Blumen vollgeladen war, saß eine grinsende Totenmaske. Als die glühende Asche meiner Zigarette mir die Fingerspitzen verbrannte, erwachte ich. Vor mir stand ein schlanker Mann in grauem Flanellhemd und leichten Hosen und sah mich argwöhnisch an.

Er hatte eine große Nase und ein spitzes Kinn. Schon auf den zweiten Blick verwischte sich der Eindruck von Jugendlichkeit, den seine Erscheinung hervorrief: Seine Zähne waren schlecht, und das schüttere blonde Haar ließ hohe Ecken an der Stirn frei. Er gehörte zu jenem Typ ältlicher Jungen, die sich ihren Unterhalt durch Katzbukkeln in Hotels und Motels verdienen und sich verzweifelt an andere Menschen klammern.

«Was wünschen Sie?» fragte er. «Wer sind Sie? Was wollen Sie hier?» Seine Stimme schwankte unsicher wie bei einem Jungen im Stimmbruch.

«Ein Zimmer.»

«Weiter nichts?»

Es klang fast wie eine Anklage, aber ich ging nicht darauf ein. «Warum? Was haben Sie sonst noch anzubieten? Bauchtänzerinnen oder Gratisessen?»

Der Mann versuchte zu lächeln, ohne seine schlechten Zähne zu entblößen. Sein Lächeln wirkte genauso gezwungen wie mein Witz. «Tut mir leid», gab er zurück. «Sie haben mich aufgeweckt. Wenn ich aus dem Schlaf gerissen werde, komme ich nur langsam wieder zu mir.»

«Hatten Sie vielleicht einen Alptraum?»

Er riß erstaunt seine wäßrigen blauen Augen auf. «Warum fragen Sie das?»

«Ich hatte vorhin nämlich einen. Aber lassen wir das. Haben Sie nun ein Zimmer oder nicht?»

«Ja. Natürlich.» Er schluckte erleichtert und bemühte sich, möglichst unbefangen zu erscheinen: «Haben Sie Gepäck?»

«Nein.»

Lautlos, wie ein Schatten seiner einstigen Knabengestalt, glitt der Mann auf seinen Tennisschuhen hinter die Hoteltheke, notierte meinen Namen, meine Adresse und mein Autokennzeichen und verlangte fünf Dollar, für die er mir einen Schlüssel mit der Nummer vierzehn aushändigte. Mit einer Handbewegung wies er mir höflich den Weg, offensichtlich besorgt wegen des späteren Trinkgeldes.

Das Zimmer Nummer vierzehn sah aus wie viele Hotelzimmer in dieser Gegend. Es war im kalifornisch-spanischen Stil eingerichtet und bot mit den künstlich-rauhen Kalkwänden, den weinroten Vorhängen und den Lampenschirmen aus imitiertem Pergament auf schmiedeeisernen Ständern eine gewisse Behaglichkeit. Über dem Bett hing das Bild eines schlafenden Mexikaners. Ich folgte seinem Beispiel und träumte bis zum Morgen von Bauchtänzerinnen.

Plötzlich begann eine von ihnen aus voller Lunge zu schreien. Bei dem Versuch, sie zu beruhigen, erwachte ich und setzte mich im Bett auf. Auf meiner Armbanduhr war es fast neun. Das Schreien hörte auf und fing kurz darauf wie eine Alarmsirene wieder an. Ich zog meine Hose über die Unterwäsche, in der ich geschlafen hatte, und ging hinaus. Auf dem Korridor stand eine junge Frau vor der Tür des Nachbarzimmers. In einer Hand hielt sie einen Schlüssel, die andere, die sie weit von sich streckte, war voller Blut. Sie trug einen bunten, weiten Rock und eine Bluse im Zigeunerlook. Sie hatte dunkles Haar und ein zartes Gesicht, das mir weitaus besser gefallen hätte, wenn sie den weit geöffneten Mund zugemacht und mit dem Geschrei aufgehört hätte. Ich war böse wegen der Störung meines kostbaren Morgenschlafes.

Ich packte sie bei den Schultern und rüttelte sie: «Hören Sie doch auf!»

Sie verstummte. Verstört schaute sie auf das Blut an ihrer Hand, das dunkel und zähflüssig wie Schmieröl daran klebte.

«Wo haben Sie das her?»

«Ich bin ausgerutscht und hineingefallen. Ich habe es gar nicht gesehen.»

Sie ließ den Schlüssel fallen und zog mit der sauberen Hand ihren Rock nach vorn. Der Saum über ihren bloßen braunen Beinen war hinten auch mit Blut beschmiert.

«Wo? In dem Zimmer hier?»

«Ja», erwiderte sie zögernd.

Inzwischen hatte sich eine Anzahl von Türen geöffnet, und etwa ein halbes Dutzend Leute kam auf uns zu. Ein kleiner Mann mit brauner Gesichtsfarbe, er war sicher nicht größer als ein Meter vierzig, kam hüpfend aus dem Büro gelaufen. Seine winzigen Schuhe tanzten wie Spielzeuge über die Fliesen.

«Kommen Sie herein, und zeigen Sie es mir», forderte ich das Mädchen auf.

«Nein, ich kann nicht. Ich will nicht.» Ihre dunklen Augen hoben sich scharf von ihrem schreckensblassen Gesicht ab.

Mittlerweile hatte sich der kleine Mann zwischen uns gedrängt und das Mädchen am Oberarm gepackt. «Was ist los, Ella? Bist du verrückt, die Gäste so aufzuscheuchen?»

«Blut», murmelte sie und lehnte sich mit geschlossenen Augen an mich.

Sein scharfer Blick erfaßte die Situation. «Sei still», zischte er und wandte sich an die anderen Gäste, die sich in einem Halbkreis um uns drängten:

«Es ist weiter nichts. Entschuldigen Sie, meine Damen und Herren, meine Tochter hat sich nur ein wenig geschnitten. Es ist wirklich alles in bester Ordnung.»

Er legte seinen langen, behaarten Arm um die Taille seiner Tochter und zog sie durch die offene Tür in das Zimmer. Mit einer kräftigen Bewegung versuchte er, die Tür hinter sich zuzuwerfen. Ich fing sie mit dem Fuß auf und folgte ihnen.

Das Zimmer war genauso eingerichtet wie meines, einschließlich der Reproduktion über dem zerwühlten Bett, nur daß alles wie in einem Spiegel seitenverkehrt erschien. Das Mädchen ging mit ein paar unsicheren Schritten zum Bett und setzte sich auf die Kante. Als sie jedoch das blutbefleckte Laken erblickte, sprang sie auf und öffnete ihren Mund so weit, daß ein Zahnarzt seine helle Freude daran gehabt hätte.

«Bitte nicht», beeilte ich mich zu sagen, «wir wissen ja schon, daß Sie eine prima Lunge haben.»

Der kleine Mann fuhr zu mir herum. «Was haben denn Sie hier zu suchen?»

«Ich heiße Archer und habe das Zimmer vierzehn nebenan.»

«Bitte, gehen Sie hinaus.»

«Fällt mir nicht ein. Was ist hier los?»

Er senkte seinen Kopf, als ob er ihn mir in den Magen rammen wollte. Unter seiner Kunstlederjacke ragte ein Buckel spitz wie ein dritter Ellbogen auf. Dann schien er sich den Rammstoß doch zu überlegen und versuchte es mit diplomatischem Geschick:

«Sie ziehen ganz falsche Schlüsse, Mister. Es ist wirklich nicht so schlimm, wie es aussieht. Wir hatten hier in der Nacht einen kleinen Unfall.»

«Ich weiß. Ihre Tochter hat sich geschnitten. Es scheint ja wieder völlig verheilt zu sein?»

«Nein, natürlich nicht.» Er winkte ab. «Ich habe den Leuten draußen erzählt, was mir gerade einfiel. Es war eine Rauferei, bei der einer der Gäste Nasenbluten kriegte.»

Das Mädchen ging wie eine Schlafwandlerin zur Badezimmertür und knipste das Licht an. Auf dem schwarzweißen Würfelmuster der Kunststofffliesen war eine schon halb eingetrocknete Blutlache, die durch ihr Ausrutschen nach einer Seite hin verschmiert war.

«Soso, Nasenbluten», sagte ich spöttisch zu dem Kleinen. «Probieren Sie es jetzt auf die Tour?»

«Ich bin der Eigentümer dieses Motels und heiße Salanda.»

Er versuchte, sich so hoch wie möglich aufzurichten.

«Einer der Herren berichtete mir selbst, er habe Nasenbluten bekommen.»

«Und wo ist dieser Herr jetzt?»

«Heute morgen ist er abgefahren.»

«Gesund?»

«So gesund, wie er gestern ankam.»

Ich schaute mich im Zimmer um. Außer den Blutflecken in dem ungemachten Bett konnte ich keine Anzeichen dafür, daß ein Kampf stattgefunden hatte, entdecken. Irgend jemand hatte einen halben Liter Blut abgelassen und war danach verschwunden.

Der Bucklige öffnete die Tür und forderte mich mit einer Handbewegung zum Gehen auf. «Wollen Sie mich jetzt bitte entschuldigen, Sir, aber ich möchte dies hier so bald wie möglich in Ordnung bringen lassen. Ella, sag Lorraine, sie soll im Zimmer Ordnung machen, aber ein bißchen dalli. Und du legst dich noch ein bißchen hin.»

«Es geht schon wieder, Vater. Mach dir um mich keine Sorgen.»

Als ich wenig später hinüberkam, saß sie völlig gefaßt, wenn auch noch ein wenig bleich, hinter dem Schreibtisch in der Empfangshalle. Ich legte meinen Schlüssel auf die Tischplatte.

«Geht es Ihnen jetzt wieder besser, Ella?»

«Oh, angezogen habe ich Sie gar nicht erkannt.»

«Schade, daß ich das von Ihnen nicht auch sagen kann.»

Sie schlug die Augen nieder und errötete. «Sie lachen mich aus. Ich weiß, daß ich mich heute morgen albern benommen habe.»

«Na, da bin ich nicht so sicher. Was dachten Sie denn, was heute nacht geschehen ist?»

«Mein Vater hat es Ihnen doch schon erklärt nicht?»

«Genaugenommen waren es zwei Erklärungen, aber ich

bezweifle, daß sie die endgültige Fassung des Dramas darstellen.»

Ihre Hand legte sich auf das Grübchen im Ausschnitt der Zigeunerbluse. Ihre Arme und Schultern waren schlank und braungebrannt, die Fingernägel leuchteten karminrot.

«Was für ein Drama?»

«Ich meinte das nur im übertragenen Sinn», erklärte ich. «Aber vielleicht hat sich in Zimmer dreizehn wirklich ein Drama abgespielt. Was meinen Sie?»

Sie biß sich mit ihren großen Vorderzähnen auf die Unterlippe, wodurch sie wie ein hübsches Kaninchen aussah. Ich unterdrückte meinen Impuls, ihr über das glänzende, glatte brauen Haar zu streichen.

«Aber das ist ja lächerlich. Wir sind ein renommiertes Haus. Übrigens hat Vater mir verboten, mit Fremden über die Sache zu sprechen.»

«Warum denn das nun wieder?»

«Das Motel ist sein ein und alles, und er will keinen Skandal. Wenn wir unseren guten Ruf verlieren, bricht es ihm das Herz.»

«Na, so sentimental sah er gar nicht aus.»

Sie stand auf und strich ihren Rock glatt. Ich bemerkte, daß sie einen anderen angezogen hatte. «Lassen Sie meinen Vater in Ruhe. Er ist ein lieber kleiner Mann. Warum wollen Sie ihm denn für nichts und wieder nichts Schwierigkeiten machen?»

Ich gab mich vor ihrer berechtigten Entrüstung geschlagen – die Entrüstung einer Frau ist immer berechtigt – und ging hinaus zu meinem Wagen. Die Frühlingssonne blendete mich. Hinter der Straße und den welligen Sanddünen glänzte die Bucht in tiefem Preußischblau. Ich fuhr ab. Am Fuße einer Halbinsel führte die Autostraße landeinwärts und um ein Städtchen herum und nach einigen Meilen wieder zur Küste zurück. Auf der anderen Straßenseite schob sich ein großer überdachter Parkplatz vor den weißen Sand und die glitzernde Brandung. Schilder an beiden Einfahrten verkündeten weithin: County Park, offenes Feuer verboten.

Strand und Parkplatz waren leer bis auf einen Wagen, der verloren am äußersten Ende der Parkfläche stand und seinen Kühlergrill in den Drahtzaun bohrte. Es war ein schwarzer Cadillac. Noch heute weiß ich nicht, was mich dazu bewog, von der Straße ab und auf den Parkplatz einzubiegen. Ein Mann hing über dem Steuerrad und sah in die endlose blaue See hinaus. Er drehte sich auch nicht um, als ich mit meinem Wagen neben ihm hielt.

Ich stieg aus und öffnete die Tür seines Cadillac. Sein Gesicht war totenbleich, die dunkelbraunen Augen starrten blicklos auf die Bucht. Der dichtbehaarte Oberkörper war unbekleidet bis auf einen dicken Verband um die Taille, der aus blutigen Handtüchern bestand und von irgendeinem Nylongewebe zusammengehalten wurde. Erst bei näherem Zusehen bemerkte ich, daß es der Unterrock einer Frau war. Auf die linke Brustseite des Wäschestücks war ein purpurrotes Herz gestickt, das den in Schreibschrift gestickten Namen «Fern» umrahmte. Ich überlegte, wer diese Fern wohl sein könnte.

Der Mann, den ihr purpurnes Herz nun schmückte, hatte dunkles lockiges Haar und ebenso dunkle, buschige Augenbrauen. Auf Kinn und Wangen sproß ein dichter Stoppelbart. Trotz seines Blutverlustes und einigen Lippenstiftspuren auf seinem Mund machte er einen grobschlächtigen Eindruck.

Das Seitenfach war leer, nur im Handschuhfach fand ich eine halbvolle Packung 38er Automatikpatronen. Die Zündung war noch eingeschaltet, aber die Lichter brannten nur noch trüb. Die Benzinuhr zeigte einen leeren Tank an. Anscheinend war der Krauskopf, kurz nachdem er mich überholt hatte, auf diesen Platz gefahren und hatte den Rest der Nacht mit laufendem Motor an Ort und Stelle verbracht. Ich wickelte den Unterrock, der nicht aussah, als könnte er Fingerabdrücke annehmen, von der Taille des

Toten und sah nach dem Wäscheetikett. «Gretchen», Palm Springs, stand darauf. Mir fiel ein, daß Samstag vormittag war und ich in diesem Winter noch kein Wochenende an der Küste verbracht hatte. Vorsichtig band ich den Unterrock wieder um den Wickel und fuhr zum «Siesta» zurück.

Ellas Stimmungsbarometer fiel rapide, als sie mich erblickte. Sie streckte ihre hübsche Kaninchennase in die Luft und sagte spitz: «Du lieber Schreck. Und ich dachte schon, wir wären Sie endlich los!»

«Dachte ich auch. Aber wie Sie sehen, kann ich mich einfach nicht von hier losreißen.»

Sie warf mir einen eigenartigen, aus Spott und Widerwillen gemischten Blick zu. Sie strich eine Haarsträhne zurück und langte dann nach einer Anmeldekarte.

«Ein Zimmer können Sie haben. Aber denken Sie bloß nicht, daß Sie bei mir Eindruck schinden können. Sie sind mir völlig egal, mein Herr.»

«Archer heiße ich, Lew Archer. Bemühen Sie sich nicht mit der Karte, ich möchte nur telefonieren.»

«Anderswo gibt es auch Telefone.» Aber sie stieß mir doch den Apparat über den Tisch zu. «Meinetwegen, wenn es kein Ferngespräch ist.»

«Ich muß die Verkehrspolizei anrufen. Wissen Sie zufällig die Nummer?»

«Keine Ahnung.» Sie reichte mir das Telefonverzeichnis.

«Es ist nämlich ein Unfall passiert», sagte ich obenhin, als ich die Nummer wählte.

«Ein Unfall? Auf der Straße? Wo denn?»

«Nicht auf der Straße, meine Liebe, sondern hier, auf Zimmer dreizehn.»

Aber das berichtete ich natürlich nicht der Polizei. Ich gab lediglich an, in einem Wagen auf dem Parkplatz oberhalb des Strandes einen Toten gefunden zu haben. Das Mädchen hörte mir mit offenen Augen und offenem Mund zu. Noch bevor ich auflegte, fuhr sie aufgeregt von ihrem Stuhl hoch und lief durch die Hintertür hinaus. Nach einigen

Augenblicken kam sie mit ihrem Vater zurück, dessen Augen genauso funkelten wie die Nieten an seiner Lederjacke. Tänzelnd kam er auf mich zu. «Was hat das zu bedeuten?»

«Ein Stück weiter auf der Straße habe ich einen Toten gefunden.»

«Und warum sind Sie zum Telefonieren hierher zurückgekommen?» Sein Kopf senkte sich wieder zu seiner Rammstoßhaltung, aber ich sah, wie er sich mit den Händen an der Schreibtischkante festklammerte. «Was geht das uns an?»

«Immerhin trug er ein paar von Ihren Handtüchern um den Bauch.»

«Was?»

«Und er blutete sehr stark, bevor er starb. Wahrscheinlich hat ihm jemand in den Magen geschossen. Vielleicht Sie?»

«Sie sind verrückt», erwiderte er, aber es klang nicht sehr überzeugend. «Für diese wahnsinnige Beschuldigung werden Sie mir noch büßen. Wer sind Sie überhaupt?»

«Privatdetektiv.»

«Und Sie haben ihn verfolgt? Sie wollten ihn verhaften, und er erschoß sich auf der Flucht vor Ihnen?»

«Beides falsch geraten», sagte ich mit Nachdruck. «Erstens wollte ich mich hier nur ausschlafen. Und zweitens schießt sich kein Mensch selber in den Bauch. Viel zu unsicher und langsam. Schließlich will niemand an Bauchfellentzündung krepieren.»

«Und was wollen Sie jetzt tun? Etwa meinen Betrieb hier in einen Skandal hineinziehen?»

«Wenn Sie hier einen Mordfall zu vertuschen suchen ...»

«Er muß sich selbst erschossen haben.» Der Kleine war nicht davon abzubringen.

«Wie können Sie das überhaupt wissen?»

«Von Donny. Ich habe vorhin mit ihm gesprochen.»

«Und woher weiß es dieser Donny?»

«Der Mann hat es ihm gesagt.»

«Ist Donny Ihr Nachtportier?»

«Er war es bisher. Ich glaube, ich muß ihn endlich wegen seinen Dummheiten feuern. Er hat mir nicht einmal Bescheid sagen wollen. Ich mußte jedes Wort aus ihm herausquetschen.»

«Donny meint es nur gut», wandte das Mädchen ein. «Wahrscheinlich hat er gar nicht mitgekriegt, was eigentlich passiert ist.»

«Das hat keiner von uns, wie ich annehme. Ich möchte diesen Donny sprechen. Aber zuerst», wandte ich mich wieder dem Buckligen zu, «zuerst geben Sie mir einmal das Hotelregister her.»

Er griff nach einem Formularpäckchen und suchte das Gewünschte heraus. Seine viel zu großen behaarten Hände, mit denen er schließlich eine Karte hervorzog, waren ruhig und zuverlässig wie Haustiere, die ihr eigenes Leben unabhängig von ihrem Eigentümer führen. Auf der Karte stand in Blockschrift Richard Dowe, Detroit, Michigan.

«Und was ist mit der Frau?» erkundigte ich mich.

Die beiden sahen sich betroffen an. «Er war allein», gab der Mann schließlich zur Antwort.

«Dann war er ein Transvestit.»

Er schaute mich verdutzt an und schwieg. Nach einer Weile fragte er: «Sie haben doch die Polizei angerufen. Haben Sie ihnen alles mitgeteilt?»

«Bis jetzt noch nicht. Aber sie werden ohnehin Ihre Handtücher finden. Er hat sie als Verband um den Bauch gebunden.»

«Ach so, natürlich.» Er klopfte sich mit der geballten Faust an die Schläfe. Es klang, als ob er auf einen Kürbis schlüge.

«Sie sind Privatdetektiv, sagten Sie. Wenn Sie nun der Polente erzählten, daß er vor Ihnen auf der Flucht war? Ein Verbrecher auf der Flucht, he? Und er schoß sich in den Magen, weil er nicht in den Knast wollte? Fünfhundert Dollar?»

«So privat bin ich auch wieder nicht», winkte ich ab. «Ich

habe schließlich meine Berufsehre. Aber davon mal ganz abgesehen, hätten mich die Polizisten nach ein paar Ermittlungen bald am Wickel.»

«Nicht unbedingt. Wie Sie wissen, war er ja tatsächlich auf der Flucht vor dem Gesetz.»

«Das höre ich zum erstenmal.»

«Wenn Sie mir ein bißchen Zeit lassen, schaffe ich Ihnen sogar seine Akte herbei.»

Seine Tochter starrte ihn mit traurigen, völlig illusionslosen Augen an. «Daddy», sagte sie schwach.

Er kümmerte sich nicht darum. Gespannt lauerte er auf meine Reaktion: «Siebenhundert Dollar?»

«Nichts da. Je höher Sie gehen, desto verdächtiger kommen Sie mir vor. Wo waren Sie gestern abend?»

«Sie sind nicht bei Trost. Gestern abend war ich mit meiner Frau in Los Angeles, im Ballett, wenn Sie es genau wissen wollen.» Sozusagen als Beweis summte er ein paar Takte von Tschaikowski. «Und vor zwei Uhr nachts waren wir nicht zurück.»

«Auch Alibis können gefälscht werden.»

«Von Verbrechern, ja», nickte er. «Aber ich bin kein Verbrecher.»

Das Mädchen legte die Hand auf seine Schulter. Er wandte sich mit wutverzerrtem Gesicht von ihr ab.

«Daddy», fragte sie leise, «glaubst du wirklich, daß er ermordet wurde?»

«Wie soll ich denn das wissen?» Seine Stimme schnappte über, als hätte sie ihn an seinem wunden Punkt berührt. «Ich war ja gar nicht da, ich weiß nur, was Donny mir erzählt hat.»

Das Mädchen beobachtete mich mit zusammengekniffenen Lidern wie eine unbekannte Tiergattung, von der sie nicht wußte, ob sie gefährlich oder harmlos war.

«Der Gentleman hier ist Detektiv», sagte sie nachdenklich, «oder behauptet es jedenfalls!»

Wortlos zog ich meinen Ausweis heraus und legte ihn auf

den Tisch. Der Kleine griff danach und verglich mein Gesicht mit dem Foto. «Wollen Sie einen Auftrag für mich übernehmen?»

«Warum nicht? Aber damit Sie es gleich wissen, von hübschen kleinen Lügen kann nicht die Rede sein.»

Bevor er etwas erwidern konnte, fiel seine Tochter ein: «Sehen Sie zu, was Sie über diesen – über diesen Todesfall herausbringen können. Ehrenwort, Vater hat wirklich nichts damit zu tun.»

Ich entschied mich impulsiv, was man später meist zu bereuen pflegt, und sagte: «Gut, ich nehme fünfzig Dollar Vorschuß, was zu den fünfhundert von vorhin immerhin ein kleiner Unterschied ist. Und als erstes gebe ich Ihnen den Rat, der Polizei alles zu erzählen, was Sie wissen. Vorausgesetzt natürlich, daß Sie tatsächlich unschuldig sind.»

«Sie beleidigen mich», antwortete er würdevoll.

Er nahm einen Fünfzigdollarschein aus der Geldschublade und drückte ihn mir wie ein Liebespfand leidenschaftlich in die Hand. Irgendwie hatte ich das ungute Gefühl, mich gewaltig in die Nesseln zu setzen, was sich noch verstärkte, als er weiterhin alle Auskünfte verweigerte. Sogar Donnys Adresse konnte ich nur unter Aufbietung aller meiner Überredungskünste von ihm erfahren.

Der Portier wohnte in einer Hütte, die auf einer Düne stand und ursprünglich wohl als Wochenendhaus gedient hatte, bevor der Wind den Treibsand wie Schneeverwehungen an Wänden und vorspringenden Ecken abgelagert hatte. Winterstürme hatten die Ziegel zerbrochen und die Betonfundamente gelockert. Auf der ehemaligen Terrasse, mit Blick auf die See, lagen große Zementbrocken herum.

Donny lag wie eine große bleiche Eidechse auf den zerbrochenen Platten und sonnte sich. Als der Landwind das Geräusch meines Motors zu ihm hintrug, setzte er sich blinzelnd auf. Er erkannte mich, als ich ausstieg, und rannte ins Haus.

Ich ging über die Fliesentreppe zur Tür und klopfte an das verzogene Holz. «Machen Sie auf, Donny!»

«Gehen Sie weg!» schrie er heiser. Seine Augen glommen wie die einer Schlange durch einen Spalt.

«Ich komme im Auftrag von Mr. Salanda. Er will, daß Sie mit mir sprechen.»

«Sie können mir alle beide den Buckel runterrutschen.»

«Machen Sie auf, oder ich breche die Bude auf!»

Ich wartete ein wenig. Endlich schob er den Riegel zurück, knarrend ging langsam die Tür auf. Er lehnte sich an den Pfosten und sah mir mißtrauisch ins Gesicht. Sein unbehaarter nackter Oberkörper zitterte vor Kälte oder Aufregung. Ich schob ihn zur Seite und trat in eine Kochnische, in der abgestandene und verdorbene Speisereste die Luft mit Gestank erfüllten. Barfuß folgte er mir in einen größeren Raum, dessen gesprungene Dielenbretter sich unter meinen Füßen wölbten. Die große Fensterscheibe, die den Blick auf das Meer freigab, war an mehreren Stellen zerbrochen und notdürftig mit Klebstreifen und Pappe repariert. Im Kamin stapelte sich Abfall. Als einziges Möbelstück stand ein Feldbett in einer Ecke, das offenbar als Donnys Schlaf- und Ruheplatz diente.

«Hübsch gemütlich hier. Man sieht doch gleich, wenn ein Haus bewohnt ist.»

Donny schien das Kompliment ernst zu nehmen, was in mir den Verdacht aufkommen ließ, daß ich es mit einem Schwachsinnigen zu tun hatte. «Für mich langt es. Ich habe nie viel auf eine behagliche Wohnung gegeben, aber ich mag es, nachts den Ozean zu hören.»

«Und was machen Sie sonst noch nachts, Donny?»

Entweder verstand er mich wirklich nicht, oder er verstellte sich. «Alles mögliche. Viele Leute stört es, aber ich mag auch die Laster auf der Autobahn. Alles, was nachts zu hören ist. Jetzt werde ich wohl fort müssen. Das Haus gehört Mr. Salanda, und er hat es mir umsonst überlassen. Wahrscheinlich wird er mich jetzt rausschmeißen.»

«Wegen dem, was gestern nacht passiert ist?»

«Hm.» Er setzte sich auf das Feldbett und stützte sein trauriges Gesicht in die Hände.

Ich stellte mich dicht vor ihn. «Was ist überhaupt passiert, Donny?»

«Eine böse Sache», murmelte er. «Der Kerl kam so um zehn Uhr hereingeschneit...»

«Der Mann mit dem schwarzen Haar?»

«Genau. Er kam also um zehn, und ich gab ihm das Zimmer dreizehn. Um Mitternacht hörte ich irgendwo einen Schuß. Zuerst wußte ich nicht, was ich tun sollte, aber dann schaute ich doch nach. Da kam der Kerl auch schon aus seinem Zimmer, nackt, nur mit einem Verband um den Bauch. Irgendwie sah er wie ein verrückter Indianer aus. Er hatte ein Schießeisen in der Hand und taumelte. Ich sah, daß er blutete. Er kam auf mich zu und setzte mir die Pistole auf die Brust. Er sagte, er würde mich abknallen, wenn ich meinen Mund nicht hielte. Er sagte, ich dürfe niemand etwas davon erzählen, weder jetzt noch später, er würde sonst zurückkommen und mich erledigen. Aber jetzt ist er selber tot, nicht wahr?»

Ich nickte. Irgendwie konnte ich Donnys Angst spüren. Für Angst habe ich eine Art sechsten Sinn, meine Haare sträubten sich im Nacken, und ich überlegte, ob Donnys Angst der Vergangenheit oder der Zukunft galt. Die roten Pickel in seinem sonst kalkigen Gesicht bildeten ein eigenartiges Muster.

«Wahrscheinlich wurde er sogar ermordet, Donny. Sie wissen wohl selbst, daß Sie jetzt lügen?»

«Ich? Ich soll lügen?» Er reagierte zu langsam und unsicher.

«Der Mann war nicht allein. Er kam in Begleitung einer Frau.»

«Was für einer Frau?» stieß er überrascht aus.

«Das frage ich Sie. Sie heißt Fern. Vermutlich hat sie geschossen, und Sie haben sie dabei ertappt. Der verwundete Mann floh aus dem Zimmer und fuhr mit seinem Wagen davon. Die Frau blieb bei Ihnen, um Sie zu überreden. Was haben Sie dafür gekriegt, daß Sie seine Sachen fortgeschafft und die Karte gefälscht haben? Aber die Blutlache im Badezimmer habt ihr beide übersehen, was?»

«Sie irren sich, Mister, so war es gar nicht, es war alles ganz anders. Sind Sie ein Polizist?»

«Nein, Privatdetektiv. Sie stecken tief in der Patsche, Donny. Sie sollten lieber alles erzählen, bevor die Polizisten Sie in die Mangel nehmen.»

«Ich habe nichts getan.» Seine Stimme brach wie die eines Knaben, was in kuriosem Gegensatz zu den grauen Strähnen in seinem Haar stand.

«Schon die Registerfälschung ist belastend genug, ganz zu schweigen davon, daß Sie natürlich auch wegen des Mordes verdächtigt werden können.»

Er protestierte in zusammenhanglosen Sätzen, während er gleichzeitig mit der Hand unter dem schmutziggrauen Laken herumsuchte. Schließlich fischte er eine zusammengeknüllte Karte hervor, steckte sie in den Mund und versuchte sie hinunterzuwürgen. Gerade noch rechtzeitig konnte ich sie ihm aus den gelben Zähnen reißen.

Es war eine Karte des Motels, auf der in kindlicher Schrift die Eintragung «Mr. und Mrs. Richard Rowe, Detroit, Michigan» gekritzelt war.

Donny zitterte so heftig, daß seine knochigen Knie unter den billigen Baumwollshorts wie die Zinken einer Stimmgabel vibrierten. «Ich kann nichts dafür», jammerte er. «Sie hielt mir die Pistole vor.»

«Und was haben Sie mit den Kleidern gemacht?»

«Nichts. Sie ließ mich gar nicht in das Zimmer rein. Sie machte ein Bündel draus und nahm es mit.»

«Wohin?»

«Fort, auf die Straße zur Stadt. Sie lief neben der Straße auf dem Bankett. Das war das letzte, was ich von ihr gesehen habe.»

«Was hat sie Ihnen gezahlt, Donny?»

«Nicht einen Cent. Ich sagte doch schon, daß sie mir ihre Knarre unter die Nase hielt.»

«Ach, und davor hatten Sie solche Angst, daß Sie sich nicht einmal heute morgen etwas zu sagen getrauten?»

«Ja. Ich hatte Angst. Wer hätte da keine Angst gehabt?»

«Aber jetzt ist sie fort, und Sie können mir eine Beschreibung von ihr geben», forderte ich ihn auf.

«Tja.» Er machte sichtlich Anstrengungen, seine verworrenen Gedankengänge zu ordnen. Eines seiner Augen schielte manchmal, was sein Gesicht nicht eben anziehender erscheinen ließ. «Sie war eine große, vollschlanke Frau mit blondem Haar.»

«Gefärbt?»

«Wahrscheinlich, ich weiß nicht. Sie hatte es in einem Nest oben auf dem Kopf zusammengesteckt. Sie war ziemlich dick, eine Figur wie eine Ringkämpferin, mit solchen Wassermelonen von Brüsten. Und große Füße.»

«Was hatte sie an?»

«Ich hab' nicht drauf geachtet. Ich hatte solche Angst. Irgendeinen roten Mantel mit einem schwarzen Pelzkragen. Viele Ringe an den Fingern, und so Klunkerzeugs hatte sie auch.»

«Wie alt war sie?»

«Ziemlich alt, würde ich sagen. Älter als ich, und ich werde bald neununddreißig.»

«Hat sie den Schuß abgegeben?»

«Ich glaube schon. Sie sagte mir wenigstens, wenn ich gefragt würde, sollte ich sagen, Mr. Rowe habe sich selbst erschossen.»

«Sie sind leicht herumzukriegen, nicht, Donny? Das ist ganz schön gefährlich an einem Ort, wo die Leute nur so herumgestoßen werden.»

«Das habe ich nicht verstanden, Mister. Was meinen Sie damit?» Er heftete seine wasserblauen Augen auf mein Gesicht und sah mich erwartungsvoll lächelnd an.

«Nichts Besonderes», sagte ich und ließ ihn stehen.

Einige hundert Meter weiter auf der Autostraße begegnete mir ein Polizeiwagen mit zwei uniformierten Polizisten. Nach ihren Mienen zu schließen, würde Donny in nächster Zeit nichts zu lachen haben. Ich ließ den Gedanken an ihn fallen und machte mich auf den Weg nach Palm Springs. Palm Springs ist ein langweiliges Nest, in dem allerdings goldene Eier versteckt sind. Auch die Mädchen sind meist goldig. Die Hauptstraße ist eine Kreuzung zwischen Hollywood und einer Westernstadt, die ein Wirbelwind durcheinandergemischt und über die Wüste hinweg hierher versetzt hat. Die Cowboykostüme befremdeten niemand, am allerwenigsten mich.

Das Wäschegeschäft «Gretchen» lag unter vornehm wirkenden Arkaden, die einen imitierten mexikanischen Patio umschlossen. In der Mitte des Hofes sprudelte ein kleiner Springbrunnen, der Wasserstrahlen in die Hitze schleuderte. Es war schon Ende März, und die eigentliche Saison war vorüber. In den meisten Geschäften lungerten lediglich die Verkäufer herum.

So auch in dem kleinen, kühlen Laden, den ich jetzt betrat. Hunderte von Damen und Mädchen hatten hier einen Hauch ihres Parfüms zurückgelassen. Strümpfe, Nachthemden und andere Wäschestücke lagen hinter den Glastheken zur Schau oder schlängelten sich wie glänzende Reptile auf den verschiedenen Ständern an den Wänden. Eine hennarote Dame erhob sich raschelnd aus einem Winkel im Hintergrund und stöckelte auf mich zu.

«Sucht der Herr vielleicht nach einem Geschenk?» rief sie mit übertriebener Freundlichkeit. Das Gesicht hinter der gemalten Maske war müde und schlaff. Es war Samstag mittag, und die Glücklicheren tummelten sich jetzt in ihren nierenförmigen Schwimmbecken hinter Mauern, die sie niemals im Leben übersteigen würde.

«Nein, eigentlich nicht.» Ich schaute mich suchend um. «Ich komme wegen etwas anderem. Mir ist vorige Nacht etwas Sonderbares passiert, aber es ist so schwer zu erklären.»

Sie musterte mich prüfend und stellte dabei offenbar fest, daß ich ebenfalls für mein tägliches Brot zu arbeiten hatte. Das falsche Lächeln machte einem anderen Platz, das mir gleich besser gefiel. «Sie scheinen mir heute nacht nicht viel geschlafen zu haben. Und eine Rasur würde Ihnen auch guttun.»

«Ich habe nämlich eine Dame kennengelernt», fuhr ich fort, «das heißt, eigentlich war es schon eine ältere Frau, eine stattliche Blondine, wie man so sagt. Ich hab' sie am Strand hinter der Lagune aufgegabelt, wenn ich ganz ehrlich sein soll.»

«Was ist das nun wieder für eine neue Masche, Junge?»

«Warten Sie doch, Sie bringen mich ganz durcheinander. Irgendwas hat mich an dem Abend mit der untergehenden Sonne und der warmen, sommerlichen See berührt.»

«Sie ist immer verdammt kalt, wenn ich mal hineinkomme.»

«Gestern war das Wasser warm. Wir schwammen im Mondlicht und hatten unseren Spaß. Kurzum, nachher ging sie fort, und ich merkte erst viel spät, daß ich weder ihren Nachnamen noch ihre Telefonnummer wußte.»

«Verheiratete Frau, was? Ja, glauben Sie denn, ich unterhalte hier einen Club für einsame Herzen?» Obwohl sie mir nicht recht traute, war sie doch neugierig geworden. «Und sie hat von mir erzählt? Wie hieß sie denn mit Vornamen?»

«Fern.»

«Ziemlich seltener Name. Und wie sagten Sie, groß und blond?»

«Mit üppigen Formen. Wenn ich eine klassische Bildung genossen hätte, würde ich sie junonisch nennen.»

«Sie, jetzt halten Sie mich aber zum Narren!»

«Ein bißchen.»

«Dachte ich mir gleich. An sich habe ich ja nichts dagegen, wenn Sie Spaß machen. Was hat sie von mir gesagt?»

«Das kam so. Ich machte ihr Komplimente über ihre ... eh ... Wäsche.»

«Aha.» Die Verkäuferin hatte das Erröten längst verlernt. «Wir hatten mal eine Kundin, die hieß Fern. Fern Dee. Wenn ich mich richtig erinnere, war sie im Joshua Club angestellt. Aber die Beschreibung paßt überhaupt nicht auf sie. Die ich kenne, ist brünett, mittelgroß und noch ziemlich jung. Ich kann mich nur deshalb an sie erinnern, weil sie ihren Namen in alle Wäschestücke sticken ließ, die sie kaufte. Ich finde das zwar ziemlich albern, aber schließlich geht es mich nichts an.»

«Wohnt sie hier in der Stadt?»

«Ich habe sie schon Monate nicht mehr gesehen. Aber sie kann gar nicht die Frau gewesen sein, die Sie suchen.»

«Wann war sie das letztemal hier?»

Sie überlegte. «So zu Beginn der Saison. Sie kam nur ein einziges Mal, kaufte aber gleich eine ganze Ausstattung, Strümpfe, Nachthemden und Unterwäsche. Ich dachte mir noch, die Kleine scheint sich ja plötzlich ganz schön zu mausern.»

«Vielleicht hat sie seither zugenommen und ihr Haar färben lassen? Frauen können sich im Handumdrehen verändern.»

«Da haben Sie recht. Wie alt war eigentlich Ihre – Freundin?»

«So um die Vierzig.»

«Das kann sie nicht gewesen sein. Das Mädchen, das die Wäsche kaufte, war höchstens fünfundzwanzig, und ich habe gelernt, das Alter von Frauen zu schätzen. Ich habe zu viele von ihnen gesehen, von den Elfchen angefangen bis zu den Hexen. Und ich meine damit wirkliche alte Hexen.»

«Kann ich mir denken.»

Sie schaute mich mit ihren schwarzumränderten Augen an und erkundigte sich: «Sind Sie ein Polizist?»

«Ich war mal einer.»

«Wollen Sie mir nicht verraten, was dahintersteckt?»

«Ein andermal. Wo liegt der Joshua Club?»

«Um die Zeit ist er noch zu.»

«Macht nichts. Ich will es trotzdem versuchen.»

Sie zuckte die Achseln und beschrieb mir den Weg. Ich bedankte mich und verließ den Laden.

Der Joshua Club befand sich einen halben Block weiter in einem einstöckigen Gebäude an der Hauptstraße. Eine gepolsterte Ledertür schwang nach innen, als ich ihr einen Stoß versetzte. Ich ging durch einen mit einer Markise überdachten Vorplatz, in dem ein Dschungel kleiner Bananenstauden wucherte, nach hinten ins eigentliche Lokal. Große kolorierte Wandfotos sollten eine abendliche Strandatmosphäre hervorrufen. Unter dem Fischernetz, das als Baldachin die Bar überspannte, trocknete ein dunkelhäutiger Mittelamerikaner in weißer Jacke Schnapsgläser mit einem schmuddeligen Tuch ab. Sein Gesicht sah nicht eben vertrauenerweckend aus.

Auf dem Orchesterpodium hinter Stapeln aufeinandergesetzter Stühle spielte ein junger Mann in Hemdsärmeln Jazzmelodien auf dem Klavier. Seine Finger hüpften zunächst immer wie kleine Hunde um den Ton herum, bevor er ihn durch kräftiges Anschlagen hervorhob. Ich schaute ihm eine Weile über die Schultern zu, bis er sich endlich umdrehte und mich mit sanftem, etwas abwesendem Blick ansah. Seine Nase glänzte rötlich über dem gespitzten Mund.

«Ein hübsches Klavier haben Sie», sprach ich ihn an.

«Kann man wohl sagen.»

«Zweiundfünfzigste Straße?»

«Aus der Straße, die ich hasse, wegen ihrer Kontrabasse.»

Er begleitete seinen Singsang mit drei Baßakkorden und ließ dann die Hände von den Tasten fallen. «Suchen Sie jemand bestimmten?»

«Fern Dee. Sie hat mich irgendwann einmal eingeladen, hier vorbeizukommen.»

«Schlecht. Reinste Zeitverschwendung. Letztes Jahr ging sie fort, weit nach einem andern Ort. Sie sang nicht einmal schlecht, mir war's recht. Aber eine richtige Sängerin war sie nicht, die Süße, ich lasse sie grüßen und leg' mich ihr zu Füßen. Wenn sie sang zum Orchesterklang, war der Abend nicht so lang...»

«Und wo ist das Täubchen hin, wer sah sie von dannen ziehn?» gab ich in gleicher Münze zurück.

Er grinste wie ein Totenschädel auf einer Giftflasche. «Angeblich soll sie der Boss privat beschäftigen, in seiner Wohnung, verstehen Sie? Aber da ich gesellschaftlich nicht mit dem großen Boss verkehre, kann ich nichts Genaues sagen. Macht es Ihnen etwas aus?»

«Na ja. Schließlich ist sie über einundzwanzig.»

«Nur ein paar Jährchen. Sah immer aus wie ein Märchen.»

Seine Augen verschleierten sich wieder. «Die kleine Fern, ich mochte sie gern.»

Ich unterbrach ihn in seiner sinnlosen Reimerei. «Und wer ist der Boss, bei dem sie jetzt wohnt?»

«Angel natürlich. Wer denn sonst?»

«Und wo kann ich ihn treffen?»

«Mann, Sie scheinen hier ja ganz neu zu sein. Sie...» Er verstummte. Sein Blick schweifte ab und konzentrierte sich auf eine Stelle oberhalb meiner Schulter.

Er wollte noch etwas sagen, überlegte es sich jedoch und schloß wieder den Mund.

Dafür ertönte eine schnarrende Tenorstimme hinter meinem Ohr: «Vielleicht kann ich dem Herrn Auskunft geben?»

Der Pianist wandte sich seinem Instrument zu, als hätte der häßliche Tenor meine Existenz für ihn ausgelöscht. Hinter mir in einer schmalen Seitentür stand ein etwa dreißigjähriger Mann mit dichtem, schwarzem Kraushaar und einem breiten Kinn, auf dem sich trotz sorgfältiger Rasur bläulichschwarze Schatten ausbreiteten. Seine Ähnlichkeit mit dem Toten im Cadillac brachte mich auf einen Gedanken, die Pistole in seiner Hand auf einen anderen.

Er wich den Trommeln aus, als er auf mich zukam und sich breitschultrig in seinem flauschigen Jackett vor mir aufbaute, die Pistole unablässig auf mich gerichtet. Der Pianist mißhandelte den Triumphmarsch aus *Aida,* was anscheinend als Witz gedacht war.

Der Doppelgänger des Toten wiegte sich samt seinem Schießeisen hin und her. «Ihren Ausweis, wenn Sie Polizist sind. Wenn nicht, dann kommen Sie da herein.»

«Ich bin nur privat hier.»

«Also rein.»

Die Mündung seiner Pistole näherte sich meiner Magengrube wie ein ausgestreckter Zeigefinger. Ich gehorchte der Aufforderung und bahnte mir durch Stühle und Notenständer den Weg zur Tür. Immer den Eisenfinger im Rükken, gelangte ich durch einen unbeleuchteten Gang in ein kleines, quadratisches Büro, dessen Einrichtung aus einem Schreibtisch, einem Geldschrank und einem Aktenschrank bestand. Es hatte keine Fenster und wurde durch Leuchtröhren erhellt, in deren weißem Licht die Ähnlichkeit noch frappanter wirkte. Ich fragte mich im Ernst, ob ich mich getäuscht hatte oder ob die Hitze meinem Gehirn nicht bekommen war.

«Also was wollen Sie? Ich bin der Chef!» Er kam so dicht an mich heran, daß ich die Brillantine auf seinem Kraushaar riechen konnte. «Was wollen Sie von meinem Angestellten wissen?»

«Ich heiße Archer und bin Detektiv», stellte ich mich vor. «Privatdetektiv.»

«Und Sie arbeiten für . . .?»

«Das dürfte Sie kaum interessieren.»

«O doch, sogar sehr.» Die Pistole zielte wieder genau auf meinen Magen. «Für wen also?»

Ich würgte Ärger und Brechreiz hinunter und rechnete mir aus, welche Chancen ich hatte, die Pistole zur Seite zu schlagen und ihn mit bloßer Faust zu überwältigen. Nicht viel, wie ich mir offen eingestand. Der Mann war größer und schwerer als ich und schien sich in Raufereien auszukennen. Du warst eben zu oft im Kino, sagte ich mir und antwortete laut: «Den Eigentümer eines Strandmotels. Einer seiner Gäste wurde vorige Nacht bei ihm erschossen, da ich zufällig kurz darauf hereinschneite, trug mir der Alte auf, etwas über die Schießerei herauszukriegen.»

«Was war das für ein Kerl, der abtanzen mußte?»

«Er sieht Ihnen ähnlich», stellte ich fest. «Haben Sie einen Bruder?»

Er erbleichte und vergaß für einen Moment sein Schießeisen, als er mich lauernd betrachtete. Mit einem harten Schwinger schlug ich es ihm von links aus der Hand. Der losgehende Schuß versengte meine Wange und bohrte ein Loch in die Wand. Als meine Rechte in sein Genick fiel, ließ er die Waffe los.

Er ging zu Boden, verlor aber nicht das Bewußtsein, und tappte mit gespreizten Fingern nach der Pistole. Ich trat nach seinem Handgelenk, aber er kriegte das Ding zu fassen und hielt es auch dann fest, als ich mit den Fäusten einen Trommelwirbel auf seinem Schädel landete. Wie ein Bulle wuchtete er sich langsam wieder empor.

«Hände hoch», sagte er leise. Er gehörte zu jenen Männern, die in Mordstimmung ganz weich und ruhig sprechen. Seine undurchdringlichen Augen zeigten jedoch genau an, was die Uhr geschlagen hatte. «Ist Bart tot?»

«Wenn er es war, ja Bauchschuß.»

«Wer hat ihn erschossen?»

«Das möchten wir gerade herausfinden.»

«Wer hat ihn erschossen?» wiederholte er in kalter Wut, während mich der Pistolenlauf wie ein leeres Auge anstarrte. «Sprich, Bürschchen, oder ich knalle dich hier auf der Stelle ab.»

«Eine Frau war bei ihm. Sie zog aber Leine, als es passiert war.»

«Was für einen Namen hast du zu Alfie gesagt? Fern?»

«Möglich, daß sie es war.»

«Was meinst du damit?»

«Jedenfalls war sie im Zimmer, als der Schuß fiel. Können Sie mir sagen, wie sie aussieht?»

Sein harter Blick schweifte über die Wand hinter mir. «Dort hinten hängt ein Foto von ihr. Dreh dich um, aber laß die Hände oben.»

Schwerfällig wandte ich mich um. Die Wand war leer. Ich hörte einen tiefen Atemzug und dann ein Sausen in der Luft. Ich versuchte dem Schlag auszuweichen, aber es gelang mir nicht mehr, der Kolben krachte auf meinen Hinterkopf. Ich taumelte gegen die weiße Wand und sank an ihr nieder in ein tiefes, dreidimensionales Nichts.

Das Nichts verdichtete sich zu farbigen Schatten, die eine halb tierische, halb menschliche Gestalt annahmen. Sie lösten sich auf und formten sich wieder neu und tanzten nach einer schauerlichen Beatmusik durch die Windungen meines Gehirns. Ein toter Mann mit behaarter Brust kroch aus einem Loch und verdoppelte sich mehrfach, als ich vor ihm davonrannte und in einer Echokammer Schutz suchte. Das Dröhnen der Geistermusik wurde von einer heiseren Tenorstimme begleitet.

«So wird es gewesen sein. Vario hatte recht. Bart traf sie in Acapulco und war mit ihr auf dem Weg zurück. Sie muß ihn in dieses Motel gelockt haben. Bart hatte schon immer ein Auge auf sie.»

«Das wußte ich gar nicht», antwortete eine trockene, alte Männerstimme. «Das ist ja eine interessante Neuigkeit über Bart und Fern. Wenn ich das geahnt hätte, hätte ich natürlich jemand anders hinter Fern hergeschickt, und die ganze Sache wäre nicht passiert. Meinst du nicht auch, Gino?»

Ich wanderte weiter in den unterirdischen Echohöhlen herum und konnte weder die Stimmen erkennen noch verstehen, worüber sie sprachen. Meine Geistesgegenwart reichte gerade aus, um die Augen geschlossen zu halten und weiter zu lauschen. Allmählich kam ich zu mir und fühlte, daß ich auf dem Rücken auf einer harten Unterlage lag. Die Stimmen klangen von oben zu mir herab.

«Bart können Sie keine Schuld geben. Diese hinterlistige kleine Bestie hat ihn herumgekriegt.»

«Beruhige dich, Gino. Niemand hat schuld. Aber jetzt müssen wir sie um jeden Preis zurückhaben.»

«Ich bringe sie um», sagte der Jüngere leise, aber entschieden.

«Vielleicht. Vielleicht ist es jetzt nicht mehr nötig. Ich mag kein überflüssiges Blutvergießen . . .»

«Seit wann denn?»

«Laß mich ausreden. Ich habe gelernt, eins nach dem andern zu erledigen. Und was ist jetzt das wichtigste? Warum müssen wir das Mädchen unbedingt erwischen? Um ihr den Mund zu stopfen, nicht wahr? Seit die Steuerbehörde Wind davon bekommen hat, daß wir uns verkracht haben, will sie Fern über meine Einkünfte ausquetschen. Wir wollten sie deshalb vorher ins Gebet nehmen und zum Schweigen veranlassen.»

«Ich weiß, wie ich sie zum Schweigen bringe», sagte der junge Mann fast beiläufig.

«Zuerst versuchen wir es mal auf meine Tour. Wenn du so alt bist wie ich, wirst du auch lernen, alles Brauchbare zu verwenden und nichts zu vergeuden, nicht einmal das Blut eines anderen. Sie hat deinen Bruder erschossen? Grund genug für sie, ihren Mund von nun an zu halten. Auch wenn sie mit Totschlag durchkommen sollte, bedeutet das fünf bis zehn Jahre Tehachapi. Wir brauchen nichts weiter zu tun, als ihr dies schön deutlich zu machen. Aber zuerst müssen wir sie finden.»

«Ich werde sie schon finden. Bart hat sie schließlich auch gefunden.»

«Weil Vario ihm den Tip gab. Aber du bleibst hier. Ihr seid mir zu heißblütig, du und dein Bruder. Ich will sie lebendig wiederhaben, verstehst du? Dann sehen wir weiter.»

«Sie werden ja weich auf Ihre alten Tage, Angel.»

«Ach ja?» Ein klatschendes Geräusch wurde hörbar, wie ein Schlag auf eine Wange. «Ich habe eine ganze Reihe von Leuten umgelegt, aber nur, wenn es nicht anders ging. Nimm das zurück.»

«Also gut, entschuldigen Sie.»

«Und rede mich gefälligst mit Mr. Funk an. Wenn du mich für so alt hältst, dann benimm dich wenigstens respektvoll.»

«Ja, Mr. Funk.»

«Schön. Und dein Freund hier, weiß er, wo Fern steckt?»

«Ich glaube kaum.»

«Mr. Funk.»

«Kaum, Mr. Funk.» Ginos Stimme klang gepreßt.

«Er scheint aufzuwachen. Seine Augen zucken schon.»

Eine Schuhspitze stieß mir unsanft in die Rippen, dann schlug mir jemand mehrmals ins Gesicht. Ich öffnete die Augen und setzte mich auf. Mein Hinterkopf pochte wie eine alte Dampfmaschine. Gino richtete sich aus der Hocke auf und sah zu mir herab.

«Aufstehen.»

Taumelnd kam ich auf die Füße. Ich befand mich in einem großen Zimmer mit Steinwänden und einer hohen Balkendecke. Die alten Eichenmöbel, aus denen die kärgliche Einrichtung bestand, schienen für Riesen gebaut worden zu sein.

Der Mann hinter Gino war alt und klein und sah sehr müde aus. Man hätte ihn für einen erfolglosen Lebensmittelkaufmann oder einen überalterten Barmann halten können, der seiner Gesundheit wegen nach Kalifornien gekommen war. Denn mit seiner Gesundheit schien es schlecht zu stehen. Trotz der drückenden Hitze sah er blaß und verfroren aus. Um seinen abgemagerten Oberkörper schlotterte ein dicker blauer Rollkragenpullover, die Beine steckten in zerdrückten, an den Knien ausgebeulten Hosen. Sein mindestens zwei Tage alter Bart stand wie mottenzerfressener grauer Plüsch um sein Gesicht.

«Gino erzählte mir gerade, daß Sie sich für die Schießerei interessieren.» In seiner Stimme klang kaum wahrnehmbar ein mitteleuropäischer Akzent durch. «Wo ist sie übrigens passiert?»

«Das können Sie heute abend in der Zeitung lesen, wenn Sie wollen», gab ich patzig zur Antwort.

«Ich möchte aber nicht so lange warten, ich bin etwas ungeduldig. Wissen Sie, wo Fern zur Zeit ist?»

«Wenn ich das wüßte, wäre ich jetzt nicht hier.»

«Aber Sie wissen, wo sie gestern nacht gewesen ist.»

«Ich bin mir nicht sicher.»

«Dann erzählen Sie uns jetzt mal schön der Reihe nach, was Sie alles wissen.»

«Fällt mir nicht ein.»

«Es fällt ihm nicht ein», wiederholte der Alte zu Gino.

«Lassen Sie mich da raus. Freiheitsberaubung ist ein Kapitalverbrechen, falls Sie es nicht wissen sollten.»

Er lächelte mir mehr belustigt als verärgert zu. Seine blutunterlaufenen Augen sahen mich fast nachsichtig an. Ohne jede Eile schlurfte er zu einem Mahagonitisch und drückte mit seinem Filzpantoffel auf eine bestimmte Stelle unter dem Teppich. Zwei Männer in blauen Leinenanzügen traten unmittelbar darauf ein und stellten sich neben mich. Sie gehörten zu den Riesen, für die das Zimmer gedacht war.

Gino versuchte mich von hinten an den Armen festzuhalten. Ich drehte mich auf dem Absatz herum, schwang einen kurzen Haken und mußte dafür einen sehr harten Tiefschlag unter dem Gürtel einstecken. Jemand hinter mir hieb mir mit einer Art Wagenheber auf die Nieren. Ich sackte langsam in die Knie, erwischte aber noch irgendein Kinn mit meiner Faust. Ein schwerer Gegenstand, vielleicht ein Balken von der Decke, fiel auf meinen Kopf. Es klang wie ein Gong. Unter seinem Nachhall vernahm ich

Angels freundliche Stimme: «Wo war Fern vergangene Nacht?»

Ich schwieg.

Die Männer mit den blauen Anzügen hielten mich aufrecht, während Gino meinen Kopf als Boxbirne benutzte. So gut es ging, rollte ich mich im Takt der Schläge nach links und rechts, aber sein Elan nahm zu, meiner dagegen ließ merklich nach. Zwischendurch fragte mich Angel höflich, ob ich nun zu einer Antwort bereit wäre. Ich wußte selbst nicht mehr, warum ich mich eigentlich noch weigerte, wahrscheinlich aus Stolz. Irgendwie schien es mir sehr wichtig, mich nicht durch rohe Gewalt überrollen zu lassen, obwohl mein Bewußtsein allmählich ebenso verschwommen wurde wie das Gesicht Ginos vor mir.

Ich bemühte mich, es zu hassen: dieses viereckige Bulldoggengesicht mit den zusammengewachsenen Brauen und den engstehenden braunen Augen. Ginos Fäuste nahmen nach und nach den Rhythmus der Geisterkapelle von vorhin an.

Endlich legte Angel seine klauenartige Hand auf seine Schulter und nickte seinen beiden Schlägern zu. Sie setzten mich in einen Sessel, der wie ein Kettenkarussell im Kreise zu schwingen schien. Die Kreise wurden immer größer und sanken tief in einen dunklen Keller hinab.

Schüttelnd kam ich wieder zu mir. Gino hatte ein leeres Wasserglas in der Hand, dessen Inhalt von meinem Gesicht herabtroff. Angel, der hinter ihm stand, fragte ein wenig verwundert:

«Sie sind ganz schön hart im Nehmen. Aber warum machen Sie uns solche Schwierigkeiten? Das ist ja völlig unnötig. Ich möchte bloß eine kleine Auskunft von Ihnen, weiter nichts. Meine kleine Freundin ist davongelaufen, und ich möchte sie wiederhaben.»

«Auf diese Weise kriegen Sie nichts aus mir raus.»

Gino beugte sich vor und lachte roh. Er zerbrach das Wasserglas an der Armlehne meines Stuhls und hielt einen spitzen Scherben vor meine Augen. Mich überfiel es kalt und heiß zugleich. Meine Augen sind mein Betriebskapital; blind wäre ich völlig untauglich. Ich schloß die Lider, um das grausame Instrument in Ginos Hand nicht sehen zu müssen.

«Quatsch, Gino», wehrte der Alte ab. «Ich weiß etwas viel Besseres. Wie du weißt, ist die Sache ziemlich heiß.»

Sie verzogen sich in eine entfernte Zimmerecke und unterhielten sich flüsternd. Darauf verließ der Junge das Zimmer, und der Alte kehrte zu mir zurück. Seine Schläger standen immer noch neben mir und sahen uns gleichmütig zu.

«Wie heißen Sie, junger Freund?»

Ich sagte ihm lispelnd meinen Namen. Meine verquollene Zunge rührte das Blut in meinem Mund herum.

«Ich schätze harte Burschen, Mr. Archer. Wie ich höre, sind Sie Detektiv. Sie kriegen also Geld dafür, Leute aufzustöbern, die sich verkrümelt haben?»

«Ich habe schon einen Klienten», erwiderte ich.

«Dann haben Sie jetzt eben einen anderen. Ich zahle Ihnen das Fünfzigfache, glauben Sie mir.» Er rieb seine knochigen Finger. Es klang wie das Knacken trockener Äste.

«Rauschgift?» fragte ich lakonisch. «Oder sind Sie ein Devisenschieber?»

Sein Blick wurde wach wie der eines Raubvogels. «Hören Sie mit dem dämlichen Gefrage auf, wenn ich den Respekt vor Ihnen nicht verlieren soll», fauchte er mich an.

«Ein schrecklicher Verlust», höhnte ich.

«Ruhig jetzt.» Er fingerte eine altmodische Börse aus seiner Gesäßtasche, zog eine zerknitterte Banknote heraus und strich sie auf meinem Knie glatt. Es war ein Fünfhundertdollarschein.

«Versuchen Sie, das Mädchen für mich zu finden. Sie ist noch jung und leichtsinnig. Und ich bin alt und leichtsinnig, weil ich so dumm war, ihr zu vertrauen. Lassen wir das. Wenn Sie mir die Kleine herbringen, bekommen Sie die zweiten fünfhundert. Nehmen Sie schon.»

«Nehmen Sie schon», wiederholte einer meiner Wächter. «Mr. Funk sagt, Sie sollen das Geld nehmen.»

Ich steckte es ein. «Ich fürchte, Sie verschwenden Ihr Geld. Ich weiß nichts von ihr, nicht einmal, wie sie aussieht.»

«Gino holt ein Foto von ihr. Er hat sie vorige Saison mit Alfie in den Aufnahmestudios von Hollywood aufgegabelt und sie für den Club engagiert. Daran war natürlich mehr ihr Aussehen als ihre Stimme schuld. Mit ihrer Gesangskunst war nicht viel los. Aber sie ist ein hübsches Ding mit guter Figur, dunklem Haar und großen braunen Augen. Ich konnte sie gut brauchen.» Mit einem mokanten Lächeln deutete er an, auf welche Weise.

«Sie scheinen alles brauchen zu können», sagte ich.

«Man muß wirtschaftlich denken. Ich hätte das alles niemals erreicht, wenn ich nicht einen Sinn für Rentabilität gehabt hätte. Man darf nichts umkommen lassen.» Er machte eine Pause und kehrte dann wieder zu seinem ursprünglichen Thema zurück: «Sie war ein paar Monate hier und lief mir dann davon. Das Dummchen. Vorige Woche hörte ich, daß sie in Acapulco aufgetaucht sei. Angeblich interessierte sich die Steuerbehörde ebenfalls für sie. Und ich habe Schwierigkeiten mit der Steuer, Mr. Archer, mein ganzes Leben lang. Leider ließ ich Fern ein wenig in der Buchhaltung helfen. Sie könnte mich ziemlich in Verlegenheit bringen, wenn sie wollte. Und so schickte ich Bart nach Mexiko, um sie zurückzuholen. Aber ich wollte ihr nichts tun, ich will ihr heute noch nichts Böses tun. Eine kleine Unterredung mit meiner Fern, um sie auf gewisse Tatsachen hinzuweisen, mehr braucht es nicht. So hat die Erschießung von Bart sogar einen bestimmten Nutzen. Übrigens, wo ist es denn passiert?»

Die Frage flog durch die Luft wie ein Angelhaken an der Schnur.

«In San Diego», log ich, «im ‹Mission›-Motel am Flughafen.»

Er lächelte mir väterlich zu. «Jetzt werden Sie endlich vernünftig.»

Gino kam mit einer Fotografie im Silberrahmen zurück. Er gab sie Angel, der sie mir weiterreichte. Es war eine Studioaufnahme von der Art, mit der angehende Sternchen die Aufmerksamkeit auf sich zu lenken versuchen. Auf einem schwarzen Samtdiwan vor einem künstlichen Nachthimmel saß ein junges Mädchen in durchsichtigem Negligé. Der lange Rockschlitz gab ein gebeugtes Bein bis oben frei. Dunkle Schatten deuteten die Konturen des schlanken Körpers an. Unter der dicken Schminke erkannte ich den lächelnden Mund und die dunkelumrahmten Augen Ella Salandas. In der rechten unteren Ecke stand in Weiß die Widmung: «Meinem Angel in Liebe, Fern.»

Der Schlag traf mich härter als Ginos Fäuste.

«Fern Dee ist natürlich ein Bühnenname», erklärte Angel. «Weiß der Teufel, wie sie wirklich heißt. Spielt auch keine Rolle. Sie erzählte mir mal, daß ihre Familie vor Scham umkäme, wenn sie ihren wirklichen Beruf erführe.» Er räusperte sich. «Sie wird ihnen auch nicht erzählen wollen, daß sie einen umgebracht hat.»

Ich kam erst wieder zu mir, als meine Wächter mich hinausbegleiteten. Gino wollte mir ebenfalls folgen, aber der Alte hielt ihn zurück.

«Und warten Sie nicht, bis ich von mir hören lasse», bemerkte Angel mit einem drohenden Unterton. «Ich erwarte, bald Nachricht von Ihnen zu bekommen.»

Ich verließ das Haus und trat in eine stille Nebenstraße, die parallel zur Hauptstraße verlief. Anscheinend hatte man mich durch einen Innenhof in Angels Haus hinübergetragen. Ich ging um den Block herum und bestieg meinen Wagen. Die tiefstehende Sonne warf rote Lichter auf die weißgekalkten Hauswände. Da ich vorgegeben hatte, zuerst nach Hause zu fahren, wandte ich mich nordwärts. Ein schwarzer Cadillac folgte mir aus Palm Springs, bis es mir gelang, ihn in einem Vorort von Pasadena abzuschütteln. Zur Sicherheit wartete ich auf einem Parkplatz, bis es ganz dunkel wurde, und kehrte dann zur Emeraldbucht zurück.

Der Neon-Mexikaner schlief friedlich unter dem Sternenhimmel. Ein Schild zu seinen Füßen gab kund, daß kein Zimmer mehr frei war. Die Fenster des langgestreckten Gebäudes waren hell erleuchtet, und die offenstehende Eingangstür zeichnete ein helles Viereck auf den Kiesweg. Ich trat ein und erstarrte.

Hinter dem Schreibtisch im Empfangsraum saß eine Frau und las eine Illustrierte. Ihre Schultern und ihr Busen waren mehr als vollschlank, das blonde Haar hatte sie zu einem Diadem aus Flechten aufgesteckt. Die Finger trugen eine ganze Serie von Ringen, und um ihren Hals wand sich eine dreifache Perlenkette. Kurzum, das war die Frau, die Donny mir beschrieben hatte.

Ich stieß die Tür auf und fragte grob: «Wer sind Sie?»

Sie blickte auf und verzog ihren Mund zu einer verächtlichen Grimasse. «Vielleicht könnten Sie das etwas anständiger fragen?»

«Entschuldigung. Aber ich glaube, ich habe Sie schon irgendwo getroffen.»

«Möglich.» Sie schaute mich von oben bis unten an. «Was ist eigentlich mit Ihrem Gesicht passiert?»

«So 'ne Art kosmetischer Operation. Der Chirurg war allerdings ein Amateur, verstehen Sie?»

Sie schnalzte mißbilligend. «Falls Sie ein Zimmer möchten, es ist alles besetzt. Aber ich würde Ihnen auch sonst kein Zimmer geben. Schauen Sie bloß Ihre Sachen an.»

«Tja. Wo ist Mr. Salanda?»

«Das geht Sie nichts an.»

«Ich erledige nämlich einen Auftrag für ihn.»

«Was für einen Auftrag?»

«Das geht Sie nichts an», äffte ich sie nach. Ich war mir

nicht sicher. Unter dem Fleischgebirge steckte eine harte, unnachgiebige Seele.

«Werden Sie mir bloß nicht frech, mein Junge», sagte sie und erhob sich zu ihrer vollen Größe. Ihr Schatten bedeckte die ganze Rückwand. «Ich bin Mrs. Salanda. Sind Sie ein Vertreter?»

«So ähnlich», räumte ich ein. «Ich mache Geschäfte auf dem Sektor der moralischen Müllverwertung. Sieht aus, als könnten Sie mich brauchen.»

Sie nahm es für bare Münze. «Da irren Sie sich. Und ich glaube nicht, daß mein Mann Ihnen einen Auftrag gegeben hat. Wir führen ein anständiges Haus!»

«Das habe ich schon mal gehört. Sind Sie Ellas Mutter?»

«Gott sei Dank, nein.»

«Also die Stiefmutter?»

«Denken Sie, was Sie wollen! Verduften Sie lieber. Die Polizei hält ein Auge auf uns heute nacht, falls Sie hier ein Ding drehen wollen.»

«Wo ist Ella?»

«Was weiß ich. Ich kümmere mich nicht um sie. Wahrscheinlich treibt sie sich wieder irgendwo herum, das ist alles, was sie kann. In sechs Monaten keinen Tag zu Hause, ich frage Sie, ist das eine Art für ein junges Mädchen?» Ihr dickes Gesicht verzerrte sich vor Ärger über ihre Stieftochter. Sie fuhr fort zu sprechen, als ob sie mich ganz vergessen hätte: «Ich sagte ihrem Vater, er sei ein Narr, sie wieder aufzunehmen. Weiß er denn, wo sie das letzte halbe Jahr gewesen ist? Ich sagte, er solle das undankbare Weibsbild vor die Tür setzen und ihr eigenes Brot verdienen lassen.»

«Meinst du das im Ernst, Mabel?»

Salanda hatte unterdessen die Tür hinter ihr geöffnet und kam herein. Neben ihrer massigen Blondheit wirkte er noch zwergenhafter. «Denk dran, meine Liebe, Ella hat nur deinetwegen den erstbesten Job angenommen, um von hier wegzukommen.» Grollend wandte sie sich zu ihm um. Er reckte sich, so weit er konnte, und schnipste mit den Fingern unter ihrer Nase.

«Geh rein, Mabel. Du bist als Mutter ebenso ein Versager wie als Frau.»

«Gott sei Dank bin ich nicht ihre Mutter.»

«Gott sei Dank», wiederholte er und drohte mit der Faust. Wie ein Schoner unter vollen Segeln rauschte sie davon. Als sie die Tür hinter sich zugezogen hatte, wandte sich Salanda mir zu.

«Tut mir leid, Mr. Archer. Ich muß leider sagen, daß es Schwierigkeiten in meiner Ehe gibt, große Schwierigkeiten sogar. Ich war so dumm, noch einmal zu heiraten. Ich bekam einen gefühllosen Fleischkloß und verlor dafür meine Tochter. Mein Gott, was war ich für ein Trottel.»

Traurig wiegte er den großen Kopf hin und her. «Das liegt in unserer Familie. Wir fliegen alle auf große Blondinen, und wenn sie dumm wie Bohnenstroh sind.» Er breitete die Arme aus, um seine Hilflosigkeit anzudeuten.

«Aber nun zu Ihnen, Mr. Acher! Wie ich sehe, sind Sie verwundet. Ihr Mund ist verquollen, und Ihr Kinn hat geblutet.»

«Ich habe bei einer Rauferei mitgemacht.»

«Meinetwegen?»

«Nicht ganz. Aber es wäre an der Zeit, daß Sie mir endlich die Wahrheit sagten.»

«Die Wahrheit?»

«Genau das. Sie wußten, wer heute nacht erschossen wurde – und von wem und warum.»

Beschwichtigend legte er die Hand auf meinen Arm. «Mr. Archer, ich habe nur eine Tochter, nur das eine Kind. Es war meine Pflicht, ihr so gut zu helfen, wie ich konnte.»

«Helfen? Gegen wen?»

«Sie zu schützen vor der Schande, vor der Polizei und vor dem Gefängnis. Ich bin ein Mann von Ehre, Mr. Archer. Aber meine private Ehre gilt mir mehr als die öffentliche. Der Mann wollte meine Tochter entführen. Sie lockte ihn hierher, um sich vor ihm zu retten. Es war ihre letzte Hoffnung.»

«Das dürfte ungefähr stimmen. Aber Sie hätten mir das früher sagen müssen.»

«Ich war aufgeregt, ich hatte Angst, ja, auch vor Ihnen. Und jeden Augenblick konnte die Polizei eintreffen.»

«Aber es war Ihr gutes Recht, ihn abzuknallen. Er war der Verbrecher, nicht Sie.»

«Das wußte ich nicht. Erst allmählich kam ich dahinter, was gespielt wurde.» Er sah mir in die Augen und fuhr fort: «Übrigens habe ich den Kerl gar nicht erschossen. Ich war nicht einmal zu Hause. Das habe ich Ihnen schon heute morgen gesagt.»

«Und Ihre Frau? War sie hier?»

«Nein, warum?»

«Die Beschreibung, die mir Donny von der Begleiterin des Toten gab, paßte genau auf Ihre Frau.»

«Er schwindelte. Ich sagte ihm, er solle irgendwelche falschen Angaben machen, aber seine Phantasie reichte anscheinend nicht aus, um selber etwas zu erfinden.»

«Können Sie nachweisen, daß Sie beide nicht zu Hause waren?»

«Natürlich. Wir waren im Theater, und die Leute um uns herum können bezeugen, daß wir dort waren. Übrigens sind meine Frau und ich als Paar wohl kaum zu übersehen.» Er lächelte spöttisch.

«Daraus folgt, daß Ella ihn umgebracht haben muß.»

Er stimmte nicht zu, leugnete es aber auch nicht. «Ich hoffte, daß Sie mir und Ella helfen würden. Sind Sie auf unserer Seite?»

«Bevor ich mir darüber klar werde, muß ich Ihre Tochter sprechen. Wo ist sie jetzt?»

«Ich weiß es nicht, Mr. Archer. Als die Polizisten sie nachmittags verhört hatten, ging sie fort. Die Burschen hatten übrigens Verdacht geschöpft, aber wir kriegten sie herum. Natürlich sagten wir keinen Ton, daß Ella die letzten Monate woanders gewesen war; das heißt, meine Frau versuchte schon, es ihnen zu stecken, aber ich konnte sie immer davon ablenken.»

Er knirschte mit den Zähnen.

«Und was geschah mit Donny?»

«Sie brachten ihn zum Verhör auf die Wache, aber er hielt dicht. Wissen Sie, Donny kann sich ausgezeichent dumm stellen, wenn er will. Man hält ihn dann leicht für einen Idioten, der er gar nicht ist. Donny ist schon seit Jahren bei uns und verehrt meine Tochter sehr. Für heute nacht hatte ich ihm freigegeben.»

«Trotzdem hätten Sie meinen Rat befolgen sollen», wandte ich ein, «und hätten der Polizei die Wahrheit sagen sollen. Der Tote war nämlich ein Gangster und drauf und dran, Ihre Tochter zu entführen. Ella sollte als Belastungszeugin gegen seinen Chef auftreten.»

«Ja, das erzählte sie mir. Ich bin froh, daß es stimmt, denn Ella sagt mir durchaus nicht immer die Wahrheit. Sie war immer ein schwieriges Kind, vielleicht weil sie ohne Mutter aufgewachsen ist. Wissen Sie, Mr. Archer, wo sie in den letzten sechs Monaten war?»

«Sängerin in einem Nachtclub von Palm Springs. Ihr Chef ist vermutlich ein Rauschgifthändler.»

«Ein Rauschgifthändler?» Salanda rümpfte verächtlich die Nase.

«Das ist jetzt nicht so wichtig. Aber ich muß wissen, wo sie ist. Der Chef ist nämlich noch immer hinter ihr her. Er hat mich auch beauftragt, sie zu suchen.»

Der Bucklige musterte mich ängstlich und ungläubig. «Und Sie haben den Auftrag angenommen?»

«Es war die einzige Möglichkeit, lebend aus seiner Bude rauszukommen. Ausführen werde ich ihn natürlich nicht.»

«Das soll ich Ihnen glauben?»

«Glauben Sie, was Sie wollen. Mann, verstehen Sie denn nicht? Ella ist in Gefahr! Und wir nicht weniger!» Ich erzählte ihm von dem zweiten schwarzen Cadillac, in dem

Gino zur Stunde durch die nächtlichen Straßen fuhr, die schußbereite Pistole im Schulterhalfter. Er würde nicht aufgeben, bis er seinen Bruder gerächt hatte.

«Meine Tochter weiß, daß sie in Gefahr ist», erwiderte Salanda. «Sie hat mich gewarnt.»

«Dann hat sie Ihnen auch gesagt, wo sie hingegangen ist.»

«Das nicht, aber sie dürfte im Strandhaus sein. Sie wissen, wo Donny wohnt. Ich komme mit.»

«Nein, Sie bleiben hier und schließen alles zu. Wenn sich irgendein Fremder hier herumtreiben sollte, rufen Sie sofort die Polizei.»

Er verriegelte die Tür hinter mir, als ich hinaustrat. Die Scheinwerfer der vorbeifahrenden Autos zogen ein langes gelbes Lichterband nach Norden und Süden. Westlich davon lag die See wie ein großer schwarzer Krater unter den Sternen, an dessen hellem Rand ein kleiner Lichtfleck die Lage der Strandhütte anzeigte.

Zum zweitenmal an diesem Tag klopfte ich an die alte Holztür. Durch die Ritzen sah ich einen Schatten auftauchen.

«Wer ist da?» fragte Donny. Es klang undeutlich, als ob er eine Murmel im Mund hätte.

«Sie kennen mich, Donny, ich war heute morgen hier.»

Mit kreischenden Angeln öffnete sich die Tür. Donny forderte mich mit einer Handbewegung auf hereinzukommen. Als er sich umdrehte und das Licht aus dem Zimmer auf sein Gesicht fiel, sah ich, daß er geweint hatte. Mehr denn je erinnerte er an einen greisenhaften Knaben, dessen Gefühle niemals erwachsen wurden.

«Ist jemand hier?» erkundigte ich mich.

Geräusche aus dem Wohnzimmer beantworteten meine Frage. Ich schob ihn zur Seite und ging hinein. Ella beugte sich über einen offenen Koffer auf dem Feldbett. Als sie sich aufrichtete, glänzte eine 38er in ihrer Hand. Das Licht der nackten Glühbirne fiel auf ihr entschlossenes Gesicht mit den weit geöffneten dunklen Augen und dem zusammengekniffenen Mund.

«Ich will fort», sagte sie. «Auch Sie werden mich nicht daran hindern.»

«Vielleicht will ich Sie gar nicht zurückhalten. Wo wollen Sie hin, Fern?»

Donny, der hinter ihr stand, antwortete mit erstickter Stimme: «Sie will fort von mir. Sie hat versprochen, daß sie bleibt, wenn ich ihr den Gefallen tu. Sie hat versprochen, daß sie mein Mädchen wird ...», er schluchzte.

«Halt's Maul, du Esel.» Ihre harte Stimme traf ihn wie ein Peitschenhieb. Er duckte sich zusammen.

«Was hat sie versprochen, Donny? Was sollten Sie tun?»

«Als sie heut nacht mit dem Kerl ankam, gab sie mir ein Zeichen, ich sollte tun, als ob sie fremd wäre. Später schrieb sie mir auf einem Papierhandtuch, mit ihrem Lippenstift. Ich hab's noch draußen in der Küche.»

«Und was schrieb sie Ihnen?»

Mehr aus Angst vor ihrem Zorn als vor der 38er versteckte er sich hinter mir.

«Spiel nicht verrückt, Donny», warnte Ella, «er weiß nichts, er kann uns nichts tun.»

«Mir ist alles egal – ob etwas passiert oder nicht», sagte er mit gequälter Stimme hinter meinem Rücken. «Du hast mich betrogen, du hast dein Versprechen gebrochen. Ich hab' mir schon gedacht, das kann nicht wahr sein. Jetzt ist mir alles gleich.»

«Mir nicht», erwiderte sie. «Mir ist es nicht egal, was mit mir passiert.» Ihre nußbraunen Augen sahen mich genauso kalt an wie die Mündung ihrer Pistole. «Ich will nicht hierbleiben. Und wenn ich Sie deshalb erschießen müßte.»

«Nicht nötig, Fern, tun Sie das Schießeisen weg. Das ist Barts Pistole, nicht wahr? Ich habe die Patronen in seinem Wagen gefunden.»

«Woher wissen Sie ...?»

«Von Angel.»

«Ist er hier?»
Aus ihrer Stimme klang panische Angst.
«Nein, ich bin allein.»
«Dann hauen Sie ab, solange Sie es noch freiwillig tun können.»
«Fällt mir nicht ein. Hören Sie, Sie brauchen Schutz, ob es Ihnen nun paßt oder nicht. Und ich will endlich wissen, woran ich bin. Donny, bringen Sie mir das Papierhandtuch.»
«Tu's nicht, Donny, ich warne dich!»
Er stapfte in seinen Tennisschuhen unsicher hin und her.
Ich wandte mich wieder an das Mädchen und sagte:
«Ja, Sie haben einen Mann zum Totschlag angestiftet, aber Sie brauchen keine Angst zu haben, es war schließlich reine Notwehr. Wenn Sie die ganze Geschichte der Polizei erzählen, wird Ihnen kein Haar gekrümmt. Menschenskind, Sie können sogar berühmt werden. Die Steuerbehörde sucht Sie als Zeugin.»
«Mich? Als Zeugin?»
«In einer Strafsache gegen Angel. Steuervergehen ist das einzige, was sie ihm anhängen können. Sie können ihn für den Rest seines Lebens hinter Gitter bringen. Wie Capone. Sie werden als Heldin gefeiert werden, Fern.»
«Sagen Sie nicht immer Fern. Ich hasse den Namen; den Namen und alles, was damit zusammenhängt. Ich hasse mich selber.» In ihren Augen standen plötzlich Tränen.
«Sie werden sich noch viel mehr hassen, wenn Sie die Kanone nicht bald aus der Hand legen. Wenn Sie mich umlegen, fängt der Schlamassel für Sie erst richtig an. Dann ist nicht nur Angel mit seinen Schlägern hinter Ihnen her, sondern auch die Polizei. Kommt drauf an, wer Sie früher erwischt: entweder Kittchen, oder Sie werden kaltgemacht.»
Sie hielt die Waffe weiterhin auf mich gerichtet, sah aber durch mich hindurch.
«Es könnte ein Wendepunkt in Ihrem Leben sein», fuhr

ich behutsam fort. «Sie haben schon einen Haufen Dummheiten gemacht und sich dabei fast ruiniert. Sie spielen Hasard mit Burschen der übelsten Sorte. Natürlich können Sie so weitermachen, wenn Sie wollen, bis Sie in der Kühlkammer der Anatomie enden. Oder Sie kommen wieder zurück in ein anständiges Leben.»

«In ein anständiges Leben? Wo mein Vater diese Mabel geheiratet hat?»

«Ich glaube nicht, daß Mabel in Zukunft viel zu sagen hat. Aber ich bin nicht Mabel, ich rate Ihnen nur gut zu.»

Ella faßte ihren Entschluß. Ich wußte, daß es so kommen würde. Sie warf die Pistole auf das Feldbett und schlug die Hände vors Gesicht.

Ich fischte die Waffe vorsichtig aus dem Bettzeug und sagte zu Donny:

«Zeigen Sie mir jetzt das Handtuch.»

Mit hängendem Kopf stakste er zur Küchentür.

«Was blieb mir andres übrig?» begann das Mädchen wieder. «Entweder Bart oder ich. Den ganzen Weg von Acapulco dachte ich nach, wie ich ihn loswerden könnte. An der Grenze, wenn wir tankten oder in einem Drive-in aßen, immer hielt er mir die Pistole in die Seite. Es ging nicht anders, er mußte sterben. Das Motel meines Vaters war meine einzige Chance. Ich überredete Bart, mit mir dort abzusteigen. Es war nicht schwer, denn er war schon immer hinter mir her gewesen. Natürlich hatte er keine Ahnung, wem das Motel gehörte. Ich hatte auch keinen Plan, ich überließ alles dem Augenblick. Etwas mußte geschehen, und zwar sehr bald. Denn zurück zu Angel – etwas Schlimmeres konnte ich mir nicht vorstellen. Auch wenn er mich nicht getötet hätte, ich konnte nicht mehr mit ihm zusammenleben. Deshalb schrieb ich die Botschaft auf ein Handtuch und warf sie durchs Badezimmerfenster hinaus. Donny hatte mich schon früher immer angehimmelt.»

Ihr entspanntes Gesicht sah unglaublich jung und mädchenhaft aus. Tränen liefen über ihre Wangen.

«Donny erschoß Bart mit seiner eigenen Pistole. Er war stärker als ich. Ich verlor völlig die Nerven, als ich heute morgen ins Zimmer zurückging. Von der Blutlache im Bad wußte ich nichts, es war sozusagen der letzte Tropfen.»

Sie irrte sich. In der Küche krachte es, ein kühler Luftzug strich durch das Zimmer. Zwei Schüsse knallten. Donny torkelte zwei Schritte rückwärts durch die Tür und fiel dann hin. Seine Hand umschloß ein gelbliches Papier, über seine Schulter floß das Blut wie eine rote Schärpe.

Ich griff nach Ella und riß sie mit mir hinter dem Feldbett zu Boden. Gino kam herein. Ohne jede Hemmung trat er Donny auf die keuchende Brust. Ich schoß ihm die Waffe aus der Hand. Er griff nach dem Handgelenk und lehnte sich an die Wand.

Ich wartete, bis der schwarze Balken seiner Augenbrauen im Visier meiner 38er erschien, und drückte ab. Das kleine Loch war nicht einmal zu sehen. Gino sackte locker zusammen und fiel auf den Bauch, einen Schritt von seinem Opfer entfernt.

Ella sprang auf und lief zu Donny hin. Sie kniete nieder und bettete seinen Kopf in ihren Schoß. Zu unserem Erstaunen sagte er mit kräftiger Stimme: «Aber jetzt bleibst du hier, Ella, nicht wahr? Ich habe alles getan, was du wolltest. Du hast es mir versprochen.»

«Ja, Donny, ich bleibe bei dir. Du dummer Junge!»

«Magst du mich jetzt?»

«Natürlich, Donny. Ich mag dich sehr. Du bist der tapferste Mann, den ich kenne.»

Ganz sanft wiegte sie das arme häßliche Gesicht in ihren Armen hin und her.

Mit einem tiefen Seufzer brach hellrotes Blut aus seinem Mund – Donny hatte es überstanden.

Seine Hand entspannte sich. Ich las die Botschaft, die Ella ihm tags zuvor mit Lippenstift geschrieben hatte:

Donny, dieser Mann wird mich töten, wenn Du ihm nicht zuvorkommst. Seine Pistole steckt in den Kleidern auf dem Stuhl neben seinem Bett. Komm um Mitternacht herein und erschieße ihn, aber triff ihn gut. Wenn Du mir hilfst, werde ich Dich so lieben, wie Du es Dir immer gewünscht hast.

In Liebe Deine Ella.

Ich schaute auf das Paar zu meinen Füßen. Sie umarmte noch immer Donnys leblosen Körper. Gino, der ein wenig weiter neben ihnen lag, sah sehr klein und verlassen aus. Um seine buschigen Brauen breitete sich langsam ein dunkler Fleck aus. Donnys Wunsch hatte sich erfüllt. Meiner ebenfalls. Wie es mit Ellas Wünschen aussah, habe ich nicht erfahren.

DAPHNE DU MAURIER

Zum Tode erwacht

Eines Morgens gegen elf Uhr dreißig begab sich Mary Farren in den Waffenraum, nahm das Gewehr ihres Mannes, lud es und erschoß sich.

Der Butler hörte den Knall von der Küche aus. Er wußte, daß Sir John fortgegangen war und nicht vor dem Lunch zurückkehren würde und daß niemand Veranlassung hatte, sich zu dieser Tageszeit im Waffenraum aufzuhalten. Er ging, um nachzusehen, und fand Lady Farren in ihrem Blut am Boden liegen. Sie war tot.

Entsetzt rief er die Haushälterin, und nach kurzer Beratung kamen sie dahin überein, daß zuerst der Arzt, dann die Polizei und schließlich Sir John selbst angerufen werden müßten. Der Butler erzählte dem Arzt und der Polizei, die wenige Minuten nacheinander eintrafen, was vorgefallen war. Am Telefon hatte er beiden gesagt: «Lady Farren hat einen Unfall gehabt. Sie liegt im Gewehrzimmer mit einem Kopfschuß. Ich fürchte, sie ist tot.»

Sir John dagegen wurde lediglich gebeten, sofort heimzukommen, da Lady Farren einen Unfall gehabt habe.

Der Arzt stand also vor der Aufgabe, ihrem Mann, sobald er kam, diese Nachricht zu eröffnen. Es war eine schmerzliche Aufgabe. Er kannte John Farren seit Jahren; beide, er und Mary F., waren seine Patienten, er kannte keine glücklichere Ehe, und beide freuten sich auf das Baby, das ihnen im kommenden Frühjahr geboren werden sollte. Keinerlei Komplikationen waren dabei zu erwarten, es war alles normal. Mary F. war gesund und sah ihrer Mutterschaft voller Glück entgegen. Ein Selbstmord war daher unverständlich. Und ein Selbstmord war es, daran war kein Zweifel.

Auf einem Notizblock, der auf dem Schreibtisch des Waffenraumes lag, fanden sich drei Worte, die Mary F. flüchtig hingeschrieben hatte, und diese Worte waren: «Vergib mir, Liebster.»

Das Gewehr war, wie immer, ungeladen fortgelegt worden. Mary F. hatte also mit Überlegung die Waffe herausgenommen, geladen und sich erschossen. Die Polizei und der Arzt waren der Meinung, sie hätte sich die Verletzung selbst zugefügt. Der Tod mußte sofort eingetreten sein.

Sir John Farren war ein gebrochener Mann. Die Stunde, in der er mit dem Arzt und der Polizei sprach, machte ihn um zwanzig Jahre älter. «Warum hat sie es nur getan?» fragte er in seiner Qual immer und immer wieder. «Wir waren so glücklich, wir liebten uns, und wir erwarteten ein Kind. Es gibt keine Ursache dafür, ich sage es Ihnen, absolut keine!»

Die gewöhnlichen Formalitäten wurden erledigt. Die offizielle gerichtliche Untersuchung ergab den Befund «Selbstmord». Sir John F. sprach wiederholt mit dem Arzt, aber keiner von ihnen kam zu irgendeinem Schluß.

«Und doch ist es möglich», sagte der Arzt, «Frauen können in diesem Zustand zeitweiligen Störungen unterworfen sein, aber Sie und auch ich hätten gegebenenfalls Anzeichen beobachtet. Sie sagen mir, Ihre Frau sei am Abend zuvor vollkommen normal gewesen, und genauso noch beim Frühstück. Soviel Sie wissen, gab es nichts, was sie hätte bedrücken können?»

«Wirklich nichts», antwortete Sir John. «Wir frühstückten wie immer zusammen und machten Pläne für den Nachmittag; nach der Ausschußsitzung wollte ich mit ihr ausfahren. Sie war fröhlich und vollkommen glücklich.»

Auch die Dienstboten bestätigten, Lady Farren sei in heiterer Stimmung gewesen. Das Zimmermädchen, das um zehn Uhr dreißig das Schlafzimmer betreten hatte, sagte aus, Lady Farren sei gerade dabei gewesen, Wickeltücher anzusehen, die mit der Paketpost gekommen seien. Freudig habe sie ihr die Tücher gezeigt und gesagt, sie wähle rosa und blau; man wisse ja nicht, ob es ein Knabe oder ein Mädchen werde. Um elf Uhr habe dann der Vertreter einer Gartenmöbelfirma vorgesprochen. Lady Farren habe den Mann kommen lassen und zwei große Gartenstühle aus seinem Katalog ausgesucht. Der Butler wisse auch davon, denn Lady Farren habe ihm den Katalog gezeigt. Er sei gekommen, um sich Anordnungen für den Chauffeur zu holen. Dabei habe Lady Farren gesagt: «Nein, ich gehe vor dem Lunch nicht aus, Sir John will später mit mir ausfahren.» Dann habe der Butler das Zimmer verlassen. Er war der letzte, der Lady Farren noch lebend gesehen hatte.

«Ich kann mir nur denken», sagte Sir John, «daß Mary zwischen elf und halb zwölf einen Kollaps gehabt hat. Aber ich glaube das einfach nicht. Da ist irgend etwas, das ich herausbringen muß.»

Der Doktor tat sein möglichstes, um ihm das auszureden, aber ohne Erfolg. Er war davon überzeugt, daß Lady Farren auf Grund ihres Zustandes einen plötzlichen Nervenzusammenbruch erlitten und ihrem Leben ein Ende gemacht hatte, ohne zu wissen, was sie tat. Die Zeit würde Sir John Farren helfen, auch das zu vergessen.

John Farren aber konnte und wollte nicht vergessen. Er ging zu einer Detektivagentur, die ihm einen Mann namens Black als besonders vertrauenswürdig und diskret empfahl. Ihm erzählte Sir John alles, was er wußte. Black hörte ihm schweigend zu. Wohl war er persönlich der Meinung, die Ansicht des Arztes sei richtig, doch er nahm seinen Beruf ernst und fuhr hinaus aufs Land, um im Haus selbst seine Untersuchungen zu machen.

Er stellte viele Fragen, die die Polizei nicht gestellt hatte, plauderte mit dem Arzt, prüfte die Post der letzten Wochen für Lady Farren, fragte nach Telefongesprächen und Begegnungen mit persönlichen Freunden. Doch nirgends fand er eine Spur. Aber Black gab sich so schnell nicht geschlagen. Wenn er schon einen Fall übernahm, so wollte er ihn auch klären; obgleich er durch seinen Beruf «abgehärtet» war, tat ihm Sir John leid.

«Sehen Sie, Sir John», sagte er, «in einem Fall wie diesem müssen wir weit zurückgreifen und das Leben der Verstorbenen nachprüfen, weit über die letzte Vergangenheit hinaus. Ich habe – mit Ihrer Erlaubnis – jeden Winkel des Schreibtisches Ihrer Frau Gemahlin durchsucht, alle ihre Papiere durchgesehen und ebenso ihre ganze Korrespondenz überprüft. Ich habe nichts gefunden, was auch nur den geringsten Aufschluß über eine seelische Depression – wenn es eine war – geben könnte. Sie haben mir erzählt, Sie hätten Lady Farren, die damalige Miss Marsh, während einer Reise in die Schweiz kennengelernt. Sie lebte mit einer kranken Tante, Miss Vera Marsh, zusammen, die sie seit dem Tod ihrer Eltern zu sich genommen und erzogen hatte.»

Sir John bestätigte das stumm.

«Sie wohnten in Sierre und auch in Lausanne, und Sie begegneten beiden Damen im Haus eines gemeinsamen Bekannten in Sierre. Sie befreundeten sich mit der jungen Miss Marsh, und am Ende Ihrer Ferien haben Sie sie gebeten, die Ehe mit Ihnen einzugehen.»

«Ja.»

Black wollte wissen, ob Sir John nach der Tragödie von der Tante seiner Frau schon gehört habe.

Ja, natürlich habe er sofort geschrieben. Sie sei entsetzt, und auch sie könne sich dieses Unglück nicht erklären. Eine Woche vor ihrem Tod habe Mary einen Brief nach Sierre geschrieben, voller Freude auf das kommende Ereignis. Miss Marsh habe diesen Brief ihrem Schreiben an Sir John beigelegt; Black habe ihn ja gelesen.

«Ich nehme an», sagte dieser, «daß die beiden Damen, als Sie ihnen vor drei Jahren zum erstenmal begegneten, ein sehr ruhiges Leben führten.»

«Sie bewohnten, wie ich schon sagte, eine kleine Villa, und vielleicht zweimal im Jahr pflegten sie nach Lausanne zu gehen. Dort wohnten sie in einer Pension.»

«Die junge Miss Marsh, Ihre Frau, kam also nicht viel herum? Ich meine, sie hatte nicht viele Freundinnen oder Bekannte ihres Alters?»

«Ich glaube nicht. Und das machte ihr auch nichts aus. Sie war eine völlig in sich selber ruhende Natur.»

«Und seit ihrer Kindheit hat sie wohl immer so gelebt?»

«Ja, Vera Marsh war Marys einzige Verwandte. Mary war noch ein Kind, als ihre Eltern starben, und Miss Marsh hat sie nach deren Tod adoptiert.»

«Und wie alt war Ihre Frau, als Sie heirateten?»

«Einunddreißig Jahre.»

«Und sie hatte vorher keinerlei Bindungen, ein Liebeserlebnis, eine Verlobung?»

«Nein, keine. Ich habe Mary deswegen oft ein wenig aufgezogen. Sie sagte, sie habe nie jemanden getroffen, der sie auch nur im geringsten seelisch angesprochen hätte. Ihre Tante bestätigte das. Ich kann mich erinnern, daß Miss Marsh wiederholt betonte, als wir uns verlobten, nur selten begegne man einem Mädchen, das so rein und unberührt sei wie Mary. Sie sei schön, ohne es zu wissen, und habe ein völlig unbefangenes, liebreizendes Wesen. Wirklich, ich dürfe mich glücklich schätzen! Ich war auch sehr glücklich.»

Mit dem Ausdruck hoffnungsloser Trauer sah Sir John an Black vorbei, so daß der hartgesottene Schotte es kaum übers Herz brachte, ihn weiter ins Verhör zu nehmen.

«Sie wünschen dennoch, daß ich meine Nachforschungen weiterführe?» fragte er. «Sie meinen nicht, daß es einfacher wäre, sich dem Urteil Ihres Arztes anzuschließen, wonach Lady Farren einen plötzlichen Nervenzusammenbruch hatte?»

«Nein», sagte Sir John. «Ich sage Ihnen, irgendwo gibt es einen Schlüssel zu diesem Geheimnis, und ich werde nicht ruhen, bis ich ihn gefunden habe, oder vielmehr Sie ihn für mich gefunden haben. Deshalb habe ich Sie engagiert.»

Black erhob sich aus seinem Sessel und sagte: »Nun gut, ich werde den Fall weiterverfolgen, da ich weiß, wie sehr Ihnen daran liegt.»

«Was werden Sie als nächstes tun?» fragte Sir John.

«Ich fliege morgen in die Schweiz.»

Black gab in Sierre im Chalet «Mon Repos» seine Karte ab und wurde in einen kleinen Salon gewiesen, dessen Fenster eine herrliche Aussicht über das Rhonetal bot. Über dem Kaminsims hing ein großes Porträt von Lady Farren aus jüngster Zeit, ein Duplikat des Bildes in Sir Johns Studierzimmer. Black ging hinaus auf den Balkon und stellte sich der älteren Dame, die dort in einem Rollstuhl saß, als Sir John Farrens Freund vor.

Miss Marsh hatte weißes Haar, blaue Augen und einen strengen Mund. Sie schien aufrichtig erfreut, Black zu sehen, und fragte sofort mit großer Teilnahme nach Sir John und ob irgendein Licht in das Dunkel dieser tragischen Angelegenheit gekommen sei.

«Leider nein», antwortete Black. «Ich bin gekommen, um auch Sie zu fragen, ob Sie vielleicht irgendeinen Anhaltspunkt geben können. Sie haben doch Mary viele Jahre gekannt; Sir John meint, Sie könnten vielleicht helfen.»

Miss Marsh war überrascht. «Aber ich schrieb doch schon Sir John, daß ich entsetzt und völlig ratlos bin. Ich legte ihm Marys letzten Brief an mich bei. Ich habe alle Briefe aufgehoben. Sie schrieb regelmäßig jede Woche, seit sie verheiratet war. Wenn Sir John diese Briefe haben möchte, so will ich sie ihm gern schicken. Immer wieder schrieb sie, wie sehr sie ihn liebe und wie glücklich sie sei in ihrem neuen Heim. Sie hat nur bedauert, daß ich mich nicht aufraffen konnte, sie zu besuchen. Aber Sie sehen ja selbst, wie krank ich bin.»

Black dachte: sie sieht eigentlich kräftig und energisch aus, aber – vielleicht wollte sie nicht fahren. «Sie hatten, soviel ich weiß, ein sehr gutes Verhältnis zu Ihrer Nichte?»

«Ja, ich hatte Mary sehr in mein Herz geschlossen, und ich gebe mich gern der Vorstellung hin, daß sie auch mir viel Sympathie entgegenbrachte», war die schnelle Antwort. «Ich kann manchmal wohl rechthaberisch sein, weiß der Himmel, aber Mary hat das nicht gestört. Sie selbst war stets ausgeglichen, und sie war ein so liebes Ding.»

«Es schmerzte Sie, sie zu verlieren?»

«Freilich hat es mich geschmerzt. Es war ein schwerer Verlust für mich und ist es noch.»

«Sir John sagte mir, er habe Ihnen eine Zuwendung gemacht, um Ihnen eine Gesellschafterin zu ermöglichen.»

«Ja, es war sehr großzügig von ihm. Wissen Sie, ob er es weiterhin tun wird?» Ihre Stimme war scharf geworden. Black stellte fest, daß Miss Marsh eine jener Personen war, denen Geld absolut nicht gleichgültig ist, auch nicht unter so tragischen Umständen.

«Sir John hat darüber nicht mit mir gesprochen. Aber ich bin davon überzeugt, sonst hätten Sie von ihm gehört oder von seinen Anwälten», erwiderte Black. Er sah auf Miss Marshs Hände, die nervös auf die Armlehnen ihres Rollstuhls trommelten. «Und es gibt nichts in der Vergangenheit Ihrer Nichte, das auf ihren Selbstmord hindeuten könnte?« fragte er.

Sie sah erschrocken auf. «Was, um Himmels willen, meinen Sie?»

«Keine frühere Freundschaft oder unglückliche Liebesaffäre?»

«Mein Gott, nein!» – Merkwürdig, sie schien erleichtert bei dieser Formulierung seiner Frage. «Sir John war Marys einzige Liebe. Sie führte ein sehr zurückgezogenes Leben mit mir, verstehen Sie. Es gibt nicht viele junge Leute hier bei uns. Selbst in Lausanne schien sie keinen besonderen Wert darauf zu legen, Menschen ihres Alters zu finden.

Dabei war sie nicht besonders schüchtern oder zurückhaltend – nur selbstgenügsam.»

«Und Schulfreundinnen?»

«Ich unterrichtete sie selbst, als sie klein war. Sie besuchte kurz eine Schule in Lausanne, als sie älter war, aber als Externe; wir wohnten in einer Pension in der Nähe. Soviel ich mich erinnere, kamen einmal zwei oder drei Mädchen zum Tee.»

«Haben Sie aus dieser Zeit Fotos von ihr?»

«Ja, verschiedene. Ich habe sie alle in meinem Album. Wollen Sie die Bilder sehen?»

«Ja, ich möchte sie gerne anschauen. Sir John zeigte mir mehrere Fotos, aber ich glaube, er hatte keine aus der Zeit vor ihrer Heirat.»

Sie schauten das ganze Album durch. Es waren viele Aufnahmen, aber keine von besonderem Interesse. Lady Farren allein, Miss Marsh allein, Lady Farren und Miss Marsh zusammen mit anderen Leuten. Aufnahmen von der Villa, von Lausanne. Black blätterte immer noch. Kein Anhaltspunkt.

«Sind das alle?» fragte er.

«Leider ja», erwiderte Miss Marsh. «Was für ein reizendes Mädchen sie war, nicht wahr? Die warmen braunen Augen! Es ist schrecklich. Der arme Sir John!»

«Sie haben keine Bilder von ihr als Kind, fällt mir auf. Die ersten müssen schätzungsweise mit fünfzehn Jahren gemacht worden sein.»

Es entstand eine Pause, dann sagte Miss Marsh: «Nein, nein, ich glaube, ich hatte damals noch keinen Apparat.»

Black hatte ein scharfes Ohr. Es fiel ihm leicht, eine Lüge herauszuhören. Miss Marsh hatte soeben gelogen.

«Wie schade», sagte er, «ich finde es immer besonders interessant, die Züge der Kinder im Gesicht der Erwachsenen zu suchen. Ich bin selbst verheiratet. Meine Frau und ich möchten um alles in der Welt die ersten Fotos unserer Kleinen nicht missen.»

«Sie haben recht, das war sehr dumm von mir», pflichtete Miss Marsh ihm bei. Sie legte das Album vor sich auf den Tisch.

«Ich nehme an, Sie haben die normalen Atelieraufnahmen?» fragte Black.

«Nein», sagte Miss Marsh, «jedenfalls, wenn ich mal welche gehabt haben sollte, muß ich sie verloren haben. Beim Umzug, wissen Sie! Wir zogen erst hierher, als Mary fünfzehn Jahre alt war. Vorher wohnten wir in Lausanne.»

«Und adoptiert haben Sie Mary mit fünf Jahren, wenn ich recht verstanden habe?»

Wieder ein kurzes Zögern und die Schärfe in der Stimme: «Ja, sie muß ungefähr fünf gewesen sein.»

«Haben Sie Aufnahmen von Lady Farrens Eltern?»

«Nein.»

«Ihr Vater war aber doch Ihr einziger Bruder, nicht wahr?»

«Ja, mein einziger.»

«Was veranlaßte Sie, Lady Farren an Kindes Statt anzunehmen?»

«Ihre Mutter war tot, und mein Bruder wußte nicht, wie er für das Kind sorgen sollte. Sie war ein zartes Kind. Wir waren beide überzeugt, das sei die beste Lösung.»

«Ihr Bruder machte Ihnen natürlich eine Zuwendung für die Erziehung des Kindes?»

«Natürlich, anders hätte ich es nicht gekonnt.»

Plötzlich machte Miss Marsh einen Fehler. Ohne diesen Fehler hätte Black vielleicht die ganze Untersuchung aufgegeben.

«Sie stellen die merkwürdigsten und abseitigsten Fragen, Mr. Black», sagte sie mit einem scharfen, kurzen Lachen. «Ich kann nicht verstehen, daß der Zuschuß, den mir Marys Vater zahlte, von allergeringstem Interesse für Sie sein kann. Was Sie zu erfahren suchen, ist doch, warum die arme Mary sich erschoß – und das wüßte ich ebenfalls gern.»

«Alles, was nur im entferntesten mit Lady Farrens Vergangenheit zusammenhängt, ist für mich von Interesse», sagte Black. «Sehen Sie, Sir John hat mich gerade zu diesem Zweck engagiert. Es ist wohl an der Zeit, Ihnen zu sagen, daß ich nicht ein persönlicher Freund Sir Johns bin – ich bin Privatdetektiv.»

Miss Marsh wurde aschgrau. Sie verlor ihre Haltung. Plötzlich war sie nur noch eine sehr erschrockene, ängstliche alte Frau.

«Was wollen Sie hier herausfinden?» fragte sie.

«Alles», sagte Black.

Nun hatte aber der Schotte eine Lieblingstheorie, die er dem Direktor seiner Agentur oft und gern entwickelte. Er behauptete nämlich, daß es nur sehr wenige Menschen auf dieser Welt gebe, die nichts zu verbergen hätten. Immer wieder hatte er Männer und Frauen im Zeugenstand beobachtet, beim Kreuzverhör, und jeder von ihnen hatte Angst. Nicht vor den Fragen, die sie zu beantworten hatten und die unter Umständen den besonderen Prozeßfall klären halfen, sondern Angst davor, daß sie mit der Beantwortung der Fragen vielleicht unglücklicherweise ein persönliches Geheimnis, das nur sie allein anging, enthüllen könnten. Black war überzeugt, daß Miss Marsh sich augenblicklich in dieser Lage befand. Sie wußte möglicherweise nichts von Lady Marys Selbstmord oder dessen Gründen, aber sie selbst war in irgendeinem Punkte schuldig.

«Wenn Sir John herausgefunden hat, was es mit dieser Zuwendung auf sich hat, und der Meinung ist, ich hätte Mary in all den Jahren darum betrogen, dann hätte er wohl soviel Anstand haben können, es mir selbst zu sagen, anstatt einen Detektiv zu engagieren», sagte sie.

Aha, dachte Black, hier liegt der Hase im Pfeffer! Geben wir der alten Dame genügend Seil, so hängt sie sich selber! Laut sagte er: «Sir John gebrauchte nicht das Wort ‹Betrug›, er fand nur die Umstände etwas seltsam.» Black wagte diese Chance aufs Geratewohl, und der Erfolg gab ihm recht.

«Freilich waren sie seltsam», erwiderte Miss Marsh. «Ich versuchte, mein Bestes zu tun, und ich glaube, ich tat recht daran. Ich kann es beschwören, Mr. Black, ich verbrauchte sehr wenig von dem Geld für mich, der größte Teil ging für Marys Erziehung drauf, gemäß der Abmachung mit dem Vater des Kindes. Als Mary heiratete, glaubte ich kein Unrecht zu tun, wenn ich das Kapital für mich behielt. Sir John war reich – sie würde nichts entbehren. Glauben Sie, daß Sir John Klage gegen mich erheben wird, Mr. Black? Wenn er den Prozeß gewinnt, was nicht zu bezweifeln ist, werde ich vor dem Nichts stehen.»

Black strich sich das Kinn, als ob er sich die Sache überlege. «Ich glaube kaum, Miss Marsh, daß Sir John dies oder ähnliches beabsichtigt», antwortete er, «aber er will die Wahrheit wissen.»

Miss Marsh sank in ihren Rollstuhl zurück. Da sie nun einmal ihre steife aufrechte Haltung verloren hatte, machte sie den Eindruck einer müden alten Frau.

«Nun, da Mary tot ist, kann es ihr nicht mehr weh tun, wenn die Wahrheit ans Licht kommt», sagte sie. «Sie ist nämlich gar nicht meine Nichte gewesen, Mr. Black. Ich erhielt eine große Summe Geldes, um sie aufzuziehen. Wenn sie volljährig sein würde, sollte das Geld auf sie übergehen, ich behielt es aber für mich. Marys Vater, mit dem ich diese Abmachung getroffen hatte, war in der Zwischenzeit gestorben. Es war ganz einfach, und ich wollte nichts Böses damit tun.»

Immer war es dasselbe, dachte Black: Die Versuchung kam, und dann fielen sie um. «Ach, so war es», sagte er. «Nun, Miss Marsh, ich will nicht wissen, wie Sie das Geld verwendeten; mich interessiert nur eins: Wenn Mary nicht Ihre Nichte war, wer war sie dann?»

«Sie war die einzige Tochter von Mr. Henry Warner. Das ist alles, was ich weiß. Er hat mir niemals seine Adresse gegeben, noch sagte er mir, wo er lebte. Ich wußte einzig und allein die Anschrift seiner Bank und die Filiale in London. Ich bekam vier Schecks von dort übersandt. Nachdem ich Mary in meine Obhut genommen hatte, ging Mr. Warner nach Kanada; fünf Jahre später starb er. Das erfuhr ich durch das Bankhaus, und da ich seitdem niemals wieder etwas von dort gehört habe, glaubte ich mich in Sicherheit.»

Black notierte sich Henry Warners Namen, und Miss Marsh gab ihm die Anschrift des Bankhauses. «Mr. Warner war persönlich nicht mit Ihnen befreundet?» fragte er.

«O nein. Ich habe ihn nur zweimal gesehen. Das erste Mal, als ich auf seine Anzeige unter einer Inseratnummer geantwortet hatte. Er suchte jemanden, der ein schwächliches Mädchen aufnehmen könne. Mr. Warner stellte damals über mich und meine Verhältnisse nur wenige Fragen. Das einzige, was er klar durchblicken ließ, war sein Wunsch, daß ich Mary für immer bei mir behalten sollte. Er wollte jede Verbindung mit ihr lösen, und sie sollte ihm auch nicht schreiben. Er sagte, er wolle nach Kanada gehen, und er überließ es mir, seine Tochter nach meinem Willen zu erziehen. Mit anderen Worten, er wollte keine weitere Verantwortung übernehmen. Er wusch seine Hände in Unschuld.»

«Scheint ein übler Kunde gewesen zu sein, dieser Herr!» bemerkte Mr. Black.

«Nein, nicht eigentlich übel», erwiderte Miss Marsh. «Er schien nur voller Angst und sehr besorgt zu sein. Seine Frau war anscheinend tot. Er erklärte mir, Mary sei eigentlich nicht körperlich schwach und zart, aber sie sei vor einigen Monaten Zeugin eines schrecklichen Eisenbahnunglücks geworden und habe durch diesen Schock ihr Gedächtnis verloren. Sonst sei sie völlig normal und gesund. Aber sie erinnerte sich nicht daran, was sie vor diesem Schock erlebt hatte. Sie wußte nicht einmal mehr, daß er ihr Vater war. Aus diesem Grunde sollte sie, wie er sagte, in einem anderen Land ein neues Leben beginnen.»

Black machte kurz einige Notizen. Endlich ein paar Möglichkeiten!

«Sie waren also bereit», fragte er, «für ein Kind, das durch einen Schock geistig gestört war, ein Leben lang die Verantwortung zu tragen?»

Es war eigentlich nicht seine Absicht gewesen, zynisch zu sein, aber irgendwie fühlte sich Miss Marsh doch angegriffen. Errötend sagte sie: «Ich bin an Kinder gewöhnt, denn ich habe viel unterrichtet. Auch war mir die wirtschaftliche Unabhängigkeit viel wert. Ich nahm Mr. Warners Angebot an, unter der Bedingung, daß ich mich an das Kind gewöhnen würde und das Mädchen sich bei mir wohl fühle. Bei unserem zweiten Treffen brachte er Mary mit, und auf den ersten Blick schon hatte ich sie liebgewonnen. Sie schien ganz normal, nur wirkte sie wesentlich jünger, als sie tatsächlich war. Mr. Warner ließ Mary an diesem Abend bei mir – und ich sah ihn niemals wieder. Es war nicht schwer, dem Kind klarzumachen, sie sei meine Nichte, denn sie wußte ja nichts mehr von ihrer Vergangenheit.»

«Und seit jenem Tag hat sie niemals wieder ihr Gedächtnis zurückgewonnen?»

«Nein, niemals. Das Leben fing für sie an, als ihr Vater sie mir in Lausanne übergab. Und auch für mich begann es erst wirklich. Ich hätte Mary nicht lieber haben können, wenn sie wirklich meine Nichte gewesen wäre.»

«Tatsächlich aber war sie nur ein kleines Mädchen von fünf Jahren, das sein Gedächtnis verloren hatte?»

«Fünfzehn Jahre», verbesserte Miss Marsh.

«Wieso fünfzehn?« fragte Black.

Wieder errötete Miss Marsh: «Ich habe vergessen – ich täuschte Sie vorhin«, sagte sie. «Ich habe Mary und auch allen anderen immer gesagt, ich hätte meine Nichte schon mit fünf Jahren adoptiert. Es erleichterte mir die Sache und Mary ebenfalls, da sie ja keine Erinnerung an ihr früheres Leben hatte. Sie war gerade fünfzehn Jahre alt. Es wird

Ihnen nun klar sein, weshalb ich keine Aufnahmen aus Marys Kindheit habe.»

«Allerdings», sagte Black. «Und ich muß Ihnen danken, Miss Marsh, daß Sie mir so behilflich waren. Ich halte es nicht für wahrscheinlich, daß Sir John irgendwelche Auskünfte wegen des Geldes verlangen wird, und im Augenblick werde ich alles, was Sie mir erzählt haben, streng vertraulich behandeln. Was ich nun herausfinden möchte: Wo hat Lady Farren – Mary Warner – die ersten fünfzehn Jahre ihres Lebens verbracht, und was für ein Leben hat sie geführt? Wenn ich das wüßte, wäre ich vielleicht dem Geheimnis ihres Selbstmordes näher.»

«Eines hat mir immer Kopfzerbrechen gemacht», sagte Miss Marsh, als Black sich erhob, um sich zu verabschieden. «Ich bin überzeugt, ihr Vater, Henry Warner, hat nicht die volle Wahrheit gesagt, denn Mary hat niemals Angst vor Eisenbahnen gehabt, und obwohl ich viele Nachforschungen angestellt habe – von einem schweren Eisenbahnunglück in der fraglichen Zeit in England oder anderswo habe ich nicht das geringste erfahren können.»

Black kehrte nach London zurück, aber bei Sir John meldete er sich vorerst nicht. Es war nicht nötig, ihm zu erzählen, was er erfahren hatte. Diese Adoption würde Sir John nur noch mehr beunruhigen, und es war kaum anzunehmen, daß sie in irgendeinen Zusammenhang mit dem Selbstmord zu bringen war. Wahrscheinlicher war es, daß der Schleier, der das Gedächtnis der Lady Farren fünfzehn Jahre lang verhüllt hatte, durch irgendeinen schockartigen Eindruck plötzlich gerissen war. Aber welcher Art mochte dieser Eindruck gewesen sein?

Als erstes ging er in London zu dem Bankhaus, durch welches Miss Marsh das Geld des Herrn Warner erhalten hatte. Er sprach mit dem Direktor und erklärte ihm seinen Auftrag. Das einzige, was er hier erfuhr, war die alte Anschrift Henry Warners, die ihn vielleicht weiterführen konnte. Und noch etwas anderes erfuhr er hier, was Henry Warner Miss Marsh bestimmt verschwiegen hatte: Er war Geistlicher gewesen, und als Miss Marsh seine Tochter adoptierte, war er Vikar in der Gemeinde Long Common in Hampshire, in der Kirche zu Allerheiligen.

Black reiste nach Hampshire, in dem sicheren Bewußtsein, daß sich hier etwas «tun» werde. Er bemühte sich, in diesem Falle möglichst unbefangen zu bleiben, aber es war schwer, den Pfarrer Henry Warner in diesem Stück nicht als den Bösewicht anzusehen. Er sah eine ganz besondere Herzlosigkeit darin, daß ein Geistlicher es über sich brachte, seine geistesgestörte Tochter einer fremden Person zu übergeben, sich also für immer von ihr zu trennen, und nach Kanada zu gehen.

Black witterte einen Skandal. Und wenn, selbst nach fünfzehn Jahren, noch etwas von diesem Makel in Long Common umhergeisterte, so dürfte es nicht schwierig sein, aufzuspüren, welcher Art dieser Skandal gewesen war.

Black stieg im Dorfgasthaus ab und trug sich als Schriftsteller und Kenner alter Kirchenkunst in das Fremdenbuch ein. Als solcher machte er auch dem Pfarrhaus einen Besuch. Der junge Vikar, ein Enthusiast für Kirchenbau, zeigte ihm jeden Winkel seiner Kirche, vom Schiff bis zum Glockenstuhl. Black hörte geduldig und höflich zu; dabei verbarg er seine Unkenntnis geschickt. Dann fragte er nach den Vorgängern des jungen Geistlichen. Leider wußte der nicht allzuviel darüber, denn er war erst seit etwas sechs Jahren in Long Common. Über Warner wußte er nur wenig, nur daß sein Nachfolger nach Hull gezogen war. Auf jeden Fall hatte Warner in Long Common zwölf Jahre lang gelebt. Seine Frau lag hier begraben. Black suchte das Grab auf und notierte die Inschrift des Steins: «Hier ruht meine geliebte Frau, Emily Mary Warner, gestorben im Frieden Jesu Christi.» Auch das Datum schrieb er sich auf. Die Tochter Mary mußte damals zehn Jahre alt gewesen sein.

Ja, sagte der junge Vikar, er habe davon gehört, daß

Warner damals seine Zelte in großer Eile abgebrochen habe und fortgezogen sei. Einige Leute im Dorf, vor allem die älteren, könnten sich seiner wohl noch gut erinnern.

Mr. Black kam zu der Überzeugung, daß ihn ein Abend im Gasthaus um ein gutes Stück weiterbringen würde. Er hatte sich nicht getäuscht. Der Vikar Warner hatte wohl die Achtung seiner Gemeinde genossen, aber er war wegen seiner allzu strengen Ansichten und wegen seiner Intoleranz nicht sonderlich beliebt. Er pflegte keinen geselligen Verkehr, sprach nicht mit den einfachen Leuten, und niemals besuchte er das Wirtshaus. Kurz, man schilderte ihn als einen unduldsamen und engherzigen «Vornehmtuer». Seine Frau hingegen, sei bei allen überaus beliebt gewesen, ebenso ihre kleine Tochter; alle hätten sie sehr gern gemocht.

Ob das Kind durch den Tod der Mutter wohl sehr gelitten habe? Niemand konnte sich genau daran erinnern. Man glaubte es eigentlich nicht. Bald kam es fort an irgendeine Schule, und dann war es nur noch während der Ferien zu Hause.

Die Gärtnersfrau war damals Köchin und Haushälterin beim Vikar gewesen. Ihr Mann, der Gärtner, lebte noch jetzt droben im Pfarrhaus, der alte Harris. Die Frau war gestorben. Er war Rosenliebhaber, und für seine Züchtungen hatte er schon viele Preise gewonnen.

Black trank sein Glas aus, zahlte und verließ das Gasthaus. Es war noch früh am Abend. Rasch streifte er die Rolle eines Fachmanns für alte Kirchenkunst ab und verwandelte sich in einen Sammler von Hampshire-Rosen. Er traf den alten Harris pfeifenrauchend vor seinem Häuschen. Am Gartenzaun kletterten Rosen empor, und Black blieb stehen, um sie zu bewundern – so begann die Unterhaltung. Aber fast eine Stunde brauchte er, um Harris von seinen geliebten Rosen abzulenken und von den früheren Geistlichen zu sprechen und besonders bei Warner zu verweilen. Ganz allmählich gewann er ein bestimmtes Bild, das allerdings nichts Bemerkenswertes einbrachte. Der Vikar Warner war ein harter Mann gewesen, wenig freundlich im Umgang und sehr karg mit Anerkennungen.

«Sicher fühlte sich hier Vikar Warner nach dem Tod seiner Frau sehr einsam, und das war wohl der Grund, warum er dann fortging?» fragte Black und bot Harris von seinem Tabak an.

«Nein, damit hatte es nichts zu tun; eher wohl wegen Miss Marys Gesundheit und weil sie nach ihrem schweren Gelenkrheumatismus im Ausland leben mußte. Sie gingen nach Kanada, und wir haben nie wieder etwas von ihr gehört.»

«Gelenkrheuma?» sagte Black. «Das ist eine schmerzhafte Sache.»

«Miss Mary hatte es in der Schule erwischt, und ich habe schon damals zu meiner Frau gesagt, der Vikar hätte gegen den Lehrer Klage wegen Fahrlässigkeit erheben sollen. Das Kind starb ja beinahe daran.»

«Und warum hat der Vikar das nicht getan?» fragte Black.

«Er hat uns nie gesagt, ob er es tat oder nicht», antwortete der Gärtner, «alles, was er sagte, war nur, wir sollten Miss Marys Sachen packen und an eine bestimmte Anschrift in Cornwall schicken, und wir sollten auch seine eigenen Sachen packen und Schoner über die Möbel tun. Danach hörten wir, der Vikar hätte seinen Wohnsitz hier aufgegeben, und sie seien fort, nach Kanada. Meine Frau hat sich damals schrecklich aufgeregt, Miss Marys wegen; sie hörte nie wieder von ihr oder von dem Vikar; und dabei hatten wir doch all die Jahre bei ihnen gedient.»

Mr. Black pflichtete ihm bei, das sei wirklich nicht nett gewesen, besonders wenn man bedenke, was sie alles für die beiden getan hätten.

«Da war also die Schule in Cornwall», warf er ein. «Da wundert's mich nicht, wenn da jemand Gelenkrheuma bekommt. Es ist eine feuchte und neblige Gegend.»

«O nein, Herr», erwiderte der alte Harris, «Miss Mary

ging ja dorthin zur Erholung. Ich glaube, Carnleath hieß der Ort. Die Schule war in Hythe in Kent.»

«Ich habe eine Tochter in der Nähe von Hythe auf der Schule», log Black gewandt. «Hoffentlich ist es nicht gerade diese! Wie hieß Miss Marys Schule?»

Der alte Harris schüttelte den Kopf. «Das kann ich Ihnen beim besten Willen nicht mehr sagen. Aber ich erinnere mich, daß Miss Mary immer sagte, es sei ein sehr schöner Ort, direkt an der See, und daß sie sehr gern dort sei und sich wohl fühle.»

«Ach so», sagte Black, «dann kann es nicht dieselbe sein. Die Schule meiner Tochter liegt mehr landeinwärts. Es ist komisch, wie die Leute immer alles verdrehen. Mr. Warners Name wurde nämlich heute im Wirtshaus erwähnt – spaßig, wenn man einen Namen zum erstenmal hört, und am gleichen Tag wird dann wieder davon gesprochen! Da sagte jemand, sie seien nach Kanada gegangen, weil seine Tochter bei einem Eisenbahnunglück schwer verletzt worden sei.»

Der alte Harris lachte verächtlich: «Die Burschen da unten in der Wirtschaft sind fähig, alles zu behaupten, wenn sie einen Tropfen Bier im Magen haben! Eisenbahnunglück! So was! Gelenkrheuma war es, und der Vikar verlor fast den Verstand, als die Schule ihn plötzlich benachrichtigte und er hinfahren mußte. Ich habe noch nie gesehen, daß ein Mensch so außer sich geraten kann. Ehrlich, ich hatte nie geglaubt, daß er Miss Mary so lieb hatte, bis das passierte. Wir hatten immer das Gefühl, daß er sie vernachlässigte. Aber als er von der Schule zurückkam, sah er furchtbar aus. Seinen Gesichtsausdruck vergesse ich nie. Er hat dann zu meiner Frau gesagt, er stelle es Gott anheim, den Direktor der Schule zu strafen für diese verbrecherische Fahrlässigkeit. Das waren seine eigenen Worte.»

Black hatte es eilig, von der Familie Warner wieder auf die Rosen überzuleiten. Er blieb noch wenige Minuten, notierte sich einige Zuchtsorten, die für einen Liebhaber, der schnellen Erfolg wünschte, besonders geeignet waren, und verabschiedete sich dann. Am nächsten Morgen fuhr er mit dem ersten Zug nach London zurück. Nachmittags startete er nach Hythe. Hier sprach er mit der Besitzerin des Hotels, in dem er abgestiegen war.

«Ich suche für meine Tochter eine passende Schule hier an der Küste», sagte er, «und soviel ich unterrichtet bin, gibt es hier in der Gegend eine oder zwei, die einen sehr guten Ruf haben. Können Sie mir eine davon besonders empfehlen?»

«Gewiß, gewiß», war die Antwort. «Hier in Hythe sind zwei sehr gute Schulen, eine oben auf dem Hügel, von Miss Braddock, und dann ist da noch St. Bees, die große Gemeinschaftsschule, direkt vorn an der Küste.»

»Gemeinschaftsschule?« fragte Black. «Ist es immer schon eine gewesen?»

«Seit ihrer Gründung vor dreißig Jahren», war die Antwort. «Mr. und Mrs. Johnson leiten sie noch heute. Natürlich sind sie jetzt schon ältere Leute. Die Schule ist aber sehr gut organisiert und der Ton ganz ausgezeichnet. Ich weiß, daß manche Leute ein Vorurteil gegen Gemeinschaftsschulen haben, weil behauptet wird, die Mädchen verrohen, und die Jungen werden verweichlicht. Aber ich selbst habe das nie feststellen können. Die Kinder sehen sehr vergnügt und munter aus wie alle anderen Kinder auch, und sie werden auch nur bis zu fünfzehn Jahren dort aufgenommen. Soll ich Sie bei Mr. Johnson anmelden? Ich kenne ihn gut?»

Black überlegte, ob sie wohl für die Vermittlung von Schulen Prozente bekomme. «Ja, danke, es wäre sehr freundlich von Ihnen», antwortete er.

Die Verabredung wurde auf 11.30 Uhr am nächsten Vormittag festgesetzt. Black war überrascht, daß St. Bees eine Gemeinschaftsschule war. Pfarrer Warner war eigentlich fortschrittlicher gesinnt gewesen, als er gedacht hatte, wenn er seine Tochter einer solchen Schule anvertraute.

Immerhin mußte nach der Schilderung des alten Gärtners St. Bees wohl die richtige Schule sein.

Ein Geruch von gewachstem Linoleum, gescheuerten Fußböden und Firnis drang auf ihn ein, als er das Gebäude betrat und in ein großes Studierzimmer gewiesen wurde. Ein älterer Herr mit einer Glatze und Hornbrille kam ihm mit einem breiten, behäbigen Lächeln entgegen.

«Es freut mich, Mr. Black, Ihre Bekanntschaft zu machen», sagte er. «Sie suchen für Ihre Tochter eine Schule? Ich hoffe, St. Bees wird Ihren Wünschen in jeder Weise entsprechen.»

Black taxierte ihn insgeheim sofort als »Geschäftsmann«. Und nun erging er sich in einer geschickten Erzählung über seine Tochter Phyllis, die gerade in das kritische Alter komme.

«Kritisch?» warf Mr. Johnson ein. «Dann ist für sie St. Bees der richtige Ort. Bei uns gibt es keine kritischen Kinder. Alle charakterlichen Unebenheiten glätten sich hier von selbst, und wir sind stolz darauf, nur glückliche und gesunde Kinder hier zu haben. Kommen Sie mit mir, und sehen Sie selbst.»

Er schlug Black jovial auf die Schulter und machte mit ihm einen Rundgang durch die ganze Schule. Allerdings interessierte sich Black mehr für den Gelenkrheumatismus, den Mary Warner vor fünfzehn Jahren gehabt hatte. Schließlich kehrte er mit dem triumphierenden Mr. Johnson ins Studierzimmer zurück.

«Nun, Mr. Black«, sagte er, «werden wir die Ehre haben, Phyllis bei uns aufzunehmen?»

Black lehnte sich mit gefalteten Händen in seinen Stuhl zurück, ganz das Abbild eines liebenden Vaters: «Ihre Schule ist ausgezeichnet, aber Sie werden verstehen, daß wir auf Phyllis' Gesundheit ganz besonders achtgeben müssen. Sie ist nicht sehr kräftig und für Erkältungen recht anfällig. Ich überlege noch, ob die Luft hier nicht doch etwas rauh für sie ist.»

Mr. Johnson lachte, öffnete eine Schublade seines Schreibtisches und entnahm daraus ein Buch. «Mein lieber Mr. Black, St. Bees hat eine der besten Gesundheitsstatistiken aller englischen Schulen aufzuweisen. Sobald sich ein Kind erkältet, wird es sofort isoliert, die Erkältung kann also nicht auf andere übertragen werden und sich nicht ausbreiten. Ich habe hier eine Liste der Krankheiten, die im Laufe der Jahre bei unseren Kindern auftraten, und ich kann wohl sagen, daß ich sie den Eltern mit Stolz zeige.»

Er gab ihm das Buch.

«Das ist wirklich bemerkenswert», sagte Mr. Black, indem er interessiert darin blätterte. «Natürlich haben Sie diesen guten Gesundheitszustand mit vielen neuen hygienischen Einrichtungen erzielt. Früher wird es nicht so vorbildlich gewesen sein.»

«Bei uns ist es immer so gewesen», entgegnete Mr. Johnson und erhob sich, um von seinem Bücherbord weitere Bände zu holen. «Sie können jedes beliebige Jahr wählen.»

Mr. Black lächelte, und ohne zu zögern, erbat er die Liste des Jahres, in welchem Mary Warner von der Schule entfernt worden war. Mr. Johnsons Hand glitt den Bänden entlang und griff den fraglichen Band heraus. Black blätterte interessiert die Seiten durch: Erkältungen, ein gebrochenes Bein, ein Masernfall – aber kein Gelenkrheumatismus.

Black schloß das Buch – und ging zum Frontalangriff über: «Was ich von St. Bees bisher gesehen habe, gefällt mir sehr, aber ich möchte doch offen zu Ihnen sein. Meine Frau ließ sich einen Katalog für Schulen kommen, unter denen auch die Ihre war. Sie strich Ihre Schule sofort im Katalog, weil sie vor Jahren von einer Freundin etwas Ungünstiges darüber gehört hatte und beinahe gewarnt wurde. Diese Freundin hatte nämlich einen Bekannten – Sie wissen, wie das so geht –, um es kurz zu sagen, dieser Bekannte war gezwungen, seine Tochter von St. Bees fortzunehmen, und hatte sogar davon gesprochen, die Schule wegen Fahrlässigkeit zu belangen.»

Mr. Johnson war das Lächeln vergangen. Seine Augen schauten verkniffen durch die hornumrandeten Gläser seiner Brille. Kalt sagte er: «Ich wäre Ihnen sehr verbunden, wenn Sie mir den Namen des Freundes dieser Dame sagen könnten.»

«Gewiß», erwiderte Black, «der Bekannte dieser Dame ging später nach Kanada. Es war, soviel ich weiß, ein Geistlicher, der Vikar Henry Warner. Wie ich hörte, kam Mary Warner damals knapp am Tode vorbei.»

Die Hornbrille auf der Nase des alten Mr. Johnson vermochte nicht ein merkwürdiges, wachsames Flackern in den Augen zu verbergen. Der vorher so überfließend liebenswürdige Lehrer war plötzlich ein eiskalter Geschäftsmann geworden.

«Sie kennen diese Geschichte offenbar nur vom Standpunkt der Verwandten aus», sagte er. «Nicht wir waren fahrlässig, sondern der Vater Henry Warner. Wir sind damals sehr vorsichtig gewesen – wie jetzt und immer. Ich habe dem Vater gesagt, das alles müsse sich in den Ferien ereignet haben und auf gar keinen Fall in unserer Schule. Er wollte mir nicht glauben und beharrte darauf, daß die Schuld an allem bei unseren Knaben zu suchen sei und wir es an der genügenden Aufsicht hätten fehlen lassen. Ich ließ jeden Jungen von einem bestimmten Alter an zu mir kommen, und hier in diesem Zimmer fragte ich sie unter vier Augen aus. Meine Jungen waren schuldlos, sie sagten die Wahrheit. Völlig nutzlos war das Verhör des Mädchens selbst. Sie wußte überhaupt nicht, wovon wir sprachen. Ich brauche Ihnen wohl kaum zu sagen, daß das Ganze für uns ein furchtbarer Schlag war. Gott sei Dank sind wir über diese Geschichte hinweggekommen; allerdings hofften wir, sie sei längst vergessen.»

Sein Gesicht wirkte nun müde und abgespannt. Überwunden war also die Sache, aber noch nicht vergessen.

«Was geschah dann?« fragte Black. «Sagte Ihnen Warner, er wolle seine Tochter von der Schule nehmen?»

«Er? Im Gegenteil. Wir legten es ihm nahe! Wie konnten wir uns erlauben, Mary noch länger hierzubehalten, als wir entdecken mußten, daß sie im fünften Monat schwanger war?»

Das Mosaik fügt sich zusammen, dachte Black. Es war immer anregend, der Wahrheit auf die Spur zu kommen, mit Hilfe der Lügen anderer. Zuerst war es Miss Marsh, deren eiserne Haltung er durchbrechen mußte, und auch Warner selbst war ein gutes Stück von seinem geraden Weg abgewichen, als er, um seine Tochter zu schützen, seine Geschichten erfand: einmal ein Eisenbahnunglück, dann wieder Gelenkrheumatismus. Jedenfalls mußte ihm die Sache schweres Kopfzerbrechen verursacht haben. Dennoch war es niederträchtig von ihm gewesen, das Mädchen, als alles vorüber war, einfach abzuschieben. Der Verlust ihres Gedächtnisses war wirklich begreiflich; nur über den eigentlichen Anlaß war sich Black noch nicht im klaren. War die Welt der Kindheit für dieses fünfzehnjährige Mädchen mit einem Schlag ein böser Traum geworden, und hatte die Natur barmherzig ausgelöscht, was geschehen war? Es schien fast so – aber Black war ein gewissenhafter Mann und gab sich mit Vermutungen nicht zufrieden. Außerdem wurde er gut bezahlt und wollte auch ganze Arbeit leisten.

Er erinnerte sich an Carnleath, den Ort, wo sich Mary Warner von ihrem angeblichen Gelenkrheumatismus erholt hatte. Er verabschiedete sich von Mr. Johnson, ohne eine bindende Zusage für Phyllis zu geben, und fuhr mit seinem Wagen davon.

Plötzlich fiel ihm ein, daß er noch einmal mit dem alten Harris sprechen könnte, und da Long Common am Weg lag, suchte er ihn auf. Ein kleiner Rosenstock, den er an einem Marktstand gekauft hatte, bot den Vorwand. Leider war Harris nicht zu Hause. Seine verheiratete Tochter öffnete ihm. Sie trug ein Baby auf dem Arm; leider wisse sie nicht, wann ihr Vater zurückkomme. Sie war eine freundliche und umgängliche Frau, wie Black feststellte. Er zündete sich umständlich eine Zigarette an, übergab ihr den Rosenstock für ihren Vater und bewunderte das Baby.

«Ich habe auch so ein Kleines daheim», leitete er die Unterhaltung ein. «Wirklich?» sagte die Frau, «ich habe noch zwei, aber Roy ist der jüngste.»

Black sog an seiner Zigarette und unterhielt sich über Babys. Unvermittelt aber wechselte er das Thema: «Sagen Sie doch Ihrem Vater, ich sei vor einigen Tagen in Hythe gewesen. Dort in der Schule habe ich meine Tochter besucht, und zufällig kam ich mit dem Direktor ins Gespräch. Sie wissen ja, daß Mary Warner dort erzogen wurde, und Ihr Vater hat mir erzählt, der Herr Pfarrer sei so verärgert gewesen, weil sich seine Tochter Gelenkrheumatismus geholt habe. Nun – der Direktor bestritt das. Das Kind müsse sich zu Hause infiziert haben, behauptete er.»

«Tatsächlich?» erwiderte die Frau. «Na ja, er hat natürlich irgend etwas sagen müssen, um der Schule willen. Ich weiß, Miss Mary hat mir oft genug von der Schule St. Bees erzählt. Wir waren nämlich fast gleich alt, und wenn sie zu Hause war, durfte ich immer ihr Fahrrad haben.»

«Hier im Pfarrhaus», meinte Black, «hat sie sich wohl einsam gefühlt. Da war sie sicher froh, daß Sie da waren.»

«Ich glaube», sagte die Frau, «Miß Mary fühlte sich nie einsam. Sie war so gut und hatte für jeden ein freundliches Wort. Wir spielten immer herrlich zusammen. Cowboy und Indianer.»

«Freunde hatte sie wohl nicht, und sie ging sicher auch nicht ins Kino?»

«Aber nein, so eine war Miss Mary nicht. Heute sind die Mädchen ganz anders, schrecklich, nicht wahr?»

Black gab das zu. «Aber ich wette, Sie hatten beide Ihre Verehrer», schmunzelte er.

«Nein, tatsächlich nicht! Miss Mary war von St. Bees her so an Jungen gewöhnt, daß sie nichts Besonderes an ihnen fand. Außerdem hätte der Herr Pfarrer niemals so etwas wie einen Verehrer geduldet. Miss Mary mußte immer vor dem Dunkelwerden zu Hause sein.»

«Ach, ich wollte, ich könnte meine Tochter auch dazu erziehen. Sie kommt immer spät heim», klagte Black. «An Sommerabenden wird es manchmal fast elf Uhr abends, bevor sie zu Hause ist. Ich weiß, es ist nicht recht, und aus den Zeitungen weiß man ja, was sich alles tut.»

«Ja, unerhört», stimmte die Tochter des Gärtners bei.

«Aber diese Gegend ist ruhig, hier wird es kaum schlechte Elemente geben», sagte Black.

«Nein», meinte die Frau, «hier ist nur Betrieb, wenn die Hopfenpflücker kommen.»

Black warf seine Zigarette fort. «Hopfenpflücker?» fragte er neugierig.

«Ja. Hier wird viel Hopfen angebaut, und im Sommer kommen die Hopfenpflücker, das sind recht rohe Kerle. Sie kommen aus den Elendsvierteln von London und wohnen hier in einem Zeltlager.»

«Aber Sie und Miss Mary kamen doch wohl kaum mit ihnen zusammen, solange Sie noch Kinder waren», sagte Black.

Die Frau lächelte: «Wir durften natürlich nicht, aber wir taten es heimlich doch. Es hätte einen großen Krach gegeben, wenn es ruchbar geworden wäre. Ich weiß, einmal gingen wir nach dem Abendbrot hinaus. Mit einer dieser Hopfenpflückerfamilien hatten wir uns etwas angefreundet, wissen Sie, und es wurde gerade gefeiert. Ich weiß nicht mehr, was es war, ich glaube, ein Geburtstag oder so. Ich und Miss Mary waren eingeladen, und wir bekamen auch Bier zu trinken. Wir hatten noch nie Bier getrunken und bekamen einen richtigen Schwips. Miss Mary war schlimmer dran als ich. Sie erzählte mir nachher, daß sie überhaupt nicht mehr wußte, was an dem Abend alles geschehen sei. Wir hatten alle rundherum vor den Zelten gesessen, wissen Sie, und als wir nach Hause gingen, rumorte es in unseren Köpfen wie ein Mühlrad. Wir bekamen es richtig mit der Angst. Ich habe oft nachgedacht, was bloß der Herr Pfarrer gesagt hätte oder mein Vater, wenn sie es gewußt hätten. Ich hätte eine Tracht Prügel bekommen und Miss Mary eine Predigt.»

«Und das mit Recht», sagte Black. «Wie alt waren Sie denn damals?» – «Ich war ungefähr dreizehn, und Miss Mary war gerade vierzehn Jahre alt geworden. Es waren ihre letzten Sommerferien im Pfarrhaus. Die Arme! Ich habe oft gedacht, was wohl aus ihr geworden ist. Wahrscheinlich ist sie in Kanada schon verheiratet.»

«Na, Kanada ist nach allem, was man so hört, ein schönes Land», sagte Black. «Aber ich verschwatze hier die Zeit. Vergessen Sie nicht, Ihrem Vater den Rosenstock zu geben.»

Der Besuch hatte sich wahrhaftig gelohnt. Die Tochter des alten Harris wußte mehr als er selber. Hopfenpflücker und Bier! Das war es! «Entscheidend», würde Mr. Johnson von St. Bees sagen. Auch die zeitlichen Gegebenheiten stimmten auffallend. Trotzdem – es blieb eine scheußliche Geschichte.

Black trat aufs Gaspedal und fuhr durch Long Common hinaus nach Westen.

Nun galt es vor allem festzustellen, wann Mary Warner ihr Gedächtnis verloren hatte. Daß sie nicht mehr wußte, wie es auf der Feier mit diesen Hopfenpflückern zugegangen war, verstand sich von selbst und besagte gar nichts: Ein bis zur Besinnungslosigkeit verwirrter Kopf und zwei verängstigte Kinder, die in höchster Eile nach Hause rannten, erklärten die Sache. Johnson in St. Bees hatte ja in seinem Eifer, mit dem er das Ansehen der Schule verteidigte, betont, Mary habe von ihrem Zustand überhaupt nichts gewußt. Sie hatte nicht die leiseste Vorstellung von den Dingen des werdenden Lebens gehabt, und der Schularzt selbst war dagegen gewesen, das Mädchen weiter auszufragen. Man hatte also den Vater kommen lassen und das Kind von der Schule entfernt. Black überlegte, wie der

Pfarrer dies alles wohl aufgenommen und was er seiner Tochter gesagt haben mochte. Wahrscheinlich hatte er das unglückliche Kind so mit Fragen gequält, daß es eine Gehirnhautentzündung bekommen hatte. Die Nerven eines jeden Kindes hätten unter einem solchen Schock gelitten. Vielleicht würde er in Carnleath die Lösung finden. Carnleath war eine kleine Stadt an der Südküste.

Blacks Familie, Phyllis und die Kinder, verschwand wieder im Lande der Fabel, aus dem sie gestiegen war.

Black gab sich jetzt als jung verheirateter Ehemann, dessen erst achtzehnjährige Frau ihr erstes Kind erwartete. In Carnleath fand er eine Klinik, die nur schwangere Frauen aufnahm. Sie lag direkt oberhalb des Hafens auf einem Felsen. Black parkte seinen Wagen an der Mauer, stieg aus, ging zur Eingangstür und zog die Hausglocke. Er bat den Hausmeister, die Leiterin des Hauses sprechen zu dürfen, und wurde in ihr Wohnzimmer gewiesen. Ehe er noch Platz genommen hatte, stand sie vor ihm: Sie war klein, dick und gemütlich, und er war überzeugt, daß er mit Hilfe seiner Fabelfrau, die er Pearl zu nennen beschloß, manches erfahren würde.

«Und wann erwarten Sie das freudige Ereignis?» fragte die Oberin. Das war keine Einheimische aus Cornwall, stellte Black fest, ihre Mundart war eher ein kerniges, volltönendes Cockney. Black hatte absolutes Vertrauen zu ihr gefaßt.

«Im Mai», antwortete er. «Meine Frau will das große Ereignis unbedingt an der See erleben, und da wir auch hier unsere Flitterwochen verbrachten, hat sie eine gewisse Schwäche für die Stadt, und ich auch.» Mit einem harmlosen Lächeln deutete Black seine zukünftigen Vaterfreuden an. Und auch die Hausmutter lächelte: «Das ist aber nett, Mr. Black. Zurück an den Tatort, nicht wahr?» Ein etwas derber Scherz, dachte Black, aber sie redete weiter. «Nicht alle meine Patienten denken so gern an die Vergangenheit zurück. Sie würden staunen!»

Black bot ihr eine Zigarette an: «Ich hoffe, Sie zerstören meine Ilusionen nicht», sagte er.

«Illusionen?» entgegnete die Hausmutter. «Wir haben hier wenig Illusionen, mein Herr. Die gehen in so einem Haus schnell verloren.»

Black drückte sein Bedauern für seine noch so harmlose Pearl aus. «Aber meine Frau ist ein mutiges Mädchen, sie hat keine Angst. Nur eins macht mir Sorge: Sie ist erst achtzehn Jahre alt – ist das nicht zu jung für eine Geburt, Schwester?»

«Ach, man kann gar nicht jung genug dafür sein», erwiderte diese und blies den Rauch ihrer Zigarette in Ringen empor. «Je jünger, desto besser. Die Knochen sind dann noch nicht so unbeweglich und die Muskeln noch nicht so fest.»

«Sie haben also schon öfter so junge Patientinnen von achtzehn Jahren gehabt?« erkundigte sich Black.

«Noch jünger», sagte sie. «Wir haben für jedes Alter von fünfzehn bis fünfundvierzig zu sorgen – und nicht alle davon haben angenehme Flitterwochen gehabt, glauben Sie mir!»

Black wappnete sich. Wenn diese Heimleiterin schon nach einer Zigarette so redselig und offen war, wieviel mehr würde ein Doppel-Gin zutage fördern?

Sein Entschluß war gefaßt. Er bestellte ein Bett für Pearl und lud die Heimleiterin zum Essen ein. Bereitwillig ging sie darauf ein: «Das ist nett von Ihnen! ‹Schmugglersruh› ist zwar nur ein kleines Lokal, aber die Bar ist die beste in Carnleath.»

«Dann wollen wir bei ‹Schmugglersruh› bleiben», willigte Black ein, und sie einigten sich auf neunzehn Uhr.

Gegen 21.30 Uhr, nach zwei Doppel-Gins, Austern, einer Flasche Chablis und einigen Brandys, war es nicht mehr schwierig, die Hausmutter zum Reden zu bringen; im Gegenteil, Black überlegte bereits, wie er diesen Redestrom eindämmen konnte. Sie schwelgte in den Raffinessen der

Hebammenkunst mit einer solchen Fülle an Einzelheiten, daß Black beinahe blaß wurde. Er empfahl ihr, Memoiren darüber zu schreiben. «Natürlich keine Namen», meinte er, «und kommen Sie mir nicht damit, daß alle Ihre Patientinnen verheiratet waren, denn das glaube ich nicht.»

Sie stürzte erneut einen Brandy hinunter. «Ich sagte Ihnen ja schon, wir haben in ‹Seeblick› alle Sorten gehabt. Aber Sie brauchen keine Angst zu haben, wir sind absolut diskret.»

«Ich bin durch nichts zu verblüffen», sagte Black, «und Pearl auch nicht.»

«Sie kennen Ihre Frau! Schade, daß nicht alle Ehemänner so sind! Es gäbe weniger Tränen bei uns.»

Sie beugte sich vertraulich über den Tisch: «Es würde Ihnen schwindeln, wenn Sie wüßten, was manche Leute dafür zahlen!» sagte sie. «Ich meine nicht die anständig vor Gott Verehelichten wie Sie, sondern die, welche aus Versehen hereingefallen sind, wie man so sagt. Sie kommen her, um alles wieder los zu sein, und sie tun, als ob all die Ausflüchte, die sie zur Hand haben, wirklich den Tatsachen entsprächen, aber mich können sie nicht täuschen!»

Black bestellte einen neuen Brandy und fragte: «Was geschieht eigentlich mit den unerwünschten Babys?»

«Oh, ich habe meine Verbindungen», erwiderte die ehrenwerte Frau, «es gibt viele Pflegemütter in dieser Gegend, die bei entsprechender Bezahlung nicht nein sagen und die Kinder behalten, bis sie schulpflichtig sind. Fragen werden nicht gestellt. Manchmal habe ich die Aufnahmen der richtigen Mütter in den Illustrierten gesehen. Die Schwestern und ich haben oft unser stilles Vergnügen.»

Sie nahm eine Zigarette.

«Und doch mache ich mir Sorgen wegen des Alters meiner Frau», warf Black wieder ein. «Wie alt war eigentlich Ihre jüngste Patientin?»

Die Frau überlegte eine Weile: «So zwischen vierzehn und fünfzehn», sagte sie dann. «Ja, eine hatten wir mit knapp fünfzehn Jahren, wenn ich mich recht erinnere. Das war ein trauriger Fall! Es ist nun schon lange her.»

«Erzählen Sie mir davon», bat Black.

Die Oberin schlürfte bedächtig ihren Brandy und fuhr fort: «Sie stammte von wohlhabenden Eltern. Der Vater hätte jede Summe bezahlt, aber ich bin nicht raffgierig. Ich nannte ihm die Summe, die ich für angebracht hielt, und er war so froh, seine Tochter bei mir lassen zu können, daß er mir noch ein Draufgeld gab.»

«Wie war denn das passiert?» wollte Black wissen.

«Hm, Gemeinschaftsschule, sagte der Vater, aber ich habe nie an diesen Roman geglaubt. Das Erstaunliche war, daß das kleine Mädchen niemals und keinem von uns sagen konnte, was geschehen war. Im allgemeinen bekomme ich bei meinen Patientinnen jede Wahrheit heraus, aber bei ihr ist es mir nicht gelungen. Sie erzählte uns, ihr Vater habe gesagt, es sei die größte Schande, die je einem Mädchen passieren könne. Sie könne das nicht verstehen, sagte sie, weil ihr Vater doch Geistlicher sei und in seinen Predigten immer sagte, was die Jungfrau Maria erlebt habe, sei das Wunderbarste auf Erden.»

«Sie wollen damit sagen, daß dieses Mädchen das alles für übernatürlich hielt?» fragte Black.

«Ja, genau das stellte sie sich vor», erwiderte sie. «Nichts konnte diesen Glauben in ihr erschüttern. Wir klärten sie über das wirkliche Geschehen auf, aber sie wollte uns nicht glauben. Sie sagte zu der Schwester, daß so etwas Gräßliches jedem anderen passieren könne, aber ihr gewiß nie! Sie sagte, sie habe manchmal von Engeln geträumt, und ganz bestimmt sei einer im Schlaf zu ihr gekommen; ihr Vater sei der erste, dem die harten Worte leid täten, wenn das Baby auf der Welt sei; natürlich werde es ein neuer Messias, der die Welt erlöse.»

«Eine schreckliche Geschichte», sagte Black und bestellte einen Kaffee. Die Frau schien nun menschlicher zu werden, sie schaute verständnisvoll vor sich hin und vergaß sogar, mit den Lippen zu schmatzen. «Wir gewannen die Kleine richtig lieb, die Schwestern und ich», sagte sie. «Man konnte gar nicht anders. Sie hatte ein so liebes Wesen, und wir fingen beinahe an, ihre Geschichte zu glauben. Sie bekam ihr Kind, einen Jungen, und niemals habe ich früher und bis heute wieder so etwas Süßes gesehen wie dieses Mädchen, wenn es im Bett saß und sein Kind im Arm hielt. Man hätte glauben können, es hätte eine Puppe zum Geburtstag bekommen. Es war so glücklich, daß es kein Wort herausbrachte; nur immer: O Frau Oberin! O Frau Oberin! Weiß Gott, ich bin kein Waschlappen, aber ich war den Tränen nahe! Aber eines kann ich Ihnen sagen, wer immer auch der Vater dieses Kindes sein mochte, er muß ein Rotkopf gewesen sein. Ich weiß noch, ich sagte zu dem Mädchen: ‹Na, das ist aber ein richtiges kleines Füchschen, daran ist nicht zu zweifeln›, und Füchschen hieß er dann hier bei uns allen, auch für das arme kleine Ding. Ich möchte nicht noch einmal durchmachen, was wir erlebten, als wir Mutter und Kind voneinander trennen mußten.»

«Sie trennten sie?» fragte Black. «Weshalb?»

«Wir mußten es tun. Der Vater wollte sie fortbringen, damit sie ein neues Leben beginnen könne, und das konnte sie natürlich nicht mit einem Kind – wenigstens ein Mädchen ihres Alters nicht.

Vier Wochen behielten wir sie und ihr Füchschen bei uns, und das war schon zu lange. Sie war schon zu sehr mit ihm verwachsen. Aber es war alles festgelegt: Der Vater sollte sie abholen und in ein Heim geben. Die Schwestern und ich machten uns viele Gedanken, und um es der Kleinen erträglicher zu machen, verabredeten wir, ihr zu sagen, das Füchschen sei in der Nacht gestorben. Wir sagten es ihr. Aber es war furchtbar, viel schlimmer, als wir es uns vorgestellt hatten. Kreideweiß wurde sie, und dann begann sie zu schreien ... ich glaube, ich höre dies Schreien noch bis an mein Lebensende. Es war ein entsetzliches Schreien – hoch und sonderbar. Dann verlor sie das Bewußtsein, sie lag wie tot, und wir alle glaubten nicht, daß sie diesen Schock jemals überstehen würde. Ganz allmählich kam sie wieder zur Besinnung.

Aber wissen Sie, was geschehen war? Sie hatte ihr Gedächtnis verloren. Sie erkannte uns nicht mehr, auch nicht ihren Vater, als er kam, sie zu holen, sie erkannte niemand mehr. Sie wußte auch nicht, was mit ihr geschehen war, es war alles wie ausgelöscht in ihrer Erinnerung. Körperlich war sie gesund, und geistig soweit auch. Der Arzt sagte damals, es sei eine Gnade der Natur, die hier gewaltet hätte. Aber wenn ihr jemals wieder die Erinnerung an all dies zurückkehrte, dann wäre es für die arme Kleine gleich einem Erwachen im Fegefeuer.»

Black winkte dem Kellner und bezahlte die Rechnung. «Es tut mir leid, daß unsere Unterhaltung mit einer so tragischen Geschichte zu Ende geht», sagte er, «aber ich danke Ihnen trotzdem gerade für diesen Bericht. Was geschah übrigens danach mit dem Baby?»

Die Oberin nahm ihre Handschuhe und die Handtasche und sagte: «Es kam in ein Kinderheim in Newquay. Ich habe dort einen Bekannten im Ausschuß und konnte es so arrangieren, aber leicht war es nicht. Wir gaben dem Kind den Namen Tom Smith; das ist ein vernünftiger und unauffälliger Name. Wenn ich aber an das Kleine denke, so ist es für mich noch immer das Füchschen. Der arme Kerl, er wird niemals wissen, daß er in den Augen seiner Mutter dazu bestimmt war, einmal die Welt zu erlösen.»

In den Heimen für uneheliche Kinder ist es nicht üblich, über das Woher der ihnen anvertrauten Kinder Auskunft zu geben; der Leiter des Heimes in Newquay bildete also keine Ausnahme.

«Es hat keinen Zweck», erklärte er, «die Kinder selbst kennen nichts anderes als das Heim, in dem sie aufgewachsen sind. Sie würden plötzlich unsicher, wenn die Eltern die Verbindung mit ihnen aufnähmen. Allerlei Komplikationen könnten daraus entstehen.»

«Das verstehe ich schon», erwiderte Black, «aber in diesem Fall wäre eine Komplikation ausgeschlossen. Der Vater war unbekannt, und die Mutter ist tot.»

«Dafür habe ich nur Sie als Zeugen», entgegnete der Leiter. «Es tut mir leid, aber es geht strikt gegen meine Vorschriften, das Dienstgeheimnis zu brechen. Das letzte, was wir über den Jungen hörten, war, daß er eine Stellung als Vertreter innehat und daß er in seinem Fach sehr tüchtig sein soll. Ich bedaure sehr, aber eine weitere Auskunft kann ich Ihnen leider nicht geben.»

«Danke», schloß Black die Unterhaltung. «Ihre Angaben genügen mir vollkommen.»

Er ging langsam zu seinem Wagen und schaute alle seine Notizen noch einmal durch.

Der letzte, der – außer dem Butler – Lady Farren lebend gesehen hatte, war ein Vertreter gewesen, der ihr Gartenmöbel angeboten hatte . . .

Black fuhr zurück nach London. Die betreffende Firma hatte ihren Hauptsitz in Norwood, Middlesex. Die Anschrift erfuhr er telefonisch von Sir John. Diesmal ließ er sich beim Chef der Firma melden, ohne seinen Beruf zu leugnen. Er gab seine Karte ab und erklärte dem Chef, der ihn sogleich empfing, daß er im Auftrag von Sir John Erkundigungen einziehen müsse, um über die letzten Stunden der Lady Farren Klarheit zu gewinnen; sie sei vor einer Woche erschossen aufgefunden worden. Am Morgen ihres Todestages habe sie noch einem Vertreter seiner Firma einen Auftrag für Gartenstühle gegeben. Ob die Möglichkeit bestehe, diesen Vertreter zu sprechen?

Der Inhaber der Firma bedauerte außerordentlich, aber zur Zeit seien alle Vertreter unterwegs. Vielleicht wüßte aber Mr. Black den Namen?

Ja, er heiße Tom Smith.

Der Chef schaute in seine Bücher. Tom Smith war ein

ganz junger Mann, der vor kurzem die Stellung angetreten hatte und nun seine erste Tour bearbeitete. Er wurde erst in fünf Tagen wieder in Norwood erwartet. Wenn aber Mr. Black Wert darauf lege, ihn schon vorher zu sprechen, so empfehle er, ihn am Abend des vierten Tages in seinem Logis aufzusuchen, bis dahin sei er bestimmt wieder zurück. Er gab Black die Adresse.

«Können Sie mir zufällig sagen, ob dieser junge Mann rotes Haar hat?» fragte Black.

«Sherlock Holmes, wie?» sagte lächelnd der Chef. «Ja, Tom Smith hat brandrotes Haar und eine wahre Mähne, man meint fast, sie brenne.»

Dankend verabschiedete sich Black. Am Abend des vierten Tages fuhr er wieder nach Norwood hinaus, um festzustellen, ob Tom Smith zurückgekehrt sei. Er hatte Glück. Eine alte Wirtin öffnete ihm und sagte, Mr. Smith sitze gerade beim Abendbrot. Ob er nicht eintreten wolle?

Sie führte Black in ein kleines Wohnzimmer, wo ein junger Bursche, fast noch ein Knabe, am Tisch saß und gerade dabei war, einen geräucherten Hering mit Appetit zu verspeisen. Smith legte Gabel und Messer nieder und wischte sich den Mund. Er hatte ein schmales, verkniffenes Gesicht und hellblaue, eng zusammenstehende Augen. Wie ein Frettchen, dachte Black. Sein rotes Haar stand wie eine Flamme über dem Kopf.

«Was ist los?» fragte er. Offenbar war er verwirrt, noch ehe Black ein einziges Wort gesprochen hatte.

«Mein Name ist Black», sagte der Detektiv freundlich. «Ich komme von einer Privatagentur und möchte ein paar Fragen an Sie richten, wenn Sie gestatten.»

Tom Smith erhob sich. Seine Augen wurden noch schmaler. «Was wollen Sie von mir?» fragte er. «Ich habe nichts verbrochen.»

Black zündete sich eine Zigarette an und setzte sich ohne Aufforderung. «Davon habe ich auch nichts gesagt», erwiderte er. «Ich bin nicht hier, um Ihr Auftragsbuch zu prüfen, falls Sie das beunruhigen sollte. Aber ich weiß zufällig, daß Sie kürzlich bei einer Lady Farren vorsprachen.»

«Und was ist damit?»

«Weiter nichts. Bitte erzählen Sie mir, wie Ihr dortiger Besuch verlief.»

«Meinetwegen! Angenommen, ich war bei dieser Lady Farren. Angenommen, sie gab mir tatsächlich ein paar Aufträge. Ich werde das alles mit der Firma selbst in Ordnung bringen, wenn sie Wind davon bekommen haben sollte. Ich kann ja sagen, daß ich den Scheck aus Versehen auf meinen Namen ausstellen ließ. Es soll bestimmt nicht wieder vorkommen.»

Black mußte an Miss Marsh denken. Weshalb nur mußten diese Menschen immer etwas ganz anderes sagen, als was man wissen wollte?

«Ich glaube, es ist alles viel einfacher, als Sie meinen», sagte Black. «Sagen Sie mir offen die Wahrheit, und ich werde Sie weder bei Ihrer Firma noch bei Ihrem Heimleiter anzeigen.»

Unschlüssig trat der junge Mann von einem Fuß auf den anderen. Dann fragte er: «Die haben Sie also geschickt? Das hätte ich mir denken können. Immer sind sie hinter mir her, von Anfang an. Nicht eine Chance habe ich bisher gehabt!»

Etwas wie Mitleid mit sich selbst schwang in seiner Stimme, er wimmerte beinahe.

Einen nennenswerten Erfolg hatte also dieser junge Mensch, der als Baby von seiner Mutter dazu bestimmt war, einmal die Welt zu erlösen, noch nicht gehabt, dachte Black. «Ihre Kindheit interessiert mich nicht», sagte er, «nur Ihr allerletzte Vergangenheit und hier besonders Ihr Besuch bei Lady Farren. Vielleicht wissen Sie es noch nicht: Diese Dame ist tot.»

Der Bursche nickte: «Ich las es im Abendblatt. Und das war es eigentlich erst, was mich zu allem veranlaßte. Sie konnte mich ja nicht mehr anzeigen.»

«Was wollten Sie denn tun?» fragte Black.

«Das Geld einmal für mich ausgeben!» antwortete Smith offen, «den Auftrag aus dem Buch herausreißen und niemandem etwas davon sagen. Das war ein toller Dreh.»

Black sog an seiner Zigarette – und plötzlich stieg vor ihm ein Bild auf: überfüllte Zelte, Loren, Matratzen, die auf einem Feld abgeladen wurden, wo der Hopfen an hohen Stangen emporkletterte, Gelächter, Bierdurst – und ein rothaariger Junge mit unruhigen Augen wie dieser, hinter einer der Loren verborgen, und ein kleines Mädchen ...

«Ja», sagte er, «das war ein toller Dreh. Erzählen Sie weiter.»

Tom Smith faßte Vertrauen. Dieser Mann würde ihn nicht verraten, wenn er die Wahrheit sagte.

Er wurde ruhiger. «Lady Farren war auf meiner Kundenliste wie alle Bonzen in meinem Distrikt besonders angekreuzt. Man hatte mir gesagt, daß sie viel Geld habe und bestimmt einen Auftrag geben werde. Darauf ging ich zu ihr, und der Butler ließ mich auch sofort ein. Ich zeigte ihr meinen Katalog, und dann suchte sie zwei Gartenstühle aus. Ich verlangte einen Scheck als Vorauszahlung; sie schrieb ihn ohne weiteres und gab ihn mir. Das ist alles.»

«Augenblick», unterbrach Black, «war Lady Farren freundlich zu Ihnen, und zeigte sie ein besonderes Interesse für Sie?»

Der Bursche schien ehrlich verwundert.

«Interesse an mir? Nein, weshalb?»

«Was sagte Sie zu Ihnen?» beharrte Black auf seiner Frage.

«Sie sah nur in den Katalog, und ich stand daneben und wartete. Dann kreuzte sie zwei Artikel mit dem Bleistift an, und ich fragte, ob sie die Sachen im voraus bezahlen wolle, und bat um einen Barscheck, den der Überbringer kassieren kann. Ich riskierte es einfach, wissen Sie, sie hatte so ein Gesicht, das man leicht täuschen kann. Und sie stellte den Scheck auch sofort aus. Ich dachte einfach, daß ich auf diese Tour einmal etwas mehr Geld in die Hände bekommen könnte.»

Plötzlich lächelte er, und sein schmales Frettchengesicht hellte sich merkwürdig auf. Das Blau seiner hellen Augen vertiefte sich, und der verschlagene Ausdruck wich einer seltsam gewinnenden Unschuld.

«Ich seh' schon, diesmal hat es nicht geklappt», sagte er, «nächstes Mal versuche ich es anders.»

«Versuchen Sie, die Welt zu erlösen», sagte Black.

«Was?» fragte Tom Smith. Und Black sagte adieu.

Am Nachmittag des nächsten Tages fuhr er hinaus, um Lord Farren Bericht zu erstatten. Aber ehe er sich in die Bibliothek führen ließ, bat er im Wohnzimmer den Butler um ein paar Worte unter vier Augen.

«Sie führten doch den Vertreter hier in dieses Zimmer. Sie gingen dann hinaus und ließen ihn allein bei Lady Farren. Nach etwa fünf Minuten läutete Lady Farren, und Sie geleiteten den Vertreter wieder hinaus. Danach brachten Sie Lady Farren ein Glas Milch, Stimmt das so?»

«Ja, genau, Sir!»

«Als Sie mit dem Glas Milch hereinkamen, womit war Lady Farren da gerade beschäftigt?»

«Sie stand nur da, ungefähr, wo Sie jetzt stehen, und betrachtete den Katalog.»

«Sie sah aus wie immer?»

«Ja, Sir!»

«Und was geschah dann? Ich habe Sie zwar schon damals gefragt, aber ich möchte alles noch einmal durchgehen.»

Der Hausmeister überlegte. «Ich gab Mylady die Milch. Ich fragte sie, ob sie für den Chauffeur irgendeinen Auftrag hätte. Sie sagte nein, Sir John würde später mit ihr ausfahren.»

«Weiter sagte sie nichts? Sie sagte nichts über den Vertreter?»

«Nein, Sir, Mylady hat nichts über ihn gesagt. Aber ich

sagte etwas, fällt mir ein, gerade, als ich aus dem Zimmer ging, aber Mylady hat bestimmt nicht mehr gehört, was ich sagte, weil sie gar nicht darauf geantwortet hat.»

«Was sagten Sie?»

«Ich sagte im Scherz, wenn der Vertreter wieder einmal käme, so würde ich ihn sofort wiedererkennen, wegen seiner Haare. Ich sagte, das sei ja ein richtiges ‹Füchschen› – aber wirklich. Dann ging ich hinaus und machte die Türe zu.»

«Danke», sagte Black, «das wäre wohl alles.»

Er stand noch da und schaute in den Garten hinaus, als Sir John ins Zimmer trat.

«Ich erwartete Sie in der Bibliothek», sagte er. «Nun, zu welchem Schluß sind Sie gekommen?»

«Zu keinem anderen als bisher, Sir John.»

«Sie meinen also, wir sind da, wo wir angefangen haben? Sie können mir keinerlei Gründe angeben, warum meine Frau ihrem Leben ein Ende gemacht haben könnte?»

«Keinen, tatsächlich. Ich kann mich nur der Meinung des Arztes anschließen. Ein Impuls, durch ihren Zustand hervorgerufen, trieb Lady Farren in das Waffenzimmer und zwang sie dazu, sich mit einem Gewehr zu erschießen. Sie ist glücklich und zufrieden gewesen, wie Sie und alle anderen wissen und bezeugen können, Sir John, und hat ein untadeliges Leben geführt. Es bestand nicht der geringste Beweggrund für diese Tat.»

«Gott sei gedankt», sagte Sir John.

Black hatte sich bisher niemals für sentimental oder gefühlsduselig gehalten; von nun an war er davon nicht mehr so fest überzeugt.

Quellenverzeichnis

Joan Aiken: «The Black Cliffs» (Die schwarzen Felsen), aus Ellery Queen (Hrsg.) MORDE NACH ART DES HAUSES, Copyright © 1982 by Joan Aiken Enterprises Ltd. Aus dem Amerikanischen übersetzt von Mechthild Sandberg. Scherz Verlag, Bern und München. (Veröffentlicht mit der Genehmigung der Paul & Peter Fritz AG in Zürich.)

Daphne Du Maurier: «No Motive» (Zum Tode erwacht), aus Daphne du Maurier NÄCHSTES JAHR UM DIESE ZEIT, Copyright © by Daphne Du Maurier, Copyright © der deutschen Rechte by Scherz Verlag, Bern und München.

Fletcher Flora: «A Husband is Missing» (Ehemann verschwunden), aus Alfred Hitchcock (Hrsg.) MEINE HINTERGRÜNDIGSTEN MORDGESCHICHTEN, Copyright © 1957 by Davis Publications Inc. Aus dem Amerikanischen übersetzt von Mechthild Sandberg. Scherz Verlag, Bern und München. (Veröffentlicht mit der Genehmigung der Paul & Peter Fritz AG in Zürich.)

Antonia Fraser: «Have a Nice Death» (Schönen Tod noch, Sammy Luke), aus Harriet Ayres (Hrsg.) SCHÖNEN TOD NOCH, SAMMY LUKE, Copyright © 1992 by Fischer Taschenbuch Verlag GmbH, Frankfurt am Main. Aus dem Englischen übersetzt von Irmela Erckenbrecht.

Ross Macdonald: «The Singing Pigeon» (Der Mann im Cadillac), aus Alfred Hitchcock (Hrsg.) MEINE LIEBLINGSMORDE, Copyright © 1969 by Random House. Übersetzt aus dem Amerikanischen von Maria Raschke. Scherz Verlag, Bern und München.

Lia Matera: «Destroying Angel» (Der Todesengel), aus Marilyn Wallace (Hrsg.) MÖRDERISCHE SCHWESTERN, Copyright © 1990 by Lia Matera. (Veröffentlicht mit der Genehmigung der Agentur Thomas Schlück in Garbsen.) Übersetzt aus dem Amerikanischen von Sonja Hauser. Copyright der deutschen Übersetzung by Wilhelm Heyne Verlag GmbH & Co. KG, München.

Ruth Rendell: «A Present for Patricia» (Ein Geschenk für Patricia), aus Ellery Queen (Hrsg.) MEIN BESTES MÖRDERKABINETT, Copyright © 1977 by Ruth Rendell. Übersetzt aus dem Englischen von Hardo Wichmann. Scherz Verlag, Bern und München.

Nedra Tyre: «Recipe for a Happy Marriage» (Rezept für eine glückliche Ehe), aus Isaac Asimov (Hrsg.) MORDS-MENÜ, Copyright © 1984 by Nightfall Inc. Übersetzt aus dem Amerikanischen von Lia Franken. Scherz Verlag, Bern und München.

Wir danken den genannten Rechtsinhabern für die Genehmigung zum Abdruck der Auszüge aus den obengenannten Werken. In jenen Fällen, in denen es nicht möglich war, den Rechtsinhaber resp. Rechtsnachfolger zu eruieren, konnte ausnahmsweise keine Nachdruckerlaubnis eingeholt werden. Honoraransprüche der Autoren oder ihrer Erben bleiben gewahrt.